Gouden serie

Rij[illegible] - Moezel

ANWB

Hoogtepunten van

Wim Danse

Rijn - Eifel - Moezel

Overzichtskaart en streekindeling

9 Rijn
streekbeschrijvende hoofdstukken
autosnelweg
doorgaande weg
streekbegrenzing
grote stad
alleenstaande kerk of klooster
burcht of slot
archeologische vindplaats
BONN
Königswinter
Bad Honnef
Unkel
Remagen
Linz
Sinzig
Bad Neuenahr
9 Rijn
Neuwied
Andernach
Maria Laach
Bürresheim
KOBLENZ
Ehrenbreitstein
Mayen
eifel
Braubach
Eltz
Kamp Bornhofen
Cochem
Moezel
Boppard
St. Goarshausen
St. Goar
5 Moezeldal
FRANKFURT
Oberwesel
Kaub
Wiesbaden
Bacharach
9 Rijn
Eltville
Traben-Trarbach
Simmern
Rüdesheim
Mainz
HUNSRÜCK
Ravengiersburg
Gemünden
Rhaunen
6 Hunsrück en Nahetal
Bad-Kreuznach
Rijn
Kirn
Bad Sobernheim
Idar-Oberstein
Alzey
Meisenheim
Kirchheimbolanden
Worms
St. Wendel
8 Pfalz
Ludwigshafen
MANNHEIM
Ottweiler
Bad Dürkheim
Kaiserslautern
Heidelberg
Neustad a.d. Weistrasse
Homburg
Edenkoben
Speyer
PFÄLZER
Annweiler
Pirmasens
Landau
WALD
Bad Bergzabern
KARLSRUHE
0
50 km

Hulp gevraagd!
De informatie in deze reisgids is aan verandering onderhevig.
Het kan dus wel eens gebeuren dat u ter plaatse een andere situatie aantreft dan de auteur. Is de tekst niet meer helemaal correct, laat ons dat dan even weten. Ons adres is:

ANWB Media/Redactie Boeken/WD
Postbus 93200
2509 BA Den Haag

Tekst: Wim Danse
Herziening: Marion Meijer en Bruno Wijnands
Kaarten: Jan ter Haar en Leny van Gool, Hoofddorp
Foto's: B&U International Picture Service (B&U), Tom Gundelwein (TG), Petra Ipenburg (PI), Marion Kunz (MK), Marion Meijer (MM), Fremdenverkehrsverband Rheinland-Pfalz (RP), Ger de Vries (GV), Monique Vegter (MV), M. Worm (MW)
Omslagfoto: B&U International Picture Service, Amsterdam (Björn Svensson): aan de Moezel
Foto pag. 12: B&U International Picture Service, Amsterdam (Rob Peters): Niederheimbach aan de Rijn
Aquarellen: Corien Bögels
Redactie en lay-out: Bredt & Ipenburg vof, Amsterdam
Ontwerp binnenwerk: Jan Brand bNO
Ontwerp kaarten: Gerrit van Omme, Wijk bij Duurstede
Stramien: PS Holland bv, Amsterdam
Druk: PlantijnCasparie Hilversum

Tweede druk

ISBN: 90-18-01029-4

Inhoud

Ter oriëntatie

Land, volk en cultuur

Streek en plaatsbeschrijvingen

Praktische informatie

Symbolen in de tekst

Stad (meer dan 20.000 inwoners)

Streek

Dorp

Wijk of stadsdeel

Bezienswaardigheid

Ter oriëntatie

Bossen, dalen, meren, rivieren en burchten

Er zal bijna geen Nederlander te vinden zijn die niet een keer in de bossen van de Eifel heeft gewandeld, een glas wijn heeft gedronken aan de oevers van de Moezel of een reisje langs of op de Rijn heeft gemaakt. Het gebied dat aan Nederland en België grenst, is al decennia lang een populair vakantiegebied. Die populariteit is de laatste jaren enigszins gedaald omdat velen de stranden van de Middellandse Zee of de winterse Alpen als hun voornaamste vakantiebestemming hebben uitverkoren. Maar vele oude getrouwen keren toch iedere keer weer naar deze contreien terug. Men gaat bij voorkeur in voor- of naseizoen om op ontspannen of sportieve wijze enige tijd in het gebied door te brengen; tot de bagage behoren meestal een sportfiets of een paar wandelschoenen. Anderen worden aangetrokken door de herfstkleuren en door de wijnfeesten die in dat jaargetijde plaatsvinden.

Voor een korte vakantie voldoet het beschreven gebied aan alle voorwaarden. Men is er vaak al mee vertrouwd en de taal levert nauwelijks problemen op. De weg naar en in het gebied is spoedig gevonden. Men is in het buitenland, maar echt vreemd is het er ook weer niet. Zowel het landschap als de mensen zijn vriendelijk. U hoeft zich geen grote inspanningen te getroosten om alles op u te laten inwerken en kunt zich rustig concentreren op datgene wat u zich heeft voorgenomen: ondernemend zijn of even bijkomen van de dagelijkse besognes. Het één hoeft het ander echter niet uit te sluiten. Wanneer u er toch bent, is het wel zo interessant wat bewuster om u heen te kijken. Bezoek eens vaker een museum of een kerk, in plaats van een bioscoop, een Weinstube of een pretpark. Juist deze kerken en musea geven een beeld van wat de bevolking door de eeuwen heen heeft bezig gehouden, hoe men er heeft geleefd, gedacht en gewerkt.

In kort bestek

Het gehele gebied is opgedeeld in negen streken (zie overzichtskaart op pag. 4/5). Elke streek vormt een vakantiebestemming op zich. U heeft zeker een week nodig om het land te leren kennen en al de voornaamste bezienswaardigheden en attracties te bezoeken.
Voorbij het Nederlandse Vaals en het Duitse Aken begint de Eifel. Evenals de Belgische Ardennen behoort de Eifel tot de meest nabije vakantiegebieden voor een grote groep Nederlanders en Belgen. Dit grote gebied (9000 km^2) wordt in het noorden begrensd door de Autobahn Aken–Keulen, in het oosten door de Rijn, in het zuiden door de Moezel en in het westen door de Belgische Ardennen. Het gehele gebied telt nog geen 700.000 inwoners, hetgeen neerkomt op een bevolkingsdichtheid van 70 mensen per km^2. Een ruim en open land van golvende heuvels, uitgestrekte bossen en landelijke dorpen. De dorpen die gelegen zijn op de glooiende hoogvlakte, zijn voornamelijk agrarisch van karakter, die in de dalen van bijvoorbeeld de Ahr en de Moezel zijn berekend op het toerisme en de wijnbouw. Het gehele westelijke deel is bovendien tot 'Naturpark' verklaard, wat wil zeggen dat het gebied een zekere bescherming geniet. De ontwikkeling van industriegebieden, toeristische centra en woonlokaties is aan strenge regels en voorwaarden gebonden. Ten zuiden van de Moezel ligt de Hunsrück dat nog weinig toeristen trekt. Drie dicht beboste bergruggen sluiten de hoogvlakte van de Hunsrück naar

het zuiden af. Zuidelijk van de Hunsrück ligt het Nahetal, waar de rivier de Nahe zich op sommige plekken, zoals bij Idar-Oberstein en Bad Münster am Stein, tussen machtige rotspartijen door slingert. Zuidwestelijk van het Nahetal en de Moezel ligt Saarland, genoemd naar de Saar, een zijrivier van de Moezel, die door het landschap kronkelt. Tussen het Saarland en de Rijn ligt de Pfalz , een streek die geheel in het teken staat van de wijnbouw. De Rijn tussen Keulen en Mainz vormt de oostelijke grens van het in deze gids beschreven gebied. Hieronder volgt een korte typering van de negen streken.

1 **Nordeifel** De Nordeifel is bekend om zijn grote stuwmeren (het grootste is de Rurstausee), die altijd veel watersporters aantrekken. In dit gebied ligt ook het Naturpark Nordeifel, waarvan het Hohe Venn en het Deutsch-Belgischer Naturpark deel uitmaken.

2 **Südeifel** Verder zuidelijk liggen de Schnee-Eifel en het Deutsch-Luxemburgischer Naturpark, ook wel Südeifel genoemd, een zeer rustig gebied.

3 **Ahrtal** De rivier de Ahr ontspringt midden in de Eifel bij Blankenheim. De dalen van de Ahr hebben tot Kreuzberg dichtbeboste hellingen, karakteristiek voor de Eifel. Daarna worden ze nauwer als de rivier op weg naar de Rijn zich diep in het leisteenplateau boort, wat hier en daar bijna loodrechte rotswanden oplevert.

4 **Vulkaneifel** Het centrale en oostelijke deel van de Eifel wordt in beslag genomen door de Hohe Eifel of Vulkaneifel, zo genoemd omdat hier de hoogste toppen zijn (de Hohe Acht bij de Nürburgring is met zijn 747 m de hoogste) en omdat vulkanische uitbarstingen hier duidelijke sporen hebben achtergelaten. Het bekendste vulkanische verschijnsel zijn de 'Maare', kratermeren, waarvan de Laacher See het grootste is. Hier ligt ook het mooie stadje Maria Laach met zijn imposante kloosterkerk.

5 **Moezeldal** De Eifel wordt aan de zuidkant afgesloten door de Moezel. De hellingen van het dal dat de rivier kronkelend in het Rijnlandse leisteenplateau heeft uitgesneden, zijn in de loop der tijd op de meeste plekken door de mens ontbost. De bossen moesten plaats maken voor uitgestrekte wijngaarden, die nu de heerlijke moezelwijn voortbrengen. Interessante plaatsen zijn Trier met veel Romeinse oudheden en het in een bocht van de Moezel gelegen Bernkastel-Kues met veel vakwerkhuizen. Zeer de moeite waard is de 12e-eeuwse Burg Eltz, ten oosten van Cochem.

6 **Hunsrück en Nahetal** De Hunsrück is een langgerekte hoogvlakte, waarover de 140 kilometer lange Hunsrück-Höhenstrasse door en langs onmetelijke bossen voert.
Het Nahetal, dat ten zuiden van de Hunsrück loopt, is het dal van een echte bergrivier, die hier en daar, tussen machtige rotspartijen door, het landschap een indrukwekkend karakter geeft. Bekend hier is het stadje Idar-Oberstein, vanwege de edelstenen die er gevonden en in groten getale verkocht worden.

7 **Saarland** Deze dichtbevolkte streek, bekend om zijn kolenmijnen en zware industrie in het zuidelijk deel rond Saarbrücken, heeft in het noordelijke gedeelte nog wel wat aan landschappelijk schoon te bieden. Maar populair is deze streek bij Nederlanders en Belgen niet.

8 **Pfalz** ligt wat verder weg en vormt een dode hoek tussen de Rijn met zijn Autobahnen en de Duits-Franse grens. Het is een veronachtzaamd nauwelijks bekend gebied. De totale streek beslaat zo'n 5500 km^2. Het groene midden van het land wordt voornamelijk in beslag genomen door het Pfälzer Wald, met een oppervlakte van 1700 km^2 het grootste Naturpark van Duitsland. Het is een eenzaam en dunbevolkt gebied, waardoor slechts enkele wegen lopen. Het westelijk deel staat voornamelijk in het teken van de wijn: daar loopt de Deutsche Weinstrasse.

9 **Rijn** In dit hoofdstuk ligt het accent op het gedeelte tussen Keulen en Mainz. Misschien is het een tegenstrijdigheid om in een toeristische gids het 'riool van Europa' te beschrijven. De roem en de glorie van één van Europa's mooiste waterwegen lijkt voorgoed weggespoeld door golven gif, gedumpt door talrijke fabrieken, die pregnanter op de oevers aanwezig zijn dan de oude genoeglijke dorpen en de ruïnes van kastelen. De romantiek is soms ver te zoeken, maar toch heeft de Rijn nog steeds die ondefinieerbare charme die een onverklaarbare aantrekkingskracht uitoefent.

De steden langs het deel van de Rijn dat hier wordt besproken hebben alle hun eigen karakter: op de linkeroever van de Rijn bruisend Keulen, de regeringszetel Bonn, Koblenz waar Rijn en Moezel elkaar ontmoeten en Mainz dat op een vreemde manier een zuidelijke sfeer ademt; op de rechteroever kleinere steden als St. Goarshausen met vlakbij de Loreleyrots, het zeer toeristische Rüdesheim en het statige Wiesbaden dat sinds het eind van de 19e eeuw tot één van de belangrijkste kuuroorden van Europa behoort.

Geologie

Op slechts korte afstand van de Zuid-Limburgse grens treft men twee zeer geliefde toeristengebieden aan: de Ardennen en de Eifel. Eigenlijk lopen deze min of meer in elkaar over; ze maken, samen met het Zuid-Limburgse heuvelland, deel uit van het Rijnlandse leisteenplateau.
Al reizend door de Eifel ziet u een landschap bestaande uit een golvende hoogvlakte, waarop uitgestrekte bossen, heidevelden en kleurige landerijen een afwisselend patroon vormen. Een typische noot aan dit gebied verlenen de kegelvormige bergtoppen en de ronde diepe meren die van vulkanische oorsprong zijn. Het is daarom beslist zinvol om in de ontstaansgeschiedenis van de aarde te duiken, want zo dicht bij ons lage, vlakke landje van polders strekt zich een gebied uit waarin nog duidelijk de oude vulkanen te herkennen zijn.

Zo'n 500 tot 600 miljoen jaar geleden ontstond het leisteen en zandsteen waaruit nu het Hohe Venn (op de Duits-Belgische grens) bestaat. In het Devoon (350 tot 395 miljoen jaar geleden) lag het gehele in deze gids beschreven gebied – met uitzondering van het Hohe Venn – onder water. De geweldige zeearm die dit deel van de aarde overspoelde, strekte zich uit tot ver in het oosten en tot in het westen tot de plaats waar nu Devon te vinden is, in Zuidwest-Engeland. Vandaar de naam Devoon. Op de bodem van deze zeearm werd het door rivieren aangevoerde zand, klei en leem afgezet, afgeslepen uit de bergen van de toenmalige continenten. Behalve zand, klei en leem werd ook kalk afgezet, de resten van de schelpen van ontelbare gestorven zeediertjes.
Er heerste toen zo'n warm klimaat dat er zelfs hele kolonies koraaldiertjes voorkwamen, die grote riffen opbouwden.
Die koraalriffen kunt u nog zien in de Eifel bij Gerolstein, en resten ervan in de Hunsrück tussen Stromberg en Bingerbrück. Door de scheikundige inwerking van het zeewater (opname van magnesium) werd de kalk van een aantal van deze riffen omgezet in dolomietgesteente.
Tegen het einde van het Devoon en nog gedeeltelijk gedurende het daarop volgende Carboon werd de zeebodem opgestuwd. Door de onvoorstelbare druk van gigantische krachten in het binnenste van onze aarde werd de zeebodem geplooid tot een gebergte.
Door de wrijvingswarmte die bij het plooiingsproces vrijkwam, klitten kalk-, zand- en kleikorrels aan elkaar vast. Bij dit proces gaan klei en leem over in leisteen, zand in zandsteen en kalk in kalksteen. Mengsels van kalk en klei of leem werden omgezet in mergel, aaneenklittingen van kwartskorrels en kiezelzuur gingen over in kwartsiet.

Rijnlands leisteenplateau

Leisteen, zandsteen, kalksteen, mergel en kwartsiet, al deze gesteenten vormen thans de ondergrond van de Eifel en de Hunsrück. Maar daarbij speelt vooral de leisteen een zo belangrijke rol, dat het gehele gebied de naam Rijnlands leisteenplateau heeft gekregen.
Lei of leisteen – in het Duits Schiefer (voor de grijze) en Tonschiefer (voor de gekleurde leisteen) genoemd – is gevormd uit klei of schalie (een gesteente dat het midden houdt tussen klei en leisteen) gemengd met kalkafzettingen. Dit is het meest voorkomende afzettingsgesteente, grijsgrauw van kleur en fijnkorrelig van structuur. Leisteen is gemakkelijk splijtbaar in dunne platen en is van oudsher gebruikt als dakbedek-

king. Dakleien zijn steviger dan dakpannen, doordat ze kunnen worden vastgespijkerd of vastgehaakt, zoals u nu zelf nog alom in de Eifel en de Hunsrück kunt zien. In de Hunsrück bevinden zich de laatste leisteengroeven waar nog dakleien worden geproduceerd; het is een arbeidsintensief karwei, wat mede de oorzaak is dat het een aflopende zaak is.

Van veen tot steenkool

Aan de oevers van de voormalige zeearm ontstonden grote veenmoerassen met een dichte begroeiing. Door verlanding van deze venen en afzetting van nieuwe lagen over de oorspronkelijke vegetatie heen en door het toenemen van druk en warmte, werd het veen tot steenkool. Niet van de ene dag op de andere. Door de hoge druk, de grote warmte en diverse chemische reacties werden de planten eerst in humus omgezet, vervolgens tot turf en via bruinkool tot steenkool 'ingekoold'. Op deze manier werd in het noorden onder andere het rijke steenkoolbekken van Aken en van Limburg gevormd, plus het bruinkoolgebied bij Keulen, en aan de zuidzijde van het gebergte (de vroegere Devoonzee) het steenkoolgebied van het Saarland.

De erosie

Aan het eind van het Carboon en gedurende het daarop volgende Permtijdperk werd het hooggebergte 30 miljoen jaar lang onderworpen aan de zachte maar gestage krachten van de erosie en op die manier afgeplat. Het gevolg daarvan was dat er uiteindelijk een zogenaamde rompvlakte van een paar honderd meter hoog overbleef. Op de geologische tijdschaal verschenen achtereenvolgens de tijdperken Trias, Jura en Krijt, samen het Mesozoïcum genoemd ofwel de 'geologische middeleeuwen'. Deze periode begon zo'n 240 miljoen jaar geleden en duurde ongeveer 175 miljoen jaar. Over de geplooide gesteenten van de rompvlakte werden in die tijd nieuwe horizontale lagen afgezet. U moet zich daarbij voorstellen dat er miljoenen jaren achtereen zandverstuivingen plaatsvonden. Zandwoestijnen en zeeën overdekten het gebied beurtelings voor langere of kortere tijd. Sporen daarvan zijn nog terug te vinden in enkele grote terreininzinkingen. Aan het eind van het Mesozoïcum vond opnieuw een enorme afbraak plaats door erosie.

De Kalkmulden

In de Eifel is sprake geweest van horst- en slenkvorming. Van noord naar zuid, dwars door de streek, loopt zo'n slenk, een gebied dat langs twee nagenoeg verticale breukvlakken omlaag is gezakt, 20 tot 30 kilometer breed en oorspronkelijk 500 meter diep. Zo diep is deze slenk nu niet meer, maar hij is wel van betekenis geweest. Hier ontstonden bijvoorbeeld de eerste menselijke nederzettingen en door de eeuwen heen vestigde de Eifelbevolking zich bij voorkeur in deze strook. Om niet dwars door het bergland heen te hoeven breken, werd bij de aanleg van de spoorlijn Keulen–Trier in 1871 juist van deze slenk gebruik gemaakt.
Aan het einde van het Mesozoïcum ging de verwering zo snel dat alle in het Trias, Jura en Krijt afgezette lagen volkomen verdwenen in het hogere middengedeelte van de slenk. Zo kwamen vooral de geplooide kalkbanken vrij, die de Duitse geologen Kalkmulden noemen. U vindt ze tussen Kall en Urft bij Sötenich, bij Blankenheim, Hillesheim, Gerolstein en Prüm. Voor geologen zijn deze Kalkmulden zeer interessant, omdat hier prachtige fossielen te vinden zijn, met name van dieren uit het

Devoon. De Gerolsteiner Mulde is wat dit betreft uniek: elk geologisch museum van enig belang heeft hier wel enige fossielen vandaan gehaald. In de Hunsrück zijn dergelijke fossielrijke kalklagen niet te vinden. Maar versteende zeedieren en -planten zijn er wel, te weten in de leisteenformaties tussen Bundenbach en Gemünden.

De vulkanen van de Hohe Eifel

Diep in het binnenste van de aarde, waar de temperatuur hoger is dan het smeltpunt van de mineralen, regeert Vulcanus, de god van het vuur. Alle gesteenten zijn daar gesmolten en vormen een gloeiende vloeistof: het magma. Als dit gloeiende gesteente tot het aardoppervlak opdringt, of zelfs er uitstroomt, dan spreken we van vulkanische verschijnselen en het ontstaan van vulkanisch gesteente. Vulkanische activiteit is meestal een bijkomend verschijnsel bij de vorming van grote gebergten.
In Europa begeleidde vulkanisme gedurende tien miljoen jaar de vorming van de Alpen. Dit proces vond tussen de twintig en tien miljoen jaar geleden plaats, in het Tertiair en het begin van het Quartair.
Zwarte basalt, groengrauwe fonoliet ('klinksteen') en heldergrijze trachiet zijn de in het oog springende restanten van de vroegere lavastromen. Menige bergkegel uit vulkanisch gesteente die nu omhoog steekt

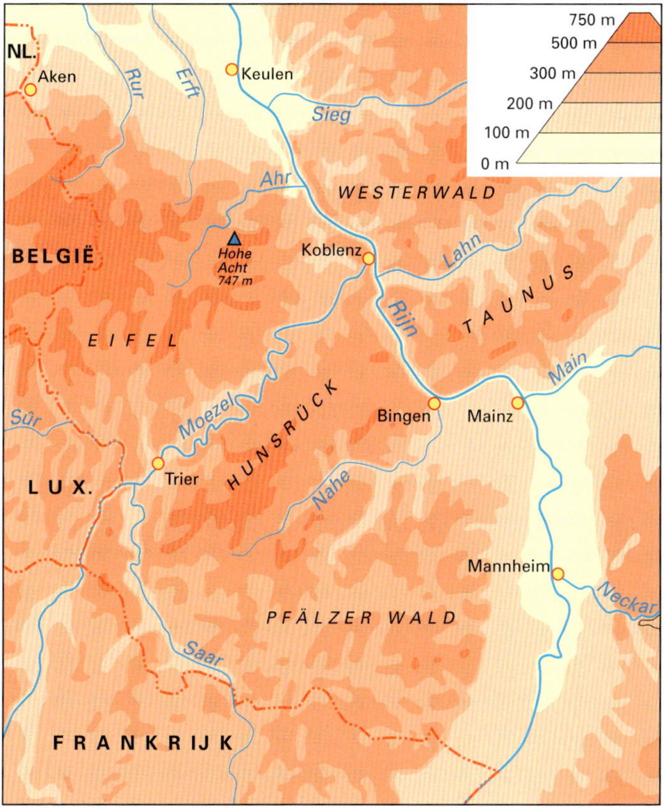

Reliëfkaart

uit het omringende land, was oorspronkelijk geen berg maar een magmaprop die na afkoeling dicht bij het aardoppervlak was blijven hangen. Door verwering van de zachtere mantel kwam het hardere vulkanische gesteente er dan later vaak uit te voorschijn.
In het centrale deel van de Eifel rezen in het Tertiair en het begin van het Quartair veel vulkanen op. Later doofden ze uit en werden aangetast door verwering; zelfs zo sterk dat alleen nog de afgeronde basaltkernen te zien zijn.
Maar hoe verweerd en afgerond ze ook zijn, die basaltkernen van de vroegere vulkanen vormen nog steeds de hoogste toppen van de Eifel: de Hochkelberg bij Daun (674 m) en bij Adenau de Nürburg (678 m) en de Hohe Acht, met 747 meter de hoogste Eifeltop.
Wie denkt dat het in de diepte nu rustig is, vergist zich. Diep in de bodem van de Eifel is nog van alles in beweging en in de verre toekomst zal er zeer waarschijnlijk weer vulkanisme plaatsvinden. Er zijn namelijk duidelijke aanwijzigingen dat het vulkanisme in de Eifel veroorzaakt wordt door de botsing van Afrika tegen Europa. Elk jaar verplaatst Afrika enkele centimeters naar het noorden en drukt Europa ten dele in elkaar en noordwaarts. Als gevolg van dit opdrukken splijt Europa in twee delen. De scheur loopt onder andere van Basel via de route van de Rijn naar Keulen en vandaar waarschijnlijk naar het noordwesten, dwars door Nederland. Het Eifelvulkanisme wordt veroorzaakt door deze splijting. Er waren in de Eifel eruptievulkanen waarbij lava met een temperatuur van 1000 tot 1200 °C uit de diepte omhoog spoot en er waren vulkanen die door gasexplosies ontstonden. Deze explosies zijn bijzonder hevig geweest, met soms wegslingerende gesteenten tot 150 kilometer ver! De gaten die in de aardkorst achterbleven, werden gevuld met hemelwater en vormen nu de zogenaamde Maare (zie hoofdstuk 4 over de Vulkaneifel).

De grote lussen van de Moezel

Maar denkt u vooral niet dat hiermee de woelingen in de aardkorst ten einde kwamen. Het hele Eifelplateau werd in het Tertiair zo'n driehonderd meter omhooggeduwd. Dit gebeurde in verschillende fasen. De Eifel en de Hunsrück werden een koud steppegebied.
Door het smelten van sneeuw en ijs in de (ook tijdens de IJstijden bestaande) zomers was de wateraanvoer door de gletsjerbeken enorm groot. Ook was er zeer veel neerslag. Daardoor wisten de diverse riviertjes toen brede dalen te vormen. Nu, in het gematigde klimaat van onze tijd, gaan die weer tot beekjes ingekrompen IJstijdstromen bijna geheel verloren in brede dalen.

De Steentijdmens en de vuurspuwende draak

Tijdens de IJstijden, in de tussen gelegen tijden en kort erna leefden hier op de boomloze toendra's holenberen, mammoets en neushoorns. Ook woonden er toen mensen, die hun toevlucht zochten in grotten. Zij leefden van de jacht. IJstijden zullen nu niet meteen doen denken aan vuurspuwende bergen. De Steentijdmensen hebben die vulkanen echter in volle activiteit meegemaakt. Het zou best eens kunnen dat oude sagen over vuurspuwende draken en uit elkaar barstende bergen de herinneringen bewaren aan het vulkanisme. In deze nieuwe periode ontstond in het gebied een honderdtal vulkanen in een strook van Winningen (aan de Moezel) langs het Rijndal tot aan het dal van de Ahr en westelijker in een strook van Bad Bertrich over Daun tot het westen van Hillesheim. De

uitbarstingen duurden hier voort tot lang na de laatste IJstijd. De Papenkaul bij Gerolstein en de Mosenberg bij Manderscheid staakten als laatste hun vulkanische activiteit. Geologisch gezien is dit een zeer recente gebeurtenis. Zo komt het dat u nu nog vele gave vulkaankegels kunt zien. Weer en wind hebben nog niet de tijd gehad om ze af te breken, zoals grotendeels gebeurd is met de vulkaankegels van de eerste vulkanische periode. Bergtoppen als de Fuchskopf, de Hohe List (met de Bonner sterrenwacht), de Werth en de Ernstberg (met 700 meter de op één na hoogste Eifeltop) hebben hun kegelvorm nog duidelijk behouden.
Al sinds de Steentijd wordt het vulkanisch materiaal gebruikt als bouwmateriaal. Heden ten dage wordt in tal van steengroeven het gestolde lava gedolven in de vorm van basalt, tufsteen en tras (een steensoort met puimsteen en tufsteen als bestanddelen). Rond Neuwied aan de Rijn ontstond een diep bekken dat gedeeltelijk werd opgevuld met een door de wind aangevoerd vulkanisch materiaal, bims, een soort puimsteen. Bij geologen vermaard is Niedermendig. Dit hele dorp is boven op een voormalige lavastroom gebouwd, zodat tot op 30 meter diepte de grond uit tuf en bims bestaat.

De Maare

Toen de vulkanen ten slotte vrijwel waren uitgewerkt, zochten grote hoeveelheden vulkanisch gas hun weg naar buiten. Dit gas zat vlak onder de aardkorst en het ontsnappen ervan ging gepaard met enorme explosies. Door die explosies ontstonden trechters die zich later met water vulden. Dat zijn nu de Maare, zestien nagenoeg cirkelvormige meertjes. De Laacher See is het grootste, omdat hier sprake is van een dubbele Maare. De explosie waarbij de Laacher See ontstond – omstreeks 7500 voor Christus – had zo'n formidabele kracht dat er zelfs sporen van het uitgeworpen materiaal zijn teruggevonden in het Zwarte Woud. Andere overblijfselen van de laatste vulkanische periode vormen de circa 500 minerale bronnen die nog in en om de Vulkaneifel werkzaam zijn.
Al deze vulkanische verschijnselen kunt u zien tijdens een wandeling, wanneer u de Vulkanweg van de Eifelverein volgt: van Andernach aan de Rijn tot aan Gerolstein in het westen bij de Südeifel.

Hunsrück, Saarland en Pfalz

Het zuidelijke deel van het beschreven gebied – Hunsrück, Saarland en Pfalz – heeft geen vulkanische periode gekend. Eigenlijk waren de vormen van dit bergland al in het begin van het Tertiair bepaald, toen de verwering slechts een rompvlakte had overgelaten. Er volgde alleen nog de reeds vermelde opstuwing van het gehele gebied, waardoor de riviertjes zich er wat dieper konden insnijden.

Landschap

Misschien zult u door het lezen van het voorgaande hoofdstuk de Eifel en het Rijnland met andere ogen bekijken. Weliswaar heeft de mens sinds het Stenen Tijdperk een niet onbelangrijke bijdrage geleverd aan de vorming van het landschap, maar nog steeds is het werk van de oerkrachten in het ontwikkelingsproces duidelijk waarneembaar. Dat de invloed van de mens op het landschap niet altijd destructief hoeft te zijn, zien we in dit soort gebieden. Fraai kunnen we de eindeloze, monotone wijngaarden boven de oevers van de Moezel en de Ahr weliswaar niet noemen, maar een eenzame boerderij te midden van haar akkers, een kasteel-

ruïne, een kerkje of een klein landelijk dorpje kunnen desalniettemin fraaie beelden opleveren. Ook de mens heeft recht op zijn plaats, mits hij de harmonie maar niet verstoort. Het toerisme doet daar geen afbreuk aan: in dit wijde, ruige dunbevolkte land lost de grote stroom vakantiegangers snel op zonder wezenlijke invloed uit te oefenen.
Vanwege zijn vulkanische verschijnselen is de *Vulkaneifel* of Hohe Eifel de meest typische streek van het gehele beschreven gebied. Het is een gebied waarvan de grenzen niet nauwkeurig zijn aan te geven, maar dat ongeveer ligt tussen de Ahr in het noorden, de Rijn in het oosten, de Nettbach in het zuiden en de Kyll in het westen. Van de stille meren, de Maare, treft u vooral in de omgeving van Daun enkele fraaie aan, terwijl het grootste de Laacher See is, waaraan de prachtige abdij Maria Laach is gelegen. Rond deze Laacher See vindt u een groot aantal vulkaankegels en enkele uitgestrekte lavavelden. Ook het *Brohltal*, dat dwars door de vulkanische afzettingen loopt, is in dit opzicht interessant. Hier verheft zich ook één van de fraaist bewaard gebleven vulkanen, de Bausenberg.
In het westelijk deel van de Vulkaneifel strekt zich een tweede gordel vulkaankegels uit. Basalt is hier het belangrijkste vulkanische gesteente dat wordt gedolven. Door de donkere tint van deze steensoort, die ook veel voor de huizenbouw wordt gebruikt, heeft deze streek hier en daar een ietwat somber aanzien. De Mosenberg bij het druk bezochte toeristenplaatsje Manderscheid en de Papenkaul bij Gerolstein zijn te beschouwen als ware schoolvoorbeelden van een vulkaan.

In het midden van de Vulkaneifel verheft zich bovendien nog een aantal oudere vulkanen, die door verwering gereduceerd zijn tot afgeronde basaltklompen maar nog steeds een flinke hoogte bereiken. Zij liggen ten zuiden van Adenau in een afwisselend landschap. De bekendste daarvan is de Hohe Acht, die met zijn 747 m de hoogste top van de Eifel is.
Het landschapsbeeld in het meest noordwestelijke deel van de Vulkaneifel wordt mede bepaald door de kalkrijke gebieden de Kalkmulden. Bij Gerolstein geeft het vlak naast elkaar voorkomen van steile, grillige kalkriffen en zachtglooiende, kegelvormige vulkanen een merkwaardig en boeiend effect.

De Hohe Eifel vormt geografisch gezien de kern van de hele Eifel. De hieromheen liggende streken hebben minder bergtoppen en de hoogvlakte toont er dus een wat eenvormig reliëf.
Enkele riviertjes hebben diepe dalen in dit plateau uitgeslepen, maar de verkeerswegen dalen meestal slechts even in deze valleitjes af. Alleen voetpaden en een enkel secundair weggetje volgen de rivieren over langere afstand. Een uitzondering vormt het *Ahrdal*, waar een goede weg de gemotoriseerde toerist de gelegenheid biedt kennis te maken met een zeer boeiend landschap, met name tussen Altenahr en Bad Neuenahr. Langs de oevers van deze sterk kronkelende zijrivier van de Rijn wisselen rotspartijen, beboste dalwanden en voor de wijnbouw geterrasseerde hellingen elkaar af. Een aantal fraai gelegen plaatsen noodt tot een langer verblijf.
Dat biedt u de gelegenheid de aan weerszijden van het dal gelegen bergtoppen te beklimmen, die vaak een bijzonder mooi uitzicht bieden. Dit is het Ahrgebirge, dat naar het zuiden overgaat in de Vulkaneifel en naar het noorden toe langzaam naar de Nederrijnse Laagvlakte afhelt. In het noordoosten begeleidt een uitloper van het Ahrgebirge nog korte tijd de Rijn alvorens zijn einde te vinden bij Rolandswerth in de Rodderberg, de noordelijkste vulkaan. Iets westelijker sluit hierbij een smalle, langgerekte heuvelrug aan, de Villen of Vorgebirge, die zich tot bij Keulen in

Het zachtglooiende landschap van de Eifel is uitermate geschikt om fietstochten te maken (MM)

de laagvlakte uitstrekt. Het zuidelijke deel van deze heuvelrij heeft bij Bonn en Bad Godesberg fraaie bossen, die bekend staan onder de naam Kottenforst. Voor de rest is deze zwakke uitloper van de Eifel niet erg interessant.

Dit Vorgebirge niet meegerekend, loopt de noordgrens van de Eifel even ten zuiden van de lijn Aken – Düren – Bad Godesberg. Zuidoostelijk van Aken, waar de meeste Nederlandse vakantiegangers het bergland binnentrekken, stijgt de Eifelrand vrij abrupt.
U treft hier uitgestrekte bossen aan, zoals het Hürtgenwald, dat bij de felle strijd die hier aan het einde van de Tweede Wereldoorlog werd geleverd, zware schade heeft opgelopen. Dit deel van het bergland is vooral bekend om de kunstmatige meren, de Talsperren, die men hier door opstuwing van het water in enkele rivierdalen heeft doen ontstaan ten behoeve van de nijverheid en de drinkwatervoorziening in het industriële gebied Aken-Düren-Jülich. Twee van de bekendste stuwmeren op deze zogenaamde Eifeler Seenplatte zijn de Rurtalsperre Schwammenauel en de Urfttalsperre. De eerste – langgerekt, kronkelig en omgeven door sterk beboste hellingen – is bijzonder geliefd bij toeristen en dagjesmensen uit de dichtbij gelegen steden. Tussen beide meren in ligt de Kermeter, een fraai bosgebied op een hoogte van 450 tot 500 meter.
De riviertjes in dit deel van de Eifel zijn slechts klein, maar hebben enkele prachtige dalgedeelten, vooral waar zij zich een weg hebben gebaand tussen de vrij veel voorkomende bontzandsteenrotsen door. De belangrijkste van deze riviertjes is de Rur, die bij Roermond in de Maas eindigt. Bijzonder schilderachtig in het Rurdal gelegen zijn de plaatsen Nideggen in het noorden en het stroomopwaarts gelegen drukbezochte Monschau, dichter bij de oorsprong en niet ver van de Belgische grens.

Het plaatsje Monschau bevindt zich tussen twee uitlopers van het eenzame *Hohe Venn*, dat deel uitmaakt van de Belgische Hautes Fagnes, een vrij hoog gelegen (550-650 m) veenachtig plateau. Slechts een enkel dorpje treft u er aan. De karakteristieke boerderijen zijn laag en stevig gebouwd en aan de westzijde door een windhaag afgeschermd om het ruwe klimaat dat hier heerst, zo goed mogelijk te weerstaan.

De Rur heeft verschillende zijriviertjes, waarvan vooral de dalen van de Kall en de Urft u op verschillende punten veel natuurschoon bieden. De Urft ontspringt in het zuidoostelijk van het Hohe Venn gelegen Losheimer Wald of Zitterwald, een weinig markante hoogvlakte (500-600 m), die door het dal van de Olef in tweeën wordt gesneden. Schleiden is hier de voornaamste plaats.
Meer naar het zuidwesten verheft zich de smalle kam van de onherbergzame *Schnee-Eifel* (circa 650 m hoog), die evenals het Hohe Venn een ruw en vochtig klimaat heeft. Langs de zuidzijde ervan stroomt de Prüm, waaraan het gelijknamige stadje ligt. Nog zuidelijker komt u in de zogenaamde Westeifel, een plateau van 500-600 meter hoogte, gelegen tussen de Sûre (Sauer) – grensrivier met Luxemburg – en de Kyll. Dit laatste riviertje, dat vooral bij Kyllburg een schilderachtig dal vormt, is hiervoor reeds genoemd als de westelijke grens van de Vulkaneifel.
Naar het zuidoosten tussen de Vulkaneifel en het Moezeldal bevinden zich de hoogvlakte van de Vordereifel (400-500 m) en dichter bij de Rijn het Maifeld (400 m), dat slechts weinig bos maar veel boomgaarden en vruchtbare akkers heeft. Aan de Rijnzijde sluit het zogenaamde Neuwieder bekken aan, een vrij geïndustrialiseerd gebied.
De in Frankrijk ontspringende Moezel zoekt tussen de Eifel en de Hunsrück door op moeizame wijze haar weg naar de Rijn. Er is een bochtig, afwisselend dal ontstaan met steile hellingen die, waar ze naar de zon gekeerd zijn, thans grotendeels met wijngaarden zijn bedekt. Veel schilderachtige oude wijndorpen en -stadjes, waarvan sommige met één of meer imposante burchten, dragen bij aan de aantrekkelijkheid van het Moezeldal. Het meest karakteristieke gedeelte bevindt zich tussen het mooie stadje Bernkastel en Cochem met zijn romantische burcht. Het gehele dal, van de oude, levendige stad Trier – met haar interessante resten van Romeinse bouwwerken – tot het fraai aan de samenvloeiing van Moezel en Rijn gelegen Koblenz, wordt in het vakantieseizoen druk bezocht.

De ten zuiden van de Moezel gelegen *Hunsrück* bestaat uit een langgerekte hoogvlakte (400-500 m), die in het zuiden wordt begeleid door een aantal aaneensluitende smalle bergruggen: het Soonwald, het Idarwald en het Hochwald (700 m hoog). Het Hochwald is het grootste en bestaat eigenlijk uit twee parallel lopende ruggen, waarvan de noordelijke Osburger Hochwald genoemd wordt en de zuidelijke Schwarzwälder Hochwald. Daar bevindt zich de hoogste top van de Hunsrück: de Erbeskopf (816 m). Deze eenzame bergruggen zijn vrijwel geheel bedekt met dichte bossen, zoals de namen reeds aanduiden. Ze hebben nog iets ongerepts.
De golvende hoogvlakte is wat dichter bevolkt. Door de uitgebreide houtkap zijn de bossen niet zo uitgestrekt meer als voorheen; ze worden nu afgewisseld door glooiende, bloemrijke velden. Het landschap is er dus zeker gevarieerd. In de lengte loopt over deze hoogvlakte de Hunsrück-Höhenstrasse, een zeer drukke autoweg tussen Koblenz en Trier.

Aan de zuidoostzijde van het Soonwald en het Idarwald heeft een aantal riviertjes diepe, grillige dalen uitgeslepen op weg naar het *Nahetal*. Dit laatste – de grens vormend tussen Hunsrück en Pfalz – is één van de tot nu toe onbekendste maar tevens mooiste zijdalen van de Rijn. Het dal bestaat uit brede gedeelten met een lieflijk, zachtglooiend landschap, smallere delen en kloofachtige stukken, waar het landschap woest en zelfs ongenaakbaar is. De grillige rotspartijen in de omgeving van Idar-Oberstein en Bad Münster am Stein doen van zich spreken.

Ook de wijnhellingen ontbreken niet, vooral niet tussen de bekende badplaatsen Bad Kreuznach en Bingen aan de monding van de Nahe in de Rijn. Zuidwestelijk van de Hunsrück ligt het *Saarland*, dat meermalen een twistappel was tussen Frankijk en Duitsland. Door zijn kolenmijnen en zware industrie was en is het gebied immers van grote economische betekenis. Velen zijn daarom geneigd te denken dat men er weinig natuurschoon meer zal vinden. Maar buiten het zuidelijke deel van het Saarland valt dit beslist mee. Vooral het kronkelige Saardal van Merzig tot het ten noorden van Saarlands grens gelegen Saarburg toont een fraai landschap met zwaar beboste hellingen. Maar ook het heuvelachtige terrein in het noordoosten – met uitlopers van de Hunsrück – heeft zo zijn charmes. Bovendien ligt een groot deel van de bergrug Schwarzwälder Hochwald net binnen de noordelijke grenzen van het Saarland.

De *Pfalz* valt landschappelijk gezien uiteen in twee delen: het bosrijke Pfälzer Wald in het westen en de Rijnvlakte in het oosten. Op de scheidslijn van die twee, daar waar de vlakte overgaat in het heuvelland, loopt van noord naar zuid de vermaarde Deutsche Weinstrasse, waar tussen de wijngaarden een aantal mooie dorpen ligt. Het klimaat is hier zo gunstig dat er behalve druiven ook andere uit het zuiden afkomstige gewassen groeien, zoals amandelbomen, vijgenbomen, edelkastanjes en zelfs cipressen en ceders.

Het *Pfälzer Wald*, als een brede muur de Weinstrasse beschermend tegen de vochtige westenwinden, is met een oppervlakte van 1700 km^2 het grootste natuurpark van Duitsland. Het gebied bestaat uit de dichtbeboste heuvels van het Haardtgebirge. De streek wordt door slechts enkele wegen doorsneden en is zeer dunbevolkt.

De Pfälzerwald Verein heeft gezorgd voor een goede markering van de wandelwegen en heeft in het eenzame gebied een aantal Schutzhütten gebouwd. In het zuidelijke en zuidwestelijke deel komen fraaie rotspartijen van roodzandsteen voor.

En dan volgt ten slotte de *Rijn* en zijn dal, waarvan in deze gids het mooiste gedeelte, namelijk de Mittelrhein tussen Keulen en Mainz, wordt beschreven. De rivier baant zich hier een weg door het leisteengebergte en schept aldus het vermaarde romantische dal met zijn schilderachtige oude stadjes, zijn bosrijke en door wijngaarden getekende hoogten en zijn steile rotswanden, die door feodale burchten worden bekroond. De Rijn scheidt (van noord naar zuid gezien) de boven zijn linkeroever uitrijzende heuvels van de vulkanische Hohe Eifel en de Hunsrück van de aan zijn rechteroever (dus in het oosten) gelegen middelgebergten Siebengebirge, Westerwald en Taunus. Bekijken we het stroomgebied kritisch dan moeten we concluderen dat slechts vijf procent van het oeverlandschap zijn natuurlijke karakter bewaard heeft. Enkele oevergedeelten maken deel uit van een Naturpark en het is te hopen dat dat een waarborg zal zijn voor een betere beheersing en herstel van de natuur, al zijn deze Naturparken in eerste instantie in het leven geroepen voor recreatiedoeleinden.

De natuurparken liggen aan de rechteroever van de Rijn. Van noord naar zuid zijn dat het kleine Naturpark Siebengebirge (bij Königswinter), het Naturpark Rhein-Westerwald, het Naturpark Nassau en ten slotte het Naturpark Rhein-Taunus (het Rheingaugebirge bij Rüdesheim). Van die rechteroever worden in deze gids uitsluitend de steden en dorpen direct aan de Rijn behandeld. Voor het achterland verwijzen wij u naar de gids *Midden-Duitsland*.

Flora en fauna

De vegetatie hangt af van factoren zoals bodemsoort, vochtigheid van de bodem, klimaat en ingrijpen van de mens. Wat dit laatste betreft: vooral in de Eifel hebben de oorspronkelijke loofbossen (hoofdzakelijk beukenbossen) door plundering, roofbouw, houtkap en dergelijke grote schade geleden. In de 19e eeuw is de herbebossing begonnen en daarbij gaf men de voorkeur aan naaldbomen, zodat sparren- en dennenbossen thans in sterke mate overheersen.

De noordelijke Eifel kent de meest uitgestrekte bossen. In de kalkgebieden in de Midden- en Zuid-Eifel is de bebossing slechts vrij spaarzaam en ook in de Vulkaneifel bepalen de bossen minder het landschap.

In de Hunsrück is het proces van vervanging van loof- door naaldwouden nog niet zo ver gevorderd, al raken de loofbomen ook daar in de minderheid. De bergruggen aan de zuidflank van de Hunsrück-hoogvlakte zijn zeer zwaar bebost; het plateau zelf aanzienlijk minder. Eenzelfde gesloten bos treft men aan in het iets zuidelijker gelegen Pfälzer Wald.

De vroeger zo uitgestrekte heidevelden van de Eifel zijn door ontginning flink in oppervlakte afgenomen, maar nog steeds vormen zij één van de meest karakteristieke landschapselementen. Overal buiten de kalkrijke streken, contrasteert de felgele brem met de donkergroene bosranden of de dorre heide. Merkwaardig zijn ook de grillige jeneverbesstruiken ('Wacholder') die hier en daar nog in grote groepen de heidevlakten verlevendigen. Zij hebben veel licht nodig en konden zich eertijds slechts handhaven doordat de kudden schapen, die op de heide werden gehoed, de jonge boompjes die rondom de struiken dreigden op te groeien, geen enkele kans gaven. Nu deze kudden ook hier zeldzamer zijn geworden, heeft de mens de zorg voor het behoud van de jeneverbesstruiken op zich moeten nemen en zo kwamen verschillende 'Wacholderschutzgebiete' tot stand. Het bekendste gebied is dat bij de Wibbelsberg (ten zuiden van het Ahrdal) met ongeveer 10.000 struiken.

Het belang van de bodemsoort voor de vegetatie komt duidelijk tot uiting in het verschil tussen de begroeiing van kalkloze en kalkrijke streken. Deze laatste hebben veel minder bos en geen heide, maar bezitten een zeer aparte flora zoals bijvoorbeeld orchideesoorten. Van de reeds genoemde 'Kalkmulden' in de Eifel (zie hoofdstuk 'Geologie') is vooral die van Sötenich voor botanici interessant.

Op de vulkanische bodem in de Hohe Eifel treft u op vele plaatsen een eigenaardige dwergflora aan, die overigens wel enige overeenkomst vertoont met de kalkflora.

De factor klimaat komt in het spel als we het verschil beschouwen in plantengroei tussen het noordelijk deel van de Eifel en de zuidelijke rivierdalen met hun zachtere klimaat. Men stelt om dit verschil aan te duiden zelfs de termen 'atlantisch' en 'mediterraan' tegenover elkaar, maar vooral het laatste woord klinkt hierbij wat overdreven. Uit de vroegere geologische tijdperken met een warm klimaat heeft zich namelijk slechts een enkele plantensoort tot op heden kunnen handhaven op de naar de zon gekeerde, goed beschutte hellingen in de dalen van de Moezel en de Rijn. Vegetatie die men vooral in zuidelijke streken aantreft, is door klimatologisch gunstige omstandigheden duidelijk aanwezig aan de Deutsche Weinstrasse. Daar groeien en bloeien amandelbomen, vijgenbomen, edelkastanjes, citroenbomen, cipressen en ceders.

Aan het samenspel van een ruw klimaat en een vochtige (venige) bodem dankt het Hohe Venn zijn typische flora. Er komen daar zelfs nog een paar soorten voor die oorspronkelijk van de IJstijd dateren en nu in het algemeen nog slechts in koude streken en op grote hoogten gevonden

De schitterende omgeving van Manderscheid wordt gekenmerkt door vulkanische overblijfselen (MM)

worden, zodat ze als subarctisch of subalpien betiteld worden. De wildstand heeft zeer geleden van de op grote schaal bedreven jacht. Op de zwaar beboste bergruggen van de Hunsrück leeft nog het meeste wild, vooral in het Schwarzwälder Hochwald. Ten slotte zij, wat de fauna betreft, nog het Rurtal vermeld, waar tegen de steile rotswanden veel valken en uilen nestelen.

Natuurparken en natuurreservaten

Een aantal kleine en grote gebieden in dit deel van Duitsland werd door de bijzondere natuurhistorische of landschappelijke waarde tot 'Naturpark' of 'Naturschutzgebiet' verklaard. De parken zijn over het algemeen wel vrij toegankelijk, maar er gelden speciale bepalingen ter bescherming van fauna, flora en landschap.
Deze plekjes en de grote arealen behoren uiteraard tot de landschappelijk mooiste en interessantste punten van het land.
Die wil men natuurlijk graag in stand houden. Van de toerist mag dan ook worden verwacht dat hij met inachtneming van de voorschriften en de nodige zorgvuldigheid deze gebieden bezoekt. Hieronder volgt een opgave van de mooiste plekjes.

Nordeifel Het Naturpark Nordeifel is een gebied van ongeveer 1000 km² gelegen ten zuidoosten van Aken tussen de plaatsen Langerwehe in het noorden, de Belgische grens in het westen, Losheim, Kronenburg en Ripsdorf in het zuiden en Tondorf, Keldenich, Bleibuir, Nideggen en Gürzenich in het oosten. In dit natuurpark liggen negen stuwmeren ('Talsperren'), omzoomd door uitgestrekte bossen, waarin een vijftigtal parkeerplaatsen is aangelegd. De helft van deze parkeerplaatsen is voorzien van borden, waarop korte rondwandelingen van 1 à 2 uur staan aangegeven. Voorts zijn wandelpaden, kampeerterreinen en zwembaden aangelegd, Schutzhütten gebouwd en banken geplaatst. Vooral de grote Rurtalsee – mooi gelegen tussen de beboste hellingen – is bij vele toeristen en dagjesmensen zeer in trek. Het riviertje de Rur heeft, alvorens in het meer uit te monden, tussen twee uitlopers van het eenzame plateau van het Hohe Venn een schilderachtig dal gevormd (vooral zichtbaar bij Monschau).

Südeifel Het Naturpark Südeifel is 390 km^2 groot en maakt deel uit van het grote Duits-Luxemburgse natuurpark dat circa 730 km^2 beslaat. In het zuiden en westen vormen respectievelijk de Sûre en de Our de grens van het Duitse gedeelte. In het noorden loopt de grens ten zuiden van Leidenborn en in het oosten bij Arzfeld – Sinspelt – Wolsfeld en Welschbillig. Ook in dit park staan banken en Schutzhütten en kampeerterreinen en wandelpaden aangelegd. In het Duitse deel liggen 26 parkeerplaatsen, vanwaar in een aantal gevallen rondwandelingen zijn uitgezet. Door het gebied loopt de B 257 (E42). Van de stations Edingen, Irrel, Niederweis en Wolfsfeld (aan de spoorlijn Trier–Bitburg) is het park makkelijk te bereiken. Meer informatie over dit park vindt u in het boekje *Naturpark Südeifel* uit de serie 'Die schöne Eifel' (uitgave van de Eifelverein).

Ahrtal en directe omgeving In dit gebied is een aantal kleinere natuurparken te vinden, zoals:

- De Landskron (basaltkegel met burchtruïne noordelijk van Heimersheim).
- De Steinerberg aan de zuidzijde van het dal tussen Altenahr en Rech.
- Het Wacholderschutzgebied Kölmich bij Kesseling in het Kesselinger Tal ten oosten van Brück en ten zuiden van Rech.
- Het Wacholderschutzgebiet am Wibbelsberg bij Niederheckenbach in het Kesselinger Tal. Dit gebied is de belangrijkste streek voor jeneverbesstruiken van West-Duitsland en is goed bereikbaar vanuit Rech, Bad Neuenahr en Ahrweiler.
- Het Wacholderschutzgebiet bij Ahrdorf, tussen Blankenheim en Müsch.
- De Teufelsley, machtige rotspartij (Höningen) noordelijk van Dümpelfeld.
- Het Wacholderschutzgebiet langs de Eichholzbach ten zuiden van Blankenheim.
- Een kalkrijke weidestrook bij Alendorf, ten zuiden van Blankenheim, daar waar de Lampertsbach een ondergrondse loop heeft.

Hohe Eifel De voor de Hohe Eifel, of Vulkaneifel, karakteristieke landschapselementen zijn uiteraard die van vulkanische oorsprong, zoals de vroegere vulkanen en de Maare. Op de hoogvlakte ziet u hier en daar rijen gedoofde vulkanen, waarvan de jongste nog hun kegelvorm en hun kraters hebben weten te behouden. Hier volgen de opmerkelijkste:

- De Bausenberg bij Niederzissen in het Brohltal.
- De Papenkaul en de Hustley (dolomietrots) bij Gerolstein.
- Het Hundsbachtal tussen Gerolstein en Birresborn.
- De vier kraters van de Mosenberg bij Manderscheid.
- Het Wacholderschutzgebiet bij het plaatsje Bleckhausen ten noordwesten van Manderscheid.
- Nürburg en Hohe Acht bij Adenau.
- De Laacher See, het grootste en bekendste van de Maare.
- Bij Daun liggen drie van de drukst bezochte Maare: het Gemündener Maar, het Weinfelder of Totenmaar (met tussen die twee de vulkaan Mäuseberg) en het Schalkenmehrener Maar.
- De Barsberg, een oude vulkaan met oerbos, ten noordwesten van Kelberg; de Mosbrucher Weiher 4 km ten zuidoosten van Kelberg; het Wacholderschutzgebiet 2 km ten noordoosten van Kelberg.
- Het Ulmener Maar.
- Het Wacholderschutzgebiet bij Demerath ten zuidwesten van Ulmen.

Moezeldal In het bochtige Moezeldal met zijn steile hellingen, waar de bossen grotendeels plaats hebben moeten maken voor de wijngaarden, is het stuk tussen Bernkastel en Cochem vooral kenmerkend. Daar treft u de onderstaande bijzondere gebieden aan:

- De Treiser Schock ten zuidoosten van Treis.
- Het Dortebachtal bij Klotten.
- De Brauselay, de Loreley-rots van de Moezel, bij Cochem.

Hunsrück Over de gehele lengte van de Hunsrück-hoogvlakte heen loopt de Hunsrück-Höhenstrasse, een uitstekende weg die gelegenheid biedt om van veel natuurschoon te genieten.

Nahetal In het Nahetal zijn vooral de door machtige, woeste rotspartijen beheerste stadjes Idar-Oberstein en Bad Münster am Stein een bezoek waard. Het Pflanzenschutzgebiet in het Rotenfels-massief bij Bad Münster am Stein, de Lemberg aan de zuidzijde van het dal tussen Bad Sobernheim en Bad Münster am Stein en de Hellberg oostelijk van Kirn zijn belangrijke reservaten met bijzondere flora en fauna.

Saarland De 'Landesstelle für Naturschutz und Landschaftspflege' in het Saarland is veel actiever dan dezelfde organisatie in de bovengenoemde streken. Natuurlijk kan er in het dichtbevolkte, geïndustrialiseerde Saarland geen sprake zijn van grote nationale parken. Maar toch vindt men er één geologisch-botanische, twee geologische en vijf botanische reservaten, terwijl er bovendien maar liefst 140 landschapsreservaten zijn en 550 terreintjes beschermd worden. Hieronder volgen de geologische, botanische en geologisch-botanische reservaten:
- Het geologisch reservaat van de Weisselberg bij Oberkirchen, gelegen ten noordoosten van St. Wendel: een beboste heuvel van vulkanische oorsprong, omgeven door weidevlakten met venige en mineraalhoudende bodem.
- Het geologisch reservaat bij Hofeld ten noorden van St. Wendel.
- De Nachberg en de Gipsberg bij Merzig.
- De Wolferkopf nabij Beckingen, tussen Merzig en Dillingen.
- De Hammelsberg in de buurt van Perl, niet ver van het punt waar de Moezel Frankrijk verlaat en grensrivier wordt tussen Saarland en Luxemburg. De flora van deze bergen is interessant en toont, behalve atlantische, hier en daar zelfs mediterrane soorten. Voorts komen er zeldzame orchideeën voor.
- Het geologisch-botanisch reservaat Jägersburger Moor ten noorden van Homburg omvat een landschap van veenmoerassen.

Naturpark Pfälzer Wald Dit Naturpark is met zijn oppervlakte van 1700 km^2 het grootste van Duitsland. Het is een uiterst dunbevolkt en eenzaam gebied, voornamelijk bestaande uit een enorm groot gesloten bosbestand, dat 95 procent van het gebied bedekt. Johanniskreuz, ten zuiden van Kaiserslautern, is één van de beste uitgangspunten om deze streek te verkennen. Van hieruit kunt u dagenlang wandelen zonder ook maar het kleinste gehucht tegen te komen. Het mooiste gedeelte is het rotslandschap rondom Dahn.

Wildparken

In het in deze gids beschreven gebied bevinden zich enige wildparken, die hieronder kort worden aangeduid. Bijzonderheden betreffende het merendeel van de parken vindt u bij de plaatsbeschrijvingen.

Eifel *Aken:* Tierpark im Drimborner Wäldchen.
Daun: Hirsch- und Saupark.
Gerolstein: Adler- und Wolfspark op de Kasselburg.

Gondorf (bij Bitburg): Eifelpark Gondorf (beren!).
Hellenthal: Wildfreigehege.
Mechernich: Hochwildschutzpark Rheinland.
Lünebach (bij Waxweiler): Eifelzoo (dierentuin).
Schmidt: Wildfreigehege.

Deutsche Wildstrasse Een aantal jaren geleden is een voor Europa uniek plan ontworpen. In de Vulkaneifel en Midden-Eifel zijn, verspreid over een gebied van 900 km^2, drie wildparken door een toeristische route met elkaar verbonden; de 'Deutsche Wildstrasse'. In deze wildparken te Gerolstein, Daun en Gondorf kunt u in een vrije wildbaan rood-, zwart- en moeflonwild, ree- en kleinwild, beren en roofvogels gadeslaan. Voor nadere inlichtingen kunt u zich het beste wenden tot de Wild- und Freizeitparke Schulte-Wrede, 5521 Gondorf.

Moezelstreek *Cochem/Klotten:* Wildpark.
Trier: Wildfreigehege in de Weisshauswald.

Hunsrück *Kempfeld:* Wildfreigehege Wildenburg.
Rheinböllen: Hochwildschutzpark Hunsrück.

Pfalz *Silz:* Wild- und Wanderpark Südliche Weinstrasse.
Wachenheim: Kurpfalzpark.

Rijn *Neuwied:* Dierentuin.
Rolandseck: Wildpark.

Saarland *Merzig:* Wolfsfreigehege.
Saarbrücken: Zoo.

Klimaat

De Eifel ligt hemelsbreed gezien op zo'n korte afstand van de zee, dat maritieme invloeden het klimaat overheersen.
Dat betekent dus dat de oceaandepressies eroverheen trekken en de westelijke winden er overheersen, zodat een enigszins vochtig klimaat zonder grote extremen in temperatuur en neerslaghoeveelheid het gevolg is. Toch zijn wat deze laatste twee factoren betreft de verschillen groter dan in ons eigen lage kustland. Zo vangen bijvoorbeeld het langs de westgrens van de Eifel liggende Hohe Venn en de smalle rug van de Schnee-Eifel het eerst de westenwinden op. Doordat de vochtige lucht er moet stijgen, heeft deze streek ook de meeste neerslag, terwijl door de hoogte de temperaturen er lager zijn. Vooral het Hohe Venn is berucht om zijn plotseling optredende dichte mist.
Aangezien het de vakantieganger vooral interesseert hoeveel kans hij heeft op regen, vermelden wij hier enige cijfers. Ter vergelijking kan dienen dat De Bilt jaarlijks gemiddeld 750 mm neerslag noteert. In het gebied van het Hohe Venn lopen de neerslaghoeveelheden op tot circa 1400 mm per jaar. Van daaruit naar het oosten gaande komt men in de 'regenschaduw' en neemt de hoeveelheid snel af.
Zo wordt in Monschau bijvoorbeeld nog om en nabij de 1150 mm neerslag gemeten, terwijl in de Münstereifel slechts 630 mm neerslag valt. Op de kam van de zuidelijker gelegen Schnee-Eifel valt ongeveer 1060 mm per jaar. In Prüm, onmiddellijk aan de zuidoostzijde ervan, is dit verminderd tot 840 mm, terwijl het meer naar het oosten liggende Gerolstein

825 mm telt. De 'regenschaduw' van de Schnee-Eifel is dus minder opvallend dan die van het Hohe Venn.
In de Vulkaneifel, het meest bezochte en interessantste deel van het bergland, schommelen de neerslaghoeveelheden tussen de 700 (Adenau) en 800 mm (Kyllburg). Gebieden met betrekkelijk weinig neerslag zijn het Ahrdal (Altenahr 600 mm; Ahrweiler 550 mm), de omgeving van de Laacher See (Wassenach 580 mm) en vooral het ten zuiden daarvan gelegen Maifeld (Münstermaifeld 520 mm). In dit oostelijk deel van de Eifel heeft het klimaat al duidelijk een wat meer continentale inslag. Het kan er 's zomers vrij warm worden, terwijl de regen meestal in de vorm van heftige op wolkbreuken gelijkende buien valt. In het westelijk deel van de Eifel is het aantal zonuren, dat van noord naar zuid toeneemt, over het algemeen iets lager dan in Nederland. Voor kampeerders is het van belang te weten dat de nachtvorstperioden in de Eifel gemiddeld wat vroeger, namelijk al in oktober, beginnen en wat later eindigen dan bij ons (pas in de loop van mei). De wintertemperaturen zijn er uiteraard ook een stuk lager en er valt vaak een flink pak sneeuw (tot 60 cm), dat echter nooit lang blijft liggen.

Het klimaat van de Hunsrück komt heel erg overeen met dat van de Eifel. Ook hier valt in het westelijk deel de meeste neerslag (circa 1000 mm in het Hochwald rond Hermeskeil en bij de Erbeskopf), die echter naar het oosten toe snel afneemt. De grote rivierdalen van de Rijn, Moezel en Nahe kennen wat sterkere periodieke temperatuurschommelingen dan de hoogvlakten. 's Zomers stijgen de temperaturen er tot hogere waarden, maar in de winter en ook in de herfst kan het er door het veelvuldig optreden van koude mistbanken plotseling vochtig en kil worden. Door de lagere en meer beschutte ligging vriest het 's winters minder dan in het bergland. Tussen deze dalen onderling zijn nog enkele kleine verschillen.
Het Moezeldal, vooral in het midden en westelijk deel, heeft meer neerslag dan de dalen van de Rijn en de Nahe. Dit laatste kent veel minder mist dan de andere twee en het Rijndal ten slotte wordt gekenmerkt door een zachter voorjaar.

Een gebied dat bovenmatig profiteert van zijn ligging aan de lijzijde van het bergland is de Pfalz, met name het gedeelte dat bekend staat als de Deutsche Weinstrasse en de Rijnvlakte. Van het gehele land is dit de meest regenarme streek, waar jaarlijks niet meer dan 500 mm neerslag wordt gemeten. De gemiddelde winter- en zomertemperaturen liggen er zelfs iets hoger dan de gunstig gelegen gedeelten van de dalen van de

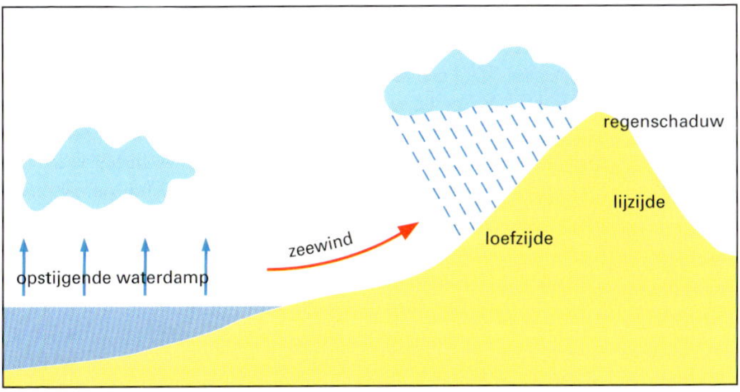

Mittelrhein en de Moezel, het voorjaar treedt er ongeveer twee weken eerder in (midden april/eind april) en het gemiddeld aantal zonuren per dag ligt er ook iets hoger.
Daarentegen is het zogenaamde 'Bioklima' er minder gunstig. Onder 'Bioklima' verstaan de Duitsers het verband dat bestaat tussen enerzijds de menselijke gezondheid en anderzijds de factoren die het 'klimaat' in zijn algemeenheid bepalen. Tot die factoren behoren onder andere de hoogteligging van een plaats of streek, de vochtigheidsgraad, de aanwezigheid van pure lucht en de stralingsintensiteit. 'Reizstark', heilzaam en opwekkend voor het menselijk organisme, zijn bijvoorbeeld de hoogste regionen van de Eifel en de Hunsrück, terwijl de klimatologische omstandigheden in de Rijnvlakte ten zuiden van Mainz zelfs een nadelige invloed kunnen hebben op het lichamelijk welbevinden. Nederlanders zien doorgaans weinig heil in het ondergaan van de bij Duitsers zo populaire Kneipp-, drink- en badkuren, want het kuren behoort niet tot onze cultuur en is hier bovendien niet opgenomen in het ziekenfondspakket. Maar zonnestraling, wind en gezonde lucht behoren gelukkig niet tot de uitgebate gaven van de natuur. Van deze gaven kan de Nederlander gratis genieten, tenzij een 'Staatsanerkannter Kurort' er belasting over gaat heffen.

Geschiedenis

De Eifel en de Hunsrück werden reeds gedurende de IJstijden door mensen bewoond. De Neanderthaler, die meer dan 100.000 jaar geleden in West- en Midden-Europa voorkwam, heeft bijvoorbeeld in de Eifel in verscheidene kalksteengrotten sporen van bewoning achtergelaten. Bijvoorbeeld in de Kakushöhle bij Eiserfey en het Buchenloch bij Gerolstein. Overigens blijft het meeste van de historie der mensen, die toen en na de IJstijden in het Stenen, het Bronzen en IJzeren Tijdperk leefden, in het duister gehuld.
Omstreeks 500 voor Christus trok het dynamische volk der Kelten hier binnen. De belangrijkste Keltische stam in dit gebied waren de Treveren, die zich in het gebied van het huidige Trier vestigden. Door hen is onder andere de imposante 'Hunnenring' gebouwd, een vestingwal in het noorden van Saarland bij Otzenhausen (ten zuiden van Hermeskeil), opgetrokken uit reusachtige steenblokken.
In de laatste eeuwen voor het begin van onze jaartelling kwamen verschillende Germaanse stammen over de Rijn naar het noorden en zo troffen de Romeinen, toen ze vanuit Gallië naar deze contreien optrokken, naast de Keltische Treveren de Vangionen aan in de Hunsrück, de Caerosen in de omgeving van het tegenwoordige Prüm en de Eburonen in de noordelijke Eifel en aan de Rijn bij Keulen. Nadat de Romeinse legioenen in het Teutoburger Woud verslagen waren, werd de Eifel eeuwenlang het noordelijk grensgebied van het Romeinse rijk. Het vormde met de Rijn aan zijn oostflank een natuurlijk bastion tegen de niet-onderworpen Germaanse volkeren. Trier (Augusta Treverorum) werd keizerresidentie en was het middelpunt van waaruit verschillende wegen werden aangelegd naar de vooruitgeschoven Romeinse garnizoenen langs de Rijn. Uit een aantal van de versterkte posten langs deze wegen groeiden later plaatsen zoals Bitburg, Jünkerath en Zülpich in het Eifelgebied, en Simmern, Hermeskeil en Kastellaun in de Hunsrück. Daarnaast stammen verscheidene plaatsen in de dalen van de grotere rivieren zoals de Rijn, Moezel, Saar, Nahe en Ahr, uit deze periode. Behalve goede wegen bracht de Romeinse cultuur het gebied nog vele andere voordelen, waaronder betere bebouwing van het land (vooral wijnbouw), meer ontwikkelde

Detail van het ruiterstandbeeld van Wilhelm I op de Deutsches Eck in Koblenz: het machtige Duitsland gesymboliseerd door de adelaar (PI)

vormen van handwerk (keramiek), nieuwe bedrijfstakken (ijzer- en loodbewerking, steenbakkerijen en glasblazerijen) en een levendige handel. Zo ontwikkelden zich Keulen (Colonia Agrippinensium), Bonn (Bonna), Remagen (Ricomagnus) en Koblenz (Confluentes) tot bloeiende Romeinse nederzettingen. Maar Trier spande de kroon qua grootte en levendigheid. Daarvan getuigen nu nog de indrukwekkende resten van Romeinse bouwwerken. Interessante overblijfselen uit die tijd zijn voorts de Romeinse villa's tussen Kyllburg en Bitburg en bij Gerolstein en het 'Römerkanal'. Dit kanaal is een 10 km lang gedeelte van een drinkwaterleiding, die bij Nettersheim, ten zuidoosten van Urft in de Nordeifel, begon en Eifelbronwater naar Keulen voerde.

Na herhaalde aanvallen van de Germanen bezweek de Romeinse 'frontlijn' ten slotte omstreeks 460 na Christus en het Germaanse volk der Franken maakte zich van het gebied meester. Hun latere vorst Karel de Grote (768-814) maakte de Rijnstreek zelfs tot het centrum van zijn geweldige rijk, doordat hij Aken als belangrijkste zetel voor zijn hof koos. Verschillende kloosters in de Eifel, zoals die van Prüm, Kornelimünster, Münstereifel en aan de rand ervan vooral dat van Echternach, ontwikkelden zich, gesteund door de machtige vorst en enige van zijn opvolgers, tot Karolingische cultuurcentra.
Bij het Verdrag van Verdun in 843 viel Karels rijk echter van oost naar west in drie stukken uiteen, waarbij elk van zijn drie kleinzoons een deel kreeg. Het Rijndal maakte eerst deel uit van het middelste stuk onder Lotharius, maar ging een eeuw later over naar het Oost-Frankische rijk. De voormalige leenmannen van de keizer gingen intussen steeds zelfstandiger optreden en trokken zich op het laatst weinig meer van het boven hen gestelde gezag aan. Zo ontstonden vele min of meer onafhankelijke gebieden, die zich vooral in de moeilijker toegankelijke streken steeds verder opsplitsten tot ontelbare dwergstaatjes, die onderling vaak felle strijd leverden.
Uit die tijd stammen de vele burchten. Alleen in de Eifel moeten er in het tijdperk van de 11e tot de 13e eeuw ongeveer 140 burchten zijn geweest. Daarnaast waren er dan nog de kloosters met hun eigen grondgebied. Gaandeweg wisten enkele van de grotere territoriale machten uit de

laagvlakte of de rivierdalen zich tot diep in het bergland uit te breiden. In het noorden van de Eifel waren dat het aartsbisdom Keulen en het graafschap (later hertogdom) Jülich, in het zuiden het aartsbisdom Trier en in het zuidwesten het graafschap Luxemburg.
Tussen deze grote in bleven in het midden van de Eifel de kleinere zelfstandige gebieden Neuenahr, Virneburg, Manderscheid, Blankenheim, Schleiden en de vorstelijke abdij Prüm bestaan. Daarbij kwamen dan nog aan de rand van het gebied de vrije rijkssteden Aken en Keulen. De laatste had zich na een felle strijd aan het eind van de 13e eeuw ontworsteld aan de heerschappij van de aartsbisschop, sloot zich later bij de Hanzebond aan en werd het grootste handelscentrum van het Rijnlandgebied. Uit de bloeiperiode van Keulen, die tot de 15e eeuw duurde, stammen de vele interessante bouwwerken, waaronder tientallen kerken die tegenwoordig nog te bewonderen zijn.
De machtigste deelstaat was in de 14e eeuw het bisdom Trier dat behalve een groot deel van de zuidelijke Eifel, bijna het gehele Moezeldal en het westelijke en noordoostelijke stuk van de Hunsrück omvatte. De rest van de Hunsrück raakte, behoudens enkele kleinere gebieden, in handen van de Pfalzgraven.

Ondanks de talrijke twisten, die tussen de verschillende staten en staatjes werden uitgevochten, werd het gehele gebied toch gekenmerkt door een zekere welvaart. Pas na de Middeleeuwen kwamen de ernstige beproevingen in de vorm van langdurige en grotere oorlogen, die gepaard gingen met roof en plunderpartijen, brandstichtingen en verwoestingen. Vooral gedurende de Dertigjarige Oorlog (1618-1648) en tijdens de later in dezelfde eeuw gehouden krijgstochten van de Franse koning Lodewijk XIV, werden Eifel, Hunsrück, Moezel- en Rijndal zwaar geteisterd.
De Zonnekoning annexeerde bovendien grote delen van deze gebieden en liet ter betere beheersing ervan onder leiding van Vauban, boven de Moezel bij Traben-Trarbach het machtige vestingwerk Montroyal bouwen. Desondanks gelukte het hem niet de bevolking blijvend aan het Franse vorstenhuis te onderwerpen.
Hoewel er ook in de 18e eeuw geen vrede heerste, kan men toch spreken van een periode van herstel met een toenemende welvaart en als gevolg daarvan een groei van de bevolking. Maar in 1794 trokken de Franse revolutionaire legereenheden binnen en in de daarop volgende jaren werd al het land links van de Rijn bij Frankrijk ingelijfd. De Franse tijd bracht behalve veel ellende ook enige goede ontwikkelingen. Er werd een einde gemaakt aan de talrijke door adel en geestelijkheid geregeerde staatjes en daarmee aan de versplintering en de verspilling. Na de val van Napoleon werd op het Wener Congres het Rijnland aan de Pruisen toegewezen.
De industriële revolutie, die in de 19e eeuw plaatsvond, liet de moeilijk bereikbare berggebieden vrijwel ongemoeid. De nijverheid concentreerde zich in de lagere gebieden langs de randen, vooral rond het steenkolenbekken van Aken in het noorden, dat van Saarland in het zuiden en in het Rijndal. Tegen het eind van de 19e eeuw, na enkele zeer slechte jaren door misoogsten, kregen vele Eifel- en Hunsrückbewoners genoeg van het harde bestaan en trokken weg naar de welvarende randsteden of emigreerden naar het lokkende Amerika. Vooral tussen 1850 en 1890 ontvolkte het bergland zo op grote schaal.
Pas na de aanleg van enkele spoorlijnen (1871 tussen Keulen en Trier, dwars door de Eifel) en verbetering van de wegen, leek de economische situatie wat gunstiger te worden. Toch hebben alle ook in de 20e eeuw

gedane pogingen om vooral de Eifel economisch verder te ontwikkelen door industrieën aan te trekken tot dusver weinig resultaat gehad. De moeilijke verkeerssituatie, die tot hoge transportkosten leidde, bleef een ernstige handicap. Wel werd het peil van de landbouw verbeterd en daardoor bleef hier het landelijk karakter overheersen, wat dit gebied voor de vele rustzoekende vakantiegangers juist zo aantrekkelijk maakt. Na de Eerste Wereldoorlog bleef het Rijnland lange tijd door de geallieerde troepen bezet en dit herhaalde zich nadat in 1945 het nazi-rijk ineen was gestort. Het slotstuk van de Tweede Wereldoorlog ging met zware verwoestingen gepaard: in de steden door de zware bombardementen, in het Eifelland (vooral het noordwestelijk deel) door de van december 1944 tot maart 1945 durende hevige gevechten om de door dit grensgebied lopende Siegfriedlijn. Tegenwoordig behoren het grootste deel van de Eifel, het Moezeldal, de Hunsrück met het Nahetal en het midden-Rijndal tot het Bundesland Rheinland-Pfalz (hoofdstad Mainz). Het gedeelte dat zich ten noorden van de lijn Kronenburg – Bad Godesberg uitstrekt, behoort tot het Bundesland Nordrhein-Westfalen (hoofdstad Düsseldorf).

Economie

In de Eifel vormt het agrarisch bedrijf nog steeds het belangrijkste middel van bestaan, waarbij in de regenrijke gebieden (zie 'Klimaat') de veeteelt overheerst en in de oostelijkere, drogere streken, zoals het vruchtbare Maifeld, de akkerbouw. Maar behalve in de laatstgenoemde streek zijn de opbrengsten voor de boer nooit zeer groot geweest, vooral niet wanneer de zware arbeid die op deze ruige hoogvlakte nodig is, in aanmerking wordt genomen. De overgrote meerderheid van de boeren heeft bovendien slechts een klein bedrijfje.

Reeds verscheidene malen zijn de steengroeven in vulkanische afzettingen (basalt, tuf, tras en 'bims') ter sprake gekomen. Die afzettingen leveren materiaal op voor alle takken van het bouwbedrijf. Men treft ze vooral aan in het oostelijk deel van de Vulkaneifel, in het Brohltal bij Niermendig en bij Mayen. Maar ook andere gesteenten worden in de Eifel gedolven, bijvoorbeeld kalksteen bij Büdesheim, Pelm, Kerpen, Ahütte en Sötenich en zandsteen bij Kyllburg. Zij worden meestal in fabrieken ter plaatse tot bouwmateriaal verwerkt. Voorts heeft men hier reeds van oudsher klei (potaarde) gebruikt voor keramiek. Thans wordt er nog aardewerk in Trier, Mayen en Speicher gemaakt.

De ijzerwinning en ijzersmelterijen die vroeger ook van groot belang waren, zijn, nadat concurrentie met de grote bedrijven in de steenkolenbekkens zo moeilijk geworden is, zo goed als ten gronde gegaan. Slechts twee bedrijven zetten de traditie voort, namelijk te Jünkerath en te Quint. Lood, reeds ten tijde van de Romeinen hier gedolven, wordt nog steeds gewonnen bij Mechernich in de noordelijke Eifel. In het hier dichtbij gelegen Stolberg bevinden zich grote metaalfabrieken (onder andere zink en tin) en chemische industrieën.

We zijn nu reeds aan de rand van het aan industrie zo rijke kolenbekken van Aken. Te Aken zelf moeten in de eerste plaats de naald-, machine-, gloeilampen- en rubberbandenfabrieken en de lakenweverijen worden genoemd. Het lakenweven is al een oude bedrijfstak in de Eifel. Men kwam er, toen er nog grote kudden schapen op de uitgestrekte heidevelden werden gehoed, goedkoop aan wol en bovendien leverden vele beekjes en riviertjes als belangrijk middel in het productieproces helder, kalkvrij water.

Dat ook industriële bouwwerken mooi kunnen zijn, laat deze nacht-opname van een warmtekrachtcentrale in het Saarland zien (MK)

De winsten waren dan ook niet gering, hetgeen men nog weerspiegeld vindt in de statige huizen van oude plaatsen zoals Münstereifel, Monreal en vooral Monschau. Momenteel concentreert de lakenweverij zich behalve te Aken ook in Monschau, Euskirchen en Düren. Deze laatste stad profiteert bovendien van het kalkvrije water van de Rur, dat tegenwoordig door de aanleg van verschillende Talsperren regelmatig aangevoerd kan worden voor haar belangrijke papierindustrie.
Wie van Düren naar het handels- en industriecentrum Keulen gaat, moet de smalle rug van het Vorgebirge over, dat hier rijk is aan grote bruinkoolgroeven. De Rijnstreek waar we nu komen is, zoals iedereen wel weet, economisch van zeer grote betekenis: handel, verkeer, industrie, toerisme en wijnbouw vormen belangrijke middelen van bestaan.
In de zijdalen, althans die van de Ahr en Moezel, ligt de nadruk uitsluitend op de wijnbouw, het vreemdelingenverkeer en in het laatstge-

noemde dal ook op de fruitteelt. Wat het Ahrdal betreft moet nog even de aandacht gevestigd worden op het bekende Apollinaris-tafelwater, dat hier in een bron opwelt en in ontelbare flesjes gebotteld zijn weg vindt tot ver over de Duitse grenzen. Er zijn in de Eifel overigens meer van deze koolzuurhoudende mineraalwaterbronnen (Sprudel), die op dezelfde wijze geëxploiteerd worden, zoals die van Gerolstein, Birresborn, Tönisstein en Niedermendig.

In de Hunsrück vindt op de hoogvlakte voornamelijk akkerbouw en veeteelt plaats, terwijl de bosrijke bergruggen veel hout leveren, dat gedeeltelijk in de houtindustrie van het Trauntal bij Birkenfeld wordt verwerkt. Evenals in de Eifel heeft de ertswinning en ertsverwerking hier niets meer te betekenen. Een enkel 'Eisenwerk' (niet meer in werking, wel te bezichtigen) vindt men alleen nog in het Guldenbachtal tussen Stromberg en Bingen.

Vooral in de diverse dalen zijn nog talrijke steengroeven, maar vulkanisch gesteente wordt er slechts weinig gedolven, eigenlijk alleen bij Kirn aan de Nahe. Van vulkanische oorsprong waren wel de vele halfedelstenen (agaat, amethist en carneool), die men in de omgeving van Idar-Oberstein vond. De groeven zijn uitgeput, maar ondertussen is daar een bloeiende edelsteen- en sieradenindustrie gegroeid, waarvoor men thans edelstenen importeert van overzee, vooral uit Brazilië.

In het Nahetal moeten voorts de zoutwaterbronnen van Bad Kreuznach en Bad Münster-am-Stein worden vermeld, die nog steeds worden geëxploiteerd. En natuurlijk niet te vergeten de wijnbouw langs de benedenloop van de rivier. In de Pfalz valt alle nadruk op de wijnbouw, hoewel er ook in het Pfälzer Wald enige bosbouw van betekenis is. Talrijk zijn de wijngaarden ook in de dalen van de Ruwer en van de Saar, beide zijrivieren van de Moezel. Langs de Saar naar het zuiden trekkend, komt men ten slotte in het economisch zo belangrijke steenkolenbekken van Saarland, met zijn mijnen, hoogovens, glasblazerijen, staal-, chemische en keramische industrieën.

Bevolking en godsdienst

Bij het typeren van de volksaard in een bepaald gebied moeten we ons beperken tot het aanduiden van enkele algemene trekken, die een zeker grondpatroon vormen, waarop echter talloze variaties mogelijk zijn. Denk slechts aan het mentaliteitsverschil tussen oudere en jongere generaties, plattelanders en stedelingen, de verschillende beroepsgroepen, enzovoort. Met de nodige reserve kunnen wij dan de Eifelbevolking karakteriseren als stug, gesloten, behoudend en godsdienstig (maar niet vrij van bijgeloof).

De Eifelbewoners hebben een sterke gemeenschapszin, hechte familiebanden en burendiensten en maken op buitenstaanders een enigszins ernstige indruk. Toch kunnen ze onder elkaar zeer vrolijk zijn. In de meest afgelegen, eenzame streken neemt de bevolking tegenover vreemdelingen wel eens een tamelijk wantrouwige houding aan. Hier vormen de bewoners een grote tegenstelling met de uiteraard sterk gemengde bevolking van het Rijndal, die wordt gekenmerkt door een bruisende vrolijkheid en levenslust, ondernemingszin en openheid voor nieuwe stromingen.

Dat het hier geen tegenstelling tussen bergland en dal in het algemeen betreft, blijkt uit het feit dat de Hunsrückers over het algemeen opener en levendiger zijn dan de Eifelbewoners, terwijl de bevolking in het Moezeldal weer een wat zwaarmoediger inslag heeft dan de Rijnlanders.

Als product van een smeltkroes van volkeren en culturen heet de Pfälzer

liberaal en tolerant te zijn, maar in de omgang met de ruw-hartelijke Pfälzer blijkt zijn gezichtsveld en interesse vooral beperkt te zijn tot de wijnstok.
De bewoners van de Eifel zijn, evenals die van het Rijndal, in meerderheid rooms-katholiek. Alleen in en om Schleiden en Monschau komt een sterk protestantse (evangelische) minderheid voor. Ook de bevolking van het Moezeldal is overwegend rooms-katholiek. Er zijn enkele protestantse enclaven, gebieden die niet of slechts kort onder het bestuur van het aartsbisdom Trier hebben gestaan en voornamelijk de invloed hebben ondergaan van de Pfalzgraven, zoals de omstreken van Winnigen, Traben-Trarbach en Mülheim.
De bevolking in de westelijke en noordoostelijke delen van de Hunsrück is onder het bewind van de aartsbisschoppelijke staat Trier rooms-katholiek gebleven. De rest van de Hunsrück en het Pfälzer Wald, dat bijna geheel door de Pfalzgraven werd beheerst, zijn thans hoofdzakelijk protestants.

Zoals gezegd zijn de Rijnlanders in meerderheid rooms-katholiek. Keulen, zetel van een aartsbisschop, is vanouds een bolwerk van het rooms-katholicisme. Sinds de oorlog hebben echter miljoenen Duitsers uit het oosten werk gezocht en gevonden in dit welvarende deel van de bondsrepubliek. Deze 'Einwanderer' waren voor het overgrote deel protestants.

Folklore en bijzondere evenementen

In deze rubriek kunnen wij kort zijn, want in de dynamische 20e eeuw met zijn intensieve verkeer en zijn massacommunicatiemiddelen zoals pers, film, radio en televisie en tegenwoordig internet, die tot in de verste uithoeken de mensen in contact brengen met nieuwe opvattingen en levensvormen, zijn zelfs bij de zo behoudende Eifelbevolking alle sporen van folklore vrijwel uitgewist. Klederdrachten treft men hoofdzakelijk aan bij de talrijke volksfeesten, 'Heimatfeste' en natuurlijk ook de wijnfeesten die jaarlijks worden georganiseerd. Een aantal van die volksfeesten vindt zijn oorsprong in oude gebruiken. In het Rijndal, het Moezeldal, het Nahedal en de Pfalz trekken de uitbundige wijnfeesten en carnavals in de zomer en herfst vele bezoekers.
Hieronder volgt een opsomming van de voornaamste en periodiek terugkerende evenementen. Het is aan te bevelen, wanneer u een bepaald evenement op het oog heeft, informatie te vragen betreffende tijd en datum bij één van de ANWB-kantoren, het Duits Verkeersbureau te Amsterdam of de Duitse Nationale Dienst voor Toerisme te Brussel. De beide laatste geven jaarlijks een lijst met evenementen ('Veranstaltungskalender') uit.

Toneel en muziek

Juli: Eifeler Musikfest in het klooster Steinfeld bij Urft. Openluchtvoorstellingen op de binnenplaats van de burcht in Eltville.
Augustus: historisch burchtenfeest in Manderscheid.

Volksfeesten

De carnavalsfeesten, die gedurende de periode van oudejaarsavond tot Aswoensdag in het gehele Rijnland plaatsvinden, hebben door de intensiteit waarmee ze worden gevierd, terecht faam verworven. Het hoogte-

punt valt op Rosenmontag (de maandag voor de Aswoensdag) met grote optochten vooral in Keulen en Mainz, maar ook in verschillende andere steden, waaronder Aken, Bonn, Bad Godesberg en Koblenz. Vermaard is ook het kindercarnaval te Aken en de 'Veedelszög' (gemaskerde optochten) in vele stadswijken van Keulen.
In de lente en de herfst is het alom in het Rijnland kermistijd met nog typische gebruiken zoals het 'Kirchweihfest' (in het najaar).

De belangrijkste volksfeesten met oude gebruiken zijn:
Maart: 'Mandelblütenfest' in Neustadt (Pfalz).
Pasen: 'Eierlage' te Schönecken (Eifel).
Pinksteren: 'Geissbockversteigerung' in Deidesheim (Pfalz).
Weekeinde na Pinksteren: 'historischer Strassenmarkt' in Annweiler (Pfalz).
Eerste helft juni: 'Europäisches Grenzlandtreffen' in Bitburg (Eifel).
Medio juni: 'Johannisnacht', volksfeest ter ere van de uitvinder van de boekdrukkunst Gutenberg in Mainz (Rijn).
Juli: 'Brezelfest' in Speyer (Pfalz).
Eind juli/begin augustus: 'Schützenfest' en 'Hansenfest' in St. Goar (Rijn).
Augustus: 'St. Rochusfest' in Bingen.
Eind augustus/begin september: 'Mainzer Weinmarkt', Mainz (Rijn); 'Backfischfest' in Worms (zie Pfalz).
September: 'Dürkheimer Wurstmarkt', het grootste wijnfeest in Duitsland te Bad Dürkheim (Pfalz).

Wijnfeesten

Deze vinden vooral in augustus en september plaats in talloze plaatsen aan de Rijn, Ahr en Moezel. Tot de bekendste in de Ahrstreek behoren die van Ahrweiler (met optocht in klederdracht) en Altenahr; in het Moezeldal die van Winningen, Traben-Trarbach en Bernkastel; in het Nahedal die van Bad Kreuznach; en ten slotte de 'Dürkheimer Wurstmarkt' te Bad Dürkheim in de Pfalz, die de kroon spant.
Veel van de zogenaamde 'Winzerfeste', feesten van de wijnbouwers, hebben niets met folklore van doen, maar zijn louter een uitvinding van de toeristenbureaus om de vakantiegangers ook tijdens het zomerse hoogseizoen een aanleiding te geven tot hossen en drinken.
Een duidelijk overzicht van de belangrijkste wijnfeesten wordt gegeven in het inlichtingenblad 'Deutsche Winzerfeste', dat jaarlijks wordt uitgegeven door het bureau Deutsche Wein-Information, Postfach 1707, 55116 Mainz 1.

Speciale toeristische evenementen

De 'Rhein in Flammen' is een regelmatig plaatsvindend evenement, dat gepaard gaat met veel vuurwerk en verlichting langs de oevers van de Rijn in talrijke plaatsen tussen Koblenz en Bingen (begin mei rondom Königswinter, op de tweede zaterdag in augustus van Braubach tot Koblenz en half september te St. Goar/ St. Goarshausen).
Op de derde zaterdag in juli vindt het evenement 'Rursee in Flammen' plaats (Nordeifel).

Sportwedstrijden

Mei of juni: op de Nürburgring de 'ADAC Eifelrennen' voor motoren, race- en sportwagens.
Juni: in Aken groot internationaal concours hippique.

Cultuurgeschiedenis

Wanneer we de geschiedenis en ontwikkeling navorsen van steden als Trier, Aken, Keulen, Koblenz en Mainz, dan moeten we wel tot de slotsom komen dat het gebied binnen de vierhoek gevormd door deze steden (grotendeels het Rheinland Pfalz) eeuwenlang zwaarte- en middelpunt van West-Europa is geweest. De rol die dit gebied vroeger speelde, staat haaks op de relatief vrij onbelangrijke positie, die deze streek nu wordt toegekend of toegedacht. Zelfs de bewoners zelf zijn over hun geschiedenis nogal bescheiden. De tastbare bewijzen van het roemrijke verleden zijn echter nog op veel plaatsen zichtbaar. Zo spreken de kastelen en residenties van koningen en keizers boekdelen en tonen de vele monumentale kerken en kathedralen de rijkdom van weleer. De bloeiperiode van het gebied begon al voor onze jaartelling en duurde tot en met de 15e eeuw. Helaas werd de streek vanaf de Middeleeuwen ook geteisterd door verscheidene oorlogen, waardoor veel waardevolle zaken verloren zijn gegaan. In het rampjaar 1689 vielen de Fransen onder leiding van Lodewijk XIV het gebied binnen en hielden er flink huis en tijdens de Tweede Wereldoorlog hebben de bombardementen van de geallieerden ook veel schade toegebracht.

Bouwkunst

In dit hoofdstuk worden talrijke bouwwerken genoemd die als representatief kunnen worden beschouwd voor de stijlperiode waarin zij werden gebouwd. U moet daarbij echter voor ogen houden dat vele gebouwen door latere uitbreidingen en verbouwingen naast de oorspronkelijke nog diverse andere stijlen tonen. Tevens zijn vele bouwwerken – zeker na 1945 – volledig herbouwd, waarbij meestal is uitgegaan van de oorspronkelijke bouwplannen.

Romeinse tijd

Op geen ander deel van Noordwest-Europa hebben de Romeinen zo'n stempel gedrukt als op het Rijn- en Moezelland. Volgens de Romeinen zelf werd Trier omstreeks 15 voor Christus gesticht door keizer Augustus onder de naam Augusta Treverorum. Het was een belangrijk bestuurscentrum en een handelsstad, die later tot grote bloei kwam. Stel u voor, ver weg van Rome, in een gebied bewoond door 'primitieve barbaren' lag een stad die 80.000 inwoners telde en zich kon meten met toenmalige wereldsteden als Alexandrië en Antiochië. Deze hoofdstad van het noordwestelijk deel van Europa was uitgerust met keizerlijke paleizen, badhuizen en een amfitheater. Keulen was ook zo'n vooruitgeschoven post van de Romeinen, maar dan driemaal zo klein. De grootste en meest indrukwekkende bouwwerken die nog resten uit die tijd, zijn wel de Basilica en de Porta Nigra te Trier. Als ruïnes zijn bewaard gebleven de Kaiser- en Barbarathermen en het al genoemde amfitheater voor 25.000 toeschouwers te Trier en de Romeinse toren in Keulen. Maar vooral de teruggevonden mozaïekvloeren spreken tot de verbeelding en getuigen van de hoogstaande cultuur. In Otrang bij Bitburg (Südeifel) zijn de resten opgegraven van een grote Romeinse villa uit de eerste of tweede eeuw na Christus, compleet met vier mozaïekvloeren, verwarmings- en badinstallaties. U vindt ze voorts in Nennig (zie hoofdstuk Saarland) en Bad Kreuznach. Een goed beeld van het leven der Romeinen krijgt u in het Römisch-Germanisches Museum in Keulen (ook in het bezit van een mozaïekvloer) en het Landesmuseum in Trier. Het laatste museum heeft ook mozaïeken, fresco's, een heel complex grafreliëfs uit Neumagen en uit datzelfde Moezelplaatsje het beroemde 'wijnschip van Neumagen', waaruit blijkt dat al in die tijden de wijn een belangrijk product was.

De vroegchristelijke bouwkunst

Al tijdens de Romeinse keizer Constantijn (306-314) had het christendom zijn intrede gedaan. In de 4e en 5e eeuw werden in de grote Romeinse vestigingsplaatsen als Trier, Keulen, Mainz, Koblenz, Speyer en Worms zaalkerkjes gebouwd, maar slechts zeer spaarzame resten die dat bewijzen, zijn daarvan teruggevonden. Dat geldt bijvoorbeeld voor de St. Severin en de St. Gereon, beide in Keulen. In het ovale middengedeelte van de St. Gereon is nog de Byzantijnse vorm te herkennen van het bijzondere gebouw dat op last van Constantijn werd neergezet. In het post-Romeinse tijdperk werden de kerken meestal gebouwd op fundamenten van Romeinse tempels en gebruikte men als materiaal de bouwstenen van de 'heidense' villa's, stadsmuren en -poorten.

Met de komst van de Franken, die het gebied op de Romeinen veroverden, vangen de 'duistere Middeleeuwen' aan. Karel de Grote (768-814) koos Aken als hoofdstad van zijn geweldige rijk en daaraan herinnert nog steeds de beroemde Pfalzkapelle die in 805 gereedkwam. De bouwers van deze achthoekige hofkapel waren duidelijk nog steeds geïnspireerd door de Byzantijnse stijl uit het Oost-Romeinse Rijk. U mag dit bouwwerk, opgenomen in de Dom van Aken, in uw speurtocht naar de vroegchristelijke cultuur beslist niet missen. In navolging van Aken werden elders in het gebied, vooral in de bisschopssteden, in de periode tot het jaar 1000 eveneens kerken gebouwd. Helaas zijn ook van die bouwwerken slechts sporen overgebleven, daar het in de Salische periode (1024-1125) gewoonte was bij nieuwbouw het bestaande gebouw geheel af te breken.

Hoogromaanse stijl

Als in 1024 de rijksvorst Konrad II uit het Salische geslacht tot keizer van Duitsland wordt gekozen, treedt er vooral in het Rijnlandse gebied een bloeiperiode in, die zijn neerslag vindt in de cultuur. Konrad II was afkomstig uit de streek van Speyer. Worms, Speyer en Mainz werden vrije 'Reichstädte' (rijkssteden), die een ongekende bloei doormaakten. De keizer besloot te Speyer de 'machtigste Dom van de christelijke wereld' te bouwen, een verlangen dat we nadien in Keulen nog eens aantreffen. In het Rijnland en met name in Keulen werden talrijke kerken gebouwd die duidelijk de ontwikkeling van de West-Europese Romaanse bouwkunst illustreren. De indeling van zo'n traditionele Romaanse kerk is nu nog duidelijk in de Dom van Speyer terug te vinden, die ook inderdaad de grootste Romaanse Dom geworden is. Ook de Keulse kerk St. Pantaleon heeft een duidelijk Romaans karakter. Zoals alle basilica's heeft deze kerk een hoog middenschip met twee lagere zijbeuken. Verder heeft dit gebouw kleine dwarsbeuken met dezelfde hoogte als het schip, een koor met een halfronde apsis en een westwerk met twee torens. Dit westwerk is typerend voor de Romaanse kerkbouw in deze streek.

Een belangrijk kenmerk van de 11e- en 12e-eeuwse Rijnlandse kerken is het klaverbladvormige koor, een stijlkenmerk dat zijn hoogtepunt vindt in Keulen en navolging krijgt in de omgeving van de stad. Aan de oostelijke buitenzijde is bij een kerk met zo'n koor duidelijk te zien dat de apsissen een grondplan vormen dat lijkt op een klavertje drie. Zeven van de twaalf Keulse Romaanse kerken vertonen die vorm.

Typerend voor die tijd zijn ook de verscheidene abdijen met bijbehorende kerken in de Eifel, waarvan vooral die van Maria Laach beroemd is. Deze kerk uit 1156 is een basilica met een dubbel koor (één aan de oostzijde en één aan de westzijde, zoals die te Worms), twee dwarschepen en zes torens. Omdat zij onveranderd is gebleven, is ze één van de stijlzuiverste Rijnlandse Romaanse kerkgebouwen. Gedeeltelijk Romaans zijn de kerken van Karden aan de Moezel (St. Castorkirche), de Dom en de St. Matthiaskirche te Trier, de kerk van Münstereifel en de Stiftskirche te Münstermaifeld.

Gotiek

We nemen u weer mee terug naar Keulen, want hoewel de rijksdagen met veel pracht en praal plaatsvonden in Worms, Speyer en Mainz, bleef Keulen door zijn sterke economische positie toch de belangrijkste stad, en was tevens de zetel van een aartsbisschop en het christelijk centrum van Duitsland. Na de hoogtijdagen van het Romaanse bouwen werden aan het begin van de 13e eeuw de eerste spitsbogen geïntroduceerd (bijvoorbeeld in de St. Kunibert) en daarmee werd een eerste stap gedaan in de ontwikkeling van de gotische bouwstijl. Ook de Münster van Bonn, die voluit de kathedraal van St. Cassius en St. Florentius wordt genoemd, is tussen de 11e en 12e eeuw gebouwd in die overgangsstijl van Romaans naar gotiek.
Op 12 augustus 1248 legde aartsbisschop Konrad von Hochstaden de eerste steen voor de bouw van een kathedraal die de grootste van de wereld zou moeten worden: 144 meter lang, waarbij een enorm koor in het plan is opgenomen, voorts twee zijbeuken aan weerszijden van het schip en dwarsbeuken die tezamen 90 meter breed zijn. Zij is er ook gekomen, maar niet nadat onder aandrang van het Duitse nationalisme in het midden van de 19e eeuw het onvoltooide bouwwerk naar de oorspronkelijke plannen werd afgebouwd. Hoe het ook zij, de Keulse Dom is in al zijn luister en omvang één van de belangrijkste bouwwerken van het christendom geworden, een waar hoogtepunt van de gotische bouwkunst.
De architect van het gebouw, een zekere Gerhard, was geschoold bij de bouwkundige gilden in Noord-Frankrijk en Parijs en de invloed van een gebouw als de Nôtre-Dame is dan ook zeker te herkennen. De Dom heeft bijvoorbeeld net als de Franse kathedralen aan de zijkanten grote steunberen en lichtbogen, die behalve het opvangen van de druk van de buitenmuren door de plaatsing van rijk geornamenteerde pinakels (torentjes op de steunberen) ook een functie hebben als versieringselement. Het interieur, als het ware een museum van hoogstaande middeleeuwse kunst, herbergt tal van kostbaarheden uit die periode, zoals het eiken koorgestoelte, de Driekoningenschrijn (een meesterwerk op het gebied van de 13e-eeuwse goudsmeedkunst) en het Altaarretabel uit circa 1445 van Stephan Lochner. Deze kunstenaar is de beroemdste en enige bij naam bekende vertegenwoordiger van de Keulse School, een internationaal bekend gilde van schilders. Andere, anonieme kunstenaars van die School staan bekend onder namen als 'Meester van de Marialevens' of 'Meester van de Heilige Sibbe'. In het Museum Ludwig te Keulen kunt u die meesterwerken bezichtigen.
Andere mooie voorbeelden van gotische kerken zijn te vinden in Kornelimünster (abdijkerk), Trier (Liebfrauenkirche) en Ahrweiler (St. Laurentius). Uit de gotische periode zijn ook nog verscheidene wereldlijke gebouwen gespaard gebleven. Daartoe behoren de raadhuizen van Aken, Münstereifel en Keulen; in de laatste stad ook het feestgebouw (eertijds handelsgebouw) Gürzenich.

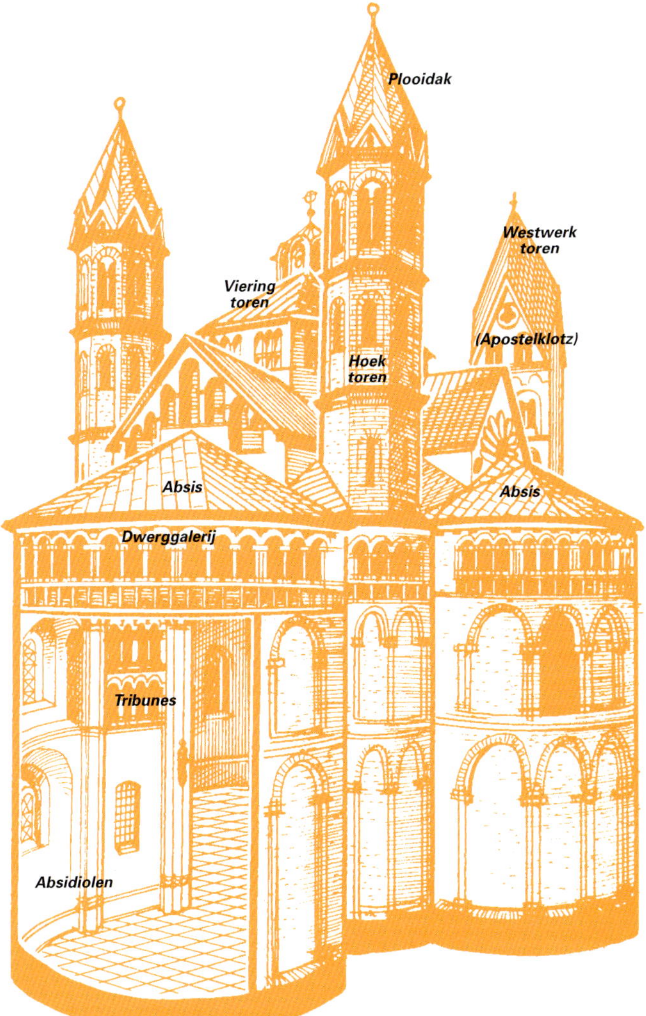

De St. Aposteln in Keulen: in het interieur kunnen bijna alle karakteristieken van de Rijnlandse Romaanse stijl worden herkend.

Renaissance en barok

Johannes Gutenberg van Mainz drukte omstreeks 1440 zijn eerste boek met losse metalen letters en luidde daarmee een nieuw tijdperk in. In diezelfde tijd gaf ook Stephan Lochner in zijn beroemde Altaarretabel in de Dom van Keulen vorm aan een onderwerp dat de naderende Renaissance aankondigde. Het stelt de zelfbewuste Keulse burgers voor, die zich met behulp van de beschermheiligen van de stad rechtstreeks tot Maria wenden.

Dat zelfbewustzijn heeft echter niet tegen kunnen houden dat er een einde kwam aan de machtspositie van de stad, een terugval die mede

werd veroorzaakt door het feit dat de stad in de tijd van de Reformatie haar onvoorwaardelijke steun had gegeven aan het rooms-katholicisme. De ondergang van het machtige Duitse keizerrijk (Heiliges Römisches Reich Deutscher Nation) viel nagenoeg samen met de omwenteling op geestelijk gebied in het noorden van Europa. Aan de schitterende rijksdagen te Worms en Speyer kwam in de 16e eeuw definitief een einde, ingeluid door de Rijksdag van Worms (1521) waarin Luther optrad.
De Renaissance deed in het Rijnland pas laat zijn intrede en is er – en dit geldt trouwens voor heel Duitsland – in de bouwkunst nooit van grote betekenis geweest. Als fraaie voorbeelden van deze stijl zijn de voorhal van het raadhuis van Keulen en het keurvorstelijk slot in Mainz te beschouwen. Voorts vindt u de stijl terug in de huizenbouw van sommige oude steden en in stijlornamenten in het interieur van verscheidene kerken; het betreffen hier meestal renaissance-elementen die van Vlaamse origine zijn.

Ook de *barok* heeft, mede door het uitbreken van de Dertigjarige Oorlog, een minder grote rol gespeeld dan in Zuid-Duitsland, waar de Contrareformatie wel grote invloed had. Maar toch lieten ook hier aan het eind van de 17e en in de 18e eeuw, zoals in andere delen van Duitsland, verscheidene wereldlijke en geestelijke machthebbers naar Frans voorbeeld (Versailles!) een slot bouwen dat indruk moest maken. Hiertoe leende de weelderige barok- en rococostijl zich bij uitstek. Vooral de keurvorsten van Keulen, Trier en Mainz hadden behoefte aan een dergelijk bewijs van hun macht en goede smaak. Diverse Franse architecten werden door hen naar Duitsland gehaald, zoals bijvoorbeeld François Cuvillié's. Deze was voornamelijk verantwoordelijk voor de bouw van Schloss Augustusburg te Brühl (zie Keulen), dat gebouwd werd in opdracht van de kunstminnende Keulse keurvorst-aartsbisschop Clemens August. In ditzelfde Schloss komen we Balthasar Neumann (1687-1753) tegen, een bekende Würzburger barokarchitect, die het trappenhuis voor zijn rekening heeft genomen. Ook Trier heeft zijn 'Kurfürstliches Schloss', gebouwd in 1757-1761 door de minder bekende Johannes Seitz. En in Mannheim staat een keurvorstelijk slot (1720-1760) dat het grootste barokke paleis van Europa is. Mannheim zelf is trouwens in zijn geheel in een schaakbordpatroon aangelegd naar voorbeelden uit de Italiaanse Renaissance. De lange gevel van de universiteit van Bonn (vroeger een slot) is ook een duidelijk voorbeeld van de bouwwijze uit die periode, maar meer barokke uitstraling heeft het lustslot Poppelsdorf in het zuidwesten van deze stad. Een goed voorbeeld van rococo is het Kurhaus Redoute in Bad Godesberg.
Dat Balthasar Neumann gespecialiseerd was in trappenhuizen bewijst ook de 'Heilige Stiege' in de Kreuzbergkirche in Bonn. Schitterend is de ruimtewerking van deze trap die naar een altaar voert. Ook de St. Paulinkirche te Trier is van zijn hand. Veel kerken zijn er overigens niet in de barokperiode gebouwd. De Jezuietenkirche te Mannheim geldt als belangrijkste voorbeeld. Talrijke oudere kerken hebben echter wel een barok interieur gekregen. Zo heeft de oude Romaanse Dom van Worms een schitterend barokaltaar, aangebracht in 1740 door Johann Balthasar Neumann, een zoon van de beroemde Balthasar Neumann.
Aan het eind van de 18e eeuw deed ook het classicisme zijn intrede. Franse architecten bouwden toen het slot te Koblenz in die stijl.
Ook de in de 19e eeuw tot stand gekomen Elisenbrunnen in Aken is classicistisch van stijl. In de Rijnstreek werkte voorts de Koblenzer bouwmeester Von Lassaulx, die voor verscheidene dorpen kerken heeft ontworpen.

19e-eeuwse Rheinromantik

De 19e eeuw is de eeuw van de romantiek, die in Duitsland vooral bloeide aan de Mittelrhein, het Rijngedeelte tussen Keulen en Mainz. Dit tijdperk wordt hier dan ook aangeduid met de naam 'Rheinromantik'.
Met Lord Byron voorop zijn het de Engelsen geweest die in het begin van de 19e eeuw de romantische schoonheid van de Rijn ontdekten. In hun voetspoor volgden kunstenaars, dichters en denkers, die op hun beurt weer werden gevolgd door Pruisische aristocraten en kapitalisten. Grote groepen schilders en tekenaars streken neer op de oevers van de Rijn om de mooie plekjes in beeld te brengen, maar slechts enkelen bereikten een aanvaardbaar niveau. De leden van de Düsseldorfer Schule kregen wel internationaal enige faam, maar die verbleekte spoedig. Daarna gelukte het Caspar Scheuren met zijn fijne composities van Rijnlandschappen naam te maken. Architecten- en beeldhouwersscholen bloeiden op, maar slechts rond de beeldhouwers Peter Fuchs en Caspar Weiss ontstond een groep van enige betekenis. Fuchs was betrokken bij de voltooiing van de Keulse Dom, inderdaad een huzarenstukje voor die tijd, geleid door de bouwmeester Ernst Friedrich Zwirner. Deze architect van de neogotiek was ook verantwoordelijk voor de bouw van de Apollinariskirche bij Remagen.
De romantiek ontaardde soms in dweperij en de fantasie kende geen grenzen toen Pruisische prinsen en andere kapitalisten zich bezig gingen houden met de restauratie en verbouwing van burchtruïnes. Rheinstein, voorheen Vogtsburg bij Trechtingshausen, was de eerste burcht die dat lot onderging. Stolzenfels bij Koblenz, dat een Engels aanzien kreeg, volgde en de reeks eindigde met de bouw van de fantastische, pronkerige Drachenburg boven Königswinter (1882-1884).

De 20e eeuw

In de 20e eeuw stimuleerden de zich snel uitbreidende steden het zoeken naar nieuwe vormen in de architectuur, rekening houdend met de groeiende behoeften aan hygiëne, comfort, efficiency en niet te vergeten licht. Maar ook de stijgende kostprijzen van grond en arbeidskrachten, het gebruik van nieuwe materialen zoals beton en verbeterde constructiemethoden bepaalden de vorm en de stijl.
Om te voorkomen dat de grote steden al te zeer op steenwoestijnen gingen lijken, diende een juiste dosering van parken, groenstroken, recreatie- en sportterreinen tussen de huizenblokken gewaarborgd te worden. Om tevens aan de eisen van het verkeer tegemoet te komen werd 'planning' nodig en steeds meer stedenbouwkundigen gingen zich bezig houden met de complexe infrastructuur. Wil men van deze ontwikkeling, die zich ook in ons land zo duidelijk gemanifesteerd heeft, resultaten zien, dan komt in de eerste plaats Keulen in aanmerking. De woonwijken van Köln-Buchforst, die ook wel bekend staan onder de naam 'Weisse Stadt', ontstonden in de periode tussen de twee wereldoorlogen. Na de Tweede Wereldoorlog is de stedenbouw in zwaar geteisterde steden zoals Keulen, Koblenz, Trier en Aken weer voor geheel nieuwe problemen komen te staan. De ontstane lege ruimten schiepen weliswaar vele nieuwe mogelijkheden, maar daarbij stond men toch ook voor de taak een enigszins verantwoorde synthese te vinden tussen bouwwerken en woonhuizen die gespaard waren en de flatgebouwen, kantoren en winkelpanden die moesten verrijzen. Op deze woonwijken, kantoorgebouwen en dergelijke is natuurlijk niet altijd zonder meer het begrip 'kunst' van toepassing, maar een moderne kerk zoals bijvoorbeeld de St.-Anna-

kerk te Düren van de architect Rudolf Schwartz is in haar functionele en toch esthetische vormgeving van exterieur en interieur als een uiting van eigentijdse kunst te beschouwen.
Door de hedendaagse efficiency en onder druk van de economie dreigen vele niet-spectaculaire gebouwen en hun interieurs te verdwijnen. De nostalgische belangstelling voor met name het 19e-eeuwse en begin-20e-eeuwse erfdeel neemt toe. Vooral oude boerderijen maar ook burgerwoningen, arbeidershuizen, handwerkplaatsen en winkels worden overgebracht of nagebouwd in de openluchtmusea. Tot het belangrijkste museum behoort het Rheinische Freilichtmuseum te Kommern. Ook het openluchtmuseum in Bad Sobernheim stelt alles in het werk om oude gebouwen, werktuigen enzovoorts te redden van verval en afbraak.

Steden en dorpen

Vooral de grote steden Aken, Keulen, Koblenz en Trier hebben in de Tweede Wereldoorlog vele bombardementen moeten doorstaan. Hierbij hebben meestal de centra met hun oude stadswijken het zwaarst geleden. De wederopbouw is thans voltooid, maar het karakteristieke van de oude stadskernen is grotendeels verloren gegaan, ook al omdat door de toenemende 'cityvorming' vele nieuwe kantoor- en winkelpanden verrezen. In de meeste gevallen hebben de Duitsers de wederopbouw goed aangepakt. Vele oude gebouwen werden in de oorspronkelijke stijl hersteld, maar ook de nieuwbouw werd met zorg aangepakt. Vooral de laatste jaren worden in diverse steden gedurfde projecten uitgevoerd, die alom waardering en bewondering oogsten. Keulen is hier een goed voorbeeld van. In de meeste steden heerst doorgaans een prettige sfeer en het is dan ook niet verwonderlijk dat een dagje uit naar één van deze steden nog steeds populair is bij Nederlanders en Belgen.
Een geheel ander verhaal is de ontsiering van de periferie van steden door de industrie. Er moet gewerkt worden, dat zijn wij ook wel met de nijvere Duitsers eens, maar het is wel jammer dat juist op vele plaatsen aan de oevers van de Rijn de industrie met haar grauwe gebouwen en rokerige schoorstenen overheerst, en dat aan de rand en soms zelfs in de kern van kleinere steden en dorpen de moderne opvatting van geld verdienen en besteden gestalte krijgt in afzichtelijke supermarkten, garages en benzinestations met veel reclameborden en vlaggen.
Gemeentelijke instanties of schoonheidscommissies, voorzover aanwezig in dit land van het vrije ondernemerschap, hebben duidelijk gefaald. Nog groter dan in Nederland en België is in Duitsland de verering van de auto, waarvan het gaan en staan geen strobreed in de weg wordt gelegd, zodat er bijna geen mooi plekje zonder geparkeerde auto's kan worden gefotografeerd.
Gelukkig heeft een groot aantal plaatsen en dorpen hun oude stedenschoon en schilderachtigheid nog bewaard. Tot de charme van pleinen en straten draagt natuurlijk in grote mate de vakwerkstijl bij. Al vijf eeuwen lang worden in die specifieke stijl, in een combinatie van hout en steen, huizen gebouwd. Talrijke patronen van het houten geraamte zijn mogelijk, dit verschilt van streek tot streek, maar de kleur is meestal zwart en een enkele keer rood, zoals bij het oude raadhuis van Rhens te zien is. Het metselwerk daarentegen kan in diverse kleuren worden uitgevoerd, al is de kleur wit in het algemeen de meest gebruikte. De huizen van de patriciërs werden rijk voorzien van houtsnijwerk en versierde gevels. Overbekend in dit opzicht zijn steden en dorpen als het vlak over de grens gelegen Monschau en verder weg aan de Rijn Königswinter en Rüdesheim.

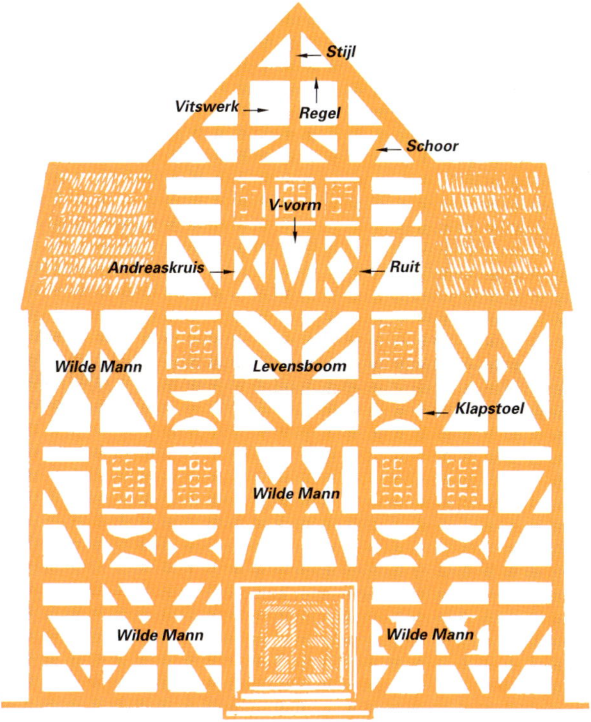

Symboliek: 'klapstoel' om aan te geven dat het huis werd bewoond door een hoogwaardigheidsbekleder; 'levensboom', symbool voor kennis van goed en kwaad; 'Wilde Mann', teken van kracht en voorspoed, uitgevoerd in steeds ingewikkelder patronen.

Burchten en kastelen

Naar voorbeeld van de Romeinse keizers hadden de Karolingische vorsten hun 'palts' (Pfalz, afgeleid van het Latijnse 'palatium'). Deze paleizen die de vorsten en later de keizers van het Heilige Roomse Rijk in het gehele gebied lieten bouwen, dienden als residentie, waar zij verbleven als ze door het rijk trokken. Pfalzgraven, leden van het hof, kregen deze rijksgoederen in leen om ze te beheren en te beschermen. Samen met de door de graven aangestelde ridderlijke leenheren beschermden zij door het bouwen van burchten de rechten die de keizer had verleend aan de steden, zoals marktrecht, tolrecht en muntrecht, want die moesten hen verzekeren van een inkomen. Het Rijndal – vooral het in deze gids beschreven deel tussen Keulen en Mainz – was onder de Saliërs het machtscentrum van het rijk geworden. De titel van paltsgraaf werd erfelijk en zo verwierven families eigen territoria, die uiteindelijk een gevaar werden voor de keizer zelf. Naast de paltsgraven waren het de keurvorsten annex aartsbisschoppen die grote politieke en geestelijke invloed hadden, hetgeen lag opgesloten in hun dubbelfunctie.
Geen strategisch gelegen heuvel aan de Rijn of er staat wel een burcht of burchtruïne op. Al werden reeds in de 10e en 11e eeuw burchten

Het Schloss Augustusburg in Brühl, ten zuidwesten van Keulen, is het belangrijkste barokke kasteel van het Rijnland (MV)

gebouwd, zoals de Brömserburg in Rüdesheim, toch dateren de meeste van de 13e en 14e eeuw. De voornaamste delen van een burcht zijn de hoofdtoren of 'bergvrede' (Duits 'Bergfried'), de woontoren en de alles omringende ringmuur. Daaromheen ontstonden allerlei ruimten als de keuken, de stallen, de kapel, de poort met de ophaalbrug en de 'Vorburg', die wat lager lag dan de burcht. De Bergfried had in geval van oorlog de functie van laatste toevluchtsoord, vandaar dat hij minder comfortabel was ingericht dan de woontoren. Na de introductie van het vuurwapen, waartegen de burchten niet konden worden verdedigd, ontwikkelde de 'Burg' (met militaire functie) zich tot 'Schloss' (woonslot).
Dat geldt echter maar voor enkele burchten. Vele voldeden niet aan de nieuwe eisen van bewoonbaarheid, zodat de bewoners elders, bij voorkeur in of aan de rand van steden, een gerieflijker onderkomen lieten bouwen. Definitieve verwoesting vond plaats in het rampjaar 1689, toen Lodewijk XIV van Frankrijk ze liet ontmantelen. Burg Eltz bij Moselkern (Moezel), Schloss Bürresheim bij Mayen (Vulkaneifel) en de Marksburg boven Braubach (Rijn) zijn enkele burchten die grotendeels hun oorspronkelijkheid hebben weten te behouden.
Pas in de 19e eeuw, toen het gebied in handen kwam van de Pruisen, kregen ook de ruïnes hun functie van 'Schloss'.
Het versnipperde Duitsland zocht krampachtig naar eenheid, waarbij het nationalisme teruggreep naar de middeleeuwse bloeiperiode en een uitlaatklep vond in een opgeschroefde, zwijmelende romantiek. Prinsen kochten de ruïnes op en lieten ze, vaak naar Engels voorbeeld, weer opbouwen in neoromaanse stijl. Eén van de eerste vervallen burchten die een dergelijke verbouwing onderging, was Burg Rheinstein, in 1823 gekocht door prins Friedrich von Hohenzollern. De 'Burgenromantik' ging in die tijd zover dat wanneer de prins aanwezig was iedereen in middeleeuwse dracht gekleed moest gaan.
Ook rijke industriëlen kochten de ruïnes op. Het gebeurde eveneens dat een naar Amerika geëmigreerde, inmiddels vermogend geworden Rijnlander heimwee kreeg en op zijn kosten een dergelijke puinhoop liet restaureren en verbouwen, zoals gebeurd is met de Schönburg bij Oberwesel. Maar laten we wel wezen, zonder die 19e-eeuwse inspanningen zou de Rijn veel van zijn aantrekkelijke romantiek missen. Vele kastelen heb-

ben nu de ophaalbrug neergelaten en hun poorten geopend om de toerist een blik te gunnen in het roemrijke verleden. In de streekbeschrijvingen staat na de inleiding welke burchten beslist de moeite waard zijn om te bezoeken.

Musea

De nalatenschap van de verscheidene culturen die geheerst hebben in het in deze gids beschreven gebied, is in een groot aantal musea met rijke collecties ondergebracht. U krijgt in deze musea niet alleen een uitstekend overzicht van de cultuurhistorie, maar tevens munten ze uit door de wijze waarop de verzamelingen zijn samengesteld en tentoongesteld, waarbij vaak kosten noch moeite werden gespaard.
De diverse 'Landesmuseen' in de grote steden hebben uitstekende collecties die een overzicht geven van de historische en artistieke ontwikkeling in het Rijn-, Moezel- en Eifelgebied vanaf de Neanderthalertijd tot heden. In het Rheinische Landesmuseum in Bonn, het Römisch-Germanische Museum te Keulen en het Rheinische Landesmuseum in Trier gaan hele werelden voor u open en zult u vele nieuwe ontdekkingen doen. Ook de gebouwen waarin de musea zijn ondergebracht, zijn door hun kunsthistorische waarde alleen al het bezichtigen waard, of het nu een statig kasteel of een hypermodern gebouw is.
Hieronder geven wij een overzicht van de belangrijkste musea, ingedeeld naar thema. In de streek- en plaatsbeschrijvingen vindt u nadere bijzonderheden. Openingstijden hebben wij er niet bij vermeld, omdat die nogal aan wijzigingen onderhevig zijn. Wilt u niet voor een gesloten deur komen te staan, dan raden wij u aan bij het Duits Verkeersbureau in Amsterdam of Brussel een folder aan te vragen die de exacte openingstijden geeft. In het algemeen kan gesteld worden dat de meeste musea op maandag gesloten zijn en op zondag geopend.

Bezienswaardige musea

- Bonn: *Rheinisches Landesmuseum.*
- Keulen: *Römisch-Germanisches Museum* en het *Wallraf-Richartz-Museum/ Museum Ludwig.*
- Mainz: *Gutenbergmuseum* (boekdrukkunst).
- Mayen: *Eifelmuseum.*
- Trier: *Rheinisches Landesmuseum.*

Heimatmusea

In vele kleine plaatsen treft u een Heimatmuseum aan dat een cultuurhistorisch geeft van de betrokken plaats en zijn omgeving. Wij noemen hier de musea van: Ahrweiler, Aken, Alzey, Annweiler, Bad Dürkheim, Bad Münstereifel, Bernkastel-Kues, Birkenfeld, Bitburg, Blankenheim, Boppard, Daun, Enkirch, Gerolstein, Hermeskeil, Königswinter, Lahnstein, Landau, Mayen, Merzig, Neumagen-Dhron, Neustadt an der Weinstrasse, Neuwied, Oberwesel, Pirmasens, Prüm, Saarbrücken, St. Goar, Simmern, St. Wendel, Traben-Trarbach, Winningen, Worms.

Gespecialiseerde musea

- Aken: *Internationales Zeitungsmuseum* (kranten).
- Bad Bergzabern: *Zinnfigurenmuseum.*
- Boppard: *Thonetmeubelen.*

- Deidesheim: *Museum für moderne Keramik.*
- Idar-Oberstein: *Deutsches Edelsteinmuseum.*
- Koblenz: *Postgeschichtliche Sammlung.*
- Langerwehe: *Töpfereimuseum* (pottenbakken).
- Mainz: *Gutenbergmuseum* (boekdrukkunst).
- Mettlach: *Porseleinmuseum.*
- Neustadt an der Weinstrasse: *Eisenbahnmuseum* (treinen).
- Pirmasens: *Schuhmuseum* (schoenen).
- Remagen: *Friedensmuseum 'Brücke von Remagen'.*
- Rüdesheim: *Mechanisches Musikkabinett.*
- St. Goar: *Puppen- und Spielzeugmuseum.*
- Worms: *Judaica Museum* (joods museum).

Wijnmusea

Wijnmusea zijn te vinden in: Bernkastel-Kues, Deidesheim, Machern, Mussbach, Neustadt an der Weinstrasse, Rüdesheim, Speyer, St. Goarshausen, Winningen en Zell.

Burchtmusea

- Alf: *Burg Arras.*
- Annweiler: *Trifels.*
- Braubach: *Marksburg.*
- Cochem: *Reichsburg.*
- Edenkoben: *Villa Ludwigshöhe.*
- Koblenz: *Schloss Stolzenfels.*
- Moselkern: *Burg Eltz.*
- Niederheimbach: *Burg Sooneck.*
- St. Goar: *Burg Rheinfels.*
- Trechtingshausen: *Burg Reichenstein.*

Musea met herinneringen aan bekende personen

- Bonn: *Beethovenhaus.*
- Kaub: *Blüchermuseum.*
- Koblenz: *Beethoven Gedenkstätte* (geboortehuis moeder van Beethoven).
- Ludwigshafen: *Schillerhaus.*
- Rhöndorf: *Adenauermuseum.*
- Trier: *Karl-Marx-Haus.*

Openluchtmusea

- Bad Sobernheim: *Freilichtmuseum Bad Sobernheim.*
- Homburg: *Römisches Freilichtmuseum Schwarzenacker.*
- Kommern: *Rheinisches Freilichtmuseum.*
- Konz: *Freilichtmuseum Roscheider Hof.*
- Sensweiler: *Geologisches Freimuseum.*

Bergwerke (mijnmusea en mijnen)

- Bexbach: *Grubenmuseum.*
- Bundenbach: *Schiefergrube Herrenberg*, leisteengroeve.
- Idar-Oberstein: *Fischbacher Kupferbergwerk*, kopermijn; *Edelsteinminen Steinkaulenberg.*
- Imsbach: *Weisse Grube.*

- Niederhausen: *Quecksilberbergwerk Schmittenstollen*, een kwikzilvermijn (zie Odernheim).
- Waldalgesheim: *Bergwerk auf der Amalienshöhe*.
- Wolfstein: *Kalkbergwerk* in de Königsberg.

Overige musea

- Aken: Het *Suermondt-Ludwig-Museum* bezit een belangrijke verzameling houtsculpturen uit de 12e-18e eeuw en schilderijen uit de 15e-20e eeuw. *Couven-Museum* met meubelen en interieurkunst uit de 18e en 19e eeuw. De *Domschatzkammer* bevat een zeer rijke verzameling edelsmeedwerk.
- Bonn: *Rheinisches Landesmuseum* met grote Romeinse afdeling, schilderijen en beeldhouwkunst uit de Middeleeuwen en een bijzonder mooie verzameling Hollandse stillevens en landschapsgezichten uit de 17e eeuw. Het *Städtische Kunstmuseum* biedt moderne Duitse kunst van na de Tweede Wereldoorlog. *Akademisches Kunstmuseum* met een grote verzameling op het gebied van de antieke en classicistische bouwkunst en beeldhouwkunst.
- Düren: Het *Leopold-Hoesch-Museum* bezit vooral schilderkunst uit de 19e en 20e eeuw.
- Keulen: *Römisch-Germanisches Museum* met een grote Romeinse afdeling. *Wallraf-Richartz-Museum/Museum Ludwig* met schilderijen en grafiek. *Schnütgenmuseum* en *Diözesanmuseum*, beide met kerkelijke kunst. *Museum für Ostasiatische Kunst*.
- Koblenz: Het *Mittelrheinmuseum* der Stadt Koblenz bezit voorwerpen uit de tijdperken van de prehistorie en van de oudste geschiedenis, cultuurhistorisch overzicht van de Rijnstreek van de Middeleeuwen tot midden 19e eeuw.
- Mainz: *Diözesanmuseum* met kerkelijke kunst. *Mittelrheinisches Landesmuseum* waarin vondsten zijn ondergebracht uit de Keltische, Romeinse en vroegmiddeleeuwse tijdperken. Het *Römisch-Germanische Zentralmuseum* geeft een duidelijk overzicht van cultuur en kunst uit de prehistorie van Europa, de Romeinse cultuur in Duitsland en de Germaanse cultuur tot aan Karel de Grote.
- Monschau: *Museum Rotes Haus* met 18e-eeuwse meubels en interieurkunst.
- St. Wendel (Saar): *Museum für Mission- und Völkerkunde* met verzamelingen op het gebied van de volkenkunde.
- Trier: *Rheinisches Landesmuseum* met prehistorische en vooral Romeinse voorwerpen, kunstwerken uit de Vroege Middeleeuwen. *Bischöfliches Dom- und Diözesanmuseum* met kerkelijke kunst vooral uit de vroegchristelijke tijd. *Städtisches Museum Simeonstift* met kunst- en cultuurhistorische verzameling van de stad Trier.
- Worms: *Kunsthaus Heylshof* met Europese kunst uit de 15e tot de 19e eeuw.

1 Nordeifel

Het noordelijke deel van de Eifel wordt landschappelijk gekenmerkt door diverse grote stuwmeren, die in brede dalen zijn aangelegd. De meren zorgen voor drinkwater en vormen een belangrijk energievoorzieningssysteem. De schoonheid van de streek trekt veel (water)recreanten. De Urfttalsperre is de oudste stuwdam en dateert al van rond de eeuwwisseling. Daarna volgden andere, waaronder de Rurtalsperre, de grootste en meest bezochte. In het glooiende landschap met heldere, blauwe meren en beboste oevers, weilanden en uitgestrekte naaldbossen liggen enkele interessante steden en dorpen. Aken en Monschau nemen een bijzondere plaats in en hebben de bezoeker ook op cultureel gebied het nodige te bieden.

Het landschap in het noorden van de Eifel heeft sedert het begin van de 20e eeuw door de aanleg van stuwmeren zo'n sterke verandering ondergaan, dat men voor dit gebied tegenwoordig ook wel de naam Eifeler Seenplatte bezigt. Het complex van deze in stuwmeren veranderde dalen is het grootste water- en energievoorzieningssysteem in West-Europa. Een positief neveneffect was dat er een landschap ontstaan is dat aan schoonheid gewonnen heeft, getuige de vele gasten die van het vroege voorjaar tot en met de herfst komen genieten van de beboste oevers en die gebruikmaken van de recreatiemogelijkheden van het water.
In 1900 is men begonnen met de Urfttalsperre, die de benedenloop van de Urft en de daarin uitmondende zijriviertjes opstuwt. Een drietal redenen was de aanleiding voor het tot stand komen van dit voor die dagen ongetwijfeld gedurfde project. Daarvan was de belangrijkste dat men de waterstand onder controle zou kunnen houden, want in de voorgaande jaren was door het hoge waterpeil veel schade aan het omliggende land toegebracht. In de tweede plaats zou ook de Rur (Roer, niet te verwarren met de Ruhr), waarvan de Urft een zijrivier is, dan van een wat regelmatiger watertoevoer verzekerd kunnen zijn, hetgeen vooral door de industriebedrijven te Düren en Jülich werd toegejuicht. Ten slotte, en dit kwam zeker niet in de laatste plaats, zou door de opwekking van energie het gehele gebied van Aken van stroom kunnen worden voorzien. In 1905 kwam deze Urfttalsperre gereed. Maar al spoedig deed zich de behoefte gevoelen aan weer nieuwe Talsperren en dat op grond van een heel ander feit, namelijk dat Akens drinkwatervoorziening door een snel groeiende bevolking een nijpend probleem werd.

Hoogtepunten

Landschappelijk schoon
Het merengebied is het mooiste dat de Nordeifel te bieden heeft.

Stads- en dorpsgezichten
Aken, Kornelimünster, Monschau en Reifferscheid.

Kastelen en landhuizen
Heimbach, Nideggen, Schleiden, Stolberg.

Kerken en kathedralen
Aken, Heimbach (dorpskerk en klooster Mariawald), Kornelimünster, Reifferscheid, Schleiden, Steinfeld (klooster).

Musea
Aken: *Domschatzkammer*, *Couven-Museum*, *Ludwig Forum für internationale Kunst* en *Suermondt-Ludwig-Museum*.
Düren: *Leopold-Hoesch-Museum*.
Kommern: *openluchtmuseum*.
Langerwehe: *Töpfereimuseum*.
Monschau: *Glasmuseum*.

Overige hoogtepunten
Per boot over de Rursee. Dienstregelingen zijn verkrijgbaar bij het inlichtingenbureau van Simmerath.
Tochtje per postkoets van Einruhr naar Erkensruhr.
Bezichtiging van Monschau per koets.
Afdaling van de 751 meter hoge zomerrodelbaan te Rohren bij Monschau.
Bezoek aan het Wildfreigehege Hellenthal.

Zo kwam men tot de aanleg van de Dreilägerbachtalsperre in de Vichtbach bij Roetgen aan de rand van het Hohe Venn in 1909-1911. Tien jaar later was dit waterreservoir reeds te klein. Het waterrijke gebied van de Vesdre bij Eupen, dat men ook ten behoeve van de watervoorziening van Aken had willen inschakelen, kwam na de Eerste Wereldoorlog aan België toe en daarom moest nu een andere oplossing worden gezocht. Men vond die in het stroomgebied van de bovenloop van de Kall ten zuidoosten van Roetgen, dat door middel van een ruim zes kilometer lange watertunnel bij de Dreilägerbachtalsperre werd aangesloten.
Al gauw bleek welke problemen deze oplossing met zich meebracht. De Kall, een zijrivier van de Rur, leverde nu veel minder water aan deze laatste rivier. Dat gaf reden tot klagen bij de zich uitbreidende papierindustrie te Düren en Jülich, die veel kalkarm, zacht water nodig had, dat de Rur juist leverde. Daarom werden in 1932-1934 twee kleine Talsperren in de Rur gemaakt, het zogenaamde Ausgleich- of Staubecken Heimbach en de Obermaubachstausee ten noordwesten van Nideggen. Het water werd hier verzameld en gebruikt voor het opwekken van energie terwijl ervoor werd gezorgd dat elke dag bij het begin van het arbeidsproces in Düren een bepaalde hoeveelheid water ter beschikking kwam. Hierbij moest rekening worden gehouden met het feit dat bijvoorbeeld na het spuien te Heimbach het water pas 10 tot 12 uur later in Düren arriveerde. Nauwelijks waren deze Talsperren gereed of ze bleken alweer veel te klein te zijn om aan de enorm stijgende vraag in het Dürener/Jülicher industriebekken te voldoen. In de jaren 1934-1937 werd daarom een geweldige stuwdam gebouwd bij Hasenfeld ten westen van het Ausgleichbecken Heimbach en zo ontstond de grote Rurtalsperre Schwammenauel. Intussen moest ook opnieuw zorg worden besteed aan de drinkwatervoorziening van Aken en omstreken. Daarom werd de aftapping van de Kall bij Lammersdorf in 1934-1936 aangevuld met de Kalltalsperre, terwijl bij Monschau in de Perlbach ook nog een kleine Stausee werd aangelegd.
Ten noordwesten van Hellenthal was ook de grote Oleftalsperre in de bovenloop van de Olef gereedgekomen. Deze diende voor de bezwering van het hoogwatergevaar dat nogal eens te Hellenthal, Schleiden en Gemünd optrad en voor de drinkwatervoorziening van de Kreis Schleiden, waar industrie gevestigd was.
Van 1955-1959 werd de stuwdam in Schwammenauel verhoogd van 56 tot 72 meter en verlengd van 340 tot 480 meter, waardoor de Rursee of de Rurstausee (of Rurtalsperre Schwammenauel) aanzienlijk werd uitgebreid. Dit bracht weer met zich mee dat ook de zogenaamde voordam Paulushof bij Rurberg 14 meter hoger moest worden gemaakt, wat het ontstaan betekende van het zogenaamde Vorbecken Paulushof met een Rur- en een Urft-arm. Nu is dit bekken bekender dan de Obersee. Ook aan recreatie voor de bevolking van het gebied Aken-Düren-Jülich is bij dit alles gedacht. Door bij Rurberg een kleine stuwdam te bouwen in het Eiserbachtal is een natuurbad van 4 hectare ontstaan.

Na dit historisch overzicht over de aanleg van de verscheidene Talsperren volgt nog een korte beschrijving van enkele van deze stuwmeren.
Het grootste en ook het meest bezocht is de Rurtalsperre Schwammenauel. Dit langgerekte, kronkelige meer ligt prachtig ingebed tussen steile hoogten, die grotendeels door bossen zijn bedekt en waarvan het aan de oostzijde gelegen gebied Kermeter wel het uitgestrekst is. Eén der geliefde verblijfplaatsen aan de Rursee is Rurberg, dat gelegenheid biedt tot zwemmen, roeien, kanoën en hengelen. Ook het mooi gelegen Woffelsbach hier dichtbij biedt deze mogelijkheden, zij het op kleinere

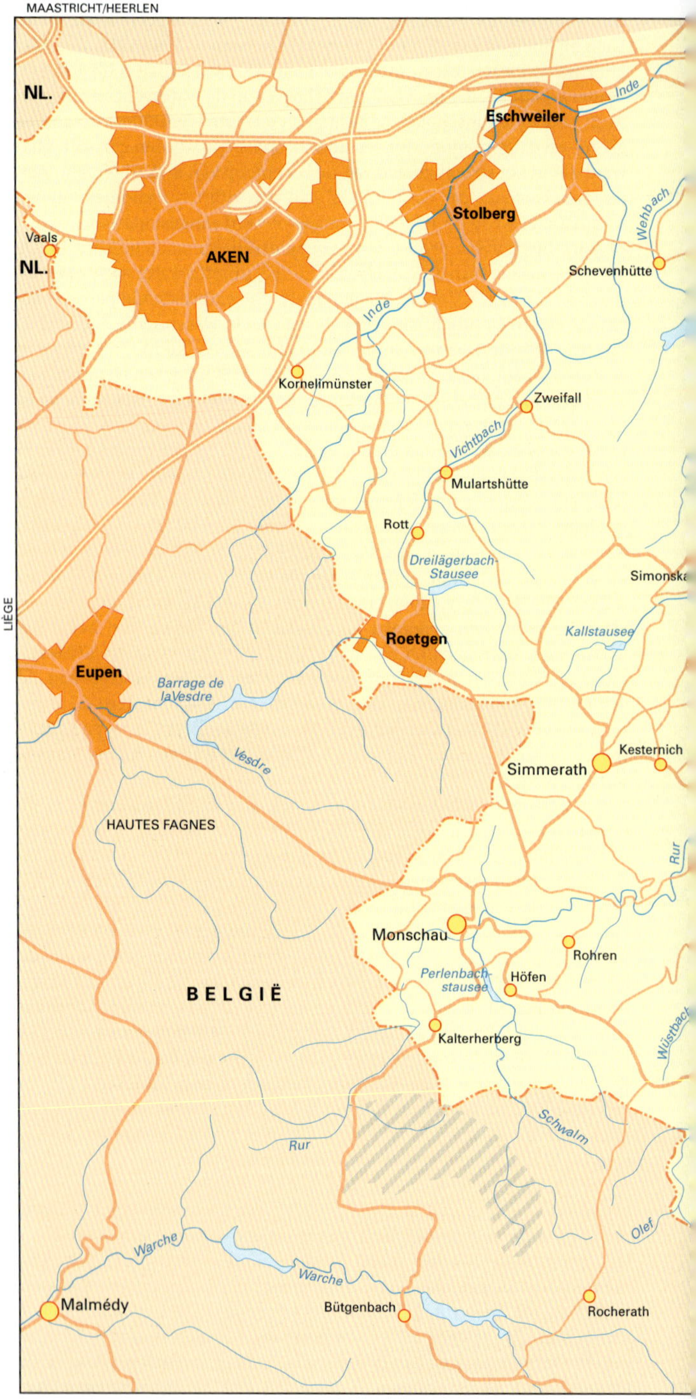
MAASTRICHT/HEERLEN
NL.
Eschweiler
Inde
Stolberg
Wehbach
Vaals
NL.
AKEN
Schevenhütte
Inde
Kornelimünster
Zweifall
Vichtbach
Mulartshütte
Rott
Dreilägerbach-
Stausee
LIÈGE
Kallstausee
Roetgen
Eupen
Barrage de
la Vesdre
Vesdre
Simmerath
Kesternich
HAUTES FAGNES
Rur
Monschau
Rohren
Perlenbach-
stausee
Höfen
BELGIË
Kalterherberg
Schwalm
Rur
Olef
Warche
Warche
Malmédy
Bütgenbach
Rocherath

1 Nordeifel

KEULEN
Langerwehe
Düren
ufenburg
Rur
Kreuzau
/ehebach
alsperre
Stausee
Obermaubach
Nideggen
Neffel
Zülpich
Kallbach
Abenden
Schmidt
Blens
Rurstausee
Heimbach
offelsbach
KERMETER
HOCHWALD
Kloster
Mariawald
Rurberg
Urftstausee
Obersee
Einruhr
Erkensruhr
Gemünd
Urft
Gehn
Satzve
Schaven
Kommern
KEULEN
Mechernich
Kakushöhle
Kall
Schleiden
Sötenich
Urft
Olefstausee
Blumenthal
Steinfeld
Zingsheim
Nettersheim
Hellenthal
Reifferscheid
Wildenburg
Krekel
Urft
Blankenheim
Putzbach
Udenbreth
0
5
10 km
1
2
3
4
5
6
7
8
9

schaal. Deze plaatsen zijn ook over het water bereikbaar met de motorbootdienst Schwammenauel–Woffelsbach–Rurberg, die van Pasen tot medio oktober van 9.30 uur 's morgens tot 17.30 uur 's avonds minstens eenmaal per uur afvaart. Daarnaast worden er nog regelmatig rondvaarten georganiseerd vanaf de aanlegplaats aan de Schwammenaueldam. Het restaurant Seehof, waarvan het terras een prachtig uitzicht biedt, ligt bij deze grote dam. De lengte van de dam is 480 meter en de hoogte bedraagt 72 meter. U kunt eroverheen rijden. De Rurtalsperre met zijn 'voorbekkens' kan thans 205 miljoen m^3 water opnemen, terwijl de oppervlakte ervan 796 hectare bedraagt. Het gehele gebied van Rurtal- en Urfttalsperre met de daartussen liggende Kermeter, dat een rijke flora en fauna heeft, behoort tot het Naturpark Nordeifel. Hierin zijn, naar het voorbeeld van de in andere landen voorkomende parken, talrijke schuilhutten voor wandelaars geplaatst en zo'n 50 parkeerplaatsen aangelegd, waarvan de helft uitgangspunt is voor niet te lang durende rondwandelingen.

Het meest bezochte toeristenoord bij de Rurtalsperre is Heimbach, dat fraai gelegen is aan zijn eigen kleine Stausee, het Staubecken-Heimbach met een wateropnamecapaciteit van 1,5 miljoen m^3. Aan dit meer staat een nieuwe hydro-elektrische centrale (vermogen 22.000 kW), die water uit de Rurtalsperre gebruikt. Iets zuidelijker staat de oude centrale (vermogen 10.000 kW), die thans elektrische energie opwekt met behulp van water dat door een 3 kilometer lange tunnel onder de Kermeter door uit de Urfttalsperre komt en op deze wijze dus drie 'verdiepingen' overslaat (Obersee, Rursee en Staubecken-Heimbach).

De Urfttalsperre of Urftstausee heeft een oppervlakte van 260 hectare, een lengte van 9 kilometer, een wateropnamecapaciteit van 45,5 miljoen m^3 en wordt aan de noordwestpunt afgesloten door een stuwdam, die 54 meter hoog en 226 meter lang is. De dichtstbijzijnde plaatsen zijn Gemünd, ten oosten van de Urftstausee, en Einruhr, ten zuidwesten van de Urftstausee aan de Obersee. Het stuwmeer ligt in een militair oefenterrein en is niet toegankelijk. Wandelen of autoverkeer zijn in het hele militaire gebied niet toegestaan.
De Obersee is het zogenaamde Vorbecken van de Talsperre Schwammenauel. Van 1 mei tot 1 oktober is er tussen Rurberg-Paulushof en Einruhr een bootdienst op de Obersee. Op zaterdag, zon- en feestdagen wordt deze dienst uitgebreid: over de Urft-arm van de Obersee naar de Urftseemauer, de stuwdam van de Urfttalsperre.

Van de overige Talsperren zijn de hieronder genoemde zeer de moeite van een bezoek waard. De Dreilägerbachstausee heeft dichtbeboste oevers bij Roetgen. Dit meer is 40 hectare groot, de stuwdam is 38 meter hoog en de opnamecapaciteit is 4,3 miljoen m^3 water. De Kallstausee ligt bijzonder schilderachtig bij Lammersdorf. Deze heeft een oppervlakte van 17,7 hectare, de stuwdam is 38,50 meter hoog en de opnamecapaciteit is 2,1 miljoen m^3 water. De Olefstausee, ten noordwesten van Hellenthal, heeft een holle dam van een bijzondere constructie en een wateropnamecapaciteit van 20 miljoen m^3.
Bij Monschau ligt de kleine maar bijzonder schilderachtige Perlbachstausee. Aangezien het hier – in tegenstelling tot de Rursee – uitsluitend om reservoirs voor de drinkwatervoorziening gaat, is het betreden van de oevers aan verschillende beperkende bepalingen onderworpen om verontreiniging van het water te voorkomen. Er kan om deze reden ook niet gezwommen of gevaren worden in deze stuwmeren.

Praktische informatie

Inlichtingen

Amt für Wirtschaftsförderung und Tourismus, Mülheimer Platz 1, 53111 Bonn.
Plaatselijke inlichtingenbureaus (Verkehrsverein):
52022 Aachen; 52319 Düren; 53937 Gemünd; 53940 Hellenthal; 53925 Kall; 53894 Mechernich; 52156 Monschau; 53937 Schleiden (ook voor Gemünd waar een Kurverwaltung is); 52152 Simmerath (ook voor Einruhr, Erkensruhr, Rurberg en Woffelsbach).

Sport

Zwemmen: in de Rursee bij Einruhr en verder in de openluchtzwembaden van Düren, Gemünd (verwarmd), Heimbach, Hellenthal, Nideggen (Abenden, verwarmd), Schleiden (verwarmd).
Zeilen en *surfen:* op de Rursee.
Kanovaren: kanoverhuur te Heimbach voor een tochtje op de Rur.

Wandelen

Met name het bosrijke gebied rond de Rursee (Kemeter Hochwald) is zeer geschikt voor het maken van wandelingen. Uitgangspunten zijn Gemünd en Heimbach; een en ander is ook te combineren met een boottocht. Ook Hellenthal, ten zuiden van Schleiden, en Nideggen, ten noorden van Heimbach, zijn zeer geschikte uitgangspunten voor het maken van wandelingen. Bij alle hierboven genoemde inlichtingenbureaus zijn wandelkaarten van de Eifelverein verkrijgbaar.

Aken

Wie bij Vaals de grens over gaat, staat meteen in Aken, of Aachen (253.000 inw.) zoals men het daar schrijft. Er zijn weliswaar nog enkele kilometers af te leggen naar het centrum, maar de stad is zo sterk gegroeid, dat de westelijke buitenwijken al zwaar tegen de Nederlandse (en ook bijna de Belgische) grens aanleunen. Aken is een belangrijke industrie- en handelsstad aan de noordwestelijke rand van de Eifel, in het vlakke, wijde dal van de Wurm. Daarnaast is het sinds eeuwen een bekende zwavelbadplaats met de warmste bron van Midden-Europa (75°C). Al onder de Romeinen was Aken onder de naam Aquisgranum als zodanig beroemd, maar het was Karel de Grote die de grondslag legde voor de tegenwoordige stad.
De grote keizer had bij de opbouw van zijn rijk met zijn rondreizende hofhouding eerst enige tijd een avontuurlijk leven geleid. Op een gegeven moment werd hij wat honkvaster. Aken was toen zijn meest geliefde verblijfplaats en daardoor werd deze stad gaandeweg de vaste hoofdzetel van zijn rijk. Maar van de vele gebouwen die toen werden opgetrokken, zijn nog maar enkele overblijfselen terug te vinden. Ook na de dood van Karel de Grote in 814 bleef Aken een belangrijk stad. Tussen 936 en 1531 werden er in de Dom maar liefst dertig Duitse koningen en keizers gekroond. Maar in 1562 verloor de stad dit kroningsprivilege aan Frankfurt.
Behalve de Dom zijn er niet veel monumenten meer die getuigen van Akens vroegere glorie. We kunnen daarom met een korte stadswandeling volstaan, om daarna nog wat tijd en aandacht te besteden aan een paar kerken en musea even buiten de stadskern. Daarnaast zijn er natuurlijk genoeg andere dingen te beleven in een stad als Aken, zoals winkels in alle maten en soorten, een opvallende hoeveelheid cafés en

restaurants, markten, tentoonstellingen, een casino, wandelparken, uitzichtheuvels en een dierenpark. Het uitgaansleven biedt een ruime keuze: van opera, concert en toneel tot discotheken en nachtclubs.

Bezienswaardigheden

We beginnen met de verkenning van de bezienswaardigheden van Aken in het hartje van de stad bij de Münsterplatz. Daar in de buurt zijn diverse parkeermogelijkheden. De weg erheen wordt vergemakkelijkt door een elektronisch systeem, dat door middel van borden en signalen aangeeft waar vrije plaatsen zijn en hoe u daar komt.

1 **Dom** De dom op de Münsterplatz wordt ook wel Kaiserdom genoemd en soms ook Münster. Het bouwwerk bestaat naast de toren uit twee duidelijk te onderscheiden gedeelten: een door een koepel bekroonde achthoekige ruimte en een hoog koor. De achthoek werd tussen 796 en 805 in de Karolingische tijd gebouwd op Romeinse grondvesten. Pas in de 17e eeuw werd het oorspronkelijke tentdak vervangen door een uit 16 segmenten bestaande koepel. Deze achthoek of octogoon, zoals hij meestal wordt genoemd, diende als hofkapel voor Karel de Grote. Bij de bouw ervan werd men duidelijk geïnspireerd door de Byzantijnse stijl uit het Oost-Romeinse Rijk. Met name de San Vitale – de hofkerk van keizer Justinianus – en het Mausoleum (grafkapel) van Theodorik in Ravenna hebben voor een deel model gestaan. Het voorportaal aan de westzijde van de kerk stamt ook nog uit de Karolingische tijd. Het gotische koor echter, meestal aangeduid als Hochchor, dateert van latere tijd. Met de bouw ervan werd in 1366 begonnen. De toren aan de westkant van de Dom ziet er gotisch uit, maar is grotendeels pas in 1884 gebouwd.

In het interieur komt het Byzantijnse karakter van de achthoek nog veel sterker tot uitdrukking. Er is een open middengedeelte van 31,5 meter hoog, waaromheen acht enorme zuilen – opgetrokken uit tweekleurige steenblokken – die het gewelf schragen. Dit gewelf, direct onder de koepel, is geheel ingelegd met mozaïeken. Maar die hebben te lijden gehad toen keizer Frederik Barbarossa er in 1165 de grote – overigens schitterend – ronde Romaanse lichtkroon (Radleuchter) liet ophangen. Aan de achterkant boven de zuilen is een door bronzen hekwerken afgezette galerij, die meestal alleen toegankelijk is tijdens een rondleiding. In deze galerij staat recht tegenover het priesterkoor de witmarmeren Kaiserthron, de troon van Karel de Grote. Zes treden voeren omhoog naar de eigenlijke zetel, precies zoals dat ook bij de troon van koning Salomo het geval was. Het bij de octogoon aansluitende gotische Hochchor of Chorhalle werd in 1414 ingewijd, exact op de zeshonderdste sterfdag van Karel de Grote. Het is een hoge wijde ruimte, waar het licht binnenstroomt door 13 grote ramen met glas van recenter datum. Het hoofdaltaar, eigenlijk stammend uit de Karolingische tijd, valt vooral op door zijn Antependium, het voorfront dat uit een gouden plaat bestaat waar op reliëfscènes uit de lijdensgeschiedenis te zien zijn. Deze zogenaamde Pala d'Oro is een geschenk geweest van keizer Hendrik II in 1020.

Rechts in het voorste gedeelte van het koor staat een kleine kansel. Wanneer u geluk hebt – en dat heeft u op kerkelijke hoogtijdagen of wanneer er net een groep mensen wordt rondgeleid – staat het houten 'schutblad' van de kansel open en kunt u zien waaruit de voorzijde van de kansel in werkelijkheid bestaat. Het is namelijk een goudglanzende plaat van verguld koper, waarop antieke alexandrijnse ivoren reliëfs, oosterse schaakfiguren en edelstenen sierstukken zijn aangebracht. Dit alles werd door de al genoemde keizer Hendrik II geschonken in 1014 uit zijn eigen welgevulde schatkamers.

Talrijke smalle straatjes in het centrum van Aken leiden naar de dom, het hart van de stad (MM)

Er is nog veel meer te zien in de koorruimte. Tegen de zuilen tussen de vensters ziet u bijvoorbeeld 15e-eeuwse beelden van Karel de Grote, met in zijn armen een model van zijn Pfalzkapel, van Maria en van de apostelen. Maar alle aandacht zal in de eerste plaats uitgaan naar de Karlschrein, een door keizer Frederik II von Hohenstaufen in 1215 geschonken sarcofaag uit gedreven zilver. Deze is rijk versierd en toont afbeeldingen van scènes uit het leven van Karel de Grote en portretten van zijn eerste acht opvolgers. Frederik II heeft in eigen persoon bij zijn kroning het – overigens ergens anders bewaarde – gebeente van Karel de Grote in de Karlschrein gelegd.
Tegen de octogoon zijn in de loop der tijden nog enkele kapellen aangebouwd, waarvan de meeste uit de gotische periode stammen. U kunt tegen betaling in het bovengedeelte van deze kapellen rondkijken tijdens de al eerder genoemde rondleiding. Deze voert over de galerij van de octogoon met onder andere de Kaiserthron. En u ziet in de Michaels-

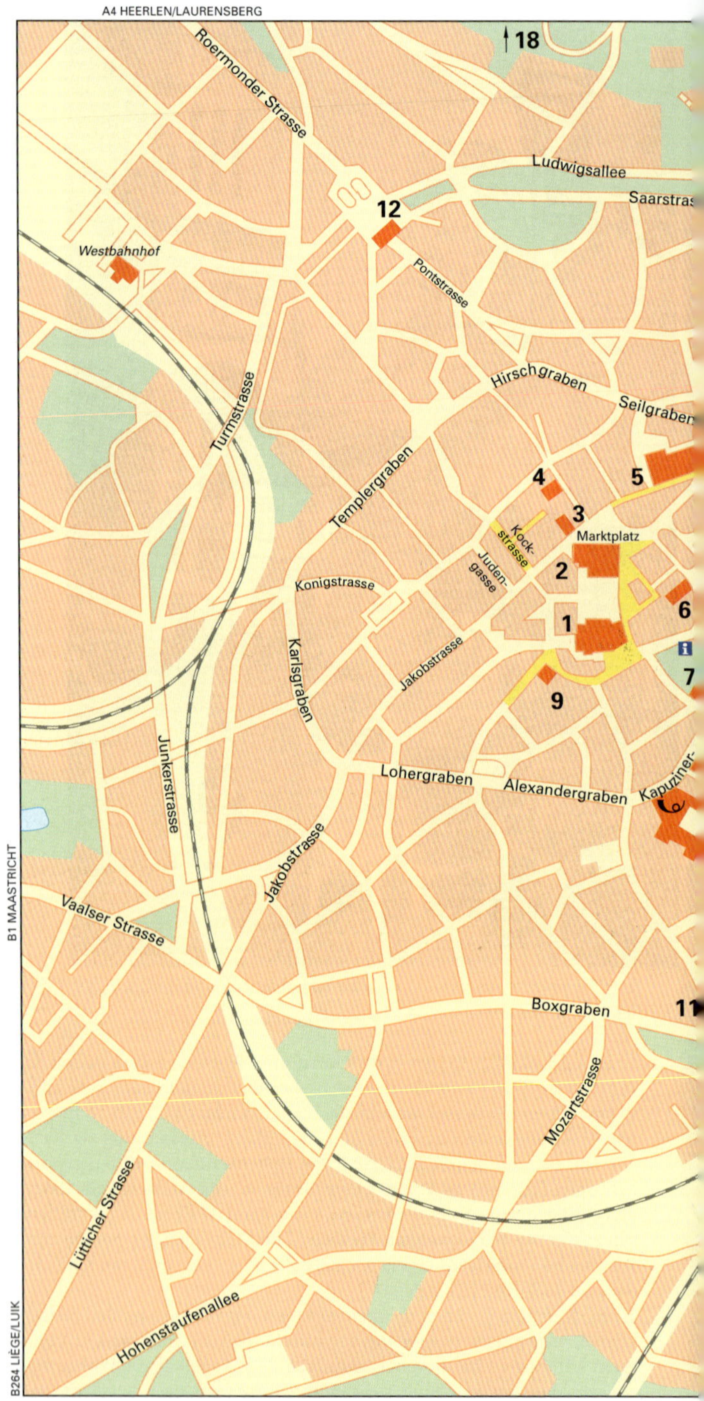
A4 HEERLEN/LAURENSBERG
18
Roermonder Strasse
Ludwigsallee
Saarstras
12
Westbahnhof
Pontstrasse
Hirschgraben
Seilgraben
Turmstrasse
Templergraben
4
5
3
Kock-
strasse
Marktplatz
Juden-
gasse
2
Konigstrasse
6
1
Karlsgraben
Jakobstrasse
7
9
Junkerstrasse
Lohergraben
Alexandergraben
Kapuziner-
Jakobstrasse
B1 MAASTRICHT
Vaalser Strasse
Boxgraben
11
Mozartstrasse
Lütticher Strasse
Hohenstaufenallee
B264 LIÈGE/LUIK

Aken

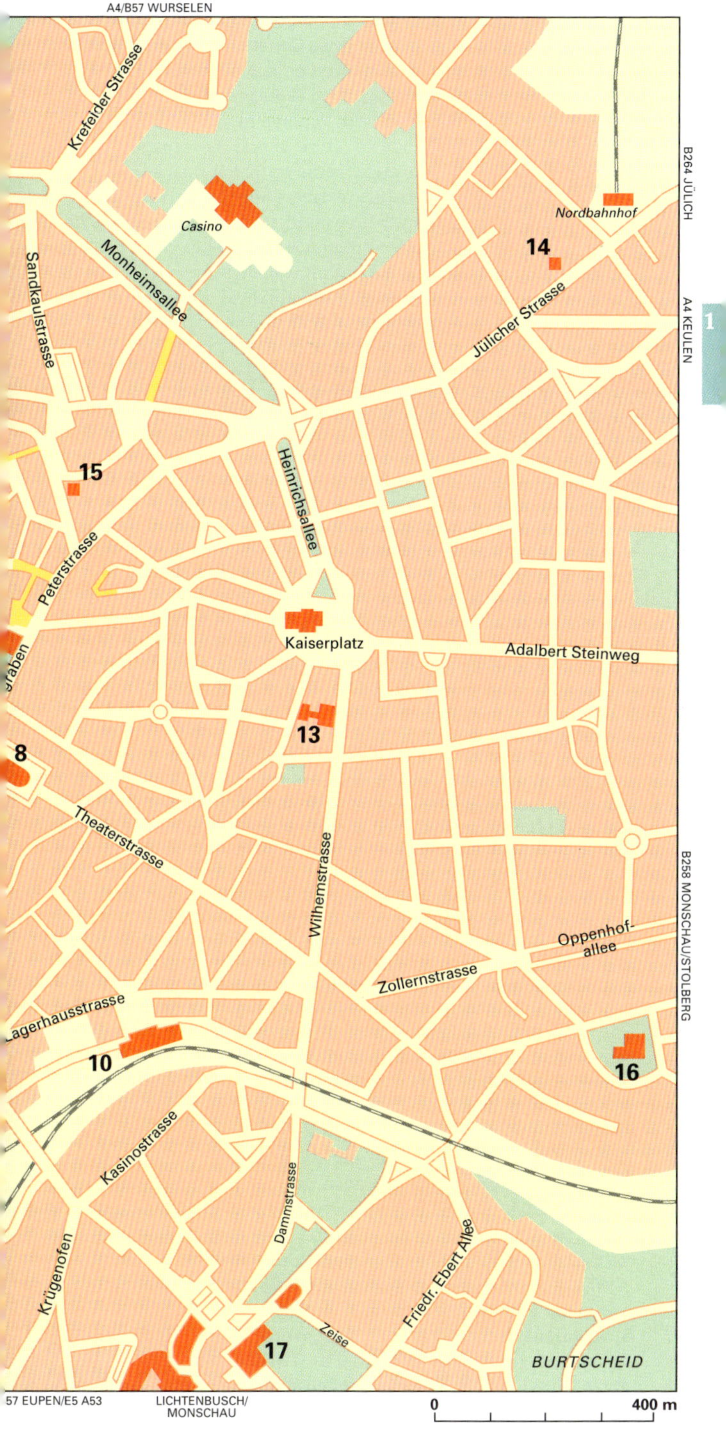
A4/B57 WURSELEN
Krefelder Strasse
Casino
Nordbahnhof
14
B264 JÜLICH
A4 KEULEN
1
Sandkaulstrasse
Monheimsallee
Jülicher Strasse
15
Heinrichsallee
Peterstrasse
Kaiserplatz
Adalbert Steinweg
13
8
Theaterstrasse
Wilhemstrasse
B258 MONSCHAU/STOLBERG
Oppenhof-
allee
Zollernstrasse
Lagerhausstrasse
10
16
Kasinostrasse
Dammstrasse
Friedr. Ebert Allee
Krügenofen
Zeise
17
BURTSCHEID
57 EUPEN/E5 A53
LICHTENBUSCH/
MONSCHAU
0
400 m

kapelle de Proserpinasarcofaag, een marmeren, oorspronkelijk Romeinse, doodskist uit de 2e eeuw na Christus, die waarschijnlijk in de eerste eeuwen na zijn dood het gebeente van Karel de Grote bevatte.
Wie nog niet genoeg kostbare schatten heeft gezien, kan nu terecht in de Domschatzkammer, die zoveel rijkdommen herbergt, dat er een aparte 'Kunstschutzbunker' is gebouwd om ze in onder te brengen. Deze bunker bestaat uit 530 kubieke meter beton en 52 ton staal en heeft een airconditioning, waarmee eventuele extreem hoge buitentemperaturen tot een dragelijke binnentemperatuur kunnen worden teruggebracht. Van de vele bijzondere kunstvoorwerpen noemen we het gouden, met edelstenen ingelegde Lotharingse kruis uit 900, de ivoren jachthoorn (zogenaamd van Karel de Grote, maar in werkelijkheid uit de 11e eeuw) en het Mariaschrein. Dit is de bergplaats van de vier belangrijkste heilige voorwerpen van Aken; het kleed van Maria, windsels van Christus, de lendendoek die Hij aan het kruis zou hebben gedragen en een met bloed doordrenkte linnen doek van Johannes de Doper. Deze relikwieën vormen het middelpunt van grote plechtigheden, die eens in de zeven jaar (2000, 2007 enz.) in en om de Dom plaatsvinden, de Heiligtumsfahrt.

2 **Rathaus** Aan de andere zijde van de Münsterplatz aan de Karlshof staat, met de rug naar de Dom gekeerd, het raadhuis. Om de voorgevel te zien moet u naar de andere kant van het gebouw gaan, naar de Markt. Dit stadhuis is in de eerste helft van de 14e eeuw gebouwd op de fundamenten van het paleis van Karel de Grote. Van de beide torens, de Granusturm en de Marktturm, dateert de eerste zelfs nog van de Karolingische tijd. De voorgevel van het gebouw is rijk versierd met beelden van Duitse keizers en koningen en met wapenschilden. U kunt het Rathaus ook van binnen bezichtigen. Er zijn diverse mooie zalen, onder andere de barokke Weisse Saal met Italiaans stucwerk uit 1725 en de Ratsherrensitzungssaal met fraai houten inlegwerk uit 1727. De indrukwekkendste zaal, de Reichssaal of Krönungsfestsaal, ligt op de eerste verdieping en deze bereikt u via het trappenhuis. Vandaar heeft u een prachtig overzicht over het hele Domcomplex. Deze Reichssaal is in 1330 tot stand gekomen. Het is een grote hal bestaande uit twee schepen waarvan de grote kruisgewelven worden gesteund door tien zware pijlers. De wanden dragen grote fresco's gemaakt door de schilder Alfred Rethel tussen 1840 en 1851, taferelen uit het leven van Karel de Grote uitbeeldend. In deze zaal gebruikten de Duitse vorsten na hun kroning het koningsmaal. Onder de Granusturm staat tegen het raadhuis het oude huis *Der Postwagen* (1675), dat tezamen met het aangrenzende huis *Zum Eulenspiegel* het oudste café van Aken is. Onder het raadhuis is ook een café te vinden; de Ratskeller. Voor het Rathaus op de Markt staat de *Karlsbrunnen*, een fontein met in het midden een bronzen beeld uit 1620 van Karel de Grote, die langzamerhand tot schutspatroon van de stad is uitgegroeid.

3 **Haus Löwenstein** Schuin tegenover het raadhuis (Markt 39-41) staat de oudste burgerwoning van de stad (1344). Het is in gotische stijl gebouwd.

4 **Internationales Zeitungsmuseum** Liefhebbers van kranten kunnen in de Pontstrasse een bezoek brengen aan het krantenmuseum (Grosses Haus von Aachen). Daar is een collectie van 120.000 kranten te zien, met eerste, laatste, jubileum- en allerlei andere bijzondere nummers. De oudste exemplaren van de verzameling stammen uit 1854.

U vindt de St. Nikolauskirche, komend van de Markt, links in de Grosskölnstrasse (voetgangerszone).

5 **St. Nikolauskirche** De kerk uit 1327 hoorde bij een minorietenklooster. De kloostergebouwen werden in de Tweede Wereldoorlog verwoest, maar de kerk is weer helemaal herbouwd. Binnen treft u een hoogaltaar aan, dat een reconstructie van het oorspronkelijke barokke altaar is. Er

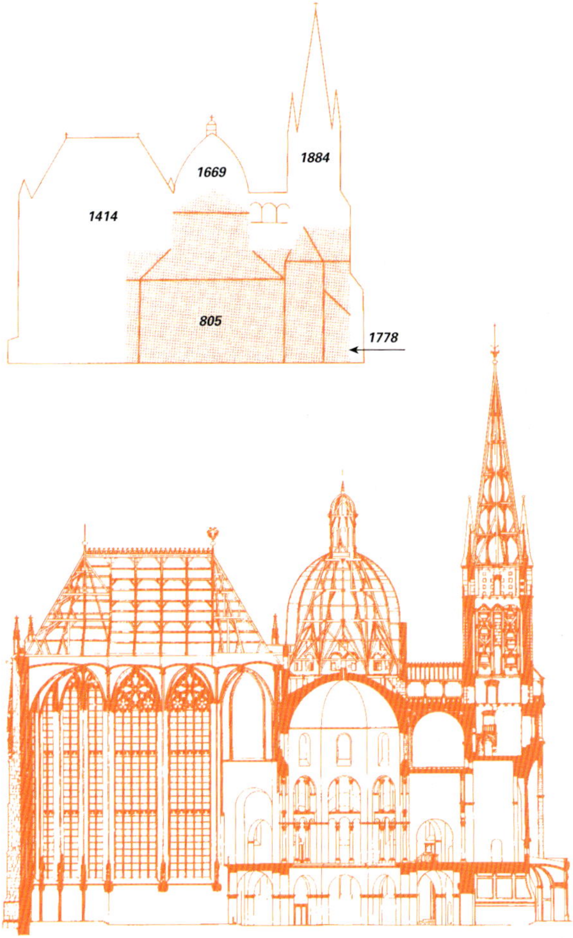

Lengtedoorsnee van de Dom van Aken. Aangegeven zijn de jaren waarin de verschillende delen van het bouwwerk zijn voltooid.

hangt een schilderij van Abraham van Diepenbeek, een leerling van Rubens. Bezienswaardig zijn verder nog een gotisch St.-Nicolaasbeeld, een Madonna met stralenkrans en Vlaamse lichtkronen.

Van de St. Nikolauskirche loopt u naar de Krämerstrasse, één van de bekendste winkelstraten met veel cafés. U slaat aan het begin linksaf de Hühnermarkt in. In het aan het pleintje gelegen oude Haus Monheim is het Couven-Museum gevestigd.

6 **Couven-Museum** Het museum is genoemd naar de Akense bouwmeester Johann Josef Couven (1701-1763), die in zijn tijd een stempel zette op de architectuur van zijn stad. Het museum is in de eerste plaats gewijd aan de interieur- en meubelkunst uit de periode 1740-1840. Zo zijn er 24 stijlkamers te zien en is er een oude apotheek ondergebracht.

Van de Hühnermarkt loopt u naar de Hof.

Op de plaats van dit pleintje was eens een Romeinse cultusplaats met thermen, een paar tempeltjes en een wandelhal. Van dit alles is niets meer overgebleven. Met ter plekke gevonden brokstukken en afgietsels van andere antieke steenblokken heeft men er een reconstructie gemaakt van een Romeinse zuilenboog, de zogenaamde Römische Portikus.

Vervolgens loopt u voorbij de 19e-eeuwse St. Foilliankirche, slaat u linksaf en gaat u verder achter het koor van de Dom langs en door de Hartmannstrasse naar de Friedrich-Wilhelm-Platz.

7 **Elisenbrunnen** Het gebouw Elisenbrunnen aan de Friedrich-Wilhelm-Platz is te beschouwen als het symbool van Bad Aachen. Het werd in de jaren 1825-1827 gebouwd in neoclassicistische stijl, compleet met zuilenfront. Binnen in de grote rotonde bevindt zich een openbare drinkfontein van geneeskrachtig water. Achter het gebouw ligt de fraai aangelegde Elisengarten. De naam Elisen komt van prinses Elisabeth, echtgenote van de Pruisische koning Friedrich Wilhelm IV (1795-1840), die voor zijn gezondheid nogal eens in Aken kwam baden.

Het informatiebureau van de plaatselijke VVV is ondergebracht in de linkervleugel van de Elisenbrunnen (Aachen Tourist Information, 52022 Aachen).

8 **Stadttheater** In de stadsschouwburg aan de Kapuzinergraben, nog in het bezit van een neoclassicistische zuilenportiek uit 1823-1825, worden opera's, operettes, concerten, balletten en toneelstukken opgevoerd.

Daarna vindt u links het Bezirksregierungsgebouw met het hoofdpostkantoor, waarna rechts de Kleinmarschierstrasse u terugvoert naar de Münsterplatz. Voordat u het plein betreedt en daarmee deze wandeling door het stadcentrum beëindigt, zou u nog even links de Schmiedtstrasse in kunnen gaan.

9 **Alte Rathaus of Grashaus** Het oude raadhuis in de Schmiedtstrasse kwam in 1276 tot stand en diende na de ingebruikneming van het huidige Rathaus (2) achtereenvolgens als gevangenis, graanpakhuis en ten slotte – na restauratie aan het eind van de 19e eeuw – als stadsarchief. In de vensternissen hoog tegen de stijlvolle gevel ziet u de beelden van de zeven keurvorsten.

Wie met de trein naar Aken gaat, komt buiten het stadscentrum aan op het centraal station.

10 **Hauptbahnhof** Vanaf dit station vertrekken treinen naar onder andere Keulen, Heerlen en Luik.

11 **Marschiertor** De kloeke oude stadspoort, daterend uit circa 1320 ligt op de route van het centraal station naar de Dom. Opmerkelijk is het hoge zadeldak met de dakruiter.

Overige bezienswaardigheden

Na een bezoek aan de binnenstad kunt u nog de volgende wat verder weg gelegen bezienswaardigheden bezoeken.

12 **Ponttor** Helemaal aan het eind van de Pontstrasse staat de Ponttor. Het is de tweede stadspoort van Aken die is overgebleven. Hij dateert van dezelfde tijd als de Marschiertor, maar is nog imposanter. Het is namelijk nog helemaal een dubbelpoort, compleet met een soort voorportaalgebouw en een dwingel (op z'n Duits Zwinger), een gang tussen de hoge muren door naar de eigenlijke hoofdpoort. In de Neupontstrasse en direkte omgeving treft u een heleboel gezellige cafés en (internationale) restaurants aan. Verscheidene gelegenheden hebben een ruim terras of een binnentuin. De wijk wordt druk bezocht door studenten.

13 **Suermondt-Ludwig-Museum** Evenals het al genoemde Internationales Zeitungsmuseum en het Couvenmuseum is het Suermondt-Ludwig-Museum in de Wilhelmstrasse zeer de moeite van een bezoek waard. Het museum, verbouwd in 1992, bezit beeldhouwwerken uit de 13e-18e eeuw, gotische altaren en een grote schilderijencollectie, waaronder vooral veel 17e-eeuwse Nederlandse en Vlaamse meesters.

14 **Ludwig Forum für internationale Kunst** Bent u geïnteresseerd in eigentijdse kunst, dan kunt u terecht in de Jülicherstrasse 97-109. Het hier gevestigde museum heeft één der grootste collecties van moderne kunst in Duitsland. Het is gevestigd in het pand van een voormalige paraplufabriek uit 1928 in Bauhausstijl.

15 **Alte Kurhaus** Oorspronkelijk werd het Kurhaus als casino gebouwd onder de naam Neue Redoute in de jaren 1782-'86. Na verwoesting in de Tweede Wereldoorlog werd dit Alte Kurhaus – en met name de beroemde balzaal met stucwerk van de Italiaanse kunstenaar Pietro Gagini – gereconstrueerd.

16 **Heimat-Museum.** Hier kunt u meer te weten komen over de geschiedenis van Aken. Erg belangrijk is het Heimat-Museum niet, maar het is wel aardig ondergebracht, namelijk in de oude donjon van de vroegere Burg Frankenberg, aan de Bismarckstrasse in het stadsdeel Burtscheid.

17 **Abteikirche St. Johann Baptist** Vroeger was Burtscheid een aparte plaats, die op een gegeven moment door Aken is opgeslokt. De oude parochiekerk van Burtscheid behoorde vroeger tot een abdij, wat de naam Abteikirche verklaart. Dit kerkgebouw, dat in zijn huidige vorm uit de periode 1730-1754 stamt, is ontworpen door de bouwmeester Couven. De kerkelijke schatkamer is ondergebracht in de aangrenzende oude abdijgebouwen. Daar is onder andere een Byzantijnse mozaïekicoon van de heilige Nicolaas van Myra, onze Sinterklaas, te zien.

18 **Belvédère** Wie heel Aken wil overzien, moet naar de Belvédère gaan, een langzaam draaiend plateau boven op een 33 meter hoge watertoren op de heuvel Lousberg. Daar is ook een restaurant, waar u tijdens de maaltijd van een schitterend uitzicht kunt genieten. U ziet niet alleen de

De Belvédère staat buiten het centrum van Aken in een bosrijk heuvelland met verspreid liggende villa's (MM)

stad, maar ook tekenen zich duidelijk de voormalige afvalbergen van het historische kolenmijnengebied in ons eigen Zuid-Limburg af. De Eifel verheft zich hier aan de zuidkant van het Akener bekken. U kunt daar van bovenaf duidelijk zien dat de stad Aken in vrij ruime mate voorzien is van groen. Eén van die groene plekken is het *Stadtwald.* Daar kunt u wandelen, ponyrijden en fietsen, maar ook lekker onder de bomen op een terrasje van een Waldgaststätte zitten.

Düren

De industriestad Düren (85.000 inw.) ligt aan de Rur, even ten zuiden van de Autobahn Aken–Keulen. Niets lijkt er op te wijzen dat u hier beland bent in een 1200-jarige stad, ontstaan uit de residentie der Merovingers: de Villa Duria. Tijdens de Tweede Wereldoorlog is de stad intensief gebombardeerd en de markantste gebouwen stammen uit de jaren zestig. Eén van de opvallendste moderne gebouwen is de *Evangelische Christuskirche*, gebouwd in 1953 op het grondplan van een vroegere kerk in de vorm van een Grieks kruis. Grote glaswanden laten van alle kanten volop licht door. Los hiervan staat de machtige klokkentoren, eveneens met een Grieks kruis als grondplan. Op de Johannesbrücke over de Rur staat een prachtige Nepomukfiguur in brons van K. Zimmermann uit 1951. Het interessantste bezit van de stad is het *Leopold-Hoesch-Museum*. Het gebouw werd in oude stijl gerestaureerd. In het museum vindt u schilderijen en aquarellen uit de 19e en 20e eeuw van onder andere Kokoschka, Beckmann en Nolde. In het souterrain is een verzameling van prehistorische vondsten ondergebracht.

Einruhr

Einruhr is een geliefde verblijfplaats aan de uiterste zuidpunt van de Obersee. Dat meer is eigenlijk een arm van het grote stuwmeer Rurtalsperre Schwammenauel, kortweg Rursee genaamd. Vijf kilometer ten noorden van Einruhr vormt een kleine stuwdam het raakpunt tussen de Obersee en de Rursee.
Bijzondere bezienswaardigheden heeft Einruhr niet. Het zijn natuur en landschap die hier de hoofdrol spelen: het blauwe water van het meer, in wijde lussen ingebed tussen de beboste heuvels. Zwemmen (openluchtzwembad), spelevaren, wandelen, terrasjezitten en gewoon lekker luieren, daarmee besteedt u hier uw vrije tijd.
Talrijke genummerde wandelwegen voeren langs de meeroevers, door weiden en bossen en over de heuvels en hoogtes. Zo kunt u bijvoorbeeld wandelen naar het punt waar twee armen van het meer bij elkaar komen. Daar ligt eenzaam hoog op een heuvel het *Fremdenheim Jägersweiler*. Een andere wandeling brengt u naar het hoog boven de linkeroever aan de weg naar Kesternich gelegen café *Schöne Aussicht*, waarvan de naam voor zich zelf spreekt.
Wilt u vanaf het water het omringende landschap in ogenschouw nemen, dan kan dat ook. In de periode van Pasen tot half oktober zijn er dagelijks bootdiensten tussen Einruhr en de aanlegplaats Rurberg-Paulushof aan de stuwdam van de Obersee. In de weekends en op feestdagen wordt deze bootdienst uitgebreid met de tocht over de rechterarm van het meer naar de Urftseesperrmauer, de stuwdam van de op de Obersee aansluitende Urfttalsperre.
Een goed wandeldoel is het zuidelijk van Einruhr in een stil dalletje verscholen dorpje **Erkensruhr**, omringd door loof- en naaldbossen. Ten zuiden van het dorp is de weg afgesloten voor gemotoriseerd verkeer. Er worden regelmatig ritten per postkoets georganiseerd van Einruhr naar Erkensruhr en vice versa. De koets biedt plaats aan negen personen.

Gemünd

Het kleine industriestadje Gemünd (5000 inw.) is na de Tweede Wereldoorlog grotendeels nieuw opgebouwd. Het ligt aan de samenvloeiing van de riviertjes de Urft en de Olef, die iets verder stroomafwaarts overgaan

In de Eifel zijn in de meest afgelegen dorpen nog winkeltjes met religieuze waar te vinden (MM)

in een stuwmeer, de bekende Urfttalstausee. De plaats heeft zich de laatste tijd ontwikkeld tot een Kneippkurort, waar men zich kan laten behandelen met medicinale baden. Het bijbehorende Kurcentrum is modern opgezet met gymnastiek- en relaxruimten en een verwarmd openluchtzwembad.
De omgeving is bosrijk en zeer geschikt voor wandelingen. Wel moet u er rekening mee houden dat een gedeelte van deze streek, namelijk het gebied Vogelsang langs de Urftsee, in gebruik is voor oefeningen van het leger en dus niet toegankelijk is. De Burg Vogelsang is evenmin te bezichtigen. Ook wanneer er niet wordt geschoten, mag u het gebied niet betreden, omdat er overal 'blindgangers' kunnen liggen. De talrijke borden met opschrift 'Achtung Lebensgefahr' spreken voor zich zelf.

Tegenover deze beperking staat de onbeperkte toegankelijkheid van het prachtige Kermeter Hochwald, direct ten noorden van de plaats. De voetpaden in en om Gemünd zijn genummerd. Er zijn ook speciale paden, zoals een Wildpfad, een Trimmpfad en een Waldlehrpfad. Dit laatste begint en eindigt – evenals trouwens het trimpad – bij de parkeerplaats van het Forsthaus Paulushof, 10 kilometer ten noordwesten van Gemünd in het Kermeter Wald. Tijdens de wandeling van ongeveer een uur leert u van alles over wat er in het bos groeit, bloeit en leeft.

Enkele dagen per jaar is de Urftstausee opengesteld voor publiek. De exacte data zijn te verkrijgen bij het toeristenbureau van Gemünd (tel. 0049-24442011). Een busdienst onderhoudt op die dagen de verbinding tussen Gemünd en het beginpunt respectievelijk eindpunt van een boottocht over het stuwmeer. Zo'n boottocht is goed te combineren met een wandeling. U kunt bijvoorbeeld van Parkplatz Paulushof over het trimpad naar de Urftseesperrmauer lopen (ca. 4 km), per boot naar Rurberg (half uur) en vandaar teruglopen over de stuwdam en de Hönigsberg naar de Parkplatz (ruim 5 km). Een andere mogelijkheid is: van genoemde Parkplatz via het Waldlehrpfad naar de aanlegplaats Kermeterufer, vandaar circa zes kilometer varen met de boot naar de stuwdam Schwammenauel en dan nog zo'n vijf kilometer terugwandelen naar Parkplatz Paulushof.

Heimbach

De aardige plaats Heimbach (190-525 m; 4600 inw.) wordt druk bezocht, vooral omdat zij zo prachtig ligt op de rechteroever van de Rur, tussen hoge en bosrijke heuvels. Even stroomafwaarts verbreedt de rivier zich bovendien tot een bochtig meer, de Heimbacher Stausee. Die wordt door een machtige stuwdam bij Schwammenauel gescheiden van de wijde, op een hoger niveau gelegen watervlakte van de Rurtalsperre Schwammenauel of Rursee.
De dorpskern en de kerk van Heimbach liggen, strikt genomen, in een zijdal van het Rurdal, waarvan de steile hellingen als een soort hangende tuinen zijn opgebouwd. De kerk is vanouds een bedevaartkerk en stamt in haar huidige vorm uit de 18e eeuw. Ook de inrichting van het interieur is uit die tijd, dus overwegend barok. Er zijn in het begin van de vorige eeuw ook enkele waardevolle oudere kunstwerken uit het naburige klooster Mariawald hiernaartoe overgebracht. Zo is er een laatgotisch vleugelaltaar met een Mariabeeld (Gnadenbild). Het schilderij van het hoofdaltaar is gemaakt door een leerling van Rubens, de Haarlemmer Pieter Soutman.
De naam Heimbach is afgeleid van Hengebach, en zo heet de burcht die u boven de plaats op een beboste hoogte ziet liggen. Eertijds was dit het kasteel van de heren van Hengebach en later de residentie van de graven van Gulik (Jülich). Het oorspronkelijk uit de 12e en 13e eeuw stammende bouwwerk werd in de 17e en 18e eeuw door branden verwoest. Pas in het begin van onze eeuw is het weer gedeeltelijk gerestaureerd en gereconstrueerd. Het oudste deel is de markante wachttoren (Bergfried), bestaande uit een Romaanse basis en een bovenbouw uit de 16e eeuw. In de burcht is thans een restaurant gevestigd.
De oude Jugendstil-elektriciteitscentrale van de Rurtalsperre kan worden bezichtigd tijdens een rondleiding; er is ook een industriemuseum.
Een paar kilometer ten zuiden van Heimbach ligt het eerder genoemde klooster **Mariawald**. Dit werd in 1480 gesticht als cisterciënzer priorij, in 1802 opgeheven en in 1860 weer in gebruik genomen door trappisten, die ook bekend staan als de zwijgende monniken. Het gedeeltelijk grondig vernieuwde gebouwencomplex is niet van binnen te bezichtigen, maar de kloosterkerk wel. Er is ook een café dat bij het klooster hoort. Vermelding verdient nog dat de monniken in het klooster een likeurtje maken dat tot ver in de omtrek waardering geniet. U kunt naar het klooster een mooie wandeling maken, waarbij u door het gebied van het Kermeter Hochwald loopt. Door dit uitgestrekte bos ten zuiden van Heimbach voeren vele paden. Ook speciale paden lopen er, zoals trimpaden, een Wildpfad en een Waldlehrpfad (begin- en eindpunt is de parkeerplaats bij het Forsthaus Paulushof, 8 km ten zuiden van Heimbach).

Hellenthal

Hellenthal is een bekende Eifelplaats (390-690 m, 8200 inw.), genesteld in een door zwaar beboste bergen omgeven kom, waar de dalen van de Olef en van de Pretherbach (een zijriviertje van de Olef) samenkomen. Niet alleen 's zomers trekt het dorp vele gasten. Ook in de winter – als er tenminste genoeg sneeuw ligt – komen er nogal wat mensen uit de wijde omstreken. Het is een redelijk goed skigebied, vooral in de buurt van het dichtbij gelegen dorpje Hollerath zijn er skimogelijkheden.
Pal ten westen van Hellenthal ligt de Oleftalsperre, een stuwmeer. Het ligt fraai tussen bosrijke heuvels, maar zwemmen en watersport is er verboden, want het meer is een drinkwaterbekken. U kunt eromheen wan-

delen vanaf het parkeerterrein aan de voet van de stuwdam. Daarbij kunt u ook nog een bezoek brengen aan het Wildfreigehege, gelegen aan de noordoostzijde van het meer. Zo'n wandeling rondom het meer kost u ongeveer vier uur. Met de auto kunt u niet langs het meer.
Het Wildfreigehege (wildpark) is echter direct vanaf de genoemde parkeerplaats te bezoeken. Het is één van de mooiste en grootste wildparken van Duitsland, waarin velerlei soorten herten, lynxen, wilde katten en andere inheemse dieren te zien zijn, alsmede een groot aantal soorten roofvogels. Zo zijn er valken, sperwers, buizerds en zelfs adelaars en condors, waarmee door valkeniers demonstraties worden gehouden.
In Herchersberg bij **Losheim**, dat tot de gemeente Hellenthal behoort, is de Krippana zeer bezienswaardig. Dit is een tentoonstelling van kerststallen die uit diverse kerken, kathedralen en kapellen uit geheel Europa afkomstig zijn; geopend van april tot 6 januari.
Vanuit Hellenthal valt ook verder nog heel wat te wandelen, waarbij u zo nu en dan niet tegen een flinke klim moet opzien. De heuvels reiken tot hoogten van om en nabij de 700 meter. De streek is bekend om zijn zeldzame bloemen. Wandeldoelen zijn bijvoorbeeld Forsthaus Wahlerscheid, **Udenbreth**, met zijn ligging op 690 meter het hoogste Eifeldorp en zeer geschikt voor de skisport en voorts Reifferscheid en Blumenthal. De dorpen zijn ook gemakkelijk per auto bereikbaar. **Blumenthal** ligt maar twee kilometer ten oosten van Hellenthal en heeft een gotische kerk uit 1512.
Reifferscheid, 3,5 kilometer ten zuiden van Blumenthal, is een vanouds bekend maar bescheiden gebleven zomerverblijfplaatsje op een hoogte van 510 meter. Dit dorpje heeft een interessante kerk die laatgotisch van stijl is. Kijkt u ook even binnen naar onder andere het fraaie sacramentshuisje. Deze kerk staat in het zogenaamde Oberdorf, het hoger gelegen deel van de plaats. Er is namelijk ook een lager gelegen Unterdorf. Het Oberdorf wordt beheerst door de overblijfselen van een burcht. Die burcht was lange tijd zo machtig en sterk, dat het maar weinig vijandelijke buitenstaanders gelukt is om Reifferscheid te veroveren. Van de later vervallen burcht zijn, behalve delen van de ommuring, nog een wachttoren, een poort uit de 14e eeuw en een imposant poortgebouw uit het eind van de 17e eeuw bewaard gebleven.
De omgeving van Reifferscheid leent zich ook goed voor wandelingen, bijvoorbeeld naar de burcht van Wildenburg. Deze ziet er echt uit als een machtig kasteel, maar dient nu als jeugdhuis van het bisdom Aken.

Kall

De uitgestrekte gemeente Kall (totaal slechts 10.000 inw.) is een plaats met nogal wat industrie. De stadskern is ruim en modern van opzet, maar bezienswaardigheden zijn er niet. Het dal van de Urftbach, waaraan de plaats ligt, is vrij wijd. Oostelijk hiervan toont het landschap maar weinig variatie. In het westen echter verheffen zich beboste heuvels tot een hoogte van ongeveer 500 meter. Dat is dan ook het beste wandelgebied. De Wackerberg en vooral de Kindshardt (531 m) zijn goede plekken om te wandelen.

Door het dal van de Urft

Zo'n 2,5 km verder in het dal ligt **Sötenich**, nu een dorp omgeven door bossen en kalksteengroeven, eens een niet onbelangrijke Romeinse nederzetting genaamd Suetoniacum. In de kalksteengroeven (Kalkmulde) kunt u fossielen vinden. Even verder stroomafwaarts ligt boven de rechteroever van de Urft de grotendeels 17e-eeuwse Burg Dalbenden, nu in gebruik als hotel-restaurant.

Urft is het volgende dorp in het dal van de gelijknamige rivier. Het is een aardig plaatsje om in de zomer te verblijven. Op de tegenover het dorp liggende helling staat een groot wit gebouw uit de baroktijd, behorend tot de eerder genoemde burcht Dalbenden. Enkele kilometers in de richting van Nettersheim is links van de rivier een tiental meters van het oude Römerkanal (Romeinse waterleiding) blootgelegd.

Maar de meeste aandacht vraagt het zuidwestelijk van Urft gelegen klooster **Steinfeld**. Dit behoort namelijk tot de best bewaarde middeleeuwse kloostercomplexen van Duitsland. Oorspronkelijk was het een premonstratenzer abdij, stammend uit het jaar 1121. Bij de opheffing van deze orde in Duitsland kreeg de abdijkerk de functie van parochiekerk. Maar sedert 1923 wordt het klooster door de salvatorianer orde gebruikt. De kloosterkerk is een prachtig gebouw in laatromaanse stijl. Sober van uitvoering, dat wel, maar niettemin indrukwekkend door zijn hoge zware muren, de ronde torens die de westelijke gevel en ingangspartij flankeren en de kloeke, achthoekige vieringstoren op de kruising van middenschip en dwarsschip. Na deze buitenkant zonder enige versiering doet het interieur bijna overdadig weelderig aan. De eenvoud van de bouwstijl met zijn duidelijke gewelvenconstructie onder een verhoogd middenschip blijft weliswaar onmiskenbaar, maar de wanden en gewelven zijn rijk en met fantasie beschilderd in de 12e, 14e en 15e eeuw. En overal ziet u beeldengroepen en versieringen van barokke aard. De meeste aandacht trekken het grafmonument en het altaar. Dat grafmonument werd in de 18e eeuw gemaakt voor de al in 1241 overleden premonstratenzer monnik Hermann Joseph, die later zalig werd verklaard. Door de eeuwen heen zijn er dan ook steeds veel bedevaartgangers naar dit graf getrokken. Het orgel dankt zijn barokke opsmuk aan de ijver van de kanunnik Windheiser die er in de jaren 1690-1732 aan werkte. Aan de noordzijde van de kerk sluit een kloosterhof aan, dat tussen 1495 en 1587 werd gebouwd en in de 18e eeuw met een verdieping is verhoogd. De vensters tonen wat goede glazenierskunst vermag. Zij werden gemaakt in de 16e eeuw en vormen samen als het ware een prentenbijbel, waaruit helaas na de secularisatie van het klooster een stuk verdwenen is: 35 ruiten zijn nu in het Londense Victoria and Albert Museum terug te vinden. De kloostergebouwen die aan de noordkant van de kerk liggen, dateren overwegend van de 17e en 18e eeuw en zijn architectonisch gezien van weinig betekenis.

Urft–Steinfeld (of omgekeerd) is een goede wandeling van zo'n 6 kilometer. Vanuit Urft is trouwens ook de Stolzenburg een goed wandeldoel, vooral wanneer u het pad kiest dat heen via Dalbenden en terug via Keldenich, Achelochhöhle en Neuwerk voert. In totaal duurt deze wandeling ruim één uur.

Kornelimünster

Kornelimünster ligt slechts 10 kilometer van Aken verwijderd en behoort ook tot die gemeente. Het dorp ligt op 225 meter hoogte en heeft 2600 inwoners. Het is merkwaardig dat veel automobilisten door het dorp trekken op weg naar Monschau, om zich daar in het schilderachtige stadsbeeld te verlustigen, terwijl ze voor Kornelimünster nauwelijks oog hebben. En toch is dit kleine stadje bijna even mooi als Monschau. Wel zou u kunnen zeggen dat Monschau een geslotener, gaver beeld biedt en natuurlijk profiteert van zijn bijzondere ligging in een dalkom met hoge groene Eifelheuvels. Door het stadje loopt een snelstromend riviertje.

Kornelimünster beschikt niet over zo'n spectaculair decor. Het stadje ligt weliswaar ook in een dalletje, maar de heuvels zijn er laag en weinig geprofileerd. Pas een eindje verderop klimt de weg omhoog naar de Eifel, en wel zo duidelijk dat men deze weg betitelt als Himmelsleiter. De hemel is in dit geval het Hohe Venn, dat de noordwestkant van de Eifel markeert. Vooral het centrale plein, de Markt, is zeer sfeervol met zijn oude huizen en de grote kerk. Vroeger hoorde die kerk bij de *Benediktiner Reichsabtei*. Deze werd hier al in 814 gesticht in opdracht van keizer Lodewijk de Vrome door Benedictus van Aniane, de vernieuwer van de benedictijner kloosterorde in het Frankische rijk. Later werden hier de relikwieën van de heilig verklaarde paus Cornelius (1355-1385) bewaard. Daaraan ontleende Kornelimünster, dat een belangrijke bedevaartplaats werd, zijn naam. Nu is de abdijkerk een parochiekerk geworden, maar ze heet nog net als het oorspronkelijke klooster St.-Salvator. 1

De kerk is in haar huidige vorm overwegend laatgotisch van stijl, maar heeft geen torens en kreeg bij een ingrijpende restauratie een 19e-eeuws stempel opgedrukt. In het interieur kunt u zien hoe de bouwvormen lopen van vrij streng en eenvoudig naar rijk en uitbundig, dit laatste vooral in het koor. Bij het koor sluit bovendien een geheel barokke kapel aan, de Corneliuskapel uit 1708. Vooral de moeite waard zijn de levensgrote standbeelden van de Verlosser en de Moeder Gods in de voorhal van de kerk. Zij zijn goede voorbeelden van echte Nederrijnse plastiek. De staande figuur links in het koor van de heilige Cornelius dateert van omstreeks 1470. Mooi zijn ook de goed bewaarde laatgotische gewelfschilderingen. Tot de kerkschat behoren behalve de genoemde relikwieën ook een door Karel de Kale geschonken 'lendendoek van Christus', een heilige grafdoek en een zweetdoek. Deze worden getoond bij de zogenaamde Heiligtumsfahrt, die eens in de zeven jaar hier en in Aken plaatsvindt (in 2000, 2007 enz.). De vroegere abdijgebouwen, barok van vorm uit de jaren 1721 tot 1728, dienen nu als staatsarchief.

Wel zo bezienswaardig is ook nog één der andere kerken van Kornelimünster, de *St. Stephan auf dem Berg*. Het westelijk gedeelte hiervan stamt uit de Karolingische tijd en daarbij hoort een stompe toren die

Koel water voor de Romeinen

Als u vanaf de weg 100 meter voor het kasteel Dalbenden het voetpad opzoekt richting Stolzenburg, kunt u langs de rand van dit pad een klein restant van het Römerkanal zien. Met de naam Römerkanal wordt de Romeinse waterleiding aangeduid die destijds vanuit het brongebied van de Urft de stad Keulen van vers water voorzag. En de hoeveelheid was niet gering: dagelijks 3 miljoen liter, zodat de 30.000 inwoners elk per dag 100 liter konden gebruiken om de vaat te doen, in bad te gaan, te wassen, huis en hof te boenen en een glaasje water te drinken als de wijn op was. Die waterleiding was een waar kunstwerk, bestaande uit een grote, van zware stenen gemetselde buis. De moeilijkheid was dat die watergoot, om een voortdurende doorstroming te waarborgen van de bron naar de stad, over de gehele lengte van zo'n 90 kilometer een gelijkblijvend verval moest hebben van 50 cm per 100 m afstand. Het verhaal gaat dat bij het gereedkomen van de leiding – dat was ergens in de 2e eeuw na Christus – de Romeinse bouwmeesters eerst een proef namen door in het begin van de buis een ijzeren kogel naar binnen te duwen. Toen die er 90 kilometer verder en 400 meter lager weer uitrolde (na hoeveel tijd vermeldt het verhaal niet, maar misschien kunt u dat wel ongeveer uitrekenen), was het bewijs geleverd dat de buis goed was aangelegd. Nu was alleen nog te hopen dat er geen gaten in de buis zaten ...

eens een middeleeuwse wachttoren was. Binnen hangen nu de klokken uit de verdwenen toren van de St.-Salvatorkerk.
In de bosrijke omgeving van Kornelimünster loont het de moeite een wandeling te maken in het Klauswäldchen, een natuurreservaat aan de noordrand van het plaatsje aan de oever van het riviertje de Inde.

Krekel

Krekel is een gehucht (640 m; 200 inw.) behorend tot de gemeente Kall, gelegen aan Bundesstrasse 258 in één der hoogste gedeelten van de Eifel. De naam Schnee-Eifel voor het gebied ten zuiden van Krekel wijst erop dat hier grote hoeveelheden sneeuw vallen. De westelijke rand van de Eifel en het Hohe Venn ten westen van Krekel dwingen de westenwinden tot stijgen, waardoor de neerslag aanzienlijk is; in de winter dikwijls in de vorm van sneeuw. Krekel is dan ook een wintersportplaats, met dien verstande dat men nooit verzekerd is van voldoende sneeuw, omdat het er door de overheersende westenwinden ook snel weer dooit. Toch is er ieder jaar wel een paar weken gelegenheid om te skiën, al valt nooit vooruit te zeggen wanneer. De terreingesteldheid is uitstekend. Het weer is echter meestal minder gunstig dan in wintersportplaatsen in het hooggebergte: er is meer wind en minder zon. Krekel is ook fijn in de zomer, maar dan moet u er wel rekening mee houden dat de Eifelhoogvlakte koude nachten kent en dat het er meestal winderig is.
Op drie kilometer ten zuiden van Krekel ligt het eveneens zeer landelijke **Wildenburg**. Het bezit een interessant slot op een heuvel (530 m). Eertijds was het de stamburcht van de heren van Wildenburg en Reifferscheid. De resten werden in 1715 aangekocht door het klooster Steinfeld en veranderd in een priorij. Nu zijn de kerk en de pastorie erin gehuisvest. Van het oude slot zijn de Hexenturm en een portierswoning uit de 16e eeuw nog overgebleven. Vlak bij Wildenburg ligt de grote Sistigerheide.

Langerwehe

De voornaamste reden om Langerwehe (120 m; 12.000 inw.) te bezoeken is zijn *Töpfereimuseum*. Het plaatsje ligt even ten zuiden van de Autobahn A4 Aken–Keulen in het Wehebachtal aan de noordrand van de Eifel. Bij de afslag Weisweiler verlaat u de Autobahn, vervolgens slaat u eerst rechtsaf en nog geen kilometer verder linksaf over de B264. In Langerwehe wijzen borden u de weg naar het museum dat in een goed onderhouden vakwerkhuis is gevestigd. Daar wordt u – links van de binnenhof – inzicht verschaft in de pottenbakkerskunst die in Langerwehe kan bogen op een bijna duizendjarige traditie: van omstreeks 1000 tot heden. De meeste museumstukken zijn eenvoudig keukengerei zonder decoraties, maar wel fraai van vorm. Ze zijn tentoongesteld zoals ze vroeger werden gebruikt: in een keuken uit de 19e eeuw en in een rococowoonvertrek uit omstreeks 1770. Rechts van de binnenhof vinden wisselende exposities plaats en kunt u zien op welke wijze en met welk gereedschap het aardewerk gemaakt is. Bij het museum hoort een modelatelier (Musterwerkstatt). In het zicht van het pottenbakkersmuseum staat boven op een heuvel de wat vervallen gotische parochiekerk uit circa 1500, compleet met kerkhof.
Een andere reden om de Autobahn te verlaten en naar Langerwehe te gaan, is dat dit vanuit Nederland de eerste mogelijkheid voor een wandeling in de Eifel is. Er zijn in en bij deze plaats diverse parkeerterreintjes vanwaar bewegwijzerde wandelpaden (Rundwanderwege) beginnen.

Eén van de aardigste wandelingen is die naar kasteel **Laufenburg**, dat via het Suhrbachtal wordt bereikt. Terug gaat het dan over Wenau, Heistern en het uitzichtpunt Hulsenberg.

Mechernich

De vrij grote plaats Mechernich (198-525 m; 22.000 inw.) ligt nog net binnen de oostgrens van het Naturpark Nordeifel. Met uitzondering van de op een hoogte gelegen kerk *St. Johann Baptista* met haar 11e-eeuwse toren, is er binnen de bebouwde kom van Mechernich niets bijzonders te zien. Maar daarbuiten leveren natuur en landschap tal van aardige plaatjes op. Wanneer u te voet gaat kunt u daar het beste van genieten. Loopt u eens langs de wandelweg van Aken naar Bonn oostwaarts naar de kasteelruïne Burgfey en de duizendjarige eik. Ook een bezoek waard zijn de Wasserburgen in het Veytal en Burg Eicks en het Römerkanal bij Vussem. Hier treft u restanten aan van een Romeins aquaduct (zie ook onder Kall). Verder weg – nog een viertal kilometers voorbij Vussem – is de Kakushöhle. Dit is een grot met hoge, wijde 'zalen' in de kalksteenrotsen van de Katzstein (405 m), die deel uitmaken van een natuurreservaat bij het dorp Eiserfey. Hier woonden al mensen in de prehistorie, met name in de IJzertijd. Zeven cultuurlagen (o.a. de overblijfselen van een holenbeer, een mammoet en een rhinoceros) zijn hier blootgelegd. Een uitstapje naar het Hochwildschutzpark Rheinland is ook leuk.

Openluchtmuseum Kommern

Het dorpje Kommern (4000 inw.), twee kilometer ten noorden van Mechernich, is bijzonder rijk aan vakwerkhuizen. Maar dat was de inwoners van het dorpje kennelijk niet genoeg. In allerlei plaatsen in het Duitse Rijnland kochten ze oude boerderijen, schuren, kapellen, dorpsscholen en molens op. De bouwsels werden naar een door bos omkranst terrein bij Kommern overgebracht, dat de gemeente ter beschikking had gesteld. Zo is hier het *Rheinische Freilichtmuseum und Landesmuseum für Volkskunde* ontstaan, een openluchtmuseum dat een bezoek ten volle waard is. Een tachtigtal historische bouwwerken staan daar nu bij elkaar, netjes gerangschikt naar hun kenmerkende regionale bouwstijl. De Baugruppe Niederrhein, de Rijnstreek die onmiddelijk aan Nederland grenst, de Baugruppe Eifel und Köln-Bonner Bucht, de Baugruppe Bergisches Land en de Baugruppe Westerwald-Mittelrhein zijn alle vertegenwoordigd. Elke Baugruppe vormt als het ware een dorpje op zichzelf, omgeven door tuinen en velden. Behalve bouwwerken zijn er ook oude landbouwwerktuigen, gereedschappen, allerlei huisraad, kunsthandwerk en zelfs een historische poppenverzameling te zien. Enkele karakteristiek ingerichte Gaststätten zorgen voor de inwendige mens. In het hoogseizoen kunt u tweemaal per week zien hoe de boeren in hun dagelijkse behoeften voorzagen: brood bakken, weven en ijzer smeden worden er onder andere gedemonstreerd. Er zijn verder drie grote paviljoens waar films, dia's en videotapes alle informatie nog eens visualiseren.
De *Burg Kommern*, die het plaatsje domineert, ziet er niet zo oud uit, maar stamt desalniettemin uit de 15e eeuw.

Monschau

Bij Nederlanders is Monschau het bekendste stadje in de Eifel. En niet ten onrechte, al zijn er ook verscheidene andere karakteristieke en schilderachtige stadjes in dit gebied te bewonderen. Monschau (350-650 m;

3000 inw.) is gemakkelijk bereikbaar vanuit Nederland, althans vanuit Zuid-Limburg. De overgrote meerderheid van al die NL-auto's en touringcars die overdag tot op het kleinste parkeerplekje in en vlak buiten Monschau te vinden zijn, is 's avonds weer verdwenen.
Monschau ligt dicht bij de Belgisch-Duitse grens in het nauwe, kronkelige dal van de Rur, die midden in de stad samenvloeit met het zijriviertje de Laufenbach. Vanaf Bundesstrasse 258, die vanuit Aken boven langs het dorp loopt, heeft u het mooiste uitzicht op Monschau zoals het met zijn vakwerkhuizen vlak langs de oevers van beide waterlopen ligt. Op de steile Schlossberg rijzen de restanten van de middeleeuwse burcht op.
Het zijn de huizen recht onder de Schlossberg, op de linkeroever van de Rur, die het oudste deel van het stadje vormen. Ze liggen langs de Kirchstrasse en dateren van vlak na de Dertigjarige Oorlog (1618-1648). Het overige deel van de stad kwam hoofdzakelijk tot stand in de loop van de 18e eeuw, de tijd waarin de lakennijverheid hier zijn bloeiperiode had. Statige huizen bepalen het beeld. Zij worden gekenmerkt door rijke vakwerkgevels, soms overschilderd, vaak ook voorzien van een houten of stenen pui en vrijwel altijd bekroond met het karakteristieke leistenen dak. Van de zeer smalle straten liggen er diverse evenwijdig aan elkaar en aan de rivier, waarbij de meeste onderling verbonden zijn door stenen trappen.

De wandeling begint bij de parkeerplaats in het zuiden van het stadje, waarna u naar de Laufenstrasse loopt. Daar ziet u links het *Haus zum Turm* uit 1351, naast de minigolf. Feitelijk behoorde dit huis tot de burcht en maakte het deel uit van de stadsommuring. Even daarna gaat u linksaf naar boven de Kirchstrasse in. Daar staat rechts op nummer 33 het *Haus Rolshausen* uit 1597, dat nu een hotel is. De Kirchstrasse dankt zijn naam aan de eenvoudige Pfarrkirche uit 1650 met een sober interieur en opvallende barokke altaren.
Waar de Kirchstrasse overgaat in de Holzmarkt, vindt u rechts het voormalige *Amtshaus* uit 1664 en schuin links het vroegere raadhuis uit 1654. Dit huis valt op door een dubbele gevel, bekroond door een torentje. Van de Holzmarkt voert een trap omlaag naar de Stadtstrasse bij de *Evangelische Kirche*. Daar wendt u zich eerst even naar links om het markante *Rote Haus* te bekijken. Dit werd in 1760-1765 gebouwd in opdracht van de steenrijke lakenfabrikant Johann Heinrich Scheibler. Het bestaat uit twee gedeelten: het pakhuis Zum Helm en het woonhuis Zum Pelikan. Hoe het lakendoek werd opgeslagen en verhandeld en de familie hier deftig en stijlvol heeft gewoond, kunt u zien, want het geheel is nu een museum (Museum Rotes Haus, ingang Laufenstrasse 10). Pronkstuk in het interieur is de eikenhouten trap die de drie verdiepingen van het linkerhuis verbindt. De trap is gemaakt door Italiaanse kunstenaars die ook het rijke houtsnijwerk verzorgden. Dat houtsnijwerk bestaat uit voorstellingen die een beeld geven van de toenmalige lakennijverheid en alles wat daar bij te pas kwam. Fraai zijn ook de zolderingen van verschillende vertrekken en het beschilderde behang.
Schuin tegenover het Rote Haus ligt aan de Laufenstrasse het *Haus Troistorff*. Dit werd in 1783 gebouwd voor de heer Troistorff, die met de schoonzuster van de juist genoemde Scheibler was getrouwd. Al is dit huis wat minder overdadig uitgevoerd, het mag er toch zijn met zijn fraai versierde huisdeuren, zijn smeedijzeren balkon, waarin de beginletters van beide echtgenoten zijn verwerkt, en het familiewapen boven in de gevel. Deze gevel valt trouwens op door zijn strakke indeling met raampartijen en de aparte buitentrap. Op de bovenverdieping is een feestzaal, die nu voor culturele evenementen wordt gebruikt. Bij zo'n

Het schilderachtige stadje Monschau telt vele vakwerkhuizen. De plaats is zeer in trek bij toeristen uit Nederland en België (MM)

gelegenheid krijgt u de kans om iets van het interieur te zien. Er zijn fraaie kachels, behangschilderingen en houtsnijwerk.

Aan de andere kant van het Rote Haus staat de Evangelische Kirche. Deze kerk, opgetrokken van leisteen, dateert van 1789. Opvallend is vooral de barokke toren met de vergulde zwaan. Bij de voetgangersbrug, die over de Rur voert, hebt u een goed uitzicht op het riviertje en de huizen die dicht op elkaar langs de oevers staan. In de stroomrichting kijkt u links tegen de achterkant van het Rote Haus aan, met daartegenover aan de rechterkant de oude karakteristieke gebouwen van de volmolen (Walkmühle) uit 1649, die toentertijd een belangrijke rol in de lakennijverheid speelde. Iets verder weg ziet u een pittoreske serie vakwerkhuizen, met daarbovenuit op de beboste Rahmenberg de Haller, de ruïne van een middeleeuwse wacht- of signaaltoren.

U gaat linksaf de Rurstrasse in naar de Markt, een pleintje aan de rivier, ontstaan nadat een brand in 1876 hier negen van de oudste huizen in de as legde. Wel staat er nog het zogenaamde *Gillardsche Haus*, lange tijd ook bekend als Der Triersche Hof, een vermaard Gasthaus waar de burgerij van Monschau bijeenkwam om flink de bloemetjes buiten te zetten. Het is nu nog steeds een café (Kaulard geheten). Rechts hiervan kunt u via de straat Unterer Mühlenberg en een smalle stenen trap naar de Oberer Mühlenberg wandelen. Vanaf dit straatje leiden diverse trappen en weggetjes nog verder naar boven. Overal wacht u een prachtig uitzicht op de stad. Via kleine paadjes langs akkertjes bereikt u een plateau waar de weg naar **Höfen** langsvoert.

Ter zijde van de Markt, aan het begin van de Austrasse, ligt de rooms-katholieke *Aukirche*, die tussen 1719 en 1751 gebouwd werd als kloosterkerk van de minorietenorde. Het bijbehorende vroegere kloostergebouw uit 1720 herbergt nu een galerie waar wisselende tentoonstellingen worden georganiseerd. Even voorbij de Aukirche voert links een brug over de Rur en hier heeft u weer één van die mooie uitzichten op het snelstromende water, de huizen, de bossen, de bergen en de burcht.

Over de brug ligt links nog de Eschbachstrasse, waarlangs de prachtige vakwerkhuizen staan die we al verscheidene keren in het vizier hebben gehad bij de uitzichten vanaf de bruggen en de Markt. Vele daarvan zijn

gebouwd en bewoond geweest door lakenwevers, zoals bijvoorbeeld het huis op nr. 30, het *Elbers'sches Haus* uit 1782.
De *burcht* boven de Rur heeft reeds vele malen ons blikveld gekruist. In 1217 werd dit kasteel voor het eerst genoemd als bezit van de graven van Montjoie, die hiermee een naburig vrouwenklooster van de premonstratenzer orde wilden beschermen. Strijd en plundering, afbraak en verwaarlozing maakten dat er uiteindelijk alleen nog een grote ruïne van de burcht overbleef. Na een opknapbeurt werd een gedeelte als jeugdherberg in gebruik genomen. Van de Unterburg zijn de Ezelstoren, het huis van de commandant, de burchtkapel uit de 14e eeuw en de vroegere kazerne behouden gebleven. Deze laatste doet nu dienst als bejaardenhuis. Van de Oberburg resten nog de gotische poort met twee torens, de verdedigingsmuur rondom de Vorburg, de slottoren en een onderaardse trappengang. In het weekeinde na advent is er een levende kribbe te zien.
Tegenover de burcht, op de andere oever van de Rur bij de parkeerplaats, bevindt zich de *Monschauer Glashütte* met een glasmuseum, dat de ontwikkeling toont van 2000 jaar glasfabricage. Er worden demonstraties gegeven en natuurlijk kunt u er ook iets kopen.
Aan de Laufenstrasse 118, noordelijk van het centrum, bevindt zich een historische *mosterdmolen* (Senfmühle). Op woensdagen tussen 11.00 en 14.00 uur kunt u kijken hoe volgens oude recepten en op ambachtelijke manier mosterd wordt gemaakt (op andere dagen na afspraak).

De Venndorpen

Bijna grenzend aan Monschau ligt het dorp **Höfen** (560 m; 1400 inw.). Vanuit het vier kilometer noordoostelijk gelegen **Rohren** (550 m; 630 inw.) ziet u op het hoogste punt een neoromaanse kerk met twee torens staan, waarvan het interieur in 1956 in dezelfde stijl hersteld is. Rohren heeft een zomerrodelbaan die 751 meter lang is en een attractie voor jong en oud is. In de winter biedt Rohren goede mogelijkheden voor wintersport.
Van Höfen rijdt u langs het Perlbachstuwmeer naar het dicht tegen de Belgische grens gelegen **Kalterherberg** (560 m; 2400 inw.). De ten dele nog met stro bedekte huizen, beschut gelegen achter een haag van beukenbomen, zijn één van de vele kenmerken van de dorpen in het gebied van de Hohe Venn, zo ook van Höfen en Rohren. Nabij het voormalige klooster Reichenstein, twee kilometer ten noorden van Kalterherberg, staat het 'Kreuz im Venn'.

Nideggen

Nideggen (335 m; 7900 inw.) is een stadje dat uit de Middeleeuwen dateert en gelegen is op de rand van een plateau met uitzicht op het Rurdal. Hier en daar valt er een stuk oude stadsmuur te ontdekken en zelfs twee intacte middeleeuwse stadspoorten, de *Zülpicher Tor* en de *Dürener Tor*. Helaas werd Nideggen in de Tweede Wereldoorlog zwaar beschadigd. Nu is het weer zo veel mogelijk in de oude stijl opgebouwd.
Het station ligt beneden te Nideggen-Brück (180 m) in het dal van de Rur. U kunt van hier per postauto het hooggelegen stadje bereiken. Het is een 'Luftkurort' en één der mooiste punten van het noordelijk gedeelte van de Eifel.
Op een steile, rode zandsteenrots verheft zich een oude burcht uit 1180. Deze is gedeeltelijk gerestaureerd en tegenwoordig is er een specialiteitenrestaurant gevestigd. Het uitzicht vanaf dit hoge punt is bijzonder mooi. In de nabijheid van de burcht bevindt zich het *Burgmuseum*. De

Romaanse *Pfarrkirche* uit de 12e eeuw werd zwaar beschadigd, maar is weer opgebouwd, waarbij het een modern interieur kreeg.
Even ten zuiden van Nideggen ligt in het dal van de Rur het dorp **Abenden** (220 m; 650 inw.), dat als verblijfplaats vooral een goede keus is voor mensen die rust zoeken. Er is een Freizeitzentrum met een verwarmd openluchtzwembad, tennisbanen en kinderspeelplaatsen. U kunt er een kijkje nemen in de 'Klettergarten des Alpenvereins', waar het alpinisme kan worden beoefend. Iets zuidelijker nog ligt **Blens**.

Roetgen

Roetgen (400-500 m; 7000 inw.), een typisch Venndorp, bevindt zich in de noordwestelijke Eifel, tussen Kornelimünster en Monschau en is aan drie zijden door België ingesloten. Het is een verspreid liggend dorp in een vlakke dalkom. De kenmerkende vakwerkhuizen met hun hoge beukenhagen zijn ook hier vertegenwoordigd. De protestantse *Querkirche* dateert van 1782, de rooms-katholieke kerk stamt uit het jaar 1856.
Op korte afstand van de beide kerken begint het uitgestrekte Hochwald. Een uitstapje naar de in de nabijheid gelegen Dreilägerbachtalsperre is zeker de moeite waard. Bezichtiging kan plaats vinden op zondagen van 11.00 tot 13.00 uur, op werkdagen in groepen, waarbij het bezoek van te voren aangemeld dient te worden bij de Staumeister of de Verkehrsverein Roetgen. De toegang bevindt zich op de Verbindungsstrasse K7 tussen Hahnerstrasse en Landstrasse nr. 238.

Rurberg

Het aardige Rurberg (292 m; 1050 inw.) en **Woffelsbach** (292 m; 1080 inw.) liggen als enige plaatsen direct aan de oever van de grote Rurstausee Schwammenauel, te midden van bossen en boomgaarden. Dit stuwmerengebied, dat zich over een lengte van meer dan 35 kilometer uitstrekt, behoort tot de voornaamste bezienswaardigheden van de Eifel. Tot de meren behoren de Urfttalsperre, de Obersee, de Rurstausee Schwammenauel en het Staubecken Heimbach (zie ook de inleiding van dit hoofdstuk). Op deze meren is watersport mogelijk en er zijn geregelde bootdiensten tussen de plaatsen onderling.
Van Woffelsbach uit is er een veerdienst naar de Kermeter, de beboste heuvelrug aan de overzijde. Men verhuurt er roeiboten en waterfietsen. In Rurberg bevindt zich een openluchtzwembad in de Freizeitanlage Antoniushof. Ook is er in Rurberg een bioscoop, maar daarmee houdt het wat betreft het amusement in deze streek dan wel op. Ontspanning moet men hier helemaal zoeken in de vrije natuur en die is dan ook in ruime mate aanwezig.
Schmidt (480 m; 2700 inw.) ligt wat van de oever af, circa vijf kilometer ten noorden van Rurberg. Maar het is per auto slechts met een grote omweg via Steckenborn te bereiken. Het heeft een aardig, 25 hectare groot *wildpark*, waarin u onder andere moeflons (wilde schapen) kunt tegenkomen. Verscheidene hotels van Schmidt bieden dansgelegenheid. Om te vissen in de Rursee Schwammenauel is een vergunning vereist, die verkrijgbaar is in alle hotels langs het meer en in Schmidt. Er komt snoek, karper en witvis voor.
Kesternich en het twee kilometer verderop gelegen **Simmerath** zijn twee rustige dorpjes op het Hohe Venn, even ten westen van Rurberg. Simmerath (542 m; 1800 inw.), dat al omstreeks 900 onder de naam Semrode in bronnen wordt vermeld, is een schilderachtig dorp, gebouwd rondom een kerk die het dorpsbeeld fraai afrondt. Kesternich (550 m;

2500 inw.) is een vrij langgerekt dorpje, waar verscheidene aardige vakwerkhuizen zijn te bewonderen.
Zo'n vier kilometer van Simmerath bevindt zich in **Lammersdorf** het boerenmuseum met voorwerpen en documenten die een indruk geven van hoe het leven van de voorvaderen van deze regio er uitzag.
Wat afzijdig ligt het zeer kleine en rustige dorpje **Simonskall** (300 m; 50 inw.) verscholen in het rotsachtige Kalltal. In de Tweede Wereldoorlog is in dit gebied hard gevochten, waarbij de bossen sterk geleden hebben. Er zijn daarna overal weer nieuwe bomen geplant en alleen in de naaste omgeving is een oud bosbestand overgebleven.
Er is een mooi gelegen, maar bescheiden buitenhotel (Talschenke) in chaletstijl, dat enkele dependances in het dorp heeft. Zuidelijk van het dorp bevindt zich de Kalltalsperre, die vanaf de Kallbrück alleen te voet bereikbaar is. Stroomafwaarts van Simonskall vormt de Kall een fraai dal dat bij Nideggen in het dal van de Rur eindigt. Een autoweggetje volgt de loop van de rivier, maar u geniet veel meer als u dit traject te voet aflegt.

Schevenhütte

Schevenhütte (250 m; 700 inw.) is een karakteristiek Eifeldorp aan de noordrand van de Eifel, gelegen in de bosrijke omgeving van het Wehebachtal. Het plaatsje wordt in de zomer vrij veel bezocht. Ten zuiden van Schevenhütte ligt de Wehebachtalsperre, die is aangelegd ten behoeve van de drinkwatervoorziening.

Schleiden

De industriestad Schleiden (350-620 m; 4000 inw.) ligt beschut in het lieflijke dal van de Olef, omgeven door beboste bergen. Aan het eind van de Middeleeuwen werd de stad met vestingwerken versterkt en was de plaats het middelpunt van het vroeger zo belangrijke ijzerwinningsgebied in de Eifel. Schleiden wordt beheerst door het *slot*, dat na het uitsterven van de familie von Schleiden aan de graven van der Mark en ten slotte aan de hertogen van Aremberg toekwam. Deze oorspronkelijk in Romaanse stijl gebouwde burcht uit 1200 heeft na herhaalde verbouwingen, onder andere in de 14e eeuw onder Dietrich III, het laatst een vernieuwing ondergaan in de 18e eeuw. Daarbij was ook de architect Couven betrokken (zie ook onder Aken). Na de Tweede Wereloorlog werd het sterk beschadigde slot gerestaureerd. Heden ten dage is er een internaat in gevestigd. De vlakbij gelegen voormalige *slotkerk* is thans Pfarrkirche. Deze laatgotische hallenkerk uit 1525 is gebouwd in opdracht van graaf Dietrich von Manderscheid-Blankenheim en zijn gemalin. De kerk bezit een interessant interieur. Opvallend is het in renaissancestijl uitgevoerde marmeren grafmonument van Sybilla von Hohenzollern (gestorven 1677) en de twee kostbare gebrandschilderde ramen uit 1535. Daarnaast zijn bezienswaardig een kelk uit 1300, een monstrans uit 1617 en twee oude houtschilderingen. Ten slotte moet het beroemde König-Orgel uit 1770 vermeld worden, waarop regelmatig concerten worden gegeven.

Stolberg

Stolberg (160-483 m; 59.000 inw.) ligt aan de noordrand van de Eifel, waar de Inde en de Vichtbach samenvloeien. Het is een belangrijke industriestad die gesticht is door de heren van Stolberg. Vroeger waren er vele oude ijzerfabrieken in de omgeving, die gebruikmaakten van de waterkracht van de Vicht. In de 17e eeuw beleefde de stad een grote industriële

In mei schitteren de felgele koolzaadvelden in de Nordeifel; hier bijvoorbeeld in de buurt van Zülpich (MM)

bloei, toen vele uit Aken verdreven protestanten zich in Stolberg vestigden. De destijds gestichte industrietjes zijn op het ogenblik uitgegroeid tot bedrijven van wereldnaam. Bezienswaardig is de burcht uit de 15e eeuw, gelegen op een rots boven de stad. Hier werd Juliana, dochter van de graaf van Stolberg geboren. Zij was de moeder van Willem de Zwijger en Jan van Nassau, van wie ons koningshuis afstamt. In dit geheel gerestaureerde gebouw is een museum en een archief ondergebracht. Een bezoek verdienen ook de 'Kupfermeisterhöfe', de oudste koperfabrieken van de wereld. Bij deze staan het woonhuis en het bedrijf gegroepeerd om een binnenhof, dat met een grote poort wordt afgesloten. De evangelische kerk op de Vogelsang dateert van 1648.

Zülpich

Zülpich (182 m; 17.500 inw.) is een oud stadje gelegen in een nagenoeg vlakke streek ten oosten van de heuvels van de Nordeifel. In deze streek worden veel suikerbieten verbouwd. Het stadje wordt omgeven door een stadsmuur met vier poorten uit de 13e en 14e eeuw, waaronder de Weier- en de Münstertor. In de Middeleeuwen deed het dienst als grensvesting tussen Keulen en Jülich. De toren van het oude raadhuis stamt uit de 16e eeuw. In 1951 is er een nieuw stadhuis gekomen. De *Kurkölnische Burg* is een bezoek waard. Deze burcht dateert van de 14e en 15e eeuw.
In het *Propsteimuseum* vindt u vele voorwerpen uit de Romeinse en Frankische tijd (toen de stad Tolbiacum heette), zoals een goed bewaard gebleven Romeins bad uit 110 na Chr. en een crypte uit de 11e eeuw.

Zweifall

Zweifall (250 m; 2.200 inw.) is een dorpje in het noordelijk deel van de Nordeifel, gelegen aan de Vichtbach op de plaats waar deze met de Hasselbach samenvloeit. Het dorp is omgeven door uitgestrekte bossen en komt door zijn rustige en prachtige ligging zeer zeker in aanmerking voor een langer verblijf. In het dorp staat de mooie evangelische kerk met een pastorie uit 1683. Bezienswaardig is ook het karmelietenklooster boven aan de Klosterstrasse.

2 Südeifel

De Südeifel is een streek die bekendheid geniet als wintersportgebied. De Schwarzer Mann behoort met 698 meter tot de hoogste bergen van de omgeving en maakt deel uit van de Schnee-Eifel. De hoge toppen vangen veel regen, die in de winter in de vorm van sneeuw valt. Door de Südeifel stroomt de Kyll, die ten noorden van de Schnee-Eifel ontspringt en zich al kronkelend een weg baant door het bosrijke gebied. Aantrekkelijke plaatsjes als Kyllburg, Prüm, Speicher en Neuerburg lenen zich uitstekend voor een dagtochtje. Te midden van dichtbeboste heuvels en bergen doemen imposante burchten en ruïnes op, die het verleden laten herleven.

Inleiding

Als een smalle, spitse richel strekt over een afstand van niet meer dan twintig kilometer de *Schnee-Eifel* (Schneifel) zich uit op de grens van de noordwestelijke Eifel (de Nordeifel) en de Belgische Ardennen (de Hautes Fagnes), nog binnen de grenzen van het Deutsch-Belgischer Naturpark. Het zijn de vele hier passerende oceaandepressies die deze streek letterlijk tot Schnee-Eifel hebben herdoopt door hier vooral 's winters een niet onaanzienlijk deel van hun vochtige last te lozen. Het klimaat is er dan ook net zo ruw als op het Hohe Venn (zie Nordeifel). De gemiddelde temperaturen liggen er doorgaans zo'n 4°C onder die in Nederland, hetgeen vooral door de koude nachten wordt veroorzaakt. De gemiddelde neerslag per maand bedraagt er 87,4 mm, tegenover 63 mm in Nederland.
De langgerekte van zuidwest naar noordoost gerichte kam, met als hoogste punt de Schwarzer Mann (698 m) is vrijwel geheel met naaldbossen bedekt. Een enkel jachthuis en het Forsthaus Schneifel (655 m), dat als meteorologisch station in gebruik is, zijn de enige sporen van menselijke bewoning. Op de bloemenrijke hellingen aan weerszijden van deze kam liggen de kleine, eenvoudige dorpen die de toerist weinig of geen accommodatie bieden. In de onmiddellijke omgeving is het stadje Prüm echter een geschikt uitgangspunt voor verkenningen in dit gebied. De belangrijkste weg die de Schnee-Eifel doorkruist en waaraan het genoemde Forsthaus Schneifel ligt, gaat eveneens door Prüm. Er loopt ook een weg over de kam. Wandelaars kunnen gebruikmaken van een pad dat de kam volgt en dat door de Eifelverein van duidelijke markeringen (zwarte pijl op een wit veld) is voorzien. Dit traject maakt deel uit van twee wandelroutes, namelijk de Wanderweg Aken–Echternach en ten dele ook van de Wanderweg Kreuzau–Trier.

Skiliefhebbers vinden 's winters op de Schwarzer Mann een 1000 meter lange piste (hoogteverschil 110 m) met een skilift. Een kleine springschans, een rodelbaan, alsmede een restaurant met terras, parkeerplaats en een caravanterrein completeren dit bescheiden wintersportcentrum. Ten zuiden van de Schnee-Eifel ligt de *Südeifel*, waarvan het westelijk deel in beslag genomen wordt door het grote Deutsch-Luxemburgischer

Hoogtepunten

Landschappelijk schoon
Schnee-Eifel.

Stads- en dorpsgezichten
Dudeldorf, Kronenburg, Kyllburg, Neuerburg.

Kastelen en landhuizen
Malberg (bij Kyllburg), Ramstein (bij Kordel), Rittersdorf.

Kerken en kathedralen
Helenenberg (bij Welschbillig, zie Kordel), Kronenburg (zie Stadtkyll), Kyllburg, Prüm, Niederehe (bij Hillesheim; zie Stadtkyll), St. Thomas (bij Kyllburg).

Opgravingen
Romeinse villa bij Otrang (zie Bitburg).

Overige hoogtepunten
Eifelpark Gondorf.

Naturpark. De oostgrens van het hier beschreven gebied wordt gevormd door de rivier de Kyll, die even ten noorden van de Schnee-Eifel ontspringt. De Kyll kronkelt zich door een zeer bosrijk gebied, dat daardoor ook wel de naam 'Waldeifel' draagt. In het bovenstroomse deel liggen Stadtkyll en Dahlem, twee aardige agrarische gemeenschappen. De volgende dorpen zijn armoediger van aanzien en het leven is er nog rauwer van karakter; de houtvesterij is er de voornaamste bron van inkomsten. Verder naar het westen stromen een drietal riviertjes naar het zuiden: de Nimsbach, de Prüm en de Enzbach. Wanneer u de wegen door de dalen volgt, dan kunt u genieten van een fraai landschap. Regelmatig moet u uit de dalen omhoog klimmen naar de hoogvlakte, waar de boerengehuchtjes in het weidse land liggen. De dorpen zijn sober van aanzien, met mestvaalten voor de huisdeuren en hier en daar een klinkerstraatje; gelijkenis met de dorpen in de Ardennen dringt zich hier op. Deze uithoek is, zoals goed te zien is, van oudsher zeer arm geweest. Wat ertoe heeft geleid dat het hele Eifelgebied als arm werd bestempeld.

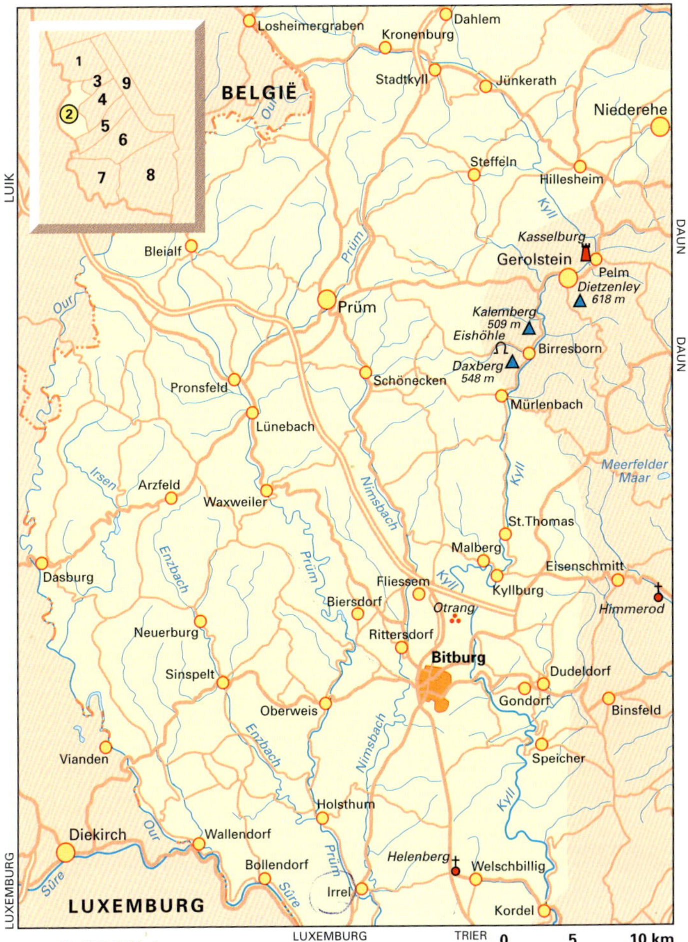

2 Südeifel

Praktische informatie

Inlichtingen

Amt für Wirtschaftsförderung und Tourismus, Mülheimer Platz 1, 53111 Bonn. *Plaatselijke inlichtingenbureaus:* 54634 Bittburg; 54669 Bollendorf; 54666 Irrel; 54655 Kyllburg; 54673 Neuenburg; 54595 Prüm; 54614 Schönecken; 54589 Stadtkyll.

Sport

Zwemmen: openluchtzwembaden Bitburg (verwarmd), Bollendorf, Irrel, Kordel (verwarmd), Kyllburg (grote glijbaan), Neuerburg (verwarmd), Prüm, Schönecken, Stadtkyll (verwarmd), Waxweiler. *Zeilen* en *surfen* op het stuwmeer te Biersdorf (zie Bitburg) en Kronenburg.

Bitburg

Bitburg (350 m; 12.200 inw.) is een zeer oud stadje, gelegen op een hoogvlakte tussen de rivieren de Nims en de Kyll. Thans is het sterk gemoderniseerd. Bitburg lag in de Romeinse tijd aan de Trier-Kölnerstrasse en werd op de Romeinse kaarten aangegeven als Beda Vicus. De ommuring van deze laat-Romeinse vesting – vermoedelijk uit de tijd van Diocletianus of Constantijn – is gedeeltelijk behouden gebleven. Nu is de stad een een centrum voor de fruitteelt. De drukke groente- en fruitmarkt trekt vele bezoekers uit de wijde omgeving aan.

Bitburg staat bekend om het Bitburger Pils: 'Bitte ein Bit'. Vlak bij de grote bierbrouwerij staat een fontein met reliëfzuil, die doorgaans water, maar bij bijzondere feestelijke gelegenheden ook bier spuit. De bierbrouwerijen zijn te bezichtigen.

De Liebfrauenkirche is in laatgotische stijl opgetrokken. Het middenschip dateert van de 15e eeuw, het zuidelijke uit de 16e, en het noordelijke uit de 19e eeuw. Het barokke portaal van 1751 is afkomstig van de Peterskerk. Rond 1923 werd de gehele kerk uitgebreid.

Jaarlijks vindt tijdens het tweede weekend in juli het Europäische Grenzlandtreffen plaats, dat gepaard gaat met muziek en folklore.

Het Kreismuseum (Denkmalstrasse 6) geeft een inzicht in de geschiedenis van de streek. In het Haus Beda (Bedastrasse 1) bevindt zich het Eifel-Ardennen-Museum met onder andere schilderijen van de Eifelschilder Fritz von Wille en vondsten van fossielen.

Bij **Biersdorf**, 12 km noordwestelijk van Bitburg, ligt de drie kilometer lange Bitburger Stausee, een fraai stuwmeer met diverse watersportmogelijkheden.

Het dorp **Rittersdorf**, even ten noorden van Bitburg, bezit een kleine maar bezienswaardige *burcht*. De donjon dateert van omstreeks 1300 en in de 16e eeuw werd het woongedeelte aangebouwd. Er is een restaurant.

Dicht tegen de nieuwe weg ten noorden van Bitburg liggen bij **Otrang** de uitgegraven resten van een *Romeinse villa* uit de 2e tot en met de 4e eeuw. Diverse ruimten hebben fraaie mozaïekvloeren.

Bij **Fliessem** vindt u ook het *Tropic Park*, een tropische dierentuin met een groot aantal verschillende reptielen, een insectarium, een vogelmuseum en het Kinderland met attracties voor kinderen.

Bollendorf

Bollendorf (170-410 m; 1700 inw.) wordt door de rivier de Sûre (Sauer) gescheiden in twee delen, namelijk Bollendorf (Duits) en Bollendorf-Pont (Luxemburg). Beide delen zijn met elkaar verbonden door een brug.

De rivier de Sûre (Sauer) vormt de grens tussen het Duitse Bollendorf en het Luxemburgse Bollendorf-Pont (B&U)

Bollendorf is een aardig plaatsje in een mooie, bosrijke omgeving. Even buiten het dorp staat de *burcht*, de vroegere zomerresidentie uit de 17e en 18e eeuw van de abten van Echternach. Het bouwwerk is gedeeltelijk ingericht als hotel. Bezienswaardig is de oude hal en de prelatenkamer met muurschilderingen. Een park, waarin een tuinhuis uit 1768 staat, omgeeft de burcht.

Achter het slot liggen de overblijfselen van de Romeinse *Villa Bolagna* uit de 2e eeuw. Zij zijn door het Landesmuseum van Trier uitgegraven. Richting Weilerbach kunt u nog een Romeins beeld van de godin Diana (Diana Denkmal) zien, dat eveneens dateert van de 2e eeuw. Het is echter zeer verweerd.

In de omgeving is verder nog de *Niederburg* (343 m) te vinden, een Keltische ringwal, die gelegen is in een prachtig beuken- en eikenbos. De grootste beuk is waarschijnlijk de 'Tanzkill' met een stamomtrek van vier meter.

Irrel

In het Duits-Luxemburgse natuurpark is Irrel (170-340 m; 1300 inw.) één der meest bezochte verblijfplaatsen. Dat u hier slechts 4 km van de Luxemburgse grens bent, is duidelijk merkbaar aan het landschap, dat met zijn nauwe rivierdalen, zandsteenrotsen en afwisseling van bossen en velden gelijkenis toont met het bekende Luxemburgse Klein-Zwitserland. Het riviertje de Prüm vloeit hier samen met de Nims en slingert grillig met watervalletjes en stroomversnellingen tussen de rotsblokken verder. Kanoërs komen er graag wildwatervaren.

Maar ook de wandelaar die van rust houdt, komt volledig aan zijn trekken. Liefst 85 kilometer aan wandelpaden, waaronder een Waldlehrpfad

met Waldmuseum en een trimparcours, staan ter beschikking. Zelfs vindt u hier in de staatsbossen van Irrel Ernzen een historisch wandelpad van ongeveer acht kilometer (Geschichtlichter Waldlehrpfad). Dit pad is bereikbaar vanuit drie parkeerterreinen in het bos en bij het Weilerbachtal. Het voert onder andere naar de al bij Bollendorf genoemde *Niederburg*, herkenbaar aan de aarden en stenen wallen. Vervolgens gaat het verder langs een drie meter hoge menhir, een rechtopstaande offersteen uit de Keltische tijd, bekend onder de namen Bären-, Druïden- en Heidenstein. Voorts gaat de wandeling langs het (ook reeds bij Bollendorf genoemde) Diana Denkmal, een monument dat aan de Romeinse tijd herinnert, en het in barokstijl gebouwde slot Weilerbach uit 1780.
Speciaal voor de jeugd zijn oude kolenbrandershutten gereconstrueerd, met daarbij een grill om in de openlucht te barbecuen.

Kordel

Kordel (150 m; 2600 inw.) ligt mooi in een verwijding van het Kylldal tussen de bergen van de uitlopers van de Hohe Eifel. De Kimmlingerbach en de Altbach monden hier uit in de Kyll. Het plaatsje is een uitgangspunt voor het maken van wandelingen en tochten per auto in een fraai met loof- en naaldbossen begroeide omgeving.
In de plaats en in de naaste omgeving zijn nog resten te vinden van Romeinse en Keltische nederzettingen. Bezienswaardig zijn ook de gotische kerk, de overblijfselen van de oude glasfabrieken en van de 'Langmauer'. Een bezoek verdient voorts de kloosterruïne Winterbach.
De burchtruïne **Ramstein**, drie kilometer zuidoostelijk van Irrel, verheft zich 160 meter boven de Kyll op een machtige zandstenen rots, midden in de uitgestrekte bossen. Hier werd al omstreeks het jaar 900 een versterking gebouwd. Daarna kwam er tussen 1300 en 1325 een kasteel, dat eens de zomerresidentie van de aartsbisschoppen van Trier was. Dit kasteel werd in 1689 door de Fransen verwoest. Alleen de Vorburg werd honderd jaar later weer gedeeltelijk hersteld.

Welschbillig Tussen de beboste heuvels noordwestelijk van Kordel ligt het plaatsje Welschbillig (350 m; 2600 inw.). Het heeft een lange geschiedenis, getuige de vele Keltische graven, die erop duiden dat er toen reeds een nederzetting was. In de Middeleeuwen kreeg het stadsrechten van Rudolf van Habsburg. De Hermesweiher in het park is één van de overblijfselen van een uitgestrekte villa uit de Romeinse tijd. De overige vondsten uit die tijd zijn ondergebracht in het Landesmuseum in Trier.
Andere bezienswaardigheden in het plaatsje zijn het vroegere klooster **Helenenberg**, nu Eduardstift genaamd, de ruïne van een waterburcht uit het midden van de 15e eeuw en de laatgotische kloosterkerk met een stergewelf en een hoog sacramentshuisje.
Mooie wandeldoelen in de naaste omgeving zijn bijvoorbeeld de Mäusebachschlucht en de Höllenbachschlucht.

Kyllburg

Het zeer druk bezochte plaatsje Kyllburg (276-360 m; 1200 inw.) ligt zeer schilderachtig op een bergrug waar de Kyll met een lusbocht omheen stroomt. Het is een Kneippkurort en bezit een minerale bron, de Lindenquelle. Het centrum van het kuuroord is het grote Kurhotel Eifeler Hof. Dit hotel biedt zowel vanaf de voorzijde als vanaf de achterzijde een schitterend uitzicht op het Kylldal. Aan de overzijde van de Hochstrasse, waaraan dit hotel ligt, bevindt zich de tuin. In deze Kurgarten kunt u iets

Hoewel de meeste schaapskuddes in de Südeifel verdwenen zijn, kunt u er soms nog een herder met kudde tegenkomen (MM)

gebruiken. Ook is daar het drinkpaviljoen, waar de bron wordt afgetapt. Tegen een kleine vergoeding kunt u op bepaalde uren van de dag heerlijk mineraalwater uit kleine glaasjes drinken.

Het verlengde van de Hochstrasse is de Stiftstrasse, die op de Stiftsberg eindigt op een plein met oude linden. Daar staat een voormalig klooster met de *Stiftskirche St. Maria*. Deze kerk uit 1276 is een gotisch gebouw met als afsluiting van het koor drie fraaie gebrandschilderde ramen en 14e-eeuwse koorbanken. Ook de kruisgang uit de 14e eeuw en het statige Kapitelhaus, nu sacristie, zijn de moeite waard. Aan de weg naar het gebouw staat links nog een uitzichttoren, afkomstig van een vroegere burcht uit 1239.

Vanuit de Hochstrasse kunt u vervolgens verschillende andere wegen inslaan, die door mooi gebied voeren.

Wij noemen hier allereerst de *Malbergerstrasse*, die langs de Kyll stroomafwaarts naar **Malberg** leidt (1 km). Malberg is een typisch Eifeldorp. Voordat u het plaatsje binnenkomt, ziet u links het 18e-eeuwse slot met een kapel, gebouwd door de Keulse bisschop Werner von Veyder. Interessant is ook een oud kasteel uit 1010, dat in de 15e eeuw de tegenwoordige vorm heeft gekregen. Het hele complex heeft indrukwekkende afmetingen en wordt als toeristenverblijf geëxploiteerd.

De *Marienstrasse* voert van de Hochstrasse noordwaarts. Rechts van de straat ligt even boven Kyllburg de Evangelische Kirche. Wat hoger voert aan uw rechterhand een smalle zijweg naar de Mariensäule, een 20 meter hoge uitzichttoren met bovenop een Mariabeeld dat 's avonds verlicht wordt. U hebt hier een mooi uitzicht op Kyllburg en Malberg.

In de naaste omgeving ligt een aantrekkelijk heidelandschap met een bron. Vroeger bestond het grootste gedeelte van de Eifel uit heide, maar die is nu zeer zeldzaam geworden.

De *Bahnhofstrasse* voert, zoals de naam reeds aanduidt, naar het buiten het stadje gelegen station. De spoorweg gaat onder het dorp door, loopt dan stroomopwaarts langs de rechter Kylloever, kruist de Kyll en ver-

dwijnt vervolgens in een tweede lange tunnel. Een derde tunnel bevindt zich aan de andere zijde van het station en loopt onder de Strenger Hals door, een berg waar de Kyll met een wijde bocht omheen stroomt.
Vanaf het *zuidelijke einde van de Hochstrasse* voert een kort straatje naar de markt, waar geregeld vee en pluimvee worden verhandeld. Hier bevindt zich de hoofdingang van de Hahn-Anlagen en begint het zigzagpad naar de voetgangersbruggetjes over de spoorlijn en de Kyll. Aan de overzijde kunt u linksaf naar het zwembad lopen en rechtsaf voert een weg door de weiden naar Malberg.
Vanaf het zuidelijke einde van de Hochstrasse voert de *Mühlengasse* naar beneden langs de grote meelfabriek, oorspronkelijk een watermolen aan de Kyll, in de richting van het station. In de omgeving van de Bahnhofstrasse bevinden zich nog enkele grote hotels. Kort voor de spoorwegovergang leidt een brug over de Kyll naar de Oberkailer Strasse, die in de richting van St. Thomas loopt (zie hieronder).

Het zuidelijke gedeelte van het schiereiland waarop het stadje ligt, wordt ingenomen door de Hahn, een bos waarin gemakkelijk te belopen wandelwegen zijn aangelegd, voorzien van vele rustpunten. Aan de overzijde van de Kyll (dus in de buitenbocht) loopt het Ringpfad om het hele stadje heen. Langs het pad staan talrijke banken en hebt u even zoveel uitzichten.
Het dal wordt geheel ingesloten door steile, zwaar beboste hellingen. Eveneens in het Kylldal, maar dan zes kilometer noordelijker, ligt het vriendelijke dorpje **St. Thomas**. Hier bevindt zich een kloostergebouw met een bijbehorende kerk uit 1222. De kerk bevat de graftombes van de abdissen van het klooster. In 1942 is het nonnenklooster veranderd in een Bischöfliches Priesterhaus.

Mürlenbach

Mürlenbach (330 m; 860 inw.) ligt in het dal van de Kyll. Op een uitspringende rots staat de schilderachtige burchtruïne Bertrada, genoemd naar koningin Bertrada, de moeder van Karel de Grote. Omstreeks 700 zou zij hier zelf gewoond hebben. De burcht was lange tijd een object van strijd tussen de abten van Prüm (Bertrada was ook de stichteres van de abdij van Prüm) en de aartsbisschoppen van Trier. De resten van de burcht, waaronder verscheidene torens, dateren grotendeels van de 13e eeuw. De versterkingen zijn in de 16e eeuw aangebracht.
In de plaats zijn voorwerpen (waaronder munten) gevonden van een vroegere Romeinse nederzetting. In de muur van een Romeins bouwwerk is een waarschijnlijk Keltische plaat gevonden, gewijd aan de godheid Caprio. Deze plaat bevindt zich nu in het Landesmuseum te Trier.
Ten zuidwesten van Mürlenbach strekt zich het grote Kyllwald uit, en op enige afstand daarvan het Forst Salm, waar mooie wandelingen te maken zijn.

Neuerburg

Het romantische plaatsje (320 m; 1800 inw.) Neuerburg in het Duits-Luxemburgse natuurpark wordt nog niet overspoeld door toeristen, maar in het seizoen is het er toch al behoorlijk druk. Het is het middelpunt van een heerlijk gebied. Een mooie stadswandeling begint op de Marktplatz en voert naar de *hallenkerk*. De laatgotische kerk uit 1492 heeft twee schepen en een vrijstaande toren. Deze toren, die nu dienst doet als klokkentoren, was oorspronkelijk een middeleeuwse toegangspoort tot de burcht. Tussen de kerk en de burcht staat het Pfarrhaus, een groot huis met een fraaie burchttoren. Het gebouw was vroeger in gebruik van de leenheren en heette toen Lehnshaus. Van het burchtterras heeft u een prachtig uitzicht op Neuerburg. Helaas is het slot zelf niet te bezichtigen. Vanaf het terras ziet u ook een andere toren. Deze Beilsturm is ook een overblijfsel van de omwalling uit de Middeleeuwen. Even buiten het plaatsje ligt de barokke Eligiuskruiskapel.

Prüm

De stad Prüm (450 m; 5800 inw.), gelegen aan de zuidelijke helling van de Schnee-Eifel en omgeven door een krans van beboste bergen, is zowel voor zomerverblijf als voor wintersport gewild. Waar zich het Prümtal vernauwt, krijgt het landschappelijk gezien een romantisch karakter.
Het stadje wordt beheerst door en is ontstaan uit de aan de Prüm gelegen voormalige *benedictijnenabdij*. Deze abdij werd in 721 door Bertrada von Mürlenbach gesticht, onder Pepijn in 752 belangrijk vergroot en door Karel de Grote voltooid en ingewijd. Aan de abdij was een school verbonden, waar in de Middeleeuwen wetenschappen werden gestudeerd. Daar de abdij de gunst van de keizer genoot, was zij weldra de belangrijkste in het hele rijk. In de 9e eeuw was de rechtsgeleerde en geschiedschrijver Regino hier abt. Daarna bereikte de abdij in de 12e en 13e eeuw haar grootste bloei. Tot 1576 was zij zelfstandig, daarna waren de aartsbisschoppen van Trier de abten van Prüm. Omstreeks deze tijd liet keurvorst Franz Georg von Schönborn een aanvang maken met de bouw van de kloostergebouwen naar een ontwerp van Balthasar Neumann. In 1803 werd de abdij door de Fransen voor wereldlijke doeleinden gebruikt. Sinds 1912 zijn de gebouwen in gebruik als school en Amtsgericht (kantongerecht).
Bij de abdij staat de Salvatorbasiliek met twee torens, die in barokstijl door de bouwmeester Johann Georg Judas in de 18e eeuw werd gebouwd. Bezienswaardig in het interieur is de *sarcofaag* van keizer Lotharius I, overleden in 855. Het rijkbesneden koorgestoelte uit 1770 toont voorstellingen uit het leven van Benedictus. De kansel is in renaissancestijl.
In het nieuwe raadhuis van Prüm (Neue Rathaus, Tiergartenstrasse 54) is een *cultuurhistorisch museum* ondergebracht. Dit Heimatmuseum geeft een overzicht van de geschiedenis van de stad en haar omgeving.

Schönecken Ten zuiden van Prüm ligt in het smalle dal van de Nims, een zijrivier van de Kyll, het dorp Schönecken (400 m; 1800 inw.). Het is omgeven door heuvels tot 600 m hoogte en het gebied is zeer bosrijk. Loof- en naaldbossen reiken tot de dorpsagglomeratie. Er is geen industrie.
In de omgeving zijn veel mooie wandelingen te maken. Oostelijk van het dorp ligt een burchtruïne met een burchtkapel. Daar heeft u mooi uitzicht over de omgeving. De burcht is omstreeks 1200 gebouwd en in 1803 door de Fransen als sloopobject verkocht.

Speicher

Speicher (324 m; 3200 inw.) is bijzonder schilderachtig gelegen boven het Kylldal, op een hoogte nabij het Speichener Wald, dat één van de uitgestrektste bossen van de Eifel is. Het plaatsje is van Romeinse oorsprong en heette toen Madabodi Spicarium. De Romeinen begonnen er al met het bakken van potten, een product van Speicher dat in de Middeleeuwen gretig aftrek vond. In het Speichener Wald bevinden zich gedeeltelijk bewaard gebleven resten van een Romeinse 'Langmauer' en bakstenen ovens van Romeinse en middeleeuwse oorsprong. Het keramisch museum van de Plewa Werke geeft een goed overzicht van de ontwikkeling van de pottenbakkerij vanaf de Romeinse tijd tot heden.

Gondorf Noordelijk van Speicher ligt het plaatsje Gondorf met het veel bezochte Eifelpark Gondorf. Een groot aantal exemplaren rood- en damwild, moeflons, wilde zwijnen en enkele roedels steenbokken leven hier in een uitgestrekt bos. Dit terrein kan hen uiteraard niet voldoende voeden, zodat er bijgevoederd moet worden. Het publiek kan daaraan meedoen door het voer te halen uit de daarvoor speciaal opgestelde automaten. Hoogtepunten in het park zijn de Bärenschlucht, het hertendal en de klippen met gemzen en steenbokken. In de grote en de kleine blokhut is een soort tentoonstelling ingericht door de Deutsche Waldjugend. Voor de kinderen is er een pretpark met speelterreinen, een grote glijbaan, botsbootjes, een draaimolen en diverse andere leuke attracties.

Even ten oosten van Gondorf ligt het kleine **Dudeldorf** (265 m; 1194 inw.) binnen een ommuring. Twee stadspoorten geven toegang tot de wirwar van smalle straatjes, zodat u de auto daarom beter buiten de stadspoorten kunt parkeren. Het oude plaatsje is nog tamelijk rustig, waardoor u er vrijwel ongestoord kunt rondlopen. Mooi is bijvoorbeeld het oude marktplein (Marktplatz). In het Pavillon Pallien is een galerie ondergebracht.

Stadtkyll

Stadtkyll (450-600 m; 1200 inw.) ligt aan de samenvloeiing van de Kyll en de Wirft, dicht bij de oorsprong van de Kyll. De plaats wordt omringd door uitgestrekte naald- en loofbossen. De geschiedenis van Stadtkyll gaat terug tot 1022, toen de plaats al versterkt was met torens en muren. In 1611 verkreeg het stadsrechten, die enkele jaren later weer werden ingetrokken. In latere jaren hebben zware branden het plaatsje geteisterd, waardoor veel waardevols verloren ging. Behouden gebleven zijn de laatgotische Hubertuskapelle van rond 1600 en enkele resten van de oude stadswallen.
Aan het riviertje de Wirft bevindt zich een vakantiepark. Stadtkyll en het iets noordelijker gelegen **Dahlem** liggen gunstig voor het maken van wandelingen en uitstapjes.

Kronenburg Het middeleeuwse dorp Kronenburg (560 m; 400 inw.) ligt nog net binnen de grenzen van het Naturpark Nordeifel en wel in het Obere Kylltal, het bovenste gedeelte van het dal van het riviertje de Kyll. Kronenburg bestaat uit twee gedeelten: een nederzetting in het dal zelf, Kronenburger Hütte geheten, en een hoger gelegen dorpskern. Dat 'Hütte' herinnert aan de Eisenhütte, de ijzersmelterij en -gieterij die hier al in de 15e eeuw aanwezig was en tot omstreeks 1850 in werking bleef. De hoger gelegen dorpskern komt het meest in aanmerking voor een bezoekje. Een kleine weg takt van de hoofdweg (Bundesstrasse 421) in het dal af en klimt snel omhoog naar het piepkleine dorpscentrum. U treft er smalle straten en trappen aan. Voorts staan er karakteristieke huizen en vindt u er een stuk van de oude vestingmuur met een 16e-eeuws kerkje ertegenaan. Aansluitend is er ook nog een ruïne van een 13e-eeuwse burcht. Dat alles is omgeven door een aantrekkelijk bosrijk landschap. Geen wonder dus dat Kronenburg steeds meer bezoekers trekt. Er zijn verscheidene hotel-restaurants, waarvan één is geherbergd in een stijlvol landhuis uit 1766. Er kan ook overnacht worden in het Jugend- und Wanderheim van

de Eifelverein (het Eifelhaus bij de burcht). Voor de kunstliefhebber zijn er enkele kunstateliers te bezichtigen.
Iets verder westelijk in het dal ligt het 27 hectare grote stuwmeer Kronenburger See, dat tussen 1973 en 1977 werd aangelegd en mogelijkheden voor het beoefenen van de watersport biedt.

Bovenstroomse dal van de Kyll

Van Stadtkyll stroomt de Kyll naar Gerolstein. Dit bovenstroomse Kylldal is een typisch oud Eifeldal, wat woest van aanzien en niet zo welvarend en opgepoetst zoals we dat in Duitsland gewend zijn. **Jünkerath** (420 m; 2100 inw.), het eerste plaatsje aan de rivier, ligt te midden van loof- en naaldbomen die tot aan het dorpje zelf reiken. In het plaatsje is een ijzergieterij en een machinefabriek, die in de 18e eeuw zijn opgericht door de Graf zu Blankenheim. Ten tijde van de Romeinen was Jünkerath een vesting ter bescherming van de belangrijke verbindingsweg Trier–Keulen. De 3,60 meter dikke muren en de dertien torens zijn helaas verdwenen. De *Burg*, waar in vroeger eeuwen de graven van Schleiden, van Manderscheid en de heren van Blankenheim hebben gewoond, brandde in 1737 af en is sindsdien een ruïne. U ziet, van de vroegere belangrijkheid is weinig terug te vinden in het aanzien van het plaatsje.
Dan volgt **Hillesheim** (458 m; 2500 inw.), waar een gedeelte van de 13e-eeuwse vestingmuur met kantelen bewaard is gebleven en is gerestaureerd. In het nieuwe gedeelte van de rooms-katholieke parochiekerk uit de 19e eeuw kunt u een indrukwekkend hoogaltaar bezichtigen dat uit de vroegere kerk uit de 16e eeuw is overgenomen.

De *Hillesheimer Kalkmulde*, die geologisch gezien bijzonder interessant is, bevindt zich aan de rand van de gemeente. Er is een 'geopad' aangelegd dat 380 miljoen jaar geschiedenis van de aarde laat zien en langs steengroeven, rotsformaties en ertsmijnen leidt. Op informatieborden worden details over bodemlagen en het ontstaan hiervan toegelicht.
Mooier dan de bovengenoemde parochiekerk is de Romaanse kloosterkerk van **Niederehe**, 12 kilometer ten oosten van Hillesheim gelegen. In de kerk bevinden zich twee levensgrote marmeren beelden, voorstellende graaf Philipp von der Mark en gravin Katharina von Manderscheid. De pastorie is een deel van het vroegere vrouwenklooster. Van Niederehe is een aardige wandeling te maken naar de 'wassende waterval' Dreimühlen in de Ahbach, tussen Nierehe en het dorpje **Uexheim**. Deze waterval ontstond in 1913, toen bij de aanleg van de spoorweg verschillende bronnen werden verlegd. Door afzetting en verdamping vormde zich travertijn. Op weg van Hillesheim naar Niederehe passeert u het dorp **Kerpen** en zijn burcht met de machtige toren.

Waxweiler

Dit plaatsje (320 m; 1200 inw.) ligt beschut in het dal van de Prüm. Het was oorspronkelijk een Keltisch-Romeinse nederzetting, die in 700 een parochiedorp werd. Het plaatsje heeft een bezienswaardige kerk met een barok altaar. In het Prümdal ten zuiden van Waxweiler liggen het jachtslot Merkeshausen en slot Hamm. Ten noorden van Waxweiler ligt bij Lünebach de dierentuin *Eifelzoo*.

3 Ahrtal

De snelstromende rivier de Ahr, die uitmondt in de Rijn, bepaalt het landschap van het fraaie Ahrtal. Het bergriviertje ontspringt bij het schilderachtige Blankenheim en heeft een vrij sterk verval. Vooral in het voorjaar zorgen overvloedige regenval en smeltwater voor een wild kolkende stroom. Het dal heeft op landschappelijk gebied veel te bieden. Mooi is het Boven-Ahrtal met rotsachtige oevers, dichtbeboste berghellingen en glooiende weiden, dat zich van Blankenheim tot Kreuzberg uitstrekt. Het Midden-Ahrtal van Kreuzberg tot Walporzheim is lieflijker en heeft een zachter klimaat. Op enkele plaatsen treft u hier zelfs wijnbouw aan. Het Beneden-Ahrtal loopt tot aan de Rijn en telt in het voorjaar veel bloeiende fruitbomen.

Het Ahrtal is één van de mooiste en drukst bezochte zijdalen van de Rijn. De Ahr heeft zijn oorsprong midden in de Eifel te Blankenheim op 462 meter hoogte en mondt na een parcours van 90 kilometer bij Kripp in de Rijn uit. Het riviertje heeft een vrij sterk verval en toont ook in andere opzichten (zoals onder andere de sterk wisselende hoeveelheid water en puin) duidelijk het karakter van een bergriviertje. In het vroege voorjaar is het overstromingsgevaar het grootst. De Ahr stroomt vanaf Blankenheim eerst in zuidoostelijke richting, wendt zich dan bij Ahrdorf naar het noordoosten en blijft in grote trekken deze richting volgen tot bij Ahrweiler, waarna hij zich oostwaarts naar de Rijn toe spoedt. Belangrijker dan deze drie trajecten met verschillende stroomrichting, zijn de drie stukken waarin men het dal naar landschapskarakter verdeelt.
Het Boven-Ahrtal is verreweg het grootste van deze drie delen. Men verstaat hier namelijk het rivierdal van de oorsprong van de Ahr tot bij Kreuzberg onder. De dalen hier zijn karakteristiek voor de Eifel: dichtbeboste berghellingen sluiten de met frisgroene weiden bedekte dalen in. Bij Kreuzberg wordt het dal echter nauwer.
De rivier heeft zich daar met talrijke bochten diep ingesneden in het leisteenplateau. Langs de oevers zijn de wanden hier en daar bijna loodrecht en vaak rotsachtig. Maar op plekken die door de zon worden bereikt en waar het op deze steile hellingen maar enigszins mogelijk is (bijvoorbeeld door de aanleg van terrassen), wordt wijn verbouwd. Aan dat indrukwekkende landschap ontleent de Ahr voor een groot deel zijn toeristische vermaardheid. Dit Midden-Ahrtal van Kreuzberg tot Walporzheim wordt dan ook het drukst bezocht, tezamen met het Beneden-Ahrtal van Walporzheim tot de plaats waar de rivier in de Rijn uitmondt. Het dal verbreedt zich na Walporzheim geleidelijk, het landschap wordt lieflijker en zelfs gaandeweg parkachtig met vooral veel fruitbomen. Aan de zuidzijde blijven de zwaar beboste bergen zich nog enkele honderden meters boven het dal verheffen, al zijn zij niet meer zo steil. Aan de noordzijde zijn de bergen lager, maar hier bevindt zich toch ook de top die het beeld van het Beneden-Ahrtal in sterke mate beheerst: de Landskrone (273 m), een imposante basaltkegel. De naar de zon gekeerde hellingen op deze noordelijke oever worden voor een deel ingenomen door wijngaarden.

Hoogtepunten

Stads- en dorpsgezichten
Altenahr, Bad Münstereifel, Bad Neuenahr-Ahrweiler, Blankenheim.

Kastelen en landhuizen
Bad Münstereifel, Blankenheim, Kreuzberg bij Altenahr.

Kerken, kathedralen en kloosters
Ahrweiler, Altenahr, Bad Münstereifel, Blankenheim, Dümpelfeld.

Musea
Ahrweiler, Bad Münstereifel.

Overige hoogtepunten
De stoeltjeslift van Altenahr.
Bezoek aan de telescoop bij Effelsberg (zie Bad Münstereifel).
Bezoek aan het casino van Bad Neuenahr.
Wijnproeven in de verscheidene wijnkelders.

Uit één en ander blijkt welk een grote rol de wijnbouw vooral in het Midden- en Beneden-Ahrtal speelt. In talrijke Weinstuben, met name in en om Altenahr, wordt de toerist de gelegenheid geboden te genieten van de rode ahrwijnen, waarvan de walporzheimerwijn als de beste te boek staat. De wijnbouw vormt de belangrijkste bron van inkomsten voor de bewoners, tezamen met de vele toeristen, die overigens door de vele wijnfeesten nog eens extra gestimuleerd worden het dal te bezoeken.

We zetten de belangrijkste toeristencentra op een rijtje. In het romantische Midden-Ahrtal zijn dat de levendige wijndorpen Altenahr en Ahrweiler, dat met zijn muren, poorten en vakwerkhuizen in sterke mate een middeleeuws karakter wist te bewaren. Ook mooi is Bad Neuenahr, een elegante kuuroord met mooie bouwwerken, parken en plantsoenen. Van de vele andere kleinere verblijfplaatsjes noemen wij in het Midden-Ahrtal het fraai gelegen Kreuzberg en het wijndorp Mayschoss, en in het Beneden-Ahrtal het kleine badplaatsje Bodendorf met een openluchtthermaalbad. Tot de bekendste punten van het Ahrtal behoren voorts de grillige rotsformatie Bunte Kuh bij Walporzheim en de Lochmühle bij Mayschoss. Talrijk zijn natuurlijk ook de uitzichtpunten op de omringende hoogten. Tot de mooiste worden gerekend de Steinerberg (531 m), die na een flinke klim vanuit Altenahr, Mayschoss, Rech en Ahrweiler bereikt kan worden, en de Landskrone (273 m), die meestal vanuit Heppingen beklommen wordt. Deze laatste hoogte wordt, evenals zovele andere en vooral die in het Midden-Ahrtal, door een schilderachtige burchtruïne bekroond.
Door het gehele Ahrtal voert een verkeersweg en tot aan Kreuzberg loopt een spoorlijn vlak langs de rivier. De weg is zeer druk, vooral tijdens de weekends, te meer omdat bij Dümpelfeld de belangrijkste toegangsweg ligt naar de bekende Nürburgring.

Praktische informatie

Inlichtingen

Inlichtingen over de streek zijn te verkrijgen bij Amt für Wirtschaftsförderung und Tourismus, Mülheimer Platz 1, 53111 Bonn.
Plaatselijke inlichtingenbureaus: 53505 Altenahr; 53902 Bad M; 53474 Bad Neuenahr-Ahrweiler; 53945 Blankenheim.

Sport

Zwemmen: verwarmde openluchtzwembaden zijn er te Ahrweiler, Bad Münstereifel, Bad Neuenahr, Blankenheim. Thermaalbaden zijn er te Bad Neuenahr en Bodendorf.

Wandelen

Als u al wandelend rustig wilt genieten van het natuurschoon dat het Ahrtal biedt, zonder de hinder van voorbij zoevende auto's en benzinegeuren, raden we u aan de verkeersweg te mijden en gebruik te maken van de Ahrweg (onderhouden door de Eifelverein en aangegeven door het teken <). Deze loopt van Bad Neuenahr en Ahrweiler nu eens links en dan weer rechts van de rivier en voert er soms hoog boven over de hellingen naar Altenahr en Kreuznach.
Een andere, bijzonder aardige wandelroute langs en over de wijngaardhellingen is de Rotwein-Wanderweg van Lohrsdorf (een deel vanuit Bad Neuenahr) naar Altenahr. Deze is ruim 30 kilometer lang en aangegeven door bordjes met daarop rode druiventrossen.
Gedetailleerde wandelkaarten zijn te krijgen bij de plaatselijke VVV.

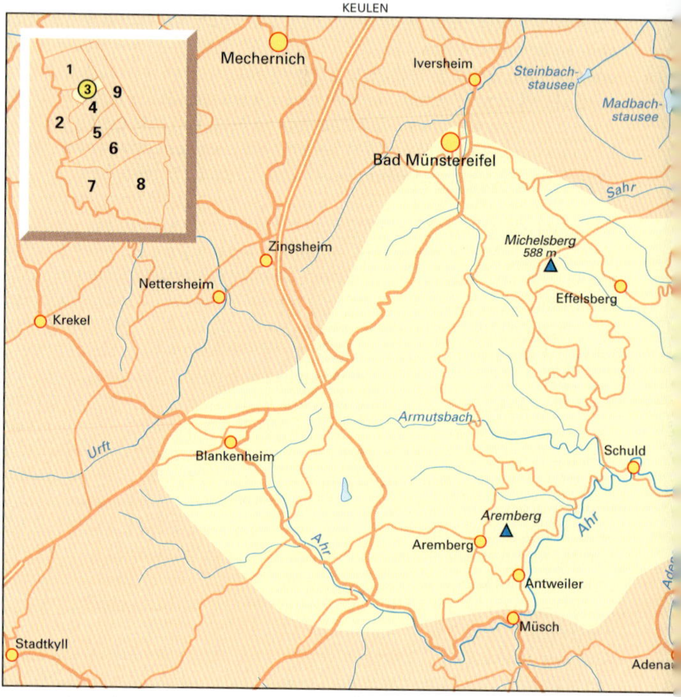

3 Ahrtal

Wegwijs De beschrijving van de plaatsen in het dal vindt plaats in geografische volgorde, dat wil zeggen dat wij de loop van het riviertje volgen vanaf Blankenheim waar het ontspringt, tot Kripp waar het uitmondt in de Rijn. Het dal is over snelwegen te bereiken. Bij Kerpen verlaat u de Autobahn Aken–Keulen. Bij Biesheim heeft u dan de keuze: zuidwestwaarts gaan naar Blankenheim (in dat geval volgt u de beschrijving van de plaatsen in de volgorde van dit hoofdstuk), of zuidoostwaarts naar Bad Neuenahr gaan (begin dan achter in dit hoofdstuk en blader terug).

Blankenheim

Het middeleeuwse plaatsje Blankenheim (316-570 m; 9000 inw.) is zeer in trek bij toeristen. Het ligt in het bosrijke nauwe dal van de 'jonge' Ahr. Door zijn oude gebouwen en vakwerkhuizen is het er sfeervol en heeft het een prettig aanzien. Tot de bekendste vakwerkhuizen behoren het Gemeindehaus (Am Hirtentum), Haus Lingscheidt (aan de Klosterstrasse) en Haus Klahsen (Zuckerberg 45). Bij het vakwerkhuis de Brunnenstube uit 1726 op de Steinpütz bevindt zich de oorsprong van de Ahr. Het beeldhouwwerk van de brugheilige Nepomuk ziet toe hoe de vier bronnen van de Ahr zich hier verenigen. Deze heilige is in Centraal-Europa en met name in de Duitstalige landen een veel voorkomende figuur.
De *burcht* van Blankenheim werd in de 12e eeuw gebouwd. Het geslacht van de graven van Blankenheim was tot de Franse revolutie één van de machtigste van de Eifel. De mannelijke lijn van dit gravenhuis stierf in 1780 uit. De Keulenaar kanunnik Wallraf slaagde erin de inboedel van het slot in veiligheid te brengen voordat de Fransen het in bezit namen,

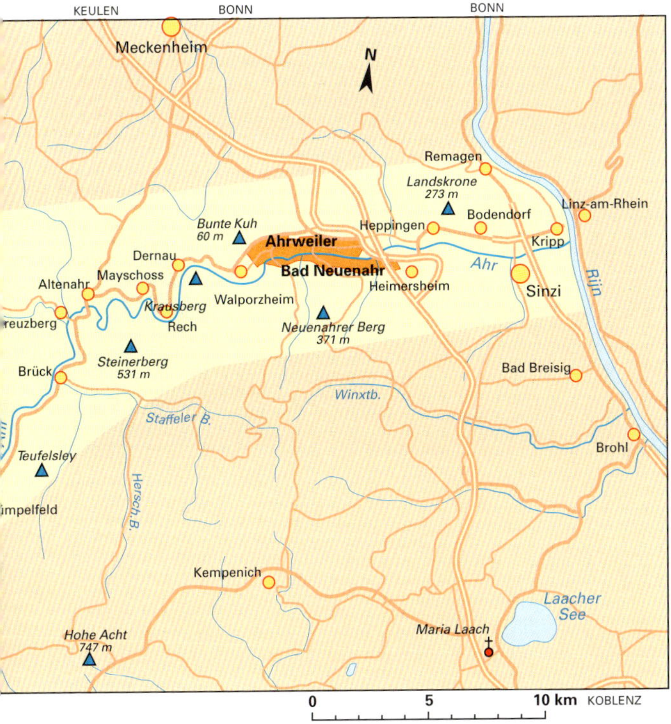

met uitzondering van de waardevolle bibliotheek. De Fransen hebben deze meegenomen naar Parijs en tentoongesteld in het Louvre, waar hij nog steeds te zien is. Het slot werd als sloopobject verkocht, waarna het totaal werd leeggehaald en ten dele afgebroken. In 1927 verkreeg de Duitse Turnerschaft de ruïne en verbouwde deze tot jeugdherberg, wat het nu nog is. Vanuit de rozentuin heeft u een mooi uitzicht op de Eifel.
Het Kreisheimatmuseum geeft een overzicht van de geschiedenis van de stad en omgeving. Het museum heeft zijn hoofdzetel in de Johannesstrasse 6, de overige collecties zijn verdeeld over drie gebouwen. U kunt er natuurhistorische, geologische, archeologische en cultuurhistorische objecten, alsmede meubels bekijken.
De rooms-katholieke *parochiekerk St. Maria Himmelfahrt* is in 1495 gesticht door graaf Johann I van Manderscheid-Blankenheim en zijn gemalin Margaretha. Bezienswaardig in deze kerk zijn de plafondschilderingen, het orgel uit 1660, de laatgotische koorstoelen, het fraai gesneden altaar en de kerkschat. Onder de kerk bevindt zich een crypte.
De Blankenheimer Kalkmulde is rijk aan fossielen. Langs de Eichholzbach ten zuiden van Blankenheim bevinden zich mooie partijen jeneverstruiken. Dit gebiedje is tot natuurreservaat verklaard.

Antweiler

Antweiler (293 m; 600 inw.) is een aardig dorp, gelegen in een deel van het Ahrtal dat niet zo'n overdonderende schoonheid heeft als het Midden-Ahrtal, maar dat met zijn loof- en naaldbossen en zijn frisse weiden toch ook veel moois te bieden heeft. Een opvallende verheffing in deze

Het fraaie landschap langs de rivier de Ahr telt nog diverse zijriviertjes die alle hun eigen karakter hebben (MM)

vallei is de Aremberg (623 m), één der hoogste vulkaankegels van de Eifel. De berg ligt twee kilometer ten noorden van Antweiler.
Aremberg (520 m; 300 inw.) is een goed uitgangspunt voor een beklimming van de gelijknamige berg. Vanaf de dorpskerk (met mooi interieur) volgt u de prachtige essenlaan door het slotpark naar de top. Op de top troont de ruïne van het stamslot van de hertogen van Aremberg. Hier heeft u een schitterend uitzicht over de omgeving.

Schuld

Schuld (247 m; 750 inw.) is een schilderachtig gelegen dorpje aan de linkeroever van de Ahr. Het ligt in een soort inham van de rivier en de huizen, die vaak een terrastuin bezitten, zijn tegen en op de rotsen gebouwd. Vanaf de overzijde van de rivier heeft u het hele dorp in beeld.

Dümpelfeld

Dümpelfeld (234 m; 400 inw.) is een dorp dat in een bosrijke omgeving ligt. Hier mondt de Adenauer Bach in de Ahr uit.
De *Pfarrkirche St. Cyriak*, de schilderachtige kerk boven het dorpje, is met haar twee schepen een typisch voorbeeld van een laatgotische, 15e-eeuwse dorpskerk in deze regionen. Op de deuren is gotisch beslag aangebracht en in de kerk staat een 18e-eeuws Mariabeeld. In het dorpscentrum vindt u nog Romaanse overblijfselen.
De eigenaardigste berg in de omgeving is de *Teufelsley* (496 m), een uit graniet en kwartsiet bestaande indrukwekkende rotsformatie. De weg naar deze rots voert u door een idyllisch dal met mooie bossen. Van de top heeft u een aardig panorama. Het gebied rond de Teufelsley is een natuurbeschermingsgebied.

Brück

Brück (167 m; 1200 inw.) is een aardig plaatsje op de linkeroever van de Ahr. In de omgeving van Brück is geen wijnbouw en het landschap heeft hier nog het echte Eifelkarakter. Hier begint het wilde en romantische

Kesselingertal. Dit dal onderscheidt zich, evenals de zijdalen van de Dennweidenbach, de Staffelerbach en de Heckenbach, door de schoonheid van zijn landschap. Via het Kesselingertal kunt u ook in een Wacholderschutzgebiet (reservaat voor jeneverbesstruiken) komen.

Kreuzberg

De deels met wijngaarden bedekte bergen die Kreuzberg omringen, geven het landschap een schilderachtige aanblik. De plaats (178 m; 400 inw.) biedt veel mogelijkheden voor een ontspannen verblijf. Op een steile rots verheft zich de *burcht Kreuzberg*, waarvan alleen de ronde slottoren uit de Middeleeuwen stamt (14e eeuw). Nadat hij tegen het eind van de 17e eeuw door de Fransen was verwoest, bouwden de vrijheren van Boeselager in de 18e eeuw het huidige slot. Daarbij is de toren van de oorspronkelijke burcht als onderdeel van het nieuwe bouwwerk blijven bestaan. U herkent het slot meteen aan zijn opvallende, blauwe luiken.

Altenahr

Altenahr (167 m; 2000 inw. inclusief het aangrenzende Altenburg) is een typisch wijndorp, gelegen in een schilderachtig deel van het Ahrtal. De druif, die hier in lange rijen tegen de hellingen in het gelid staat, levert één van Duitslands belangrijkste rode wijnen, de ahrwein.
De Ahr slingert zich in een hoefijzerbocht om het dorpje. De weg en de spoorlijn voeren door een tunnel en snijden zo de bocht af. De 45 meter lange verkeerstunnel is reeds in 1834 aangelegd en is daarmee de oudste in Duitsland. In de bocht ligt het rustige gedeelte van Altenahr, het Langfigtal genoemd. Ook de jeugdherberg bevindt zich hier. Overigens is Altenahr zelf de drukst bezochte plaats van het Ahrtal. De weekends zijn er vaak rumoerig in verband met de veelvuldig gehouden Winzerfeste, namaakwijnfeesten die tot diep in de nacht duren.
Boven Altenahr ligt op een steile rots, 113 meter boven de rivier, de ruïne van de *burcht Are*, die omstreeks de 12e eeuw werd gebouwd. Van de toren heeft u een bijzonder mooi uitzicht over het Ahrtal. Bezienswaardig is voorts de van oorsprong Romaanse *Pfarrkirche*, die ook in de 12e eeuw werd gebouwd, maar later in gotische stijl werd gerestaureerd.
De grootste toeristische attractie is echter de *Sesselbahn*, de stoeltjeslift die over de rivier naar de top van de Ditschhardtheuvel (330 m) voert.

Bad Münstereifel

De weg naar het bezienswaardige plaatsje Bad Münstereifel, die begint in Kreuzberg, voert door een mooi landschap en gaat eerst omhoog naar *Effelsberg* (400 m). Daar staat de grootste beweegbare radiotelescoop van Europa met een spiegel van 100 meter in doorsnede (die van Dwingelo is 25 m). Vanaf het parkeerterrein is het ongeveer 10 minuten lopen naar de telescoop. U kunt hem ook bezichtigen. Ten westen van Effelsberg verheft zich de 588 meter hoge *Michelsberg* met een kapelletje uit de 15e eeuw. De uitkijkplaats, die u over een zijweg van de hoofdroute kunt bereiken, biedt een zeer weids panorama.
De weg voert verder noordwaarts dwars over het Ahrgebergte, en daalt ten slotte bij de Bollscheider Kopf (481 m) af naar Bad Münstereifel (250-588 m; 16.000 inw.). Bad Münstereifel is een bijzonder schilderachtig en intact gebleven middeleeuws stadje aan de bovenloop van de Erft. Het is zeer bekend en geliefd als vakantieplaats en men kan er tevens het gehele jaar terecht om te kuren. Een attractie is de moderne *Kurgarten*

Wallgraben, een mooi park dat tussen de wijk met de gezondheidsgebouwen en de stadsmuren gelegen is. 's Avonds worden de fonteinen fraai verlicht. Er is ook een zwembad met een grote glijbaan die buiten het zwembad om loopt.
Het oude Münstereifel is ontstaan uit een klooster, dat hier in 830 door de benedictijnen werd gesticht. Van dit klooster is niets meer overgebleven omdat het in 1803 door de Franse regering als sloopobject werd verkocht. In de Middeleeuwen beleefde Münstereifel een bloeiperiode door zijn lakennijverheid en wolmanufacturen.
Zeer goed behouden gebleven zijn de in de 13e en 14e eeuw gebouwde stadsmuren, die nog steeds het gehele stadje omringen, compleet met 18 torens en vier poorten, waarvan de Werthertor de grootste is. Aan de oostzijde staat op de Radberg de burcht, die sinds 1689 een ruïne is, maar waarin men toch kans heeft gezien een café-restaurant te vestigen.
In de plaats zelf vallen onmiddellijk de vele vakwerkhuizen op, die in de 16e tot 18e eeuw zijn gebouwd. Als één der mooiste van de gehele Rijnstreek wordt wel het *Windeckhaus* uit 1664 aan de Orchheimer Strasse beschouwd. En aan de Klosterplatz staat één van de oudste stenen huizen van het Rijnland, het zogenaamde Romaanse huis uit rond 1160. In dit huis is het *Hürten-Heimatmuseum* ondergebracht. U kunt er vondsten zien uit de periode van het Stenen Tijdperk tot de Middeleeuwen, maar ook meubilair uit statige burgerhuizen en werktuigen van de middeleeuwse lakenwevers. Een paar vertrekken, waaronder een keuken, zijn geheel in oude stijl ingericht.
Architectonisch van belang is de Romaanse *Stiftskirche* van het vroegere benedictijner klooster, die nu dienst doet als Pfarrkirche. Het voorste gewelfde deel van de crypte stamt nog uit 830, de tijd dat het klooster werd gesticht. De kerk wordt ook wel genoemd naar haar beschermheiligen Chrysanthus en Daria, wier graven in de crypte terug zijn te vinden. Het gebouw is in de 10e en 11e eeuw uitgebreid tot een Romaanse pijlerbasiliek met een vierkante middentoren en ronde, van boven achthoekige zijtorens. In de kerk vindt u een sacramentshuisje uit 1480, een praalgraf voor de in 1335 gestorven Gottfried von Bergheim, een doopvont uit 1619 en een vroeggotisch houten beeld van Maria met Kind.
Het laatgotische *raadhuis* dateert van de 14e tot de 16e eeuw en deed vroeger ook dienst als lakenhal. Het gebouw werd na de oorlog in oude stijl herbouwd. Ten slotte kunt u ook nog een kijkje nemen in de *Romeinse glasblazerij* bij de Orchheimer Tor.
Münstereifel ligt te midden van Eifelbergen en uitgestrekte bossen, waarin talrijke wandelingen gemaakt kunnen worden. In het vier kilometer noordelijker gelegen **Iversheim** zijn de resten van een Romeinse kalkbranderij te bezichtigen. Bij **Nöthen**, zes kilometer in westelijke richting, vindt u de opgravingen van een Romeinse tempel.

Mayschoss

Mayschoss (141 m; 1050 inw.) is een aardig plaatsje op de linkeroever van de Ahr. Het wordt omringd door wijnbergen, die een goede rode wijn opleveren. Tegenover het station bevindt zich de *Wirtschaft des Winzervereins*, de oudste vereniging van wijnbouwers van Duitsland. De wijnkelders zijn doorlopend te bezichtigen. De *Pfarrkirche* bezit bezienswaardige plafondschilderingen en een zwart marmeren grafzerk met de beeltenis in rococostijl van gravin Katharina von der Mark-Schleiden. Zij is gestorven in 1645 en was de derde echtgenote van graaf Ernst.
Ten zuiden van het plaatsje verheft zich de ruïne van de *Saffenburg* (258 m). De oorspronkelijke burcht dateert van 1074, maar werd in de

Spaanse Successieoorlog in 1714 verwoest. Tussen Altenahr en Mayschoss ligt het drukke *restaurant Lochmühle*. Het staat aan de voet van de 15 meter hoge Guckley, een basaltrots die de Ahr tot een grote bocht dwingt.

Rech

Rech (131 m; 640 inw.) is een vriendelijk dorpje op de rechteroever van de Ahr. Een grote stenen brug, met een standbeeld van Nepomuk de brugheilige, overspant de rivier. Er is een kerk uit 1730. Aan beide zijden van de rivier wordt wijnbouw bedreven. Voorts wordt het omringd door beboste bergen, die tot een hoogte van 400 meter boven het dal oprijzen.

Dernau

Dernau (125 m; 1850 inw.) is een druk bezocht dorp, gelegen op de linkeroever van de Ahr. Het plaatsje is vooral bekend om zijn wijnbouw. Behalve de bekende rode ahrwijn levert Dernau ook witte wijnen. De hoofdverkeersweg loopt niet dwars door Dernau heen, zodat de plaats vrij rustig te midden van zijn fruit- en druiventuinen ligt.
Een mooi gezicht op het dorp en het dal heeft u van de Krausberg (361 m) met uitzichttoren en recreatiepark. De wandeling naar dit punt op de tegenoverliggende oever van de Ahr is uitstekend bewegwijzerd.

Walporzheim

Te midden van een prachtig rotslandschap ligt het kleine plaatsje Walporzheim. Eén van die rotsen, een 60 meter hoog blok, wordt de 'Bunte Kuh' genoemd. Toen in de tijd van de Franse Zonnekoning Lodewijk XIV het land door Franse troepen was bezet, vonden zij, die goede kenners van de Franse bourgogne waren, de rode ahrwijn toch 'bon de goût'. De Ahrtalbewoners meenden Bunte Kuh te hebben verstaan. De naam is zo gebleven. Nog steeds kan men zich van de 'bon goût' overtuigen in het *oudste wijnhuis* van de Ahrstreek dat bekend staat als Sankt Peter. Dit wijnhuis was van 1246 tot 1805 eigendom van het Keulse domkapittel.

Ahrweiler

Ahrweiler (104 m; 10.000 inw.) biedt een zeer pittoreske aanblik. Niet alleen door zijn ligging, maar al evenzeer door zijn oud stedenschoon. Het stadje heeft een lange historie. In 1248 kreeg het reeds stadsrechten van bisschop Konrad von Hochstaden. Hoewel het in 1689 op tien huizen na geheel door Franse troepen werd platgebrand, heeft het nog altijd een middeleeuws aanzien. Er is nog een oude ommuring met torens en twee stadspoorten uit de 13e eeuw. In sommige nauwe steegjes en straatjes met hun vele vakwerkhuizen waant u zich in de gildetijd, ware het niet dat deze illusie wordt verstoord door de grote drommen eigentijdse toeristen, die in de vakantieperiodes Ahrweiler overstromen. Om het parkeerprobleem op te lossen heeft men midden in het plaatsje, bij de kerk en restaurant Alte Post, een grote ondergrondse parkeergarage gebouwd. Een wandeling rond de stadsmuur is alleszins de moeite waard.
Besteed ook een deel van uw tijd en aandacht aan de *St. Laurentiuskirche* die van 1269 dateert. Het interieur bezit 14e- en 15e-eeuwse muurschilderingen, een barokke orgelkast, een smeedijzeren communiebank uit 1779 en de grafsteen van een zekere Coen Blankkart uit 1561. Bij de kerk behoren een parochiehuis uit 1773 in rococostijl en een tiendschuur (Zehntscheune) uit 1742. Er is ook een *cultuurhistorisch museum* (Ahrgau-

In de prachtige omgeving van het pittoreske stadje Ahrweiler kunt u heerlijk wandelen (PI)

Museum, Altenbaustrasse), dat ondergebracht is in een witte toren van drie verdiepingen met een barokke overkapping. Aan het marktplein (Marktplatz) staat *Hotel Zum Stern*, dat dateert van 1423 en het oudste hotel van het Ahrtal is. Een mooi vakwerkhuis is *Gasthaus Deutscher Hof* uit de 16e en 17e eeuw.
Buiten het stadje ligt het 17e-eeuwse klooster *Kalvarienberg*, dat bereikbaar is via de 'Kruisweg' met Kruiswegstaties. Deze weg loopt vanaf de zuidelijke poort (Ahrtor) naar boven. De kloosterkerk dateert van 1664.
Ondanks de drukte zult u na uw bezoek nog volmondig kunnen instemmen met de woorden van Heinrich von Kleist: 'Mit alten Mauern, Zinnen und Türmen geschmückt, von Wein umrankt, ist es die erste, artigste kleine altdeutsche Stadt, die ich je gesehen habe'. Niet alleen de muren, kantelen en torens, maar ook de eindeloze rijen wijnstokken op de berghellingen zijn er nog. Vooral de tot de gemeente Ahrweiler behorende plaatsjes Bachem, Walporzheim en Marienthal zijn bekend om hun vurige rode wijn. Wie wijn wil proeven, moet bij de plaatselijke VVV (Kur- und Verkehrsverein, Marktplatz 21) vragen naar de 'Weinproben'.

Bad Neuenahr

Van geheel andere aard dan Altenahr is Bad Neuenahr (90 m; 11.000 inw.). De naam van de plaats werd afgeleid van de in de 13e eeuw door graaf Otto gebouwde burcht Neuenahr (Newenare). Reeds in 1371 werd de burcht door de bisschop van Keulen met behulp van de bevolking van Ahrweiler geheel van de kaart geveegd.
Nu is Neuenahr een voornaam kuuroord met fraai aangelegde plantsoenen en parken langs de Ahr en in het bezit van een casino. Niet weg te denken zijn de onvermijdelijke wijngaarden, die evenals die van Altenahr een uitstekende rode wijn leveren.
Neuenahr heeft de beschikking over vijf geneeskrachtige bronnen, waarvan de Grosse Sprudel en de Willibrordus Sprudel de belangrijkste zijn. De drie andere zijn de Augusta, de Victoria en de 'kleine' bron. De bronnen hebben een temperatuur van 36°C. Daarnaast noemen we nog de bekende Apollinarisbron, die mineraalwater oplevert. In 1858 werden de bronnen ontdekt door arbeiders die in de wijngaarden op de heuvels

werkten. Zij maakten hun werkgevers erop attent dat het loof van de wijnstokken op sommige plaatsen een andere kleur groen had en dat daar een eigenaardige geur uit de grond opsteeg. De geoloog professor Bischoff uit Bonn, die al in 1852 de Apollinarisbron had ontdekt, ging daarop in Neuenahr aan het werk en vond de andere bronnen, die de plaats internationale roem brachten. De beschutte ligging van Neuenahr draagt bij aan het vrij milde klimaat. De gemiddelde temperatuur gedurende de drie zomermaanden is 18°C. Voor Willibrordus, de beschermheilige van de bronnen, is een standbeeld in het stadje opgericht. Ook is er een aan hem gewijd oud kerkje met een Romaanse toren en inscripties. In Bad Neuenahr vindt u verder het *Beethovenhuis*, dat in prachtige barokstijl is opgetrokken. Het herinnert aan de jaren 1786 tot 1792, toen Beethoven bij de familie von Storkhausen de zomer doorbracht.
In het langs de oevers van de Ahr gelegen Lennépark bevindt zich een Terrassencafé met een *Rotweinprobierstube*. Iets verder stroomopwaarts staat het *Kurhaus* (met casino), het middelpunt van Bad Neuenahrs kuurleven. Er zijn feestzalen, een theater, een concertzaal, een bar en een restaurant met terras. Dichtbij liggen het Kurpark en de drinkhal.
Een steile klim vanaf de Hochstrasse via de Burgweg tot de Königsfelder Strasse voert naar het uitzichtpunt Rheinblick, waarvan de naam voor zichzelf spreekt. Nog iets verder en wat hoger ligt op de Neuenahrer Berg een ruïne. Ook hier heeft u een weids uitzicht.

Heppingen Op kleine afstand de rivier ligt even ten oosten van Bad Neuenahr het dorp Heppingen. Hier ontspringen enkele mineraalwaterbronnen, zoals de warme koolzuurhoudende Apollinarisbrunnen van 32°C. Aan de spoorlijn tussen Bad Neuenahr en Heppingen ligt het fabriekscomplex waar dit mineraalwater tot Apollinaristafelwater wordt verwerkt.
Tussen Heppingen en de rivier verrijst de machtige basaltkegel van de *Landskrone* (273 m). Hij wordt bekroond door een ruïne van een burcht, die in de 13e eeuw werd gebouwd en in 1682 werd verwoest. Een kapel van deze burcht, de Jungfrauenkapelle, is ingebouwd in de rotsen van de zuidwestelijke helling.
Vanaf de top van de berg heeft u een zeer mooi uitzicht op het Ahrtal en het Rijndal. Een groot deel van de voor de zon bereikbare hellingen wordt ingenomen door wijngaarden. Hoog boven het dal loopt de Autobahn over een brug die op enorme pijlers rust.

Heimersheim

Tegenover de hierboven genoemde berg Landskrone ligt aan de overzijde van de rivier Heimersheim (84 m; 3000 inw.) Het is één der grootste welvarende wijndorpen in het brede benedendal van de Ahr.
De kerk stamt uit de 13e eeuw en bezit mooie gebrandschilderde ramen en een gotisch koor. De bijbehorende tiendschuur (Zehnthof) dateert van 1562. Gedeelten van de oude omwalling zijn nog bewaard gebleven.

Bodendorf

De laatste plaats in het dal van de Ahr is Bodendorf (75 m; 1700 inw.). Het is een aardig oud wijndorp met mooie vakwerkhuizen. Het ligt beschut en wordt daarom ook in voor- en najaar bezocht. Het doorgaande verkeer gaat eromheen.
Bodendorf is ook bekend door een koolzuurhoudende thermaalbron, de *St. Josel Sprudel*, die een temperatuur heeft van 30°C. De kuurgebouwen en het thermaalbad bevinden zich aan de andere zijde van de hoofdweg.

4 Vulkaneifel

Voor geologen is de Vulkaneifel het spectaculairste gebied van de Eifel. Geheimzinnige donkere heuveltoppen, omringd door bossen en heidevelden op een uitgestrekte hoogvlakte, bepalen het gezicht van deze streek. Hier treft u de hoogste toppen van de hele Eifel aan, waaronder de Ernstberg (700 m) en de Hohe Acht (747 m). Heel bijzonder zijn de Maare, ronde meertjes die waarschijnlijk na vulkaanuitbarstingen ontstaan zijn. De Laacher See is van deze meertjes de grootste en ligt op 276 m hoogte. In de directe omgeving verheffen zich meer dan dertig vulkaankegels. Een andere trekpleister is Maria Laach, één van de mooiste steden van de Vulkaneifel, gelegen aan de vlakke zuidoever van de Laacher See.

De Vulkaneifel strekt zich grofweg uit tussen de rivierdalen van de Rijn in het oosten, de Ahr in het noorden, de Nettebach in het zuiden en de Kyll in het westen. Dit is het centrum van de gehele Eifel. Ook is het zeker het meest typische deel, want het wordt, zoals de naam reeds aanduidt, voor een groot deel door vulkanische vormen bepaald. Iets dergelijks vindt men in beperktere mate alleen in het Zevengebergte en in nog markanter vorm in het Franse Auvergne. Het landschap bestaat uit een golvende hoogvlakte, waarboven zich enkele koepelvormige oudere en een veel groter aantal jongere vulkanen verheffen. Eenzame heidevelden, groepen lage sparretjes, fraaie bossen en ontgonnen en meer gecultiveerde terreinen wisselen elkaar daartussen af. Enkele zijriviertjes van de Moezel en een enkele van de Rijn zoals de Brohlbach, hebben kleine maar vrij diepe dalen in dit gebied uitgeslepen. Een opvallender en merkwaardiger landschapselement vormen de verscheidene cirkelronde diepe meertjes, die bekend staan onder de naam Maare.

Gerolstein is een echt toeristenplaatsje, gelegen in een gebied van kalksteenrotsen en voormalige koraalbanken, die een schat aan fossielen herbergen. Tussen Gerolstein en Kyllburg maakt het gebied zijn naam 'Waldeifel' volkomen waar.

De vulkanen De vulkanische verschijnselen in dit gebied dateren van twee perioden. In het Tertiair, toen de aardkorst op vele plaatsen in Europa in heftige beroering was, ontstonden hier vulkanen, die zodanig door erosie en andere vormen van verwering zijn aangetast, dat nu alleen nog de afgeronde maar toch indrukwekkende basaltkernen die zich boven het leisteenplateau verheffen, aan dit tijdperk herinneren. Het zijn onder andere de Hohe Acht (747 m) en de Nürburg (678 m) dicht bij Adenau

Hoogtepunten

Landschapsschoon

De Laacher See (zie Maria Laach). De omgeving van Daun, Gerolstein, Gillenfeld en Manderscheid met hun Maare en bergen.

Stads- en dorpsgezichten

Mayen en het dicht erbij gelegen Monreal.

Kastelen

Adenau: *Nürburg*.
Gerolstein: *Kasselburg*.
Manderscheid: *Niederburg*.
Mayen: *Genovevaburcht* en *Schloss Bürresheim*.

Kerken en kloosters

Maria Laach.
Mayen: *Clementskirche*.

Musea

Mayen: *Eifelmuseum*.
Nürburgring: *Rennsportmuseum*.

Overige hoogtepunten

Rijden op de Nürburgring bij Adenau.
Bezoek aan het Hirsch- und Saupark van Daun met 600 m lange zomerrodelbaan.
Bezoek aan de klokkengieterij te Brockscheid (zie Gillenfeld).

gelegen, de Hochkelberg (674 m) bij Kelberg en de Ernstberg (700 m) tussen Gerolstein en Daun. Nog steeds de hoogste toppen van de Eifel.
Het Quartair bracht nieuwe vulkanische uitbarstingen, die zich concentreerden in het gebied rond de tegenwoordige Laacher See en in een brede strook in het westelijk deel van de Vulkaneifel, ongeveer van Bad Bertrich in het zuiden tot Ormont ten noorden van Prüm. In de omgeving van de Laacher See telt men nu nog maar liefst een veertigtal vulkanen, waarvan de jongste ongeveer negen- tot tienduizend jaar voor het begin van onze jaartelling hun laatste erupties moeten hebben gekend. Dit is geologisch gezien nog maar zo kort geleden, dat de karakteristieke kegelvorm van de vulkanen behouden is gebleven en soms de kraters ook nog aanwezig zijn. Bovendien werden in deze streken uitgestrekte lavavelden gevormd. Men vindt er talrijke andere vulkanische producten als tufsteen, puimsteen, as en slakken.
Vooral in het interessante Brohltal ziet u veel van dergelijke vulkanische afzettingen, die hier in steengroeven uit de grond worden gehaald, want ze zijn vaak zeer geschikt als bouwmateriaal. Bij het Brohltal treft u één van de mooiste schoolvoorbeelden van een vulkaan aan, de Bausenberg (338 m) met een prachtige krater, waarvan de ringwal door de lavastroom is doorbroken. Ook de imposante Veitskopf (427 m; noordelijk van de Laacher See) is een bezoek waard. Interessant zijn voorts de Kunksköpfe (346 m; een dubbelvulkaan niet ver van Burgbrohl), de Laacher Kopf (442 m), de Krufter Ofen (462 m) en de Rote Berg (485 m). De laatste drie verheffen zich in de nabijheid van de Laacher See. Een goede indruk van het inwendige van een vulkaan kunt u krijgen bij de steengroeven aan de zuidelijke voet van de Herchenberg (309 m) in de nabijheid van Burgbrohl. Eén van de uitgestrekste lavavelden vindt u bij de Ettringer Bellberg (429 m) ten noorden van Mayen.
In een groot aantal groeven breekt men hier thans het vulkanisch gesteente uit de bodem. Merkwaardig is ook de lavastroom bij Niedermendig, ten zuiden van de Laacher See. Men weet namelijk niet precies waar deze stroom vandaan is gekomen; vermoedelijk uit een spleet aan de voet van de wat noordelijker gelegen Wingertsberg (322 m).
In de tweede vulkanische streek, de reeds genoemde zuidoost-noordwest lopende strook in het westelijk deel van de Vulkaneifel, tonen de voormalige vuurspuwende bergen in hun huidige vorm sterke overeenkomst met die in het Laacher Seegebied. Zij zijn opgebouwd uit basalt, dat door zijn donkere kleur het gehele landschap een wat somber aanzien geeft, te meer omdat voor de huizenbouw dit materiaal ook veelal is gebruikt. De mooiste vulkaan in dit gebied is de bij Manderscheid gelegen Mosenberg (519 m), die maar liefst vier kraters telt. Van één van deze kraters is de ringwal doorbroken door een lavastroom, die zich 1,5 kilometer dalwaarts uitstrekt. Een grotere vulkaangroep treft u aan bij Birresborn aan de westzijde van het prachtige Kylldal.

De Maare Nadat de vulkanische uitbarstingen waren opgehouden, zochten de in de aardkorst verzamelde gassen met geweld een weg naar buiten. In de grote explosietrechters, die op deze wijze werden gevormd, verzamelde zich water en men vermoedt dat zo de Maare zijn ontstaan.
De bekendste en grootste Maar is de op 276 meter hoogte gelegen Laacher See. Dit meer is gevormd in een dubbele trechter met een oppervlakte van 331 hectare, een diepte van 53 meter, een lengte van 2,4 kilometer en een breedte van 1,9 kilometer. In een straal van acht kilometer rond het meer treft u ruim dertig vulkaankegels aan (zie ook hierboven). Niet alleen de Laacher See trekt veel toeristen, maar ook de prachtige Romaanse abdij Maria Laach aan de vlakke zuidelijke oever.

4 Vulkaaneifel

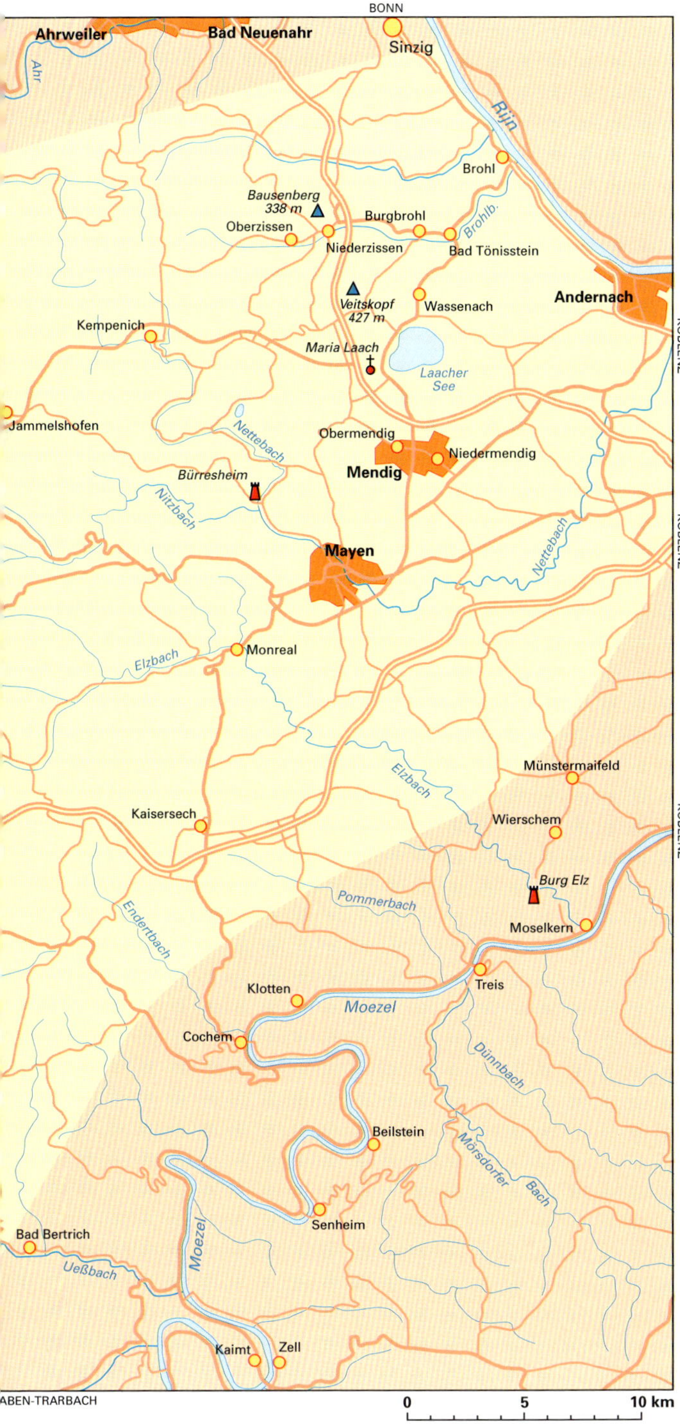
BONN
Ahrweiler
Bad Neuenahr
Sinzig
Ahr
Rijn
Brohl
Bausenberg
338 m
Burgbrohl
Oberzissen
Niederzissen
Brohlb.
Bad Tönisstein
Veitskopf
427 m
Wassenach
Andernach
Kempenich
Maria Laach
Laacher
See
KOBLENZ
Jammelshofen
Nettebach
Obermendig
Niedermendig
Mendig
Bürresheim
Nitzbach
KOBLENZ
Nettebach
Mayen
Monreal
Elzbach
Elzbach
Münstermaifeld
Kaisersech
Wierschem
KOBLENZ
Burg Elz
Pommerbach
Endertbach
Moselkern
Treis
Klotten
Moezel
Cochem
Dünnbach
Beilstein
Mörsdorfer
Bach
Senheim
Bad Bertrich
Moezel
Ueßbach
Kaimt
Zell
ABEN-TRARBACH
0
5
10 km

In grootte volgt op de Laacher See het aanmerkelijk kleinere Pulvermaar (36 ha) bij Gillenfeld. In diepte (75 m) bezet ze de tweede plaats in Duitsland achter het Bodenmeer. Ten zuidoosten van de drukbezochte toeristenplaats Daun ligt een drietal Maare.
De grootste hiervan is de Schalkenmehrener Maar. Deze Maare wordt door een vrij steile en slechts een halve kilometer brede wand gescheiden van de Weinfelder- of Totenmaar. De door het vulkanische zand zwartgekleurde waterspiegel van deze Maar is omzoomd door hoogten die grotendeels zijn bedekt met heide. De derde Maar is de Gemündener Maar. Bij het dorpje Ulmen (circa 15 km ten oosten van Daun) ligt de lieflijke, blauwgroen gekleurde Ulmener Maar.
Ook in de omgeving van Manderscheid zijn enkele Maare. Het bekendste is hier de Meerfelder Maar, die westelijk van Manderscheid ligt aan de voet van de vulkaan Mosenberg. Op de Mosenberg bevindt zich aan de noordwestzijde een kleine Maare, die door verlanding bijna geheel verdwenen is. In dit natuurgebied komen zeldzame dieren en planten voor. Oorspronkelijk bestond de Mosenberg uit vier kraters. Een van de vier heeft een kratermeer.

Praktische informatie

Inlichtingen

Fremdenverkehrsverband Rheinland-Pfalz Tourismus, Postfach 1420, 56014 Koblenz. *Plaatselijke inlichtingenbureaus:* 53518 Adenau; 54550 Daun; 54568 Gerolstein; 54558 Gillenfeld; 53539 Kelberg; 54531 Manderscheid; 56727 Mayen; 56766 Ulmen.

Sport

Zwemmen: openluchtzwembaden zijn er te Adenau, Daun, Gerolstein, Gillenfeld, Kelberg (verwarmd), Manderscheid (verwarmd) en Ulmen.

Adenau

Adenau (300 m; 3200 inw.) is bekend als Kurort en wintersportplaats. Het ligt beschut in het dal van de Adenauer Bach. Oostelijk van de plaats verrijst de hoogste berg van de Vulkaneifel, de Hohe Acht (747 m). Aan de voet ervan strekt zich het bekende circuit de Nürburgring uit. Tijdens de races wordt Adenau zeer druk bezocht. Het stadje is geschikt voor een langer verblijf en het is een voortreffelijk uitgangspunt voor het maken van wandelingen en uitstapjes in de Eifel.
Bezienswaardig zijn de vakwerkhuizen aan de markt, die nog getuigen van de welvaart in de 16e eeuw, toen de lakenweverij hier een bloeiende tak van nijverheid was. Bekijkt u vooral eens de gevels op nr. 4, 8 en 10. Dat de historie van Adenau nog veel verder teruggaat, kunt u ontdekken in de grotendeels nieuw opgebouwde *Pfarrkirche* aan de markt. De kern van dit bouwwerk stamt nog uit de 11e eeuw. Let u vooral eens op het laatgotische altaar.

Naar de Hohe Acht

Tegenover het spoorwegstation staat een bord met wandelroutes. Helaas komen de 'Höhenwege', die wat hoger op de heuvels lopen, op de plattegrond niet voor.
Aan het oosteinde van Adenau bij de kapel voert links een weggetje naar de Hohe Acht (wegwijzer). Als u deze weg volgt, komt u vervolgens bij een parkeerplaats, waar een bord vermeldt dat u het smalle pad verder naar

de top op eigen risico per auto kunt maken. Ten slotte volgt dan nog een steile, en bij regen glibberige, klim naar boven. Op de top staat het Kaiser Wilhelm Denkmal, een monument in de vorm van een uitzichttoren. Het werd in 1906 gebouwd ter gelegenheid van de zilveren bruiloft van het keizerlijk echtpaar.

De weg vanuit Adenau voert verder naar Bundesstrasse 412 waar Jammelshofen ligt. Daar is een parkeerterrein bij het Wald Hotel, vanwaar u ook de klim naar de Hohe Acht kunt beginnen. In de winter is hier een skipiste met een skilift.

Nürburgring

Bij **Breidscheid**, even ten zuidoosten van Adenau, is een oprit naar de Nürburgring, die tegen betaling bereden mag worden. Dit circuit, gelegen te midden van bossen, is de mooiste en grootste racebaan van Europa. De lengte bedraagt 27,3 kilometer, de breedte acht meter. Het circuit heeft de vorm van een acht, waarvan de noordelijke kring verreweg de grootste is. De lengte van het noordelijke gedeelte bedraagt 22,8 kilometer, die van het zuidelijk gedeelte (het vernieuwde grandprixcircuit) 4542 meter. Het punt van vereniging ligt ten zuiden van het gehucht Nürburg, waar het start- en eindpunt van de baan is. Daar bevinden zich de tribunes, de garages, de werkplaatsen en het Rennsportmuseum. Behalve talrijke racewagens en -motoren, biedt het museum een videoshow die de racesport vanaf de jaren '30 tot op heden in beeld brengt. Op dit adres, aan de Bundesstrasse 258, is ook de toegang voor hen die zelf

4

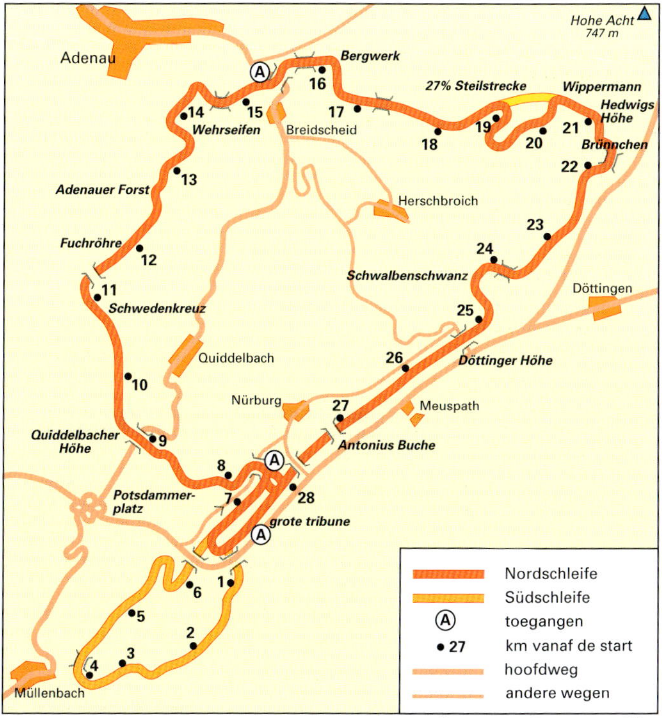

Nürburgring

0 1 2 km

eens (tegen betaling) hun rennerskwaliteiten op het circuit willen testen. De baan is over het algemeen acht meter breed, maar bij het startpunt 20 meter. De Nordschleife heeft 73 bochten (40 rechter en 33 linker), talrijke moeilijke stijgingen van 17-27% en dalingen tot 11%. Hij wordt slechts in één richting bereden. Hier en daar loopt hij langs steile afgronden. De verkeerswegen, die het circuit kruisen, zijn er overheen of onderdoor geleid. Het basalt, waarvan de renbaan is gebouwd, werd uit de omliggende bergen gebroken. De aanleg, die van 1925 tot 1927 heeft geduurd, diende tot werkverschaffing van de bevolking.
Het gehucht **Nürburg** (650 m; 220 inw.) ligt binnen de Nürburgring. Het behoort tot de hoogst gelegen dorpen in de Eifel. Het is een wintersportcentrum met een skilift aan de noordzijde van het dorpje.
Bezienswaardig is de ruïne van de *Nürburg*, die op een basaltkegel van 687 meter hoogte ligt. De sterke vesting werd omstreeks de helft van de 12e eeuw gebouwd door de graven van Are en is in 1689 verwoest door de Fransen. De donjon is er nog en u kunt de trap beklimmen. Boven heeft u een schitterend uitzicht over een groot gebied dat zich uitstrekt tot aan het Taunusgebergte, de Hunsrück en het Zevengebergte.

Birresborn

Birresborn (334 m; 1600 inw.) ligt te midden van prachtige bossen in het mooie Kylldal, op een plek waar het dal tamelijk wijd is. In de omgeving van Birresborn liggen verscheidene oude vulkaankraters, en het is dan ook niet verwonderlijk dat het dorp over een aantal bronnen beschikt. In het dorp zelf bevindt zich de bron van de Phönixsprudel en aan de voet van de Kalemberg bevindt zich de Birresborner Lindenquelle, die reeds bij de Romeinen bekend was. Bij deze bron staat het aardige *Brunnenhaus* uit 1824. Jaarlijks worden duizenden flessen met Birresborner water gebotteld en gedistribueerd. Bezichtiging van de fabriek, waarbij ook het 'Heilwasser' gedronken mag worden, is mogelijk op enkele dagen van de week. Overigens kunt u ook (gratis) genieten van het bronwater van de Heilquelle Adoms. Daarvoor moet u zich vervoegen bij het paviljoen aan de Promenadenweg.
Van de vulkaan *Kalemberg* (509 m) en de nabijgelegen vulkaan *Daxberg* (548 m) heeft u een mooi uitzicht over het riviertje de Kyll. Ten noorden van de Kalemberg ligt het kleine Hundsbachtal, waar vele fossielen van zeldzame planten en dieren zijn gevonden. Dit gebied is sinds 1948 natuurreservaat vanwege zijn bijzondere flora. Interessant zijn ook de 'Eishöhlen' in het Fischbachtal, die ontstaan zijn door het uithouwen van molenstenen uit de lavarots.

Brohltal

Al is het riviertje de Brohlbach klein en niet meer dan 15 kilometer lang, toch behoort zijn dal tot de boeiendste gedeelten van de Hohe Eifel. Vanaf zijn oorsprong bij Wolscheid op de waterscheiding tussen Ahr en Moezel moest het zich een weg banen door een streek die rijk is aan velerlei vulkanische formaties. Langs zijn bovenloop treft u verscheidene vroegere vulkanen aan en het nauwe benedendal ligt geklemd tussen steile wanden, die onder hun dichte begroeiing nog op vele plaatsen de geelgrijze trassteen tonen waaruit zij zijn opgebouwd. Deze tras is ontstaan uit een gestolde vulkanische modderstroom, heeft tufsteen, puimsteen en zand als bestanddelen en kan goed worden gebruikt bij waterbouwkundige werken. De tufsteen kan gebruikt worden als bouwmateriaal voor huizen, kerken en andere gebouwen. Daarom zijn er vele steengroeven en spelonken aanwezig in dit gebied, waarvan sommige zelfs al uit de Romeinse tijd stammen. Verschillende van de hier gevonden overblijfselen uit die tijd, waaronder inscripties in altaarstenen die gewijd waren aan de Romeinse beschermgod van de steenhouwers Hercules Saxanus, zijn overgebracht naar het Rheinische Landesmuseum in Bonn. Deze groeven en spelonken bepalen mede het grillige beeld van de hellingen.

Aan het begin van het dal en aan de Rijn ligt **Brohl**, vier kilometer verder het kleine **Bad Tönisstein**. Kort voor u het gehucht bereikt, passeert u de eenzame, kleine Schweppenburg. Daar tegenover ligt het idyllische zijdalletje van de Pönterbach, dat een mineraalbron heeft, de Heilbrunnen Tönissteiner Sprudel. Ook het minuscule badplaatsje Bad Tönisstein zelf ligt aan het begin van zo'n zijdalletje, de romantische Wolfsschlucht met de kloosterruïne Tönisstein. Een weg leidt langs dit valleitje naar de Laacher See, voorbij Wassenach, dat op een kraterwal ligt, naar de Lydiaturm. Daar heeft u een prachtig uitzicht op de omgeving, die eens geteisterd werd door gloeiende lavastromen uit een veertigtal vulkanen.

Op 1,5 km van het Brohtal ligt **Burgbrohl**. Dit aardige plaatsje met zijn barokke slot ligt aan de voet van de *Kunkskopf* (344 m), een oude vulkaan. Het dal wordt nu breder, de hellingen veel minder steil en het riviertje steeds kleiner. Rechts verheft zich eerst de *Herchenberg* (309 m), die weliswaar fraaie uitzichten biedt, maar slechts een kale vulkaan is en niet zo mooi is als de een stuk verder van het dal gelegen *Bausenberg* (340 m). Deze vulkaan heeft de best bewaard gebleven krater van Duitsland. Aan de voet ligt het plaatsje **Niederzissen**, dat even verderop wordt gevolgd door Oberzissen. Hier komen de verscheidene beekjes samen die de Brohlbach vormen. Uiteraard is de eigenlijke Brohlbach daar ook bij, maar dit beekje is zo onaanzienlijk, dat het in het golvende landschap hogerop vrijwel verloren gaat. Het Brohltal heeft bij **Oberzissen** dan ook praktisch zijn einde of, zo u wilt, zijn begin.

Daun

Daun (400-700 m; 8500 inw.) is een oud Eifelstadje, gelegen op de oevers van de Lieser. Het is een populair vakantieplaatsje, dat ook als kuuroord bekendheid geniet vanwege zijn ijzerhoudende mineraalwaterbron, de Dunaris-Heilquelle die de Dauner Sprudel levert. De kuurtijd is van half april tot half oktober. Het speciale Dauner Brot wordt bereid met Dauner Sprudelwasser, maar niet bekend is of het eten van het brood tot de kuur behoort. Het Kurpark en het Kneipp-Badehaus liggen in het natuurpark Wehrbusch. In het toeristenseizoen worden hier dagelijks concerten gegeven.

Het omringende Eifellandschap is zeer fraai en afwisselend. Bossen, velden, vulkanen, kratermeren en schilderachtige kleine dalen bepalen het beeld. Een uitstekend uitgangspunt dus voor het maken van wandelingen en uitstapjes per auto.

Daun bestaat uit twee gedeeltes: Unter-Daun (laag gelegen op de linkeroever van de Lieser), en Ober-Daun (hoog gelegen op de rechteroever). Ze zijn met elkaar verbonden door de ijzeren stadsbrug.

Dominerend in het stadsbeeld is het boven Ober-Daun gelegen *slot*. Daun is van Keltische oorsprong. In de Romeinse tijd was de burcht een uitkijkpost. In de Middeleeuwen bewoonden de graven van Daun het slot en al in de 12e eeuw werd er in Unter-Daun een kerk gebouwd. Deze kerk werd tijdens de Tweede Wereldoorlog bijna geheel verwoest, maar is na de oorlog weer opgebouwd als moderne kerk. De overblijfselen van de burcht zijn nog bezienswaardig. Binnen de burchtmuur staat het vroegere *Amts-*

haus uit 1712 van de keurvorst van Trier, dat nu in gebruik is als hotel. De evangelische kerk dateert van 1863. Het *Heimatmuseum* herbergt een verzameling gesteenten en oudheidkundige vondsten.
Als halteplaats aan de Deutsche Wildstrasse bezit Daun een wildpark. Bij het dorp **Pützborn**, 3 km ten westen van Daun, ligt het *Hirsch- und Saupark Daun*, een grote wildbaan. Over een ruim 10 kilometer lange Autowanderstrasse kunt u dit uitgestrekte bosgebied doorkruisen. Vanuit de auto of vanaf één der tribunes kunt u de herten en wilde zwijnen gadeslaan. Er is ook een 600 meter lange zomerrodelbaan.

Naar de drie Maare

Even ten zuiden van Daun verheft zich de *Mäuseberg* (561 m). Op de hellingen van deze berg liggen drie Maare, die zowel te voet als per auto bereikbaar zijn. Het gebied rond een Maare is altijd een natuurreservaat. U komt eerst bij het dorp **Gemünden**. Aan de rand van het dorp ligt het *Gemündener Maar*, op een hoogte van 405 meter en met een oppervlakte van 7,2 hectare en een diepte van 38 meter. De oevers van deze Maar worden gevormd door de vrij steile, dichtbeboste berghellingen van de Mäuseberg. In het meer kan worden gezwommen en er zijn roeiboten, kano's en waterfietsen te huur. Al wandelend op het stijgende pad kunt u naar het Weinfelder- of *Totenmaar* (483 m) met een oppervlakte van 16,8 hectare en een diepte van 51 meter. De door vulkanisch zand zwartgekleurde waterspiegel is omzoomd door hoogten, die grotendeels met heide zijn begroeid. De omgeving doet hier enigszins geheimzinnig aan, hetgeen nog wordt versterkt door het eenzaam overgebleven kerkje van het verdwenen dorpje Weinfeld aan de oever van de Maar, waarvan de bevolking in de 16e eeuw door de pest werd uitgedund. Beklimt u de Mäuseberg, dan heeft u een fraai uitzicht over dit kratermeer.
Een brede wand (met een weg erlangs) scheidt de *Totenmaar* van de *Schalkenmehrener Maar* (421 m), de grootste van de drie met een oppervlakte van 21,6 hectare en een diepte van 21 meter. Aan drie zijden wordt ze omgeven door met grasvelden en landerijen bedekte hellingen. Naar het zuiden ligt het dorp **Schalkenmehren** in de open vlakte.
Even ten zuiden van Schalkenmehren verheft zich de *Hohe List*, een 594 meter hoge bergtop waarop de universiteit van Bonn de Eifelsternwarte heeft gebouwd. Deze in 1966 gereedgekomen sterrenwacht is de op één na hoogste van de bondsrepubliek en één van de modernste van Europa. Na aanmelding vooraf (bij het Verkehrsamt te Daun) is het observatorium te bezichtigen.

Gerolstein

Het oude stadje Gerolstein (400-620 m; 7100 inw.) is gebouwd op de beide oevers van de Kyll. Het strekt zich uit in het tamelijk brede dal van de rivier en is door zijn beschutte ligging een aangenaam plaatsje om te verblijven. De omgeving is bijzonder interessant vanwege haar vulkanische verschijnselen. Bekend zijn de koolzuurhoudende bronnen, onder andere de Gerolsteiner Sprudel, de Florabrunnen, de Hansa en Charlotte Quellen en de Schlossbrunnen. De fabriek van de Gerolsteiner Sprudel is te bezoeken. Boven Gerolstein verheft zich de Schlossberg met de ruïne van de *Löwenburg* (436 m). Deze burcht, oorspronkelijk Gerardstein genaamd, werd in de 13e eeuw door de graven van Blankenheim gebouwd, maar is in 1691 door beschieting verwoest.
Het stadje wordt aan twee kanten ingesloten door de steil omhoogrijzende dolomietachtige rotsen van de oeroude koraalriffen van de Mun-

terley (482 meter met prachtig uitzicht), de Auberg (465 m) en de Hustley (487 m; natuurreservaat). De koraalriffen zijn 360 miljoen jaar oude overblijfselen uit de devoonzee. Reeds in de Steentijd waren er in dit gebied nederzettingen. Men heeft daarvan aanwijzingen gevonden in de grot Buchenloch. Deze grot is gelegen in de kalksteenrotsen van de Munterley. Later vestigden de holbewoners zich meer in het dal, maar trokken zich in tijden van gevaar terug in de Dietzenley. Stenen resten van een *Keltische muur*, de zogenaamde ringwal, zijn in het landschap nog goed zichtbaar.

Weer later vestigden zich hier de Romeinen. Ook aan hen herinneren nog tal van vondsten, zoals de blootgelegde resten van tempels en boerderijen.

Eén der oudste gebouwen van Gerolstein dateert van 1544-1545 en staat aan de Sarresdörfer Strasse. Hier is nu het *Kreisheimatmuseum* in ondergebracht. U kunt er een collectie kunst uit de Eifel zien en er is aandacht besteed aan de vroegere wooncultuur. De Erlöserkirche dateert uit 1913 en is een geschenk van keizer Wilhelm II. Opvallend zijn de mozaïeken.

Op de top van de 12e-eeuwse Kasselburg, in de omgeving van Gerolstein, wacht u een mooi uitzicht over het schitterende landschap (MM)

Gerolsteiner Kalkmulde

De omgeving van Gerolstein, de zogenaamde Gerolsteiner Kalkmulde, behoort tot de interessantste geologische gebieden van de Eifel. Naast steenformaties van vulkanische oorsprong, zoals de krater **Papenkaul** (528 m) en de uit vulkanische slakken opgebouwde **Dietzenley** (618 m), bevindt zich hier koraalkalk uit het Devoon met ontelbare fossielen, onder andere van kreeften. De laatste uitbarsting van de Papenkaul heeft circa 10.000 jaar geleden plaatsgevonden.
Gedurende al meer dan 150 jaar wordt er in dit gebied naar fossielen gezocht, hetgeen echter aanzienlijke schade aan de natuur en het landschap heeft toegebracht. Daarom is dit gebied (onder andere het Glaustal, Gees, Auberg en het Mühlenwäldchen) sinds 1984 tot natuurreservaat uitgeroepen. Er mag niet meer naar fossielen worden gezocht en het gebied naast de wandelwegen mag niet worden betreden.
U mag wél naar fossielen zoeken op speciaal hiervoor bestemde plaatsen, zoals de Kasselburger Hahn en de Krekelsberg.
In het Alte Rathaus van Gerolstein is sinds 1987 het Naturkundliche Museum gevestigd. Daar zijn de interessante vondsten uit het geologische verleden van de omgeving van Gerolstein tentoongesteld, zoals fossielen, mineralen en gereedschap uit de Steentijd.
Ook worden er geologische excursies onder vakkundige leiding georganiseerd met de mogelijkheid om zelf fossielen te verzamelen (aanmelding bij de Verkehrsverein Gerolstein, Kyllweg 1).
Verder biedt het Gerolsteiner landschap de grootst mogelijke afwisseling. De vulkaankegels contrasteren zeer mooi met de strakke lijnen van het kalksteenplateau. Vanaf de hoogten, zoals de Dietzenley, de toren van de Kasselburg en vanaf talrijke andere punten, hebt u een prachtig uitzicht. Gaat u eens kijken bij de plaats Wallenborn, ten zuiden van Gerolstein. Hier bevindt zich de vulkanische bron Wallenderborn.

Kasselburg

De Kasselburg (545 m) ligt ten noorden van Pelm, vier kilometer van Gerolstein. Van de 12e-eeuwse burcht, die gebouwd is op de resten van een Romeins castellum, zijn grote delen over. De 40 meter hoge dubbele donjon kan als uitzichttoren beklommen worden en telt zeven verdiepingen. Aan de voet van de ruïne bevindt zich het Adler- und Wolfspark Kasselburg. Hier worden adelaars, valken, wilde zwijnen en alpenmarmotten gehouden.

Gillenfeld

Aan de oever van de Alfbach, in het zuidwesten van de Hohe Eifel, ligt het dorp Gillenfeld (395 m; 1400 inw.). Het dorp zelf heeft weinig te bieden, maar slechts één kilometer ten oosten ervan ligt het *Pulvermaar*, dat na de Laacher See de mooiste Maar in de Eifel is. De helderblauwe kleur van het water contrasteert bijzonder mooi met de beboste hellingen. Het ligt op een hoogte van 411 meter, is 36 hectare groot en maar liefst 75 meter diep. Ten zuiden van de Maar verheft zich een oude vulkaan, de *Römerberg* (470 m). Aan de andere zijde van deze berg ligt het *Strohner Märchen*, een kleine droge Maar met een zeer interessante plantengroei, dat echter niet mag worden betreden. Het gebied is namelijk natuurreservaat.
In het dorpje **Strohn** vindt u de zogenaamde 'lavabom', een basaltbol die bestaat uit olivinbasalt. In 1969 is deze enorme puist vrijgekomen door explosies in de steengroeve bij de Wartgesberg. Zeer waarschijnlijk

heeft de bol deze immense omvang gekregen doordat hij tijdens verscheidene erupties een aantal malen is teruggevallen in de gloeiende lava. De doorsnede is maar liefst 6 meter en het gewicht bedraagt meer dan 75 ton.
Ook het verderop naar het oosten gelegen *Immerather Maar* – bij het gelijknamige schilderachtige dorpje **Immerath** – is vrijwel droog. Ook deze Maar is een natuurreservaat en verboden terrein voor bezoekers.
Ten westen van Gillenfeld ligt nog een kleine Maar, het door bos omgeven Holzmaar, gelegen op een hoogte van 425 meter, 6 hectare groot en 21 meter diep. Deze Maar is zeer visrijk.
Als u hier in de buurt bent, rijdt u dan even verder westwaarts richting Daun naar het dorpje **Brockscheid**. Hier heeft de familie Mark al sinds het midden van de 19e eeuw een klokkengieterij. De klokken vinden nu hun weg over de gehele wereld. Dit interessante bedrijf kunt u bezoeken en in de bijbehorende winkel zijn de populaire koperen klokjes, maar ook gegoten muurplaten en antiquiteiten te koop.
Even verder richting Daun takt een landweggetje af naar het boerengehuchtje **Tetscheid** dat een zeer eenvoudig hotelletje rijk is. Het weggetje eindigt hier en dat geeft het gevoel of men ver van de drukke bewoonde wereld is. Een wandelpad voert verder naar het dalletje van de bovenstroomse Lieser.

Kelberg

4

Tussen de twee grote toeristenplaatsen Adenau en Daun ligt het kleine plaatsje Kelberg (490 m; 1500 inw.) midden in de Eifel. Het kleinschalige, de rust en de mooie omgeving van uitgestrekte naaldbossen trekken voornamelijk rust zoekende toeristen aan. Het centrum van het dorp bestaat uit een groot vierkant marktplein, waaraan het voornaamste hotel staat. Bezienswaardig is de Romaans-gotische kerk met haar barokke westelijke toren. In 1912 is het gebouw uitgebreid.
De VVV verstrekt informatie over wandelingen en uitstapjes in de omgeving. In de directe omgeving liggen drie natuurreservaten: de Mosbrucher Weiher (4 km zuidoostelijk van Kelberg), de Barsberg (een oude vulkaan met een oerbos) en een klein reservaat met jeneverbesstruiken. In het laatste reservaatje is een Waldlehrpfad. Zuidoostelijk van het dorp verrijst de *Hochkelberg* (674 m), één van de hoogste bergen van de Eifel.

Kempenich

In het noordelijk deel van de Hohe Eifel ligt te midden van bossen het dorpje Kempenich (445 m; 1700 inw.). Boven Kempenich uit rijst de Burgberg, waarop nog enkele resten van een oude burcht zijn te vinden. De poort van die burcht, die de tand des tijds grotendeels heeft doorstaan, is gerestaureerd en ingericht als pastorie.
De plaats ligt ingesloten tussen een aantal bergen. In de wijdere omgeving komen hier en daar nog heidevelden met jeneverbessen voor. Dat is onder andere het geval in de buurt van de dorpen Lederbach en Hohenleimbach, westelijk van Kempenich, en bij Weibern en Wabern, ten zuidoosten van Kempenich. Daar krijgt u nog een indruk van het vroegere Eifellandschap, dat op vele plaatsen helaas door akkers is verdrongen.

Manderscheid

Manderscheid (400-500 m; 1350 inw.) behoort tot de drukst bezochte plaatsen in de Eifel. Het ligt schilderachtig boven het riviertje de Lieser, dat zich door het landschap van de groene Eifelbergen slingert. Beneden aan de rivier ligt het gedeelte Niedermanderscheid met de ruïne van de *Niederburg*. Van hieruit komt u door een oude vestingpoort, over de brug over de Lieser en vervolgens via een steile kronkelweg in de stad Manderscheid. Er zijn twee burchtruïnes: de Oberburg en de Niederburg. De *Oberburg* raakte in 1147 in het bezit van de aartsbisschoppen van Trier, waardoor de graven van Manderscheid gedwongen waren te verhuizen naar de Niederburg. Deze werd toen aanzienlijk vergroot en de plaats Niedermanderscheid werd binnen de verdedigingslinie getrokken. Tijdens de bezetting van de Fransen in 1794 werden beide burchten voor afbraak verkocht. De imposante ruïne van de Niederburg is thans eigendom van de Eifelverein. Manderscheid heeft voorts een *Heimatmuseum* en een edelsteenslijperij.

Naar de Meerfelder Maar

Een smal weggetje stijgt van Manderscheid in de richting van de Mosenberg (519 m), één van de interessantste vulkanen met twee kraters. Een zijweggetje gaat linksaf naar het beneden in het dal gelegen hotel-restaurant **Heidsmühle**. Het riviertje kabbelt er idyllisch langs en van dit punt kunt u ook mooie wandelingen maken naar de Mosenberg. Het gebied is een natuurreservaat dat rijk is aan vogels.

De hoofdweg gaat verder naar **Bettenfeld**. Daar rijdt u tussen twee kleine kratermeren door. Het ene, de *Hinkelsmaar*, is bijna geheel verdwenen, ofwel verland, dichtgeslibd en dichtgegroeid. Het andere, de *Windsborn*, heeft thans weliswaar weinig water, maar is altijd nog drie meter diep en bovendien door een geheel bewaard gebleven kraterrand omgeven. Van Bettenfeld volgt u het weggetje dat naar **Meerfeld** voert. Het huidige *Meerfelder Maar* (335 m; opp. 24,3 ha, diepte 17 m) vult nog niet de helft van de wijde ketelvormige inzinking, die aan drie zijden door steile hoogten wordt begrensd en die vroeger het hele Maar vormde.

Maria Laach

Maria Laach is de naam van een klooster en een hotel, gelegen aan de Laacher See in de oostelijke Eifel. Het klooster is een benedictijner abdij, gesticht in 1093 door paltsgraaf Heinrich II. In het jaar 1802 werd het klooster opgeheven door de Fransen. Daarna is het een paar jaar in bezit geweest van de jezuïeten, waarna het in 1892 opnieuw door de benedictijnen in gebruik werd genomen. In 1930 werd hier een internationale benedictijner academie geopend. De kerk, die in 1156 gewijd werd, is een Romaanse kruisbasiliek met een dubbel koor, twee dwarsschepen en zes torens. Deze kerk werd in 1230 voltooid door de bouw van het sierlijke voorportaal, het zogenaamde paradijs. Van buiten is de kerk onveranderd gebleven en is daarmee qua stijl één van de zuiverste Rijnlands-Romaanse kerkgebouwen uit de Middeleeuwen. In de kerk, waarvan het gewelf uit de 12e eeuw stamt, bevindt zich in het westelijke koor het vroeggotische graf van paltsgraaf Heinrich II met een beschilderd houten beeld dat hem in al zijn glorie weergeeft. Het in zijn soort unieke, 6,40 meter hoge baldakijn uit de tweede helft van de 13e eeuw staat sinds 1947 weer op zijn oorspronkelijke plaats in het oostelijke koor. Hier zijn ook enkele mozaïeken te bezichtigen, die door kunstenaars van de kloosterorde sinds 1911 zijn gemaakt. In de voorhal valt tussen de vele beeldhouwwerken vooral een duiveltje op, dat de zonden van de binnenkomers opschrijft. De voorhal, bijgenaamd 'Das Paradies', is rijk bewerkt en is een symbolische uitbeelding van de Hof van Eden. Het oudste deel van

De imposante Romaanse kerk van Maria Laach telt maar liefst zes torens en heeft een fraai interieur (GV)

de kerk is de crypte. Deze ruimte kan alleen groepsgewijs en onder leiding worden bezichtigd. Iedere dag is er een gezongen mis om 8.15 uur. Voor de tijden van de diensten op zaterdag en zondag moet u zich wenden tot het klooster of afgaan op het zware klokgebeier dat tot ver in de omtrek te horen is.

Laacher See

De *Laacher See* is het grootste natuurlijke meer in het westelijke deel van Duitsland. Het is 2,4 kilometer lang, 1,9 kilometer breed, de oppervlakte bedraagt 33,1 hectare en het is 40 tot 53 meter diep. Het ligt, evenals de overige Eifelmaare in een krater, in dit geval zelfs een dubbele krater. In 1152 heeft men de eerste keer het waterpeil laten zakken en in 1842 voor de tweede maal om aan de zuidzijde vruchtbaar land te winnen. Dit is

ook de oorzaak dat het klooster en het hotel op enige afstand van het water liggen. Het water van de Laacher See is zeer visrijk. Er worden kano's verhuurd.
Het meer ligt te midden van uitgestrekte bossen en wordt omgeven door vier oude vulkaanbergen: de Veitskopf (427 m), de Laacher Kopf (445 m), de Thelenberg (400 m) en de Krufter Ofen (463 m). Het hele gebied rondom de Laacher See is een natuurreservaat. Helaas vormen de vaak laag overvliegende straaljagers van een naburige luchtmachtbasis een zeer storende factor.

Mendig

Mendig (180-200 m; 8000 inw.), bestaande uit Niedermendig en Obermendig, ligt vijf kilometer ten zuiden van de Laacher See aan de Autobahn. In de omgeving vindt u veel basaltgroeven, waarvan sommige reeds werden geëxploiteerd door de Romeinen. Naderhand werden veel van deze onderaardse gewelven gebruikt als bieropslagplaatsen, waarvan er nu nog maar één als zodanig dienst doet. U kunt deze opslagplaats met een gids bezoeken. Ook kunt u onder geleide een nog in gebruik zijnde onderaardse basaltgroeve bezoeken. Voor geïnteresseerden is er een *vulkaanmuseum* waar onder andere het onstaan van het vulkanisme wordt verduidelijkt (bezichtiging na afspraak). De in Romaanse stijl gebouwde *Cyriakuskirche* dateert van de 12e eeuw. Het interieur heeft fraaie schilderingen uit de 15e eeuw.

Mayen

Midden in de Hohe Eifel, op de grens van de beboste Eifelbergen en het glooiende vruchtbare akkerland van het Maifeld, ligt het naar Eifelmaatstaven flink uit de kluiten gegroeide Mayen (240-524 m; 20.000 inw.). Het Maifeld is een streek met agrarische dorpen, dat zich uitstrekt van Mayen tot aan de oevers van de Moezel. De noordgrens van dit kleine gebied wordt gevormd door het aardige dal van de rivier de Nettebach, waaraan Mayen ligt. De Nettebach die ten noordwesten van de stad ontspringt, stroomt tussen de beboste Eifelbergen door, waar hij een fraai dal heeft gevormd. Twee van die Eifelbergen zijn de opvallende *Hochsimmer* (588 m) en de wat bescheidener *Scheidkopf* (527 m). Van beide toppen kunt u genieten van weidse uitzichten. Aan de vorm van de toppen en de aanwezigheid van vulkanische gesteenten is af te leiden dat het hier een vulkanisch gebied betreft. In de omgeving van Mayen zijn dan ook veel basalt- en lavagroeven. Deze lieflijke streek, waartoe ook het dal van de Nitzbach behoort, is uitermate geschikt voor het maken van wandelingen en uitstapjes.
Als stad had Mayen in de Middeleeuwen een stadsmuur die nog in vrij goede staat verkeert. Dat geldt in het bijzonder voor de stadspoorten Brückentor en Obertor en de vestingtorens Vogelsturm en Mühlenturm. De gotische *Clementskirche* uit de 15e eeuw heeft een kromme, spiraalvormige torenspits, die het visitekaartje van Mayen is geworden. De andere toren resteert nog van de oude Romaanse kerk, die hier ooit stond. Het raadhuis stamt uit de 18e eeuw, is in barokstijl opgetrokken en wordt gesierd met een mooi uurwerk en een stadswapen.
Het meest dominerende bouwwerk is echter de *Genovevaburcht* uit 1280. Opvallend zijn de vier prachtige hoektorens, waarvan de Goloturm 32 meter hoog is. In deze burcht bevindt zich de bibliotheek van de Eifelverein met maar liefst 5000 boekwerken. Ook is er het Eifelmuseum gevestigd, dat een overzicht geeft van de geologische en mineralogische

ontwikkeling van de Eifel. Het museum laat ook zien hoe de stenen al vroeg in groeven werden geëxploiteerd en in kleine bedrijfjes werden verwerkt. Er is een interessante collectie voorwerpen die herinnert aan de vroegste geschiedenis van het gebied. Verder zijn er tien volledig ingerichte stijlkamers en handwerkateliers uit de 18e en 19e eeuw te zien.

Schloss Bürresheim

In het schilderachtige Nettedal, vijf kilometer van Mayen, ligt op een rots het statige Schloss Bürresheim. Aan de voet van die rots vloeien de Nette, de Nitz, de Fraubach en de Welsenbach samen. Het slot is in de 12e eeuw als burcht gebouwd en in de 17e en 18e eeuw opnieuw in barokstijl opgetrokken. Evenals Burg Eltz (zie Moselkern aan de Moezel) is het één van de weinige burchten die niet geheel of gedeeltelijk door de eeuwen heen zijn verwoest. De wooninrichting is bijzonder mooi en dateert van de 15e tot de 18e eeuw. Het is dagelijks te bezichtigen van 9.00 tot 17.00 uur, behalve maandag.

Monreal

Monreal (310-450 m; 950 inw.) is een veelbezocht dorpje, schilderachtig gelegen in het diepe en nauwe Elztal, even ten zuidwesten van Mayen. In het dorp staan nog enkele zeer fraaie vakwerkhuizen (14e-17e eeuw), die stammen uit de tijd dat hier een bloeiende lakenindustrie was gevestigd. De *Pfarrkirche* en de *Friedhofskapelle* zijn in laatgotische stijl gebouwd. Op de stenen Johannesbrug over de Elz staan twee beelden. De eerste is een drie meter hoog gotisch kruisbeeld met vier basaltstenen leeuwen aan de voet, de tweede is een barok beeldhouwwerk van de brugheilige Nepomuk.

Het dorp heeft twee burchten; *Burg Resch* en *Burg Monreal*. Burg Monreal (of Löwenburg) is gebouwd in 1229 door graaf Hermann III von Virneburg en is lange tijd de residentie geweest van dit machtige geslacht. In later jaren werd de burcht door de Zweden en de Fransen verwoest.

Ulmen

Ulmen (438 m; 2800 inw.) dankt de toeristische belangstelling aan de aanwezigheid van twee Maare. Een identieke omstandigheid treft u ook aan bij de zeer geliefde vakantieplaatsen Daun en Gillenfeld. Maar een negatieve bijkomstigheid voor Ulmen is het feit dat de Eifel-Autobahn vlak langs de plaats loopt.

Het dorp ligt er overigens wel mooi bij, het wordt namelijk beheerst door de hoog op de kraterwand gelegen ruïne van een in de 12e eeuw gebouwde burcht van de heren van Ulmen. De nieuwe kerk met haar oude toren bevindt zich ook op deze hoogte. In de kerk treft u een grafmonument aan van de ridder Philipp Haust von Ulmen. Voorts zijn er een barok Maria-altaar en een oud sacramentshuisje te zien.

De *Ulmener Maar* is 5,35 hectare groot en 37 meter diep en is een natuurreservaat. De kleur van het water is blauwgroen en weinig doorzichtig. De temperatuur van het water neemt vreemd genoeg toe naarmate men dieper gaat. Dit wettigt het vermoeden dat er een warme bron uitmondt in de diepste diepten van het kratermeer. In deze Maar kan worden gezwommen, gevist en gevaren. Aan de andere zijde van de Autobahn ligt het grotere maar minder mooie Maar *Jungferweiher*. Aan de Maar ligt een natuurreservaat waar zeldzame vogels voorkomen. Er mag alleen worden gevist.

5 Moezeldal

Langs de oevers van de Moezel strekken zich op vele plaatsen fraaie wijnvelden uit. De witte moezelwijn is tot ver in het buitenland een begrip. Het landschap is voor het overgrote deel in cultuur gebracht, zodat de meeste bossen verdwenen zijn. Toch heeft deze streek op landschappelijk gebied nog veel te bieden. De combinatie van weiden, wijnvelden en bossen, doorsneden door de kronkelende Moezel, biedt veel afwisseling. Op cultureel gebied is de streek ook de moeite waard. Indrukwekkende oude burchten op eenzame heuveltoppen, schilderachtige stadjes en Romeinse overblijfselen zorgen voor een grote variatie aan bezienswaardigheden. Liefhebbers van Romeinse vondsten kunnen hun hart ophalen in Trier.

Hoewel de oorsprong van de Moezel in de Franse Vogezen ligt en zij, alvorens Duitsland definitief binnen te stromen, ook nog een tijd lang grensrivier tussen Duitsland en Luxemburg is, denkt men bij de naam Moezeldal allereerst aan het interessante benedendeel van deze rivier van Trier naar Koblenz. Wij besteden hier uitsluitend aandacht aan dit stuk, ook al omdat alleen dit geheel binnen het gebied van deze gids valt. Juist van Trier tot Koblenz heeft de rivier zich tussen Eifel en Hunsrück diep in het zogenaamde Rijnlandse leisteenplateau ingesneden, daarbij moeizaam de zwakste plekken in het gesteente zoekend. Zo ontstond de huidige loop, die zo bochtig is dat de rivier van Trier naar Koblenz een afstand van ongeveer 190 kilometer aflegt, terwijl de afstand tussen deze twee steden linea recta niet meer dan 110 kilometer bedraagt.

Landschap Het landschapsbeeld van het Moezeldal is in sterke mate bepaald door het ingrijpen van de mens. De bossen zijn teruggedrongen tot de hoogste hellingen en tot die gedeelten van het dal die in de schaduw liggen. Op de vele plaatsen die zonneschijn opvangen, hebben de bossen plaats gemaakt voor uitgestrekte wijngaarden.
De vaak steile hellingen moesten daarvoor met veel moeite geheel in terrassen worden verdeeld.
Doordat de Moezel zulk een grillig verloop heeft, wisselen zon- en schaduwrijke plekken elkaar voortdurend af. In het algemeen overheersen op de linkeroever de wijnbergen, terwijl op de rechterzijde bospercelen de overhand hebben. Bij dit alles komen dan nog de frisgroene weiden in de bredere dalgedeelten, de hier en daar voorkomende rotspartijen, de burchten die vele bergtoppen bekronen, en de vele schilderachtige plaatsjes langs de rivier, die vaak een lange geschiedenis hebben.

Hoogtepunten

Stads- en dorpsgezichten
Trier, Bernkastel-Kues, Cochem, Enkirch en Wittlich.

Kastelen
Burg Eltz (zie Moselkern), Cochem, Ehrenburg (zie Brodenbach), Oberburg en Niederburg (zie Kobern-Gondorf) en Thurant (zie Alken).

Kerken en kloosters
Abtei Springiersbach (zie Reil), Bernkastel-Kues (St. Nikolaus Hospital en kapel), Alken, Karden, Kobern (Matthiaskapelle), Machern, Piesport, Münstermaifeld, Trier (Dom en St. Paulin).

Romeinse oudheden
Trier: *Porta Nigra* en het *Landesmuseum*.

Musea
Trier: *Landesmuseum*.
Konz (zie Trier): *Openluchtmuseum 'Roscheider Hof'*.
Traben-Trarbach: *Mittelmosel-Museum*.
Bernkastel-Kues: *Moselweinmuseum*.

Overige hoogtepunten
Tochtje per boot over de Moezel; kan vanuit talrijke plaatsen zoals Trier, Bernkastel-Kues, Traben-Trarbach en Cochem.
'Weinproben' in alle wijndorpen.
Cochem: bezoek aan Wildpark en met de stoeltjeslift omhoog.

Verkeer Ofschoon in het dal tussen Trier en Koblenz maar liefst 124 plaatsen liggen, op een gemiddelde afstand van slechts 1,5 kilometer van elkaar, en het toerisme er elk jaar een grotere omvang aanneemt, maakt het Moezeldal toch nog een rustiger indruk dan het Rijndal.

Buiten Trier en Koblenz zijn er geen steden van groot belang. Er is zodoende weinig vrachtwagenverkeer en het doorgaande niet-toeristische autoverkeer maakt bij voorkeur gebruik van de Autobahn door de Eifel of van de Hunsrück Höhenstrasse.

Het beeld van het Moezeldal is sinds 1964 verlevendigd door het verkeer te water. Na langdurige werkzaamheden zijn grote stuwwerken gereedgekomen, waardoor de rivier over een afstand van 270 kilometer tussen het Franse industriegebied bij Thionville en de Rijn bij Koblenz door regulatie van de waterstand bevaarbaar is gemaakt voor schepen tot 1500 ton. Zo werden er 13 stuwen gebouwd, waarvan negen in Duitsland en een extra sluis bij Koblenz, waardoor bij elke stuw een hoogteverschil van ongeveer zeven meter werd overwonnen. Bij de stuwdammen bevinden zich tevens waterkrachtcentrales, die gebruik maken van het verval. In totaal leveren zij 800 miljoen kWh per jaar. De stuwdammen en krachtcentrales zijn zo laag gebouwd, dat ze in het Moezellandschap nauwelijks opvallen.

De Moezel, die als regenrivier voorheen in de zomer vaak tot een schraal stroompje was ingeschrompeld, toont thans het gehele jaar een gelijkmatig waterpeil, waardoor tevens vele minder fraaie oevergedeelten en zandbanken worden verborgen.

Moezelwijn De wijnbouw brengt uiteraard ook bedrijvigheid met zich mee. Reeds in de Romeinse tijd was de wijnbouw er van zoveel betekenis, dat hij door dichters werd bezongen. Later, in de Middeleeuwen, ontstonden er zelfs vurige twisten om de wijn, want vele edellieden, kloosters en kerken wilden één of meer wijngaarden aan de Moezel hebben. Ook thans valt de moezelwijn bij velen in de smaak en men dankt dit voornamelijk aan twee druivensoorten: de edele riesling en de müller-thurgau. Deze leveren witte wijnen op, die een lager alcoholgehalte hebben dan de rijnwijnen, maar zich in het bijzonder door hun bouquet onderscheiden. Vroeger moest men voor de verkoop de moezelwijn met honing zoeten, maar tegenwoordig wordt de licht rinse smaak juist gewaardeerd. Als de beste moezelwijnen gelden de Bernkasteler Doctor, Brauneberger Juffer, Trittenheimer Laurentiusberg, Piesporter Goldtröpfchen en Wehlener Sonnenuhr. Maar ook de wijnen van Zeltingen (Zeltinger Schlossberg), Kröv, Traben-Trarbach, Enkirch en de Zeller Schwarze Katz mogen er zijn. In de meeste Moezelplaatsen en natuurlijk in centra als Cochem, Traben-Trarbach en Bernkastel bieden gezellige wijnlokalen gelegenheid eens nader met de streekwijnen kennis te maken. Zo stimuleren wijnhandel en toerisme elkaar, hetgeen vooral ook tot uiting komt bij de wijnfeesten, waarvan elke Moezelplaats die zichzelf respecteert, er wel één organiseert.

Varen over de rivier Door de kanalisatie is geregeld verkeer met toeristenschepen op de Moezel mogelijk geworden. De Köln-Düsseldorfer Deutsche Rheinschiffahrt onderhoudt van eind mei tot begin oktober dagelijks bootdiensten in beide richtingen tussen Koblenz en Trier.

Bij Trier vaart in de zomermaanden regelmatig een bootje van de Zurlaubener Ufer naar de Klosterschenke te Pfalzel, waar de middeleeuwse muur aan de Moezel een bezienswaardigheid is. Er kunnen ook boottochten worden gemaakt tot aan Bernkastel.

De Moezel is ondanks de kanalisatie bijzonder geschikt als kanorivier. De

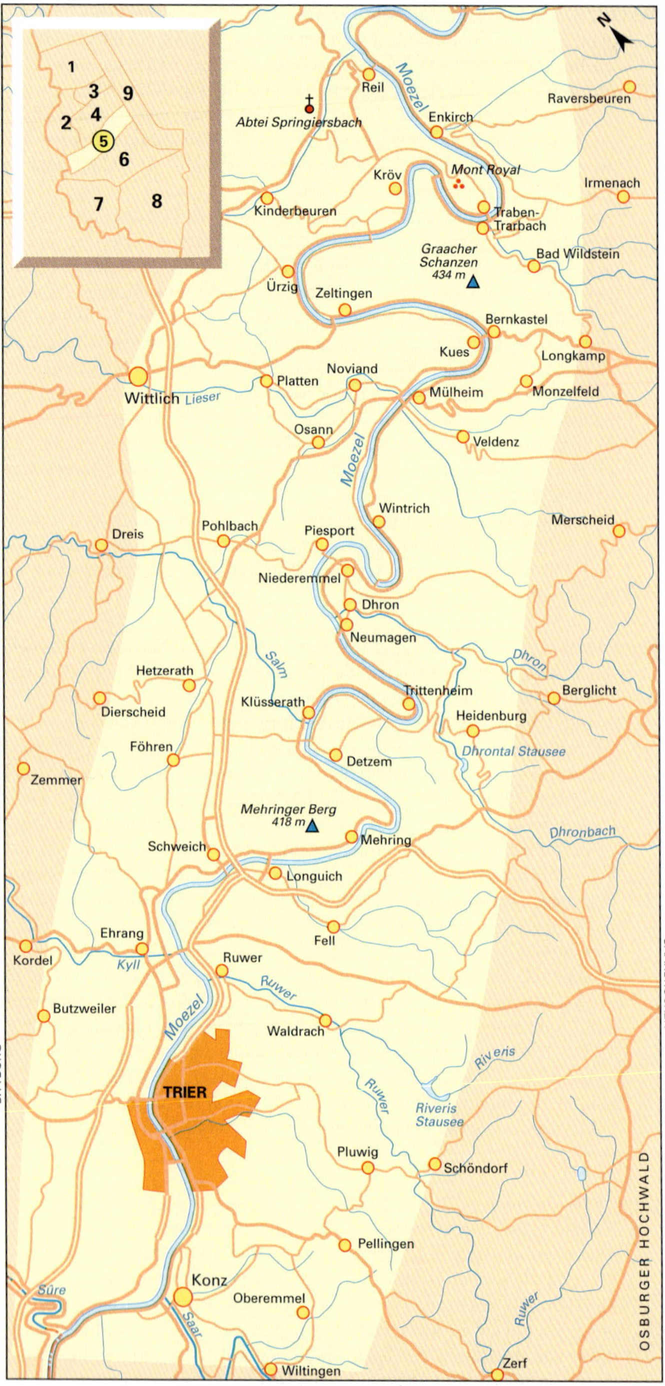

5 Moezeldal (bovenstrooms)

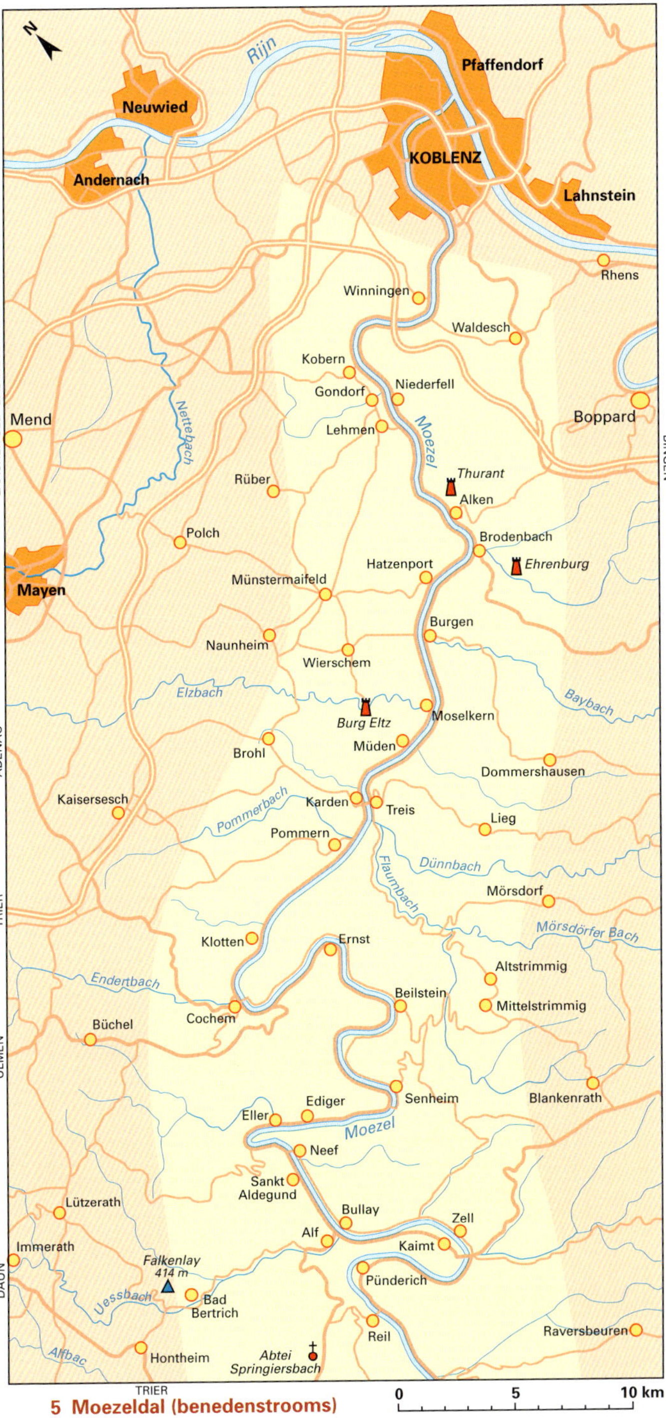

5 Moezeldal (benedenstrooms)

5

stroming is gering en het scheepvaartverkeer is niet hinderlijk. Naast de grote sluizen voor de beroepsvaart zijn telkens kleine sluizen gebouwd voor de pleziervaart en ten behoeve van de visserij. Voor kanovaarders zijn bovendien speciale voorzieningen getroffen: de kano's kunnen namelijk door een sleuf, waar met grote snelheid water in loopt, naar het volgend lager gelegen riviervak om de sluizen heen varen. Vaak wordt een gecombineerde tocht over de Saar (vanaf Saarburg) en de Moezel (Trier – Koblenz) gemaakt. Het Deutscher Kanu Verband heeft langs de rivier kanostations en kampeerterreinen ingericht.

Op reis door het dal De rivier wordt van Trier tot Koblenz begeleid door een hoofdweg, die meermalen van oever wisselt. Op de meeste plekken is er op beide oevers een weg. Een serie bruggen en een nog groter aantal ponten zorgen er voor dat men gemakkelijk van de ene oever op de andere kan komen.

Praktische informatie

Inlichtingen

Fremdenverkehrsverband Rheinland-Pfalz Tourismus, Postfach 1420, 56014 Koblenz.

Plaatselijke inlichtingenbureaus: 56859 Alf; 56332 Alken; 56814 Beilstein; 54470 Bernkastel-Kues; 56864 Bad B; 56859 Bullay; 56332 Burgen; 56812 Cochem; 56814 Ediger; 56850 Enkirch; 56330 Kobern; 54536 Kröv; 56254 Moselkern; 54347 Neumagen; 56829 Pommern; 56862 Pünderich; 54338 Schweich; 56841 Traben-Trarbach; 56253 Treis; 54292 Trier; 54349 Trittenheim; 56333 Winningen; 56856 Zell; 54492 Zeltingen.

Sport

Zwemmen kunt u in de openluchtbaden van de volgende plaatsen: Alf (verwarmd), Bad Bertrich, Bernkastel-Kues, Cochem (verwarmd en overdekt golfslagbad), Konz, Kröv (verwarmd met een glijbaan van 76 m), Moselkern, Müden, Münstermaifeld (verwarmd), Traben-Trarbach (thermaalbad), Treis-Karden (verwarmd), Trier, Trittenheim, Winningen, Zell (verwarmd).

Wegwijs Bij de beschrijving van de plaatsen die aan de oevers liggen, hebben wij de geografische volgorde gekozen, dat wil zeggen dat wij de rivier volgen vanaf Trier tot aan Koblenz. De stad Koblenz zelf wordt overigens beschreven in hoofdstuk 9 (Rijn).

Trier

Trier is een interessante, druk bezochte en levendige stad. De plaats ligt in een verwijding van het Moezeldal, op 130 m hoogte, en wordt omringd door de uitlopers van de Eifel en de Hunsrück. Samen met haar voorstadjes telt Trier zo'n 100.000 inwoners. Bedenk daarbij dat de stad ten tijde van de Romeinse overheersing niet veel kleiner was en al 80.000 inwoners telde. Overigens slonk dat aantal danig terug tot 10.000 in de 15e eeuw. Het aantrekkelijke centrum van de stad met de oudste bouwwerken en bezienswaardige musea vindt u op de rechteroever van de Moezel. Of Trier werkelijk al 2000 jaar voor Christus bestond, zoals op een huis te lezen staat, valt te betwijfelen. Maar ongetwijfeld is Trier de oudste stad van Duitsland. Volgens de Romeinen werd Trier omstreeks 15 voor Christus gesticht door keizer Augustus onder de naam Augusta Treverorum (genoemd naar de Keltische bewoners van de streek, de Treveren). Als handelsstad en bestuurscentrum kwam het in de late keizertijd tot grote

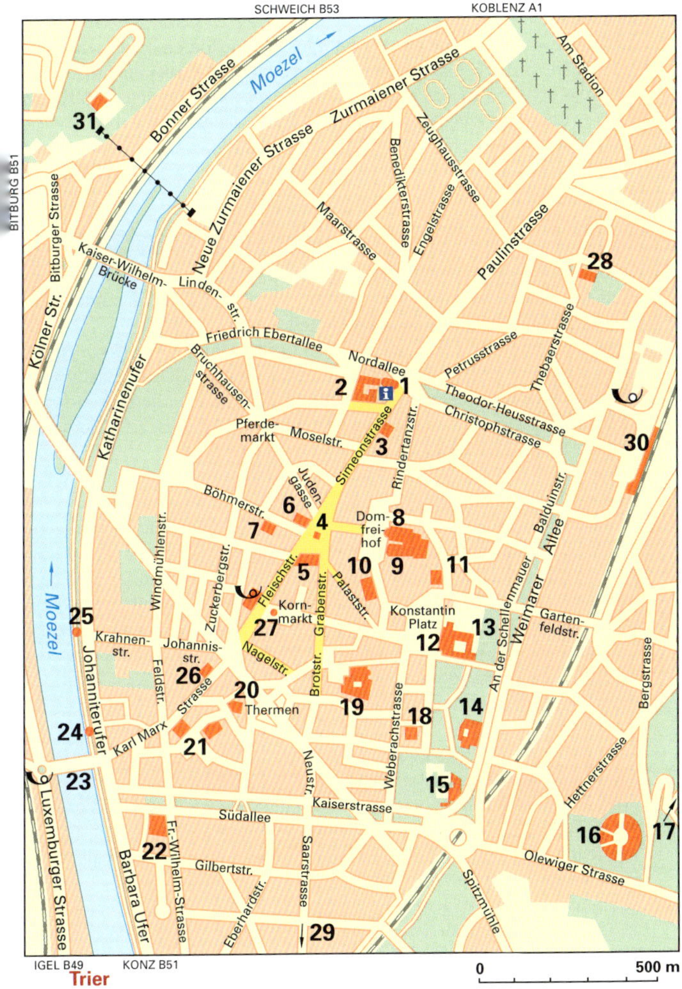

Trier

bloei en rijkdom. Uit deze Romeinse glansperiode rest ons nu een respectabel aantal monumenten, meer dan waar ook benoorden de Alpen.
Toch moet u hier niet een soort Pompeï verwachten. Dwalen door echte Romeinse straten kunt u hier niet en om het idee te hebben 2000 jaar terug te zijn in de tijd – in de dagen van het oude Rome – moet u heel veel inlevingsvermogen hebben. Zo ziet u nu op de plek waar het amfitheater stond, nauwelijks veel meer dan de heuvel waartegen dit theater eens gebouwd werd. Niet dat die oude Romeinen en Treveren op de grond zaten te kijken naar de gladiatorengevechten, maar de stenen tribunes zijn allemaal weggehaald door latere stadbewoners, die met de stenen hun huizen bouwden. Zo verging het ook al die andere Romeinse bouwwerken, hier en elders. De meeste Romeinse gebouwen hebben de ondergang van het rijk nog wel overleefd, werden wellicht ruïnes bij de invallen van de barbaren, maar verdwenen pas tijdens de Middeleeuwen. De Romeinse ruïnes werden eenvoudigweg gebruikt als steengroeven, voor de wederopbouw van de middeleeuwse stad en vooral van de christelijke

kerken. Van de eens zo machtige Keizerthermen en Barbarathermen ziet u nu voornamelijk nog de fundamenten. Andere Romeinse bouwwerken zijn vrijwel onherkenbaar, doordat ze in de loop der eeuwen zijn aangepast aan de eisen van de tijd. De dubbele kathedraal onder de huidige Dom is daarvan een goed voorbeeld. Beter bewaard gebleven is de Basilica. En het meest authentiek is nu nog de stadspoort Porta Nigra, Triers voornaamste bezienswaardigheid.

Bezienswaardigheden

Bij deze Porta Nigra, nr. 1 op de plattegrond in deze gids, begint bij voorkeur de speurtocht langs Triers bezienswaardigheden. Ook omdat hier in de nabijheid Triers voornaamste hotels te vinden zijn.

Kijkt u alleen maar een dagje rond en kunt u dicht bij de Porta Nigra geen parkeerplaats vinden? Rijd dan nog even door richting station en volg rechts de Ostallee om een plek te zoeken bij het Landesmuseum, nr. 14 op de plattegrond. Vanaf het museum loopt u dan naar nr. 27, om vervolgens te eindigen met de nummers 1 t/m 13.

De VVV aan de Simeonstrasse (zie nr. 2 op de plattegrond) verzorgt diverse stadswandelingen. Al wandelend maakt u kennis met de meeste bijzonderheden van de stad. Een rondrit met een dubbeldekker, die bij de VVV begint en eindigt, brengt u naar de Romeinse ruïnes verder weg van het centrum. Wie op eigen gelegenheid Trier wil verkennen, kan met onderstaande beschrijvingen en plattegrond gemakkelijk uit de voeten.

1 **Porta Nigra** De Porta Nigra is de noordelijke stadspoort, die omstreeks 180 na Christus werd gebouwd als onderdeel van de Romeinse stadsmuur. Die muur was ooit 6,5 kilometer lang, drie meter dik en 7,5 meter hoog. De naam 'zwarte poort' werd in later eeuwen gegeven vanwege de zwarte kleur van het verweerde zandsteen.

Ziet u de vensterloze benedenverdieping van de oostelijke toren? Daar liet zich in 1028 een Grieks-Syrische monnik insluiten, die er zeven jaar later stierf. Deze Simeon, een vertrouweling van de toenmalige aartsbisschop Poppo van Trier, werd later heilig verklaard. Als eerbewijs aan de overledene liet Poppo de Porta Nigra verbouwen tot een dubbele kerk. Daaraan dankt de Romeinse poort haar behoud.

Dit bouwwerk was als Romeinse stadspoort eeuwenlang nauwelijks herkenbaar. De poorten tussen de beide torens waren opgevuld met aarde. De straat liep van de stadszijde schuin omhoog naar de eerste verdieping, waar de onderste kerk was. Deze gold als parochiekerk voor het gewone volk. De kerk er boven, nu de tweede verdieping en iets dichter bij de hemel, behoorde aan het klooster dat ernaast gebouwd was. Niettemin bleef de Porta Nigra in de volksmond een bouwwerk van de duivel omdat het geheel zonder cement of mortel was gebouwd, de gebruikelijke bouwwijze van de Romeinen. Het is inderdaad opmerkelijk dat het bouwwerk standhield, terwijl vrijwel alle ijzeren klammen en het lood, waarmee de Romeinen de stenen samenvoegden, in de loop der tijden werden gestolen. Op last van Napoleon moest in 1804 van de Porta Nigra vrijwel alles verwijderd worden dat niet behoorde tot de oorspronkelijke Romeinse bouw. De oude poort werd in haar oude glorie hersteld en kreeg de oorspronkelijke afmetingen: 36 meter breed, 30 meter hoog en 21 meter diep. In 1876 werd de doorgang van de poort blootgelegd, waarbij de oorspronkelijke Romeinse straat te voorschijn kwam.

2 **Simeonstift** Aan de westkant van de Porta Nigra ziet u het Simeonstift, of althans dat wat rest van het vroegere klooster. Het werd in de 11e eeuw, tegelijk met de verbouwing van de Porta Nigra, als dubbele kerk gebouwd. Van het sticht is slechts de Romaanse kruisgang behouden

De Porta Nigra was in de Romeinse tijd de noordelijke stadspoort. De naam 'Zwarte Poort' dankt zij aan het zwart verweerde zandsteen (PI)

gebleven. In de oostelijke vleugel aan de Simeonstrasse vindt u de VVV. Op de binnenhof is in de zomer een gezellig terras. Van de binnenhof komt u via een trap in de noordelijke en westelijke vleugel, waar nu het stedelijk museum gevestigd is. Doorgaans kunt u er wisselende exposities van eigentijdse kunst bewonderen, naast een vaste collectie kunstwerken waarin de gotiek en de romantiek de overhand hebben. Schilderijen en maquettes geven een verhelderende kijk op de stad.

5

3 **Dreikönigenhaus** Op weg naar de Hauptmarkt vindt u op de Simeonstrasse 19 het Dreikönigenhaus. De fraaie gevel stamt uit omstreeks 1230 en is gebouwd in de overgangsstijl van Romaans naar gotiek. U ziet de oorspronkelijke kleuren in een reconstructie. Zoals één derde van Triers bouwwerken moest ook dit 13e-eeuwse woonhuis na de Tweede Wereldoorlog opnieuw worden opgetrokken (in 1973). In de Middeleeuwen had u hier alleen maar naar binnen kunnen gaan via een trap die naar de eerste verdieping leidde, en die in tijden van gevaar snel naar binnen kon worden gehaald. Nu kunt u gewoon gelijkvloers blijven om binnen te komen, althans tijdens de winkeluren en als u trek heeft in Kaffee und Kuchen (taartjes uitkiezen aan de toonbank, koffie bestellen bij de serveerster).

4 **Hauptmarkt** Dit is het nog enigszins middeleeuws aandoende driehoekige marktplein van Trier. In het midden staat het *Marktkreuz*, symbool van de verlening van het marktrecht in 958. Op het plein staat ook de *Petrusbrunnen*, een fontein van de Trierse beeldhouwer Hans Ruprecht Hoffmann uit 1595, met een beeld van de heilige Petrus, schutspatroon van de stad. Rondom ziet u fotogenieke gevels, zoals aan de oostzijde de oude *Löwenapotheke*.

5 **Marktkirche St. Gangolf** Deze kerk staat half verscholen achter een rij huizen aan de zuidzijde van de hoofdmarkt. Ze dateert van de 13e en 14e eeuw. Het rococoportaal stamt uit 1722.

6 **Steipe** Op de zuidwestelijke hoek van de markt bevindt zich een op 'stutten' (Steipen) staand feestgebouw van de St.-Jakobsbroederschap uit de 15e eeuw. Het is in 1944 verwoest en volgens oude tekeningen herbouwd, compleet met de vier figuren van schutspatronen en de twee ridders Roland. Naast de Steipe, al half in de Dietrichstrasse, ziet u het *Rote*

Haus, een barok huis uit 1684, met op de gevel het merkwaardige opschrift: 'Ante Romam Treviris stetit annis milletrecentis, perstet et aeterna pace fruatur, amen' (eerder dan Rome stond Trier eenduizend en driehonderd jaar, moge het voortbestaan en zich verheugen in eeuwige vrede, amen). Als we dit mogen geloven dan is Trier nu niet zo'n tweeduizend maar zelfs vierduizend jaar oud.

7 **Frankenturm** Dit bouwwerk is niet zó oud, maar toch oud genoeg om er even 100 meter de Dietrichstrasse voor in te lopen. Het gebouw is geen toren maar een versterkt stenen woonhuis uit de 11e eeuw in Romaanse stijl. Het is genoemd naar een rijke bewoner uit de 14e eeuw, Franko von Senheim.

Loop nu weer terug naar de markt en ga verder oostwaarts door de Sternstrasse (met de Altes Regierungsgebäude, het voormalige Domkapittel in barokstijl uit 1705) naar de Domfreihof.

8 **Dom St. Peter** Deze machtige Romaanse kerk staat op het Domfreihof. Rechts is de gotische Liebfrauenkirche eraan vastgeplakt. Maar eerst wijden we onze aandacht aan de Dom, één van de oudste kerken van Duitsland.

Al meer dan 1650 jaar is deze plek gewijd aan de christelijke eredienst. De kerk werd gebouwd op de fundamenten van een dubbele kerk uit de tijd van de Romeinse keizer Constantijn (omstreeks 326). Zoals opgravingen in de laatste jaren bewezen hebben, was deze dubbele kerk op haarbeurt gebouwd op de overblijfselen van een Romeins paleis. In 1946 vond men hier resten van schilderingen uit een pronkzaal van dit paleis. Als u links van de Dom eerst even de Windstrasse inloopt, kunt u aan de noordelijke buitenmuur nog de verschillende bouwperioden onderscheiden:

Trier nu en in vroeger eeuwen

Mijmeren over het Romeinse verleden van Trier kunt u het beste in het Landesmuseum (14). Hier, in het Simeonstift, worden we herinnerd aan de eeuwen nadien. Overigens behield Trier als Romeinse stad ook tijdens de Middeleeuwen de titel van 'civitas'.

In de 5e eeuw kwam er door het binnendringen van de Ripuarische Franken aanvankelijk een eind aan het vroegchristelijke aartsbisdom. Maar in de 6e eeuw was er opnieuw een bisschop, die onder Karel de Grote werd bekleed met de rang van aartsbisschop (hoofd van de kerkprovincie). In de 13e eeuw werd de aartsbisschop van Trier ook nog geestelijk keurvorst, dat wil zeggen één van de zes of zeven Duitsers die de keizer aanwezen. (Trier en de rest van het aartsbisdom behoorden sinds 923 tot het Duitse Rijk). De aartsbisschop van Trier had dus een enorme wereldlijke macht, waartegen in de loop der eeuwen menigmaal is geprotesteerd door de burgers van Trier en ook door de burgers van Koblenz, de stad waar de aartsbisschoppen vaak jarenlang resideerden.

Van de 14e tot de 16e eeuw beleefde Trier opnieuw een grote bloeitijd. Zo werd in 1473 een universiteit gesticht, die overigens in 1798 werd opgeheven door de Fransen. Deze laatsten hadden de stad in 1794 veroverd en tot hoofdstad van het Saarland gemaakt. In 1803 verloor de aartsbisschop niet alleen zijn keurvorstelijke waardigheid, maar ook zijn wereldlijke macht. Tijdens het Congres van Wenen werd het aartsbisschoppelijk gebied in 1815 bij Pruisen gevoegd. Pas na 1870 leefde de stad weer enigszins op door de vestiging van een grensgarnizoen. Tijdens de beide wereldoorlogen kwam dit Trier echter niet ten goede. Eind 1944 werd ruim eenderde deel van de stad verwoest. De afloop van de beide wereldoorlogen leidde tot de stationering van Amerikaanse en Franse troepen in de stad: van 1918 tot 1930 en na 1945.

Op het terras van het feestgebouw van de St.-Jakobsbroederschap, de Steipe, kunt u heerlijke Kaffee und Kuchen bestellen (PI)

het westelijk front met apsis en twee ronde torens (voltooid in 1078), de Romaanse kern van rode zandsteen, een 30 meter hoge vierkante hal die in 383 onder keizer Gratianus werd gebouwd en na de zoveelste brand in 1016 werd herbouwd, vervolgens het oostkoor uit de 12e eeuw met twee rechthoekige torens uit de 14e eeuw, en ten slotte de barokke schatkamer, die toegevoegd werd in 1702.

Dicht bij de westelijke hoofdingang ziet u een zandstenen Madonna van Nicolaas Gerhaert van Leyden, die als één der grootste beeldhouwers van de laatgotiek wordt gezien en omstreeks 1462 werkzaam was in Trier.

In de kerk, die gesloten is tussen 12.00 en 14.00 uur, ziet u vooral barok en versieringen van even na 1700 omdat er toen weer een brand had gewoed. Het interieur heeft een bijzondere aantrekkingskracht, juist door de combinatie van de Romaanse bouwvormen en de barokke inrichting. De preekstoel is een meesterwerk in renaissancestijl uit 1572. In het zuidelijk zijschip is een portaal met prachtige plastieken uit 1170. Eveneens aan de zuidzijde, naast de deur van de sacristie, is de toegang tot de kruisgang uit 1220-1230. Hier bent u terug in de Middeleeuwen en blikt u, onder de bogen door op de Dom en de aangrenzende Liebfrauenkirche.

In deze hoek vindt u ook de *Domschatz*, de schatkamer. Op twee verdiepingen zijn de kostbaarheden tentoongesteld. Zo is er een Romeinse drinkschaal uit de 3e eeuw en kunt u er het Egbert-Schrein of Andreas-draagaltaar uit de 10e eeuw bewonderen. Het Ottoonse goudsmeedwerk van dit draagaltaar is van bijzonder hoge kwaliteit. Let u eens op de fijne details. Ook prachtige middeleeuwse handschriften en miniaturen, zoals de *Codex van de heilige Simeon* uit de 11e eeuw, zijn hier ondergebracht.

De *Heilige Rock Christi*, het naadloze opperkleed van Christus, is de beroemdste relikwie en vindt u in een aparte kapel. In deze Heiligtumskammer, die u kunt bereiken via de zwartmarmeren pelgrimstrap, is het gewaad te bezichtigen. Hier ziet u ook de beelden van keizer Constantijn en zijn moeder Helena, die de paleisgrond omstreeks 326 afstond voor de bouw van de eerste christelijke kerk van de stad.

9 **Liebfrauenkirche** Hoewel sommigen beweren dat de Kerk van St. Elisabeth in Marburg an der Lahn misschien nog iets ouder is, is de Liebfrauenkirche die samen met de Dom één complex vormt, waarschijnlijk de oudste gotische kerk van Duitsland. Ze is gebouwd op de zuidelijke fundamenten van de oorspronkelijke dubbelkerk uit de Romeinse tijd. Aartsbisschop Theodorich begon in 1235 met de bouw, die in 1260 werd voltooid onder zijn opvolger Arnold von Isenburg.

Aangrenzend is het met wapenschilden opgesmukte *Bisschoppelijk Paleis* uit 1786.

10 **Palais Kesselstatt** Dit paleis met zijn fraaie gevel is gebouwd in de jaren 1740 tot 1745.

Vanhier gaat u nu naar keuze 'voorlangs' onder de poort door, of nog eens 'achterlangs' door de Windstrasse, achter de Dom langs en door de Banthustrasse naar het bisschoppelijk museum.

11 **Bischöfliches Dom- und Diözesanmuseum** Het museum bevat behalve kerkelijke kunst onder andere ook vondsten uit de Romeinse tijd, zoals een schildering uit de pronkzaal van het keizerlijk paleis, die is opgegraven onder de Dom en de Liebfrauenkirche, met afbeeldingen van Romeinse keizerinnen.

12 **Basilica van keizer Constantijn** Omstreeks 310 werd dit complex gebouwd als Aula Regia of Aula Palatina, de troonzaal van het keizerlijk paleis. De Frankische koningen gebruikten het complex ook als Palatiu, ook wel palts of Pfalz genoemd. De aartsbisschoppen, die er later introkken, noemden het gebouw Palast. Dat het gebouwencomplex later bekend werd onder de naam 'Basilica van keizer Constantijn', is dan ook niet juist en zelfs misleidend. Men kan het bouwwerk beter aanduiden met de Romeinse naam Aula Palatina of in het Duits met het woord 'Palastaula'. Sinds 1846 is het complex aan de Konstantinplatz in gebruik

Augusta Treverorum

In het Landesmuseum kunt u fantaseren over het Romeinse Trier, Augusta Treverorum. Volgens de Romeinen werd Trier omstreeks 15 voor Christus gesticht door keizer Augustus. Er was hier toen al een nederzetting van de Treveren of Treviri. Dit Gallische, dus Keltische volk, dat deels van Germaanse oorsprong was, werd bekend om zijn ruiterij. Deze Treveren hadden zich 35 jaar eerder al vrijwillig overgegeven aan Julius Caesar tijdens diens Gallische Oorlog. Pas onder keizer Claudius, omstreeks het jaar 40 na Christus, werd de nederzetting een echte stad. Maar de plaats is toch als stad van Augustus in het land der Treveren de Romeinse geschiedenis in gegaan: Augusta Treverorum, dat al spoedig kortweg Treveris en vanaf de 12e eeuw Trier werd genoemd.

Zoals alle Romeinse steden werd de stad aangelegd als een schaakbord, maar in tegenstelling tot de meeste Romeinse steden groeide Trier uit tot een ware wereldstad, zoals Alexandrië en Antiochië, al werd het natuurlijk nooit een miljoenenstad zoals Rome zelf. Trier kreeg ter bescherming een vestinggordel, die een gebied omvatte van 286 hectare. De stad was daarmee driemaal zo groot als het Romeinse Keulen.

Augusta Treverorum werd de hoofdstad van de provincie Belgica en kreeg in 117 de zetel van de hoogste belastingambtenaar. Later werd het zelfs de hoofdstad van het gehele noordwestelijke deel van het Romeinse Rijk, dat zich uitstrekte van Brittannië tot Spanje. Tussen 293 en 395 resideerden er zes Romeinse keizers, onder wie Constantijn de Grote (306-314). In 314 werd hier de eerste christelijke bisschop benoemd. Zo werd het de eerste bisschopsstad benoorden de Alpen. Het einde van de Romeinse bloeitijd kwam met de invallen van de Germaanse stammen in de 5e eeuw.

als evangelische kerk. De grote apsis aan de noordzijde en de gehele westzijde zijn tot aan de dakrand nog overblijfselen van het oorspronkelijke Romeinse metselwerk. Hopelijk loopt u de trappen niet voor niets af en kunt u naar binnen om een kijkje te nemen in deze strenge, maar imposante ruimte, die 67 meter lang, 27 meter breed en 30 meter hoog is en 2,70 meter dikke buitenmuren heeft. Daarmee is dit de grootste, niet door zuilen verdeelde ruimte uit de Oudheid die behouden is gebleven. Weliswaar brandde het gebouw tijdens de Tweede Wereldoorlog uit, maar het werd in 1956 herbouwd volgens de antieke plannen. Het interieur moet in de keizerlijke tijd heel wat overdadiger zijn geweest en was destijds zelfs voorzien van vloer- en muurverwarming! In 1610 werd het bouwwerk als westvleugel toegevoegd aan het Kurfürstlicher Palast.

13 **Kurfürstlicher Palast** Het keurvorstelijk paleis bestaat uit de noord- en oostvleugel, het Petrusportaal en de rode toren die uit de 17e eeuw (renaissance) stammen, en de verbouwde zuidvleugel uit de jaren 1757-1761 (barok). Binnen vindt u een fraaie trap in rococostijl. Rococo-beelden van Ferdinand Dietz vindt u ook in de paleistuin aan de zuidzijde.

Via de paleistuin en een poortje in de middeleeuwse stadsmuur komt u bij het Rheinisches Landesmuseum.

14 **Rheinisches Landesmuseum** (niet gratis) Dit museum (Ostallee 44) bezit een overstelpende hoeveelheid vondsten die archeologen in Trier en wijde omgeving hebben opgegraven. De vondsten dateren van de Steentijd tot de Middeleeuwen, maar de meeste zijn toch van Romeinse herkomst. Onder die laatste zijn mozaïeken, fresco's en het beroemde 'wijnschip van Neumagen'. Er staat een kopie van de Igeler Zuil op de binnenplaats met betere reliëfs dan het origineel. Voorts is er een serie grafreliëfs uit Neumagen, die vooral veel laat zien over het leven van de Romeinen. Op de voorstellingen zijn de overledenen afgebeeld in hun dagelijkse leven, zoals gebruikelijk was. Vaak zijn de overledenen als helden weergegeven, en zien we ze als trotse strijders en krijgers afgebeeld.

15 **Kaiserthermen** De keizerlijke baden werden gebouwd in de 4e eeuw en worden nu nog gebruikt voor openluchtvoorstellingen. Romeinse thermen zijn echter geen theater, maar zijn eerder te vergelijken met onze hedendaagse sauna. Beurtelings baadde men er in zeer koude en zeer hete vertrekken en tot besluit nam men een duik in een koel zwembad. Massage en gymnastiek completeerden de lichamelijke behandeling. Maar minstens zo belangrijk waren de thermen als ontmoetingsplaats. Zelfs een welvoorziene bibliotheek ontbrak niet. Slaven en vrijgelatenen deden ondertussen het kneed- en schoonmaakwerk. Overigens zijn deze keizerthermen, die twee eeuwen later gebouwd zijn dan de Barbarathermen (zie nr. 22), nooit als badgelegenheid in gebruik genomen. Zelfs niet door de Romeinse keizer voor wie ze werden gebouwd. Wel werden ze na de Romeinse tijd gebruikt als burcht van de Frankische gouwgraaf en later als bolwerk in de middeleeuwse stadsmuur.

Waarschijnlijk doet u er verstandig aan om een morgen of middag uit te trekken voor de nrs. 16 en 17. Maar als u denkt genoeg energie over te hebben, dan vervolgt u gewoon de aangegeven route. Wandel een eindje terug in de richting van het Landesmuseum en ga via de tunnel onder de Ostallee door en volg de bordjes Olewig/Amfitheater.

16 **Amfitheater** In de Olewiger Strasse vindt u het oudste Romeinse bouwwerk van Trier. Het is omstreeks 100 na Christus opgetrokken uit kalksteen, maar door de middeleeuwers helaas gebruikt als steengroeve. Zij haalden daar het materiaal vandaan voor de bouw van hun eigen huizen, waardoor er nu nog maar weinig van over is. Al kunt u nog wel zien hoe het er ongeveer uit moet hebben gezien. Het oostelijke gedeelte is uit de bergwand gehouwen, het westelijke kunstmatig opgehoogd. De arena

5

was 75 meter lang en 50 meter breed. Circa 25.000 Romeinen en Treveren keken hier naar de gladiatorengevechten. In de 3e eeuw werd het amfitheater opgenomen in de verdedigingsmuur van de stad. De noordelijke toegangspoort was toen tevens de stadspoort.

U heeft overigens ook zicht op het amfitheater door verder heuvelopwaarts de Sickingenstrasse in te wandelen.

17 **Weinlehrpfad Petrisberg** Vlak bij de bierbrouwerij Löwenbräu bovenaan de Sickingenstrasse (270 m), kunt u over een lengte van drie kilometer op 39 plaatsen veel leren over de wijnbouw. Het wijnleerpad eindigt in de Brettenbach, een zijstraat van de Olewiger Strasse. U bent dan inmiddels in het wijndorp Olewig, waar u op tal van plaatsen wijn kunt proeven. U bent niet verplicht om na het drinken van diverse wijnen een paar flessen te kopen, maar het wordt eigenlijk toch wel verwacht. Een instructieve folder over het Weinlehrpfad en de proeverijen is verkrijgbaar bij de VVV (nr. 2).

Via de Olewiger Strasse of via de straten bezijden de bierbrouwerij, wandelt u terug naar de Ostallee. Tussen de Kaiserthermen en het Landesmuseum gaat u via een poortje door de oude stadsmuur, langs de vijver en over het parkeerterrein rechtsaf de Weberbach in.

18 **Stadsbibliotheek** In een modern gebouw op Weberbach 25 is de stadsbibliotheek gehuisvest. In de Schatzkammer bevindt zich de oude jezuïetenbibliotheek. Sinds 1803 is de bibliotheek uitgebreid met de boekencollecties uit de toen op veel plaatsen opgeheven kloosters, waaronder 2500 incunabelen (wiegendrukken uit de begintijd van de boekdrukkunst) en 4000 oude handschriften. Onder die handschriften bevindt zich de *Ada-Codex* uit omstreeks 700. Volgens de overlevering is deze geschonken aan het klooster St. Maximim door de zuster van Karel de Grote, Ada. Ook de *Codex Egberti*, een omstreeks 990 op het eiland Reichenau vervaardigd evangelieboek, is er tentoongesteld. Het is een meesterwerk van Ottoonse miniatuurkunst.

19 **Jesuitenkirche** of **Dreifaltigkeitskirche** Deze kerk is in de 13e eeuw gebouwd in gotische stijl. Vlakbij staat de **Alte Universität** uit 1614 en 1775. In het koor van de Jesuitenkirche ziet u onder andere de mooie 15e-eeuwse grafsteen van Elisabeth von Görlitz.

20 **St. Antoniuskirche** Via de Judemerstrasse en Heinz Tietjen Weg bereikt u de rooms-katholieke Antoniuskerk aan de Viehmarkt. De kerk heeft twee schepen en een toren en is gebouwd tussen 1458 en 1514.

21 **Augustinerhof** Langs de zijvleugel van het Stadttheater (links) loopt u naar het stadhuis in het voormalige augustijnenklooster (rechts). Recht voor u staat de *synagoge* uit 1957.

U gaat verder via een parkeerterrein en de Lorenz-Kellner-Strasse, waarna u de brede boulevard oversteekt.

22 **Barbarathermen** De thermen zijn de overblijfselen van een tegen het eind van de 2e eeuw gebouwd paleis met een breedte van 172 meter breed en een lengte van 240 meter. Het omvatte drie hoofdzalen, waarin een warm, een lauwwarm en een koud bad waren ondergebracht. Bovendien waren er nog twee grote verwarmde zwembaden. De steden in de Oudheid waren stoffig en vuil, een reden te meer om zich regelmatig op te frissen. Bovendien was het badhuis de plaats om sociale contacten te onderhouden. Kunt u het zich voorstellen? Moeilijk waarschijnlijk, nu u hier alleen nog maar de fundamenten ziet. Tot de 17e eeuw zijn de thermen nog als burcht in gebruik geweest. Daarna werd het een steengroeve voor de bouw van het jezuïetencollege.

23 **Römerbrücke** Als u de Südallee/Kaiserstrasse uitloopt en rechtsaf gaat langs de Moezel, komt u bij de Romeinse brug . Van de huidige brug stammen op twee na alle basaltpijlers nog uit de 4e eeuw. De tweede en

de zevende moesten na oorlogsgeweld in 1689 worden vernieuwd. De eerste brug op deze plek is echter nog gebouwd onder keizer Augustus.

24 **Zollkran** In 1777 werd deze kraan gebouwd naar voorbeeld van de 400 meter verder gelegen Alter Kran.

25 **Alter Kran** De oude kraan is gebouwd in 1413. Het hijsmechanisme stamt uit de 17e eeuw. Met zulke hijskranen zijn eeuwenlang de scheepsladingen overgetakeld. Aan de landzijde ziet u hier de barokgevel van het *St. Irminencomplex* uit 1726, dat nu een ziekenhuis is. Het werd in de 7e eeuw gesticht als klooster voor adellijke dames.

Als u de straat Krahnenufer oversteekt, kunt u als voetganger via trapjes naar de Krahnenstrasse en zo verder naar het geboortehuis van een beroemd man.

26 **Karl Marx Haus** Het geboortehuis van de geestelijke vader van de sociaal-democratie en het communisme staat in de Brückenstrasse op nummer 10. Hij was de zoon van een jurist, die omwille van zijn positie overgegaan was naar het lutherse geloof. Alle voorvaderen waren namelijk rabbijn. U vindt hier jeugdherinneringen, boeken en biografische documenten van Karl Marx (1818-1883) die in Londen gestorven is.

27 **St. Georgsbrunnen op de Kornmarkt** Deze fontein stamt uit 1750. Ertegenover ligt het hoofdpostkantoor Hauptpostamt.

U wandelt nu verder door de winkelstraat en via de u inmiddels al bekende markt terug naar uw uitgangspunt. De laatste twee bezienswaardigheden (28 en 29) liggen nogal ver van de wandelroute.

28 **St. Paulin** Deze kerk ligt ten noordoosten van de Porta Nigra, helemaal buiten de wandelroute. Barokliefhebbers zullen deze extra wandeling zeker over hebben voor een bezichtiging van één van de belangrijkste barokbouwwerken van het Rijnland. De kerk werd in de jaren 1732-1754 gebouwd naar plannen van Balthasar Neumann. Het interieur van de

Op de Hauptmarkt staat de Petrusbrunnen, in 1595 vervaardigd door de Trierse beeldhouwer Hans Ruprecht (PI)

kerk is versierd met rococostucwerk en plafondschilderingen van het martelaarschap van de heilig Paulinus.

29 **St. Matthias** In Trier-Zuid, te bereiken via de Saarstrasse (buiten de plattegrond) ligt de St. Matthias. Deze benedictijnenabdij bestaat uit een abdijkerk en bijbehorende abdijgebouwen en stamt in de huidige vorm grotendeels uit de 16e t/m 18e eeuw.

De kerk bezit een gotisch koor met glasschilderingen uit 1518 en barokportalen uit de 17e eeuw.

Bij een verbouwing van de oorspronkelijke kerk in 1127 werd het graf gevonden van de apostel Matthias, die volgens de bijbel de plaats innam van Judas (Handelingen 1:21-26) en volgens de apocriefe *Acta Andreae et Matthiae* predikte onder de kannibalen. Als dat inderdaad waar zou zijn dan bevindt zich hier in Trier het enige apostelgraf benoorden de Alpen. In het kruisingspunt van schip en zijbeuken vindt u de reliekschrijn van de heilige Matthias, waarheen jaarlijks bedevaarten worden gehouden. In de crypte vindt u de graven van de eerste drie bisschoppen van Trier: Eucharius, Valerius en Maternus.

30 **Bahnhof** Het centraal station is te vinden ten noordoosten van het oude centrum aan het einde van de Bahnhofstrasse in het verlengde van de Theodor Heuss Allee.

31 **Weisshaus** Dit restaurant met terras biedt een mooi uitzicht op Trier en het Moezeldal. Van Pasen tot eind oktober is het te bereiken per kabelbaan vanaf Stadthafen Zurlauben. In het Weisshauswald bevindt zich een wildpark.

Konz

Even stroomopwaarts van Trier ligt op de rechteroever Konz, dat een van de grootste wijndorpen uit het Moezel-Saargebied is.

Konz is bekend om zijn openluchtmuseum *Roscheider Hof*, dat het boerenleven toont van de Moezel-Saar-Hunsrückstreek. Het complex ligt op een heuvel boven het dorp, waar men een mooi uitzicht heeft over het Moezeldal. Het bestaat uit een aantal vakwerkhuizen, die bijzonder nostalgisch zijn ingericht, zoals bijvoorbeeld de dorpsschool.

Ruwer

Ruwer (142 m; 2500 inw.), vier kilometer van Trier, is gelegen aan de voet van de Grüneberg op de rechter Moezeloever. In het dal van de Ruwerbach bevindt zich even ten zuiden van Mertesdorf een openluchtzwembad. De wijnbouw is ook in deze omgeving van belang.

Ehrang

Ehrang (131 m; 6400 inw.) is een bedrijvige voorstad van Trier, gelegen bij de samenvloeiing van de Kyll en de Moezel (zie voor het Kylldal het hoofdstuk 'Südeifel').

Bezienswaardig zijn de ringmuur die stamt uit 1350 en het barokslot van de familie Von Pidoll zu Quintenbach uit 1760. Dit slot ligt in het stadsgedeelte Quint (ad quintum lapidem = bij de vijfde mijlpaal van Trier).

In de buurt van Ehrang heeft men, waar vroeger de Romeinse weg liep, Romeinse en Frankische graven, enkele Romeinse grafkelders met muurschilderingen en de fundamenten van twee grote Romeinse grafgedenktekens gevonden. Verder zijn er een Jupiterzuil en een Romeinse viergodensteen met reliëfs van Mercurius, Hercules, Minerva en Ceres opgegraven. De vondsten zijn nu in het Landesmuseum te Trier tentoon-

gesteld. Buiten Ehrang bevonden zich de Romeinse steengroeven, waar de stenen vandaan kwamen die gebruikt zijn voor de constructie van de Romeinse gebouwen in Trier.
Op een uur wandelafstand ligt op een geweldige rots, aan de noordzijde van de Autobahn, een robuuste vesting uit de Vroege Middeleeuwen, die bekend staat onder de naam *Hochburg*.

Schweich

Door een moderne brug wordt deze plaats (130 m; 5700 inw.) met de rechter Moezeloever verbonden. Aan de oever ziet u nog een oude toren van de voormalige gierpont, gebouwd door de keurvorst Clemens Wenzeslaus (1739-1812).
Bezienswaardig in Schweich is het *Vogteihaus* (Hisgenhaus) met het provinciewapen van Trier uit het jaar 1758. De mozaïekvloer van een Romeinse villa die men op het kerkhof vond, is nu in het Landesmuseum van Trier te vinden. De omgeving kenmerkt zich door boom- en wijngaarden op de hellingen van de heuvels. Er is een Weinlehrpfad. Het hoogste punt, oostelijk van Schweich, is de *Mehringer Berg* (418 m). Hier heeft u een mooi uitzicht over het Moezeldal. Om de Moezel te kunnen blijven volgen moet u op deze oever blijven. Maar voordat u verder trekt, kunt u wellicht nog een kort bezoek brengen aan Longuich.
Aan de overzijde van de rivier ligt Longuich(130 m; 1200 inw.). De naam is afgeleid van 'longus vicus', hetgeen 'lang dorp' betekent. De parochiekerk van Longuich heeft een Romaanse toren en een in barokstijl uitgevoerd schip. Een bezoek waard is de in 1770 in gotische trant opgetrokken burcht van de heren van Platt. Een vakwerkhuis uit 1585 is te bezichtigen. In de nabijheid van het plaatsje zijn verscheidene bronnen, waarvan de Longuicher Sauerbrunnen ijzerhoudend is. In **Fell** kunt u een bezoek brengen aan een steengroeve.
Klüsserath (120 m; 1300 inw.) ligt langgerekt op de linker Moezeloever. 'So lang wie Klüsserath' is spreekwoordelijk in het gehele gebied.
De oorsprong van het plaatsje ligt in de Romeins-Keltische tijd. Het is vermoedelijk tevens lange tijd in bezit der Merovingers geweest. Omstreeks 698 bezat de heilige Willibrord een wijnberg in 'monte Clotariense', het huidige Klüsserath. De wijnbouw is voor het dorp zeer belangrijk. De wijngaarden beslaan ongeveer 150 hectare. Een van de bekendste wijnen is de Klüsserather Bruderschaft.

Trittenheim

Trittenheim (116 m; 1400 inw.) is gelegen in een scherpe lusbocht van de Moezel. Het wordt omgeven door bergen met uitgestrekte wijngaarden. Midden tussen de wijnranken staat de Laurentiuskapelle met haar gotisch koor. Er is ook een Weinlehrpfad.
Het plaatsje bezit talrijke aardige vakwerkhuizen, een grote Pfarrkirche uit 1790 en de oude toren van een voormalige gierpont. De geleerde Johannes Trithemius (1462-1512), abt van Sponheim, werd hier geboren. Zijn standbeeld vindt u op de Trittenheimerbrug.
Aan de overzijde van de Moezel voert een voetpad en rijweg naar en door het Dhrontal. De weg stijgt eerst tot het restaurant met het grote terras dat uitzicht biedt op de lusbocht van de Moezel.
Verderop in het Dhrontal ligt de *Dhrontalsperre*. Het stuwmeer, bestemd voor de drinkwatervoorziening en dus geen zwem- en watersportgelegenheid, is één kilometer lang en wordt afgesloten door een 98 meter lange en 16 meter hoge stuwmuur. Hier heeft u een fraai uitzicht.

Neumagen-Dhron

Neumagen (110 m; 1700 inw.) is een rustig toeristenoord, dat samen met Dhron één gemeente vormt. Het is voor zover bekend het oudste wijndorp van Duitsland. Het Romeinse Noviomagnus lag aan de heerbaan van Trier naar Bingen. In de 4e eeuw bouwde keizer Constantijn in deze Romeins-Keltische handelsplaats een sterke burcht met 14 torens, die in 368 door de dichter Ausonius in zijn 'Mosella' werd bezongen. Ter ere van deze dichter werd in 1929 een standbeeld opgericht recht voor de Pfarrkirche. Bij opgravingen is een groot aantal waardevolle voorwerpen gevonden, die nu bewaard worden in het Landesmuseum in Trier. Tussen de vondsten bevindt zich het beroemde Romeinse wijnschip van Neumagen, het oudste bewijs van wijnbouw aan de Moezel. Een afgietsel van dit pronkstuk staat voor de St. Peters-Kapelle. Deze kapel is nu gewijd aan de oorlogslachtoffers.

In het dorp kunt u enkele mooie woonhuizen uit de 18e eeuw bekijken, waaronder de *Sayn-Wittgensteinerhof*. Bezienswaardig zijn ook de grote wijnkelders, want Neumagen is nog steeds een belangrijke wijnplaats. Er is tevens een *Heimatmuseum*.

Dhron (130 m; 1100 inw.) ligt niet onmiddellijk aan de Moezel, maar even ervanaf in het dal van de gelijknamige beek, vlak voordat deze in de Moezel uitmondt. Het is een klein rustig plaatsje, dat al meer dan 1000 jaar bij de fijnproevers bekend staat om zijn wijnen, zoals de Dhroner

In Neumagen staat een replica van het Romeinse wijnschip dat hier is opgegraven. Het origineel bevindt zich in het Landesmuseum te Trier (PI)

Hofberger, Sägerei, Dhroner Eselsmilch en de Dhroner Rosenberg. Liguriërs en Kelten hadden hier vóór de Romeinen reeds nederzettingen. De plaats was ooit zomerresidentie van keizer Constantijn de Grote (306-337). Bij opgravingen zijn een Romeinse villa en talrijke oude voorwerpen gevonden, die nu in het Landesmuseum in Trier te bezichtigen zijn. In het jaar 600 moet in Dhron een prachtig marmeren paleis hebben gestaan van de bisschoppen van Trier, waarvan echter niets meer te vinden is. Er zijn nog wel twee oude stenen bruggen over de Dhronbach. Het mooie dal van de Dhronbach wordt woester naarmate het dieper doordringt in het Hunsrücker Hochwald (zie ook onder Trittenheim).

Niederemmel

Niederemmel (130 m; 1700 inw.) vormt met Müstert en Reinsport één gemeente, die bekend is om haar wijnbouw. De Moezel heeft hier door een scherpe bocht een soort schiereiland doen ontstaan, dat mede door de aanwezigheid van steile berghellingen tot één van de aardigste plekjes aan de Moezel wordt gerekend. Imposant is vooral de rotspartij in de lusbocht van de Moezel, die wel eens de Moselloreley wordt genoemd.
Niederemmel was oorspronkelijk een Romeinse nederzetting, waarvan talrijke Romeinse vondsten getuigen, zoals een stenen sarcofaag. Er zijn ook waardevolle vazen uit de tijd der Franken gevonden. De kerk stamt uit 1723 en de kapel in Müstert uit het jaar 1553.

Naar Piesport

De hoofdweg blijft vanuit Niederemmel de rechteroever volgen naar de plaatsen Mülheim en Bernkastel-Kues. Aan de overzijde loopt een rustiger weg, die begint bij het schuin tegenover Niederemmel gelegen Piesport. Er zijn twee bruggen over de Moezel.
Piesport (120 m; 2400 inw.) ligt op een smalle oeverzoom, ingeklemd tussen de rivier en de wijngaarden. De Piesporter witte wijnen genieten een zeer grote bekendheid, vooral de 'Piesporter Goldtröpfchen'. In de in 1777 gebouwde parochie *St. Michaelkirche* zijn op de zoldering bezienswaardige schilderingen aangebracht. Bij deze kerk treft u in mozaïek een oorlogsgedenkteken aan. In het plaatsje staan nog verscheidene voorname patriciërshuizen, zoals het *Domhofs Gehäus* uit 1721 en het *Clausener Gehäus*. Voorts is er een Romeinse wijnpers te bezichtigen.
Het dorp heeft een mooie omgeving. Daarvan kunt u zich overtuigen vanaf de *Piesporter Berg* (433 m).

Mülheim

Vergeleken met zijn naaste buur Bernkastel-Kues is Mülheim (150 m; 1030 inw.) een onbeduidend dorp. De evangelische *Pfarrkirche* uit 1669 heeft aan de westkant een toren die in Romaanse stijl is gebouwd. De uit 1772 stammende rooms-katholieke kapel bezit een zeer mooi altaar.
Een aardig uitstapje vanuit Mülheim voert door het dal van de Veldenser Bach naar het dorp Veldenz. Een paar kilometer verderop staat *Burg Veldenz*. Deze ruïne van een middeleeuwse burcht, die hoog op een bosrijke bergkegel is gelegen, is nu in bezit van het Weingut Richtershof. Voor de bezoekers is er een Gaststätte.

Bernkastel-Kues

Bernkastel is een zeer druk bezochte, oude en schilderachtige stad, gelegen op de rechterMoezeloever. Het is met het stadsdeel Kues door een 219 meter lange brug verbonden. Samen vormen zij sinds 1950 één gemeente (113 m; 7200 inw.). Bernkastel ligt te midden van de grootste en de beste wijngebieden in het stroomgebied van de Midden-Moezel. De beroemdste wijn is de Bernkastler Doctor, maar ook de Rosenberg, de Johannisbrünnchen, de Amorpfad en de Badstube mogen er zijn.
Het staat onomstotelijk vast dat Bernkastel een Romeinse nederzetting is geweest. In 1291 kreeg de plaats van Rudolf von Habsburg stadsrechten en werd het zwaar versterkt. Van deze versterkingen is alleen de Graacher Tor behouden gebleven; hier is nu een *Heimatmuseum* in ondergebracht.

Door de wijnhandel kwam de stad in de 15e en 16e eeuw tot grote bloei en dat is nog altijd te zien. De trots van het plaatsje is het marktplein met zijn schitterende gevelfront van vakwerkhuizen. Tot die huizen behoort het prachtige *Rathaus* (1608) in renaissancestijl, dat vroeger een open galerij had die nu is verbouwd tot Ratskeller. Op het plein staat een fontein uit 1606, eveneens in renaissancestijl, met bovenop het beeld van St. Michael, de patroon van de stad. Ook in de omgeving van de markt staan nog enkele zeer mooie vakwerkhuizen; ware meesterwerkjes van burgerlijke architectuur, zoals bijvoorbeeld het originele *Spitzhäuschen* uit 1583.

Aan de oever van de Moezel staat de gotische, eind 14e-eeuwse St. Michaelskirche met een prachtig barok orgel. Naast de kerk staat de nog oudere vrijstaande toren met zijn acht erkertorentjes.

Het stadsdeel Kues is de geboorteplaats van de beroemde kardinaal-geleerde Nicolaus Cusanus, in 1401 geboren als zoon van de schipper Kriftz en genoemd naar zijn geboorteplaats Cues. In de kapel van het

In het schilderachtige Bernkastel zijn tal van prachtige vakwerkhuizen te zien (PI)

door hem geschonken St. Nikolaus-Hospital is een grafzerk met het levensgrote beeld van de kardinaal. Tot het *St. Nikolaus-Hospital* behoort een laatgotisch klooster met een rijk versierde kruisgang. In de genoemde kapel draagt een achtkantige middenpijler een stervormig gewelf. In de stemmige bibliotheek zijn vele oude en zeer waardevolle handschriften te bezichtigen en daar staan ook de astronomische toestellen van de geleerde, evenals de oudste Duitse hemelglobe. In het oude koetshuis van het Hospital is het *Moselweinmuseum* ondergebracht, dat een overzicht van de geschiedenis van de wijnbouw aan de Moezel geeft. Aan de rand van Kues bevindt zich het huis van de familie Kriftz, ofwel het geboortehuis van de kardinaal, waar u de tentoonstelling over het leven en werk van Cusanus kunt bezichtigen.
Even ten zuiden van Bernkastel vormt de **Burg Landshut** een geliefd doel van een wandeling of uitstapje. Te meer omdat er een uitnodigende Gaststätte aanwezig is. De burcht werd tussen 1280 en 1300 gebouwd, in 1662 uitgebreid en in 1693 door brand geruïneerd. In de buurt ervan liggen trouwens ook nog de schamele resten van een oudere burcht, van vóór het jaar 1000.

Naar Wittlich

Van Bernkastel-Kues volgt u de linkeroever stroomopwaarts tot de brug bij Mülheim. Daar mondt de Lieserbach uit in de Moezel en begint een weg door het dal naar Wittlich.
Wittlich (165 m; 17.000 inw.) ligt in het wijde, vruchtbare dal van het riviertje, ingeklemd tussen de Eifel en de Moezelbergen. Door deze zeer beschutte ligging is Wittlich één van de weinige plaatsen in Duitsland waar tabak wordt verbouwd. Ook de wijnbouw is hier vrij belangrijk. In de omgeving liggen uitgestrekte bossen, zodat er mooie wandelingen gemaakt kunnen worden.
Wittlich is een oude Keltische nederzetting geweest. Resten van een oeroude voorhistorische vluchtburg zijn op de nabije Tempelkopf behouden gebleven. Door de Romeinen zijn de eerste wijngaarden aangelegd. Aan de voet van het Muldwald zijn resten uitgegraven van een Romeinse villa. In 1291 werden aan de plaats stadsrechten verleend. Als zomerresidentie van de aartsbisschoppen van Trier kreeg de stad een gotische burcht en later een barok jachtslot, die echter beide verwoest zijn. In de Tweede Wereldoorlog is de plaats namelijk verscheidene malen gebombardeerd. Toch is het historisch gegroeide stadsbeeld bewaard gebleven. De stad heeft een zeer aardig marktplein, waaraan een oud raadhuis staat dat gebouwd is in 1650 en uitgebreid in 1923. Aan dit marktplein en in de Kahr- en Burgstrasse zijn verscheidene oude voorname huizen te bezichtigen. In het Kreishaus is het *Kreismuseum* ondergebracht met schilderijen van de Eifelschilder Fritz von Wille.

Zeltingen

Tussen de drukbezochte plaatsen Bernkastel-Kues en Traben-Trarbach ligt het rustigere Zeltingen. Het vormt met Rachtig één gemeente (110 m; 2500 inw.). De wijnbouw is hier de voornaamste bron van inkomsten. Dit wijngebied, 300 hectare groot, is het op één na grootste aan de Moezel en heeft jaarlijks een zeer grote opbrengst (meer dan 2 miljoen liter). Bekend zijn vooral de wijnen Himmelreich, Sonnenuhr en Schlossberg. De vele wijnkelders zijn bijna alle te bezichtigen.
Zeltingen bezit een aantal mooie vakwerkhuizen en andere oude stenen huizen. Langs de rivier zijn fraaie plantsoenen aangelegd. De barokke St.

Stephanuskirche heeft een mooi portaal en het interieur bezit een fraai altaar. Vlak bij de kerk staat het *Amtshaus*, dat nu een parochiehuis met een opvallend schilddak is. Het werd in 1712 in barokstijl gebouwd voor de vertegenwoordigers van de keurvorsten van Keulen, die hier eeuwenlang de dienst uitmaakten.
Op de andere oever van de Moezel, door een brug met Zeltingen verbonden, ligt tussen de wijnstokken het vroegere cisterciënzerklooster *Machern*, dat in 1238 gesticht en in 1802 werd opgeheven. Nu zijn in het gebouw een wijnmuseum en een restaurant ondergebracht. Het koor van de oude kloosterkerk doet nog altijd dienst als kapel.

Ürzig

Als u te Zeltingen de rivier bent overgestoken, blijft u de linkeroever volgen naar het oude wijndorp Ürzig (105 m; 1050 inw.). Het is één van de oudste plaatsjes aan de Moezel, dat omstreeks 690 reeds in geschriften werd vermeld. Van de vroegere burcht van de ridders von Urlay rest slechts de hoog op een rots gelegen burchttoren. In het dorp treft u nog verscheidene mooie vakwerkhuizen aan, zoals het *Rathaus*, waarin ook het Verkehrsverein is gehuisvest. De wijnbouw speelde hier van oudsher een rol en verscheidene kloosters hadden belangrijke wijngaarden in deze omgeving. Befaamde Ürziger wijnen zijn de Krakenlay, de Würzgarten en de Michaelsberg.

Kröv

Kröv (110 m; 2900 inw.) is een mooi en zeer oud plaatsje. De omgeving is prachtig en u kunt hier volop genieten van de uitzichten (Mont Royal; zie onder Traben-Trarbach)) en van het maken van wandelingen. Boven het dorp ligt het grote bungalowpark Kröv-Mont Royal.
In 752 schonk Pepijn de Korte de kerk te Kröv aan het klooster Echternach. Nu staat op dezelfde plek een monumentale barokke kerk, de *St.-Remigius*. In de Middeleeuwen was Kröv de hoofdstad van het zogenaamde Kröver Rijk, dat zeven dorpen omvatte. Uit die tijd stammen een twintigtal mooie gevels van huizen waarin vroeger de adel huisde. Bijvoorbeeld het vakwerkhuis *Dreigiebelhaus* uit 1658, de *Echternacher Hof* (1764), de *Staveloter Hof* en de *Kesselstattscher Hof*. Het oude raadhuis heeft een graffito met de wapens van de zeven dorpen die van 755 tot 1790 het Kröver Reich vormden.
Kröv staat bekend om zijn uitstekende wijnen, met name de Kröver Paradies, de Kirchlay, de Steffensberg en natuurlijk de Kröver Nacktarsch, het merk van de ondeugende jongetjes, die hun goede smaak op wijngebied moeten bekopen met een pak op hun achterste. Er is een Weinlehrpfad.

Traben-Trarbach

Tezamen vormen Traben op de linkeroever en Trarbach op de rechteroever van de Moezel een druk bezochte toeristenplaats (112 m; 6400 inw.). Deze wordt omringd door bossen en uitgestrekte wijngaarden. De totale oppervlakte van de wijngaarden is groter dan bij de meeste andere Moezelplaatsen en de stad is daardoor uitgegroeid tot het belangrijkste centrum van de wijnhandel in de gehele Moezelstreek.
De boven de stad gelegen ruïne *Grevenburg* werd omstreeks 1350 gebouwd en door muren met de stad verbonden. Deze burcht werd in 1734 door de Fransen verwoest. In de ruïne is nu een café-restaurant gevestigd.

Ten noorden van Traben liet Lodewijk XIV de enorme vesting **Mont Royal** bouwen. Deze enorme vesting omvatte zeven bastions, een tuighuis, een bakkerij, drie kruitmagazijnen, woningen voor officieren en een kazerne voor 4000 soldaten. De burcht moest in 1698 worden ontmanteld, zoals was bepaald bij het vredesverdrag van Rijswijk. In 1929 is men begonnen met het blootleggen van de resten.
Door de geweldige stadsbranden in de 18e en 19e eeuw is veel waardevols verloren gegaan. Behouden gebleven zijn nog wel enkele kerken en vakwerk- en patriciërshuizen, zoals het *Haus Kayser* (in barokstijl gebouwd met een mooie trap) en het *Haus Böcking* (uit 1750). In de stad zijn tevens een aantal Jugendstil-gebouwen te bewonderen, zoals het *Hotel Bellevue* en de *Brückenschänke*, een Weinstube annex café. Bezienswaardig is het *Mittelmosel Museum*, in Haus Böcking, met geschiedkundige en kunsthistorische verzamelingen betreffende de omgeving van de stad. Er zijn stijlkamers uit de 17e en 18e eeuw, een wapen- en muntencollectie en een overzicht van de wijnbouw.

Naar Bad Wildstein

Even ten zuiden van Trarbach voert een weg langs het openluchtzwembad naar het kleine Bad Wildstein, dat zijn naam ontleent aan de verwoeste Keltische offerplaats Wildstein. Hiervan zijn nog weinig resten te vinden. De in de rots uitgehouwen *Heidentreppe* voerde vroeger naar de offerstenen. Het dorpje heeft bekendheid gekregen door zijn radioactieve en thoriumhoudende warmwaterbron van 35°C. Het water is heilzaam voor veel aandoeningen.

Enkirch

5

Enkirch (100 m; 1900 inw.) is een aardig en druk bezocht wijnplaatsje. Prettig is het aanzien van de kunstig gebouwde vakwerkhuizen, waarvan de meeste onder monumentenzorg staan. Mooi in het dorpsbeeld passend zijn ook de beide kerken: de evangelische en de rooms-katholieke. De laatste behoorde vroeger bij een klooster en werd tegen het eind van de 15e eeuw gebouwd.
Natuurlijk heeft Enkirch ook uitgestrekte wijngaarden. De bekendste wijnen zijn hier de Enkircher Steffensberg, de Edelberg en de Herrenberg. De oude wijnhuizen zijn op vrijdag, zaterdag en zondag enkele uren geopend. Voor exacte openingstijden kunt u terecht bij de VVV. Iedere dinsdag organiseert de VVV een wandeling door het dorp (aanvang 15.00 uur vanaf het VVV-kantoor). Er is een Weinlehrpfad.

Reil

Dit 1000-jarige wijndorp, dat zich nu ook heeft ontwikkeld tot een vakantieoord (110 m; 1600 inw.), is gelegen op de linkeroever van de Moezel, aan de voet van de Reiler Hals. Dit is een langgerekte en smalle heuvelrug die het Alfbachtal van het Moezeldal scheidt. Bij Reil ligt het op drie na grootste wijnbouwgebied van de Moezelstreek (oppervlakte 180 ha). Eén van de bekendste wijnsoorten is de Heisser Stein. Wie daar meer over wil weten, moet eens het Weinlehrpfad aflopen (te vinden met behulp van de Wandertafel bij het station). Het plaatsje bezit oude, schilderachtige straatjes met vakwerkhuizen. Het raadhuis uit het jaar 1585 is een bezoek waard en ook enkele grote herenhuizen vragen om de aandacht. In Reil is Meister Gerharts von Rile geboren, naar wiens plannen in 1248 aan de bouw van de Keulse Dom werd begonnen.

De omgeving is geschikt voor het maken van wandelingen en uitstapjes. De Luisenhöhe van de Reiler Hals is een mooi uitzichtpunt. Achter de Reiler Hals ligt op de zuidflank van de Kondel met het Kondelwald, boven het dal van de Alfbach, de **Abtei Springiersbach**. Deze abdij was oorspronkelijk een 12e-eeuws klooster. Nu is het een bedevaartoord waar karmelieten wonen. De barokke kloosterkerk uit 1769 heeft plafondschilderingen van Franziskus Freund uit Bernkastel.

Pünderich

Bij Reil moet u de Moezel oversteken om Pünderich, gelegen op de rechteroever, te bereiken. Pünderich (100 m; 1100 inw.) is een oud wijndorp. De Moezel moet hier een scherpe bocht maken, daartoe gedwongen door de harde rotsen van de Zeller Hamm. Aan de voet van de Marienburg aan de overkant van de rivier legt een autoveerpont aan (zie Alf).
Vroeger was de plaats omringd door vestingmuren en torens, waarvan er nog resten zijn. Op het ruim 300 jaar oude *raadhuis* met zijn trapgevel kunt u het volgende opschrift lezen: 'Fred in diessen Huis/ Ders nit helt bleib druis'. Het straatbeeld wordt gesierd door een aantal vakwerkhuizen. Bezienswaardig zijn het oude *tiendhuis* (Zehnthaus), waar de tienden van de oogst werden geïnd, het *Fährhaus* uit 1621, met fraai houtsnijwerk, en een 16e-eeuws *wijnhuis* met de Weinbrunnen.
Even ten zuiden van Pünderich ligt het rustige **Briedel** met zijn vakwerkhuizen. De *St. Martinskirche* (1772-1776) bezit bezienswaardige plafondschilderingen en een orgel van de bekende orgelbouwer Stumm.

Zell

Het beroemde wijndorpje Zell ligt beschut op de rechteroever van de Moezel, terwijl het bij Zell behorende plaatsje Kaimt op de linkeroever ligt (98 m; 5500 inw.). Landschappelijk behoort dit punt van de Moezel, waar de rivier zich in vele lussen tussen de heuvels slingert, tot de mooiste plekjes van het Moezeldal. De hoogten *Hoherott* (452 m) en *Corrayer Berg* (425 m) rekent men tot de bekendste wijngebieden van het gebied. Door de beschutte ligging worden hier uitstekende wijndruiven verbouwd. De in Nederland overbekende Schwarze Katz komt hiervandaan. In 1512, ten tijde van keizer Maximiliaan, was de Zeller wijn al bekend.
Ten westen van de stad liggen op de Barl de resten van een burcht, waarin de Kelten zich in tijden van gevaar terugtrokken. In de Romeinse tijd was Zell een nederzetting en rustplaats voor Romeinen. Dientengevolge ontstonden hier voorraadruimten oftewel 'cella', waaraan deze plaats zijn naam te danken heeft. In het stadspark staat nog een Romeinse grafsteen.
Tijdens de Frankische heerschappij bevond zich in Kaimt een Königshof en omstreeks 1200 werd Zell voorzien van een stadsmuur en torens, waarvan de *Runder Turm* en de *Bachturm* nog getuigen. Met de bouw van het slot van de keurvorsten van Trier werd in 1530 begonnen en in 1542 geëindigd. Dit slot bezit bijzonder mooi uitgevoerde smeedijzeren tralievensters en op de muur staan stenen figuren in rococostijl. Nu is het in gebruik als hotel. In Zell zijn talrijke oude vakwerkhuizen, zoals *Haus Treis* met een 16e-eeuwse gevel. De in classicistische stijl gebouwde *Petruskirche* (1792) steekt boven alles uit. Het hoogaltaar van deze kerk is een op vier zuilen rustende baldakijn. In het interieur staat een bijzonder mooi uit hout gesneden Madonnabeeld uit de 15e eeuw en u treft er een waardevol orgel in barokstijl aan. Er is in Zell ook een interessant *Wein- und Heimatmuseum*.

Het stillere **Kaimt** met zijn smalle, kronkelige straatjes en rijkbewerkte vakwerkhuizen is een echt oud stadje. Eén van de mooiste vakwerkhuizen is *Haus Treis*, een voornaam herenhuis uit 1620. In het dorp staat een oude school uit 1520. De tegen de berghelling aangebouwde barokke kerk heeft een Romaanse toren uit 1100.

Alf

Het toeristenplaatsje Alf (98 m; 1350 inw.) en het wijndorp **Bullay** (114 m; 1500 inw.) liggen tegenover elkaar, respectievelijk op de linker- en de rechteroever van de Moezel. De twee plaatsjes zijn met elkaar verbonden door een voetveer en door een dubbele brug over de Moezel – auto's en treinen rijden ieder op een eigen verdieping – één kilometer ten zuiden van Alf. Alf is één van de weinige plaatsen aan de Moezel met een strandje.

In Alf zijn grote wijnkelders, waaronder de grootste Perlweinkellerei van de Midden-Moezel. Een bekende wijnsoort uit Bullay is de Bullayer Brautrock.

De omgeving leent zich goed voor het maken van wandelingen. Om de natuur te leren kennen is er een Waldlehrpfad. Zeer aanbevelenswaardige locaties zijn de uitzichtpunten bij de Marienburg en op de Prinzenkopf met een 18 meter hoge uitzichttoren.

De *Marienburg*, thans een café-restaurant, was oorspronkelijk een burcht die in 1127 werd verbouwd tot klooster. Dit laatste is in 1806 verwoest. Het ligt op het smalste deel (ca. 115 m breed) van het schiereiland, dat gevormd wordt door een 13 kilometer lange lus in de Moezel. Van de 30 minuten durende klim die begint bij de dubbele brug, zult u geen spijt hebben wanneer u uw blikken laat gaan over het werkelijk imponerende panorama van de Moezel, die u hier naar het zuiden en het noorden kunt zien stromen. Het woord stromen is eigenlijk niet helemaal op zijn plaats, want door de opstuwing en de kanalisatie van de rivier krijgen dit noordelijke en zuidelijke stuk het aanzien van twee meren. Aan de oevers ziet u in de diepte rechts de plaatsjes Pünderich en Briedel, en links Merl, Bullay, Alf, St. Aldegund en Neef.

Een derde wandeldoel, dat eveneens in een half uur te bereiken is, is *Burg Arras*, op een heuvel tussen de Alfbach en de Uessbach. De ridders van Arras bewoonden deze burcht al in de 14e eeuw. In de burcht die in 1907 geheel is herbouwd, is een hotel-restaurant en een historisch museum gevestigd. Het is interessant een kijkje in de keldergewelven te nemen. Vanaf de wachttoren heeft u een prachtig uitzicht.

Naar Bad Bertrich

Bad Bertrich (160-400 m; 1400 inw.) is idyllisch gelegen te midden van dichtbeboste heuvels in een zijdal van de Moezel, het dal van de Uessbach. Het is een drukbezochte en bekende badplaats vanwege zijn natuurlijke *Glaubersalzquelle*. Van half januari tot half december kunt u er kuren. De geneeskrachtige bron was de Romeinen reeds bekend. Ook de aartsbisschoppen van Trier, vooral Clemens Wenzeslaus, waren enthousiaste bezoekers van deze badplaats. Clemens Wenzeslaus liet er wegen aanleggen, schonk kredieten en bevorderde de bouw. Het mooiste dat in opdracht van hem is gebouwd, is het kleine Schlösschen uit 1768, dat tegenwoordig als kuur- en badhuis dienstdoet. In 1903 legden arbeiders op een diepte van 25 meter een mooi gebeeldhouwde plaat bloot, met in het midden een gemetselde opening. Men vermoedde dat zich hier de Romeinse bron moest bevinden, waarover reeds honderden jaren

5

gesproken werd. Aan de hand van documenten kon men bepalen waar de bron haar oorsprong had. Ten slotte werd zij ook gevonden. Het warme water sprong met ongewone kracht uit de rots en sindsdien is Bad Bertrich een druk bezocht oord.
Er zijn hier veel parken. Mooi is de Römer Kessel, nu Kurpark, waarin eens een Romeinse tempel stond en nu het reeds genoemde Schlösschen. De omgeving leent zich uitstekend voor het maken van wandelingen. Zo'n 70 kilometer aan wandelpaden is er aangelegd. Eén van de bekendste wandeldoelen is de *Falkenlay* (414 m), een oude vulkaankegel met een steile rotswand. De directe omgeving is een natuurreservaat. Een tweede natuurverschijnsel is de *Elfengrotte* met haar Käsekeller, een door de natuur gevormde, negen meter lange tunnel in het basalt, waarvan de zuilen kogelvormig zijn en eruitzien als op elkaar gestapelde kazen.

Sankt Aldegund

Sankt Aldegund en zijn overbuur **Neef** zijn twee kleine wijndorpen, in een heuvelachtige omgeving met wijngaarden en boomgaarden (90 m; tezamen 1400 inw.). Sankt Aldegund bestond reeds in de Romeinse tijd. Zo vond men in 1953 bij de ingang van het Walmedertal een graf met waardevolle voorwerpen. De oude *Pfarrkirche* is een bergkapel uit de 12e eeuw. Deze is gebouwd van natuursteen en is één der oudste kapellen van het Moezelgebied. Een nieuwe kerk werd in gotische stijl opgetrokken. Veel vakwerkhuizen stammen uit de 17e en 18e eeuw. De deuren van die huizen zijn vaak van houtsnijwerk voorzien.
Ook Neef heeft diverse bezienswaardige oude huizen. De kerk uit 1747 heeft een oude Romaanse toren. Het *Burghaus*, dat oorspronkelijk uit de eerste helft van de 13e eeuw stamt, werd in 1540 verbouwd in laatgotische stijl.

Ediger-Eller

Ediger en het er aan vastgegroeide Eller vormen samen een schilderachtig toeristenplaatsje op de linkeroever van de Moezel (85 m; 1350 inw.). Van oudsher zijn het wijndorpen te midden van één van de meest uitgebreide wijnbouwgebieden van de Moezelstreek. Vermaarde wijnen zijn de Feuerberger, de Pfaffenberger, de Osterlämmchen, de Hasensprung en de Elziger.
Bij Eller gaat de spoorlijn dwars door het heuvelgebied via een 4216 meter lange tunnel naar Cochem. Volgens oude oorkonden werd Eller voor het eerst genoemd in 1059. Toen in 1420 bijna alle inwoners van de omliggende dorpen aan de pest stierven en de plaats Eller gespaard bleef, hebben de bewoners uit dankbaarheid de Rochuskapelle gebouwd. In het dorp zijn nog enkele Zehnt- en Hofhäuser te bezichtigen.
Ediger is ouder dan Eller en bezit resten van vijf muurtorens en een ringmuur. Het dorpsbeeld wordt bepaald door oude gevels en patriciërshuizen, die behoord hebben tot de kloosters die hier in de buurt wijngaarden bezaten. Daarvan zijn nog namen als Himmeroder Hof afkomstig. De hooggelegen laatgotische *parochiekerk* met haar barokke inrichting en stervormige koepel stamt uit de periode tussen 1142 en 1360 en uit 1511. De boven het plaatsje gelegen *Kreuzkapelle* is in het begin van de 18e eeuw herbouwd. Zij heeft een merkwaardig middeleeuws steenreliëf, namelijk 'Christus in der Kelter' ofwel Christus in de wijnpers. Het is een opmerkelijk voorbeeld van Moezellandse devotie. In het koor ziet u voorts een kruisigingsvoorstelling en in een zijaltaar een afbeelding van de Kruisafneming.

Beilstein

In de zogenaamde Cochemer Krampen, het mooie gebied ten zuiden van de stad Cochem waar de Moezel zich doorheen slingert, ligt Beilstein, één van de meest romantische plekjes langs de rivier. Het dorp (86 m; 200 inw.) is zeer rustig gelegen. Het meeste verkeer volgt autoweg nr. 49 op de andere oever.

Beilstein, gesticht in de 8e eeuw, werd begin 1600 door graaf Metternich overgenomen van de keurvorst van Trier. De burcht waarin hij verbleef en het *Amtshaus* aan de markt zijn naar hem genoemd. Aan de oever van de rivier staat links van de pont het vroegere *Zollhaus* (1634), een vakwerkhuis. Het grootste deel van het dorp is tegen de hellingen van de heuvels gebouwd. In de dorpskern staan bezienswaardige huizen als het *Plan* en aan het marktplein het *Burghaus*, het *Rathaus* en het reeds genoemde Metternichsches Amtshaus. Het grauwe *Zehnthaus* (tiendhuis) is door een overdekte steeg met de vroegere school verbonden. Deze school is ontstaan uit de 14e-eeuwse *Pfarrkirche*. Het koor is ook tegenwoordig nog te herkennen. Vanuit het dorp voeren 108 treden omhoog naar het vroegere *karmelietenklooster*, gebouwd in 1686-1692. De vroegere kloosterkerk heeft een rijk barok interieur. Het gebouw beheerst het landschap volkomen. Bij het klooster staat de *Gnadenkapelle* met de 'Schwarze Madonna'. De kapel werd in 1808 verwoest maar in 1950 weer opgebouwd.

Op de steile hoogte ten zuiden van het dorp liggen de romantische overblijfselen van de burcht *Metternich*, dat van oorsprong dateert van 1129. De slottoren is goed bewaard gebleven.

Ernst

Op slechts vijf kilometer van Cochem ligt op de linkeroever van de Moezel het langgerekte wijndorp Ernst (93 m; 650 inw.). Met zijn oude vakwerkhuizen strekt het zich over een volle kilometer uit. Het wordt gedomineerd door de grote kerk, die gebouwd werd in het midden van de 19e eeuw. De meeste inwoners houden zich bezig met de wijnbouw. Dat gebeurt hoofdzakelijk op de grote Valwiger Berg, op de andere oever van de rivier. De Ernster Winzer, wijnboeren, die het grootste deel van deze berg in bezit hebben, produceren een voortreffelijke wijn.

Cochem

Wie kent Cochem niet, één van de drukste toeristenplaatsen aan de oever van de Moezel. Cochem (96-380 m; 7000 inw.) is een gezellig en karakteristiek Moezelstadje met alle kenmerken die daar zoal bij horen, waaronder steile wijnbergen, beboste heuvels, middeleeuwse burchten en in het stadje zelf een marktplein en pittoreske straatjes en steegjes uit de oude tijd, met vakwerkhuizen, stadspoorten en delen van de middeleeuwse muur. Bij de brug ligt langs de Moezel een brede promenade met plantsoenen, winkels en hotels.

Cochem was oorspronkelijk een Keltische nederzetting, die de Romeinen in een vesting veranderden. Daarna behoorde het met de in omstreeks 1020 gebouwde *burcht* aan de paltsgraven van de Rijn. Van 1151-1294 vervulde de burcht de functie van Reichsburg. Koning Adolf von Nassau verpandde de vesting en de plaats vervolgens aan de aartsbisschop van Trier. Beide werden in het ongeluksjaar 1689 door de Fransen verwoest. Sindsdien zijn zowel Cochem als het kasteel weer opgebouwd. De burcht en het museum dat er gevestigd is, zijn te bezichtigen van

Op allerlei plaatsen langs de Moezel heeft u de mogelijkheid om met een pontje naar de overkant te komen (PI)

Goede Vrijdag tot 1 november. U ziet onder andere schilderijen van Rubens en Titiaan. Uiteraard is er ook een café.
Er is nog een burcht, namelijk die van *Winneburg*, drie kilometer dieper in het kloofdal van de Endertbach. Deze werd omstreeks 1200 gebouwd en is evenals de Reichsburg in 1689 verwoest en in de periode 1869-1877 weer opgebouwd. Op weg naar de burcht komt u door het Stadtwald, een groot bos met veel banken. Dan is er ook nog een stoeltjeslift, die van de Endertstrasse naar Pinnerkreuz voert.
Noordelijk van Cochem ligt het *Klottener Wildpark*, dat weliswaar dichter bij Cochem ligt dan bij Klotten, maar bij Klotten wordt beschreven.
De zogenaamde Cochemer Krampen ten zuiden van de stad is een gebied waar veel wijndorpjes liggen. De spoorlijn snijdt hier enkele bochten van de rivier af door middel van de 4216 meter lange *Kaiser Wilhelm Tunnel*. De tunnel werd in 1877 aangelegd en is nu nog de langste van Duitsland.

Klotten

Klotten (87 m; 1700 inw.) is een mooi landelijk dorp aan de linkeroever van de Moezel. De oorsprong gaat terug tot een Keltische nederzetting en in 698 werd het voor het eerst vermeld. Vanaf de Middeleeuwen is het bekend om zijn wijn, die reeds in 1184 om zijn smaak werd geroemd.
Het dorp bestaat uit tal van oude stenen huizen en vakwerkhuizen. De laatgotische kerk dateert in aanzet van de 16e eeuw, maar werd in de jaren 1868 en 1869 uitgebreid. Boven Klotten verheft zich op de Burgberg de ruïne van de burcht *Coraidelstein*, ook wel Konradstein of Burg Klotten genoemd. De paltsgraven bouwden hier omstreeks het jaar 1000 de burcht, die in 1030 in handen overging van de in dat jaar verdreven koningin Richeza van Polen, een nichtje van keizer Otto II. In 1689 werd de burcht door de Fransen verwoest. Nu is de ruïne privé-bezit en gedeeltelijk gerestaureerd. Van dit punt heeft u een schitterend uitzicht op de Moezel en de verdere omgeving.
Tussen Klotten en Cochem bevindt zich het **Klottener Wildpark**. Er leven 200 wilde zwijnen, een twintigtal moeflons en nog vele andere dieren. Voor de kinderen is er een sprookjesbos met blokhutten, waarin voorstellingen van sprookjes te zien zijn.

Eén van de mooiste wandelingen voert door het natuurreservaat *Dortebachtal*. U loopt eerst langs de Moezel stroomafwaarts, waarbij u fraai uitzicht heeft op de, over een afstand van zeven kilometer in dezelfde richting stromende Moezel, met op de achtergrond de Treiser bergen. Na ongeveer vier kilometer (in de buurt van km-paal 41) gaat u onder de spoorweg door en komt dan in het Dortebachtal. Op de rotsen en in de rotsspleten treft u een merkwaardige flora aan. Er bloeien bloemen uit het hooggebergte, maar u vindt er ook planten die u gewoonlijk in het Middellandse Zeegebied aantreft. En deze flora trekt weer zeldzame vlinders en insecten aan. Verder bergopwaarts is een watervalletje.

Pommern

Vakwerkhuizen bepalen het aanzien van het dorp Pommern (85 m; 800 inw.). Eén van de mooiste is het *Burghaus*, in renaissancestijl gebouwd met een traptoren. De barokke *Pfarrkirche* uit de 18e eeuw heeft een laatgotische toren. Veel ouder is het *Pfarrhaus*, dat dateert van 1256 en het oudste parochiehuis is van het bisdom Trier. En wat de wijn betreft; hier moet u de Pommerer Sonnenuhr maar eens proberen.

Karden

Het kleine Karden (84 m; 800 inw.) is fraai gelegen aan de Moezel, in een omgeving die zeer geschikt is voor het maken van wandelingen. Reeds in de 4e eeuw leefde hier in één van de grotten in de buurt de christelijke zendeling Castor uit Aquitanië in Zuidwest-Frankrijk. Omstreeks het jaar 350 had hij hier een missiepost, vanwaar hij tot aan de Rijn de heidenen bekeerde. In 836 werd zijn stoffelijk overschot overgebracht naar Koblenz, waar het in de Castor-Dom werd bijgezet.

5

Het kleine Karden heeft aan deze zendeling zijn mooie kerk te danken. De *St. Castor-Dom*, ook wel Kardener Dom genoemd, werd in de 12e en 13e eeuw gebouwd. Deze basiliek in laatromaanse stijl is bijna puntgaaf bewaard gebleven, zoals het koor, het dwarsschip en twee van de drie torens bewijzen. De westelijke toren dateert zelfs nog van de Romaanse periode. Het schip, uitgevoerd in vroeggotische stijl, is het jongste onderdeel. In het interieur kunt u een prachtig altaar bewonderen. Een meesterwerk van Middel-Rijnse boetseerkunst uit de periode 1425 tot 1430 is de terracottagroep, die de Aanbidding van de Drie Koningen voorstelt. Bij de kerk staat het *tiendhuis* (Zehnthaus), eigenlijk een Romaans klooster, dat later in gebruikt werd voor het innen van de tienden.

In de Stiftstrasse nr. 30 staat het *Korbisch-* of *Propsteigebäude*, gebouwd in laatromaanse stijl en vermoedelijk in 1212 door aartsbisschop Johann I van Trier geschonken aan de Propst, het hoofd van een klein klooster. De Pröpste waren tegelijk Chorbischöfe van Trier, koorbisschoppen, vandaar de naam Chorbisch ofwel Korbisch.

Dichter bij de Moezeloever staat de in 1562 gebouwde ambtswoning van de schout of burgemeester (Schultheisshaus of Alte Burghaus). Dit gebouw is een goed voorbeeld van een stenen herenhuis zoals er in de Middeleeuwen aan de Moezel en de Rijn verscheidene moeten zijn geweest. Het heeft een karakteristieke traptoren die de vier verdiepingen en twee kleine hoektorentjes verbindt.

Aan de overkant van de rivier ligt het iets grotere **Treis** (90 m; 2000 inw.). Op een uitloper van een berg ziet u de ruïnes van de burchten *Treis* en *Wildburg*. Het plaatsje bezit oude vakwerkhuizen, zoals het uit 1542 stammende *Haus Epstein* aan de Markt. Bezienswaardig is ook de kapel van het *Rathaus*, in de laatgotische stijl van 1480.

Müden en Moselkern

Op de linkeroever van de Moezel liggen dicht bij elkaar de twee kleine dorpen Müden (82 m; 800 inw.) en Moselkern (83 m; 750 inw.). Müden is een dorpje van wijnboeren met oude vakwerkhuizen en een Romaanse kerk, gebouwd op de fundamenten van een Romeinse wachttoren. Toeristisch belangrijker is Moselkern, dat vooral overstroomd wordt door dagjesmensen die een bezoek komen brengen aan Burg Eltz, dat hierna beschreven wordt. Moselkern heeft nauwe straatjes en stegen, waaraan diverse vakwerkhuizen staan. Het vroegere raadhuis uit 1673, nu *Haus Nazareth* geheten, is in typische Moezeltrant opgetrokken. De ontvangstkamer van de heren van Eltz is in late barokstijl uitgevoerd. Tot de oudste christelijke relicten in Duitsland behoort het Merovingische kruis, dat hier in de 7e eeuw werd neergezet.
Op de andere oever van de Moezel ziet u de *Druidenstein* of *Zuckerhut*, een rotspartij bekroond door een kruis. In de voor-Romeinse tijd was dit een offerplaats van de druïden, de Keltische priesters.

Burg Eltz

De grote aantallen dagjesmensen komen in de eerste plaats voor een bezoek aan Burg Eltz. Dit kasteel dat wel de koningin der Duitse burchten wordt genoemd, bevindt zich in het bosrijke dal van de Elzbach. Dit dal werd al door de Romeinse dichter Ausonius bezongen als het natuurschoonrijke dal dat bij Moselkern uitmondt. Van het station van Moselkern wandelt u in ongeveer 1,5 uur naar de burcht. U volgt de borden met een zwarte driehoek op een wit veld die de Eifelvereins op de weg Bonn – Moselkern hebben geplaatst. De eerste vier kilometer van deze weg zijn ook per auto berijdbaar. Burg Eltz ligt boven op een 184 meter hoge rots, die aan drie zijden wordt omspoeld door de Elzbach. Het is een zeer opmerkelijk kasteel. Het bijzondere van Burg Eltz is dat het, afgezien van een brandje in 1920, ruim 800 jaar lang onbeschadigd overeind bleef, in tegenstelling tot alle andere kastelen in het Rijnland, die op één uitzondering na (Schloss Bürresheim bij Mayen) in het jaar 1689 werden verwoest door de legers van de Franse koning Lodewijk XIV. Eltz en Bürresheim werden gespaard omdat hun kasteelheren zelf maarschalk waren in het Franse leger.
Burg Eltz is sinds 1150 in het bezit van de graven van Eltz, toen nog 'Elce', later Von Eltz-Uettingen. Als de nazaten op het kasteel zijn, is het voor publiek gesloten. Van Goede Vrijdag tot begin november kunt u er meestal wel een kijkje nemen onder leiding van een gids. Het oudste deel van de burcht, de 12e-eeuwse Romaanse Platteltz, is in de loop van de eeuwen iedere keer weer door een latere succesrijke generatie uitgebreid met een nieuwe vleugel. Als eerste werd *Haus Rübenach* toegevoegd; dit deel werd uitgevoerd in drie verdiepingen en gebouwd in de oude Romaanse stijl, met wapenkamer, slaapvertrek met muurschilderingen en een burchtkapel. Vervolgens werd aan het einde van de 15e eeuw *Haus Rodendorf* gebouwd, nu het omvangrijkste deel van de burcht, met de slotkeuken en de zogenaamde Fahnensaal. En ten slotte werd *Haus Kempenich* in renaissancestijl in 1604 aan het burchtcomplex toegevoegd. Daar zijn nu collecties wapens en schilderijen te zien.
Ten noorden van de burcht ziet u boven op een steile rots de ruïne van *Trutzeltz*. Deze werd in 1336 gebouwd door Boudewijn van Luxemburg, keurvorst van Trier, om vandaar Burg Eltz te beschieten en tot overgave te dwingen. Dat is hem nooit gelukt. Het mooiste uitzicht op beide burchten heeft u vanaf de rijweg van Trutzeltz naar Münstermaifeld. Die

Burg Eltz wordt wel de koningin van de Duitse burchten genoemd. Bijzonder is dat hij de afgelopen 800 jaar onbeschadigd is gebleven (PI)

weg is een alternatieve manier om bij de burcht te komen en voert via **Wierschem** (zie voor Münstermaifeld onder Hatzenport). Vanaf Wierschem wordt de burcht bewegwijzerd. Deze weg eindigt bij een groot bewaakt parkeerterrein, vanwaar het nog een klein eindje wandelen is. Voor mensen die slecht ter been zijn is er zelfs een pendelbusje.

Burgen

Als u bij Moselkern met het autoveer de Moezel oversteekt, kunt u een bezoek brengen aan het kleine dorp Burgen (82 m; 900 inw.). Het ligt schilderachtig in een fraaie omgeving en wordt daarom in de zomer veel bezocht. Als enige bezienswaardigheid is de *Pfarrkirche* te noemen, die

een reliëf herbergt van het Laatste Avondmaal, vervaardigd in 1600.
Bij Burgen mondt de Baybach uit. Deze beek heeft een zeer romantisch dalletje gevormd, waar op bosrijke hellingen tal van watermolentjes staan. Een drie uur durende wandeling door dit dal brengt u bij de burchtruïne *Waldeck*. Deze imposante ruïne ligt nogal verscholen, maar de troepen van Lodewijk XIV vonden hem in 1689 en legden hem in de as. Freiherr Boos von Waldeck liet er later een klein barok slot van maken. Nu is het de Jugendburg van de jeugdbond Nerother Wandervögel.

Hatzenport

Voorbij Burgen kunt u bij Hatzenport met een autoveer weer de Moezel oversteken. Hatzenport (80 m; 1000 inw.) is een aardig wijndorp in een mooie omgeving. Iets boven het dorp staat een kerk, die oorspronkelijk Romaans was, maar later in neogotische stijl is verbouwd.
Even stroomopwaarts staat aan de Moezeloever *Burg Bischofstein*. Deze burcht, nu een zeer markante ruïne, werd vermoedelijk in de 13e eeuw gebouwd door aartsbisschop Arnold van Trier ter bescherming van het gebied Maifeld en van de veerboten op de Moezel. Bezichtiging is voorbehouden aan Duitse schoolkinderen, die in het gerestaureerde kasteel op werkweek gaan. Het uitzicht is er schitterend.
Op de berghelling staat nog een Romaanse bedevaartkapel, met in het interieur laatgotische schilderingen en een opmerkelijk altaar uit 1653.

Naar Münstermaifeld

Van verre af kunt u dit aardige stadje al zien liggen, daar het op een hoogvlakte boven het dal van de Moezel is gebouwd. Münstermaifeld (271 m; 2600 inw.) is het middelpunt van het Maifeld, een streek van kleine boerendorpen, weiden en akkers. In het centrum staan enkele vakwerkhuizen, waaronder het *Rathaus* dat in 1580 werd gebouwd.
Het belangwekkende van Münstermaifeld is echter de merkwaardige gotische Münsterkerk, officieel de *Stiftskirche St. Martin und St. Servatius* geheten. Zij valt meteen op omdat ze op het hoogste punt van het stadje is gebouwd, dat bovendien wordt geaccentueerd door de lichtgele kleur van de kerk. De kerk werd gebouwd in de 12e en 13e eeuw. De zwaar versterkte toren is omgeven door een paar ronde torens die van kantelen zijn voorzien. Vanaf de toren heeft u een mooi uitzicht. In de kerk zijn op de muren van de zijschepen fresco's aangebracht, die stammen uit de 13e tot de 15e eeuw. In het zuidportaal staat een Mariabeeld, de Madonna met Roos uit 1350 en een Sacramentshuisje uit 1450. Maar het meest opvallende kunstwerk is het door een Antwerpse kunstenaar uit hout gesneden hoofdaltaar. Vanuit Münstermaifeld kunt u via het dorp Wierschem een bezoek brengen aan Burg Eltz (zie onder Moselkern).

Brodenbach

U moet met het autoveer van Hatzenport weer de Moezel oversteken voor een bezoek aan het vriendelijke dorp Brodenbach (80 m; 650 inw.). Het is schilderachtig gelegen in een bocht van de rivier, aan de voet van bosrijke heuvels. De kerk van het dorp is uitgevoerd in rococostijl en bezit een fraai hoofdaltaar uit de 16e eeuw.
Ongeveer een kwartier lopen van Brodenbach ligt op een uitstekende rots de ruïne **Ehrenburg**, één van de mooiste in het Moezelgebied. De burcht is waarschijnlijk in 1161 door de aartsbisschop van Trier gebouwd en later overgegaan in handen van de stiefbroer van keizer Barbarossa.

Na hem hebben nog vele edellieden de burcht bewoond en hij is op het ogenblik particulier bezit. Delen van de burcht, zoals de Rampenturm, de Mitteburg en de Oberburg (hier woonden vroeger de burchtheren) zijn in het zomerseizoen te bezichtigen.

Alken

Het kleine Alken (84 m; 700 inw.) is een zeer oud stadje. U vindt er resten van oude muren en torens, waarvan er één nog bewoond is. De overige bezienswaardigheden zijn de kleine Romaanse *St. Michaels-Kapelle* met zijn fresco's uit de 13e en 15e eeuw, het oude kerkhof met zijn kruisbeelden in barokstijl, en het barokke *Burghaus* van de heren van Wiltberg.
Alken ligt in een verrassend mooi Moezellandschap, waaraan de Alkener Ley een bijzonder effect geeft. Boven op de Alkener Ley ligt de **Burg Thurant** (1192) die door een muur, waarin een hele en een halve toren gebouwd zijn, met het dorp is verbonden. Twee ronde torens en een woonhuis uit de 16e eeuw zijn bewaard gebleven, gerestaureerd en nu particulier eigendom. Tegenover de Alkener Ley, aan de andere kant van een beekdal, ligt de ruïne *Bleidenberg*. Daar waren de 'Blijden' of 'Bleyden' opgesteld, de slingerwerktuigen die de burcht Thurant bestookten. Op de Bleidenberg ligt ook de ruïne van de Romaanse (en in gotische stijl verbouwde) Dreifaltigkeitskapelle. Een zeer waardevolle 14e-eeuwse kruisgroep in houtsnijwerk, die vroeger tot de kapel behoorde, wordt nu bewaard in de pastorie te Oberfell, even stroomafwaarts gelegen.

Kobern-Gondorf

Bij Alken kunt u de Moezel via een brug oversteken, waarna u over de linkeroever de rivier weer stroomafwaarts volgt. U komt dan bij een langgerekte agglomeratie van vier dorpen: Kobern-Gondorf (70 m; 3300 inw.), Lehmen en aan de overzijde Niederfell (bereikbaar met een autoveer). Kobern is van deze vier het interessantste.

Lehmen Maar wij beginnen met het wijndorpje Lehmen (78 m; 1150 inw.), waar een vijfhoekige toren als enig overblijfsel van een burcht herinnert aan een ver verleden. Nu is de naam Lehmen vooral verbonden met de tweede Moezelstuw.

Gondorf heeft twee burchten, één aan de zuidzijde en één aan de noordzijde. Zij domineren echter het dorp niet zo sterk als bijvoorbeeld in Kobern het geval is. In de 13e eeuw vond de bouw van de Neuer- of Niederburg aan de zuidkant van Gondorf plaats. Deze werd later door brand verwoest, maar in 1859 in neogotische stijl weer opgetrokken en heet nu *Schloss Liebig*. Om een weg langs de Moezel te kunnen aanleggen en de nauwe doorgang in het plaatsje te vermijden zijn in de burcht, die direct aan de rivier ligt, twee poorten gemaakt, zodat het verkeer nu over de binnenplaats gaat. De *Oberburg* werd in de 12e eeuw gebouwd als stamslot van het rijke adellijke geslacht De Petra (Von der Leyen). Leden van dit geslacht brachten het tot keurvorst van Duitsland. Maar de laatste Von der Leyen stierf in 1819 in bittere armoede. De naam van de familie leeft voort in de officiële titel van de Oberburg als Wasserschloss von der Leyen. Het is het enige kasteel met een gracht aan de Moezel.

Kobern is een oud wijnstadje. Het niet zo grote areaal wijngaarden (58 ha) levert onder andere de Koberner Uhlen, een op rijnwijn gelijkende wijn met een fijn aroma. Circa 450 hectare bos leveren u legio wandelmoge-

lijkheden, onder andere naar de *Goloring*, vermoedelijk een heilige plaats uit 1600-1200 v. Chr., de tijd van de urnenveldencultuur.
Vele oude vakwerkhuizen, waaronder het *Haus Kemp* uit 1577 en het *Stiftshof St. Marien* uit 1320 (dat naar men zegt het oudste vakwerkhuis van Duitsland is), sieren het plaatsje. Op het middeleeuws aandoende marktplein staat de *Tatzelwurm-Brunnen*, een fontein met een fabeldier. Tijdens de wijnfeesten komt er uit de speerwond van de Tatzelwurm geen water zoals gewoonlijk, maar bloedrode wijn. In de parochiekerk *St.-Lubentius* (1827) bevinden zich waardevolle altaarschilderingen.
Een tochtje even bergopwaarts brengt u bij de begraafplaats (Berg-Friedhof) met de *Dreikönigskapelle*, in de 15e eeuw gebouwd door graaf Boos-Waldeck. Hier zijn in 1892 en 1954 gotische muurschilderingen blootgelegd, de zogenaamde Apostelfries. Op het kerkhof zelf staan 1600 kruizen van basaltlava, opgericht in de jaren 1500 tot 1800. Hier hebt u een aardige blik over de leistenen daken van Kobern. In het grote witte huis heeft men de sleutel van de Matthiaskapelle, het einddoel van de wandeling. Tussen de wijnstokken van de Koberner Uhlen door klimt u naar de *Niederburg*, in 1195 de trotse zetel van de heren van Kobern, maar na de inval van de Fransen in 1689 een ruïne. Naast de overblijfselen van de eveneens in 1689 verwoeste *Oberburg*, staat de bezienswaardige burchtkapel; de *Matthiaskapelle*. Deze werd omstreeks 1235 gebouwd naar het voorbeeld van de Grafkerk van Jeruzalem: zeshoekig, met ranke pijlers plus absis in hoefijzervorm. In zijn geheel een laatromaans meesterwerk van middeleeuwse metselaars. De relikwieën van de apostel Matthias, waarvoor deze kapel werd gebouwd, zijn overigens al sinds 1422 in de St. Matthiaskirche van Trier. Het belangrijkste relikwie is het hoofd van de apostel, dat Heinrich von Kobern mee terugbracht van een kruistocht.

Niederfell Tegenover Gondorf ligt Niederfell (80 m; 1330 inw.). Het plaatsje is bereikbaar per autoveer. Dit dorp heeft aardige vakwerkhuizen en gezellige oude Weinstuben. Maar vooral het fraaie uitzicht dat u hier hebt op de Oberburg van Gondorf, loont een tochtje naar de overkant. Aan de noordrand van het dorp ligt een romantisch wandelgebied, dat de Niederfeller Schweiz wordt genoemd. Een gemakkelijke wandeling van een half uur tot een uur leidt naar het uitzichtpunt Kuckkuckshöhe.

Winningen

Het laatste plaatsje aan de oever van de Moezel (voordat deze bij Koblenz uitmondt in de Rijn) is Winningen (80 m; 2600 inw.). Het dorp is omgeven door terrasvormig aangelegde wijngaarden. Deze liggen zo steil dat het gebruik van een voertuig of van mechanische hulpmiddelen onmogelijk is. Alles moet op de rug worden vervoerd. In de tijd van de wijnoogst ziet u dat de zwaar beladen manden met druiventrossen door de bewoners zelf gedragen worden, wat een uiterst vermoeiend en gevaarlijk karwei is. De wijngaarden beslaan een oppervlakte van 220 hectare. Dit betekent dat Winningen één van de grootste wijnarealen van de Moezel bezit. Over de Moezel is een enorme Autobahnbrug (935 meter lang en 136 meter hoog boven het dal) gebouwd, zeer tot ongenoegen van de wijnboeren, daar een deel van de wijngaarden in de schaduw van de brug is komen te liggen. Op de rechteroever bevinden zich vele boomgaarden en vooral wanneer de kersenbomen in bloei staan, komen velen hier genieten van de bloesemweelde. Bijzonder druk is het er tijdens het Moselfest, dat eind augustus plaatsvindt. Dit is het oudste wijnfeest van Duitsland. Winningen komt men al tegen in documenten uit de jaren 871 en 888. Er

De boeren van Winningen zijn niet zo blij met de 935 meter lange Moseltalbrücke, want de schaduw van de brug valt op hun wijngaarden (PI)

is een nog uit de Middeleeuwen stammende poort, de *Horntor*, en u treft er een aantal schilderachtige straatjes aan. De *evangelische Kirche* heeft een toren en een koor uit 1233 en het schip is van 1685. Er is hier een kerkhof uit de Merovingische tijd.

Bij feestelijkheden, waarbij dansgroepen in de oude Winzer klederdrachten van de Moezel optreden, wordt er wijn uit de *Weinhexbrunnen* getapt. Op de nabij gelegen Hexenhügel vindt u het *Hexenmonument*. Het is de moeite waard een wijnkelder te bezoeken, waar u wijn kunt proeven. U kunt ook het nodige opsteken over de wijnbouw wanneer u het Weinlehrpfad volgt of het *Wein- und Heimatmuseum* bezichtigt.

6 Hunsrück en Nahetal

Voor natuurliefhebbers en rustzoekers is de glooiende, langgerekte hoogvlakte van de Hunsrück een begrip. Langs de Höhenstrasse liggen de belangrijkste toeristenplaatsen, waaronder Kastellaun, Hermeskeil en Simmern. De streek heeft een ruw, nat en winderig klimaat. Het Nahetal heeft een zachter klimaat. In het lagere gedeelte van het dal zijn zelfs wijngaarden, zoals op de heuvels rond Bad Kreuznach. Mooi is de omgeving van Idar-Oberstein en Bad Münster am Stein, twee plaatsen die omsloten worden door fraaie, steile rotsen en beboste hellingen. Vanaf de eerstgenoemde plaats begint de ‘Deutsche Edelsteinstrasse’, genoemd naar de vele dorpen met edelsteenbedrijven, die te bezichtigen zijn.

De Hunsrück is een langgerekte, golvende hoogvlakte ten zuiden van de Moezel. Het landschap van dit leisteengebergte wordt voornamelijk gekenmerkt door bergachtig bosland, dat 40 procent van de oppervlakte in beslag neemt, en weiden en akkers. Het is een zeldzaam geworden tijdloos boerenlandschap, dat in trek is bij nostalgische rustzoekers. Dat de streek zolang zichzelf is gebleven, is vooral te 'danken' geweest aan het feit dat zijn reputatie bij de Duitse bevolking op z'n zachtst gezegd slecht was. In Duitsland zelf was men namelijk niet zo gecharmeerd van dit arme, achtergebleven gebied met zijn nat en winderig klimaat, dat bewoond werd door een aantal boeren, jagers en houthakkers, die vroom, vlijtig en gesloten door het leven gingen.
Het voorjaar treedt op deze hoogvlakte weliswaar drie à vier weken later in dan in de meer beschut gelegen dalen, maar de temperatuur bereikt in de zomer in alle gebieden dezelfde hoogte. Er valt wat meer regen, maar daar staat tegenover dat het er zonnig en nevelvrij is. Bovendien wordt het gebied gekenmerkt door een gezonde, stofvrije lucht, hetgeen een zeldzaamheid in dit westelijke deel van Duitsland en Europa genoemd mag worden.
Het toerisme heeft zich echter nog steeds niet goed ontwikkeld, zelfs niet nadat de 140 kilometer lange Hunsrück Höhenstrasse werd aangelegd. Deze moderne verkeersweg die meestal om steden en dorpen wordt heengeleid, vormt een goede verbinding tussen Trier en Koblenz. De

Hoogtepunten

Stads- en dorpsgezichten
Bad Kreuznach, Bad Münster am Stein, Idar-Oberstein, Monzingen, Bad Sobernheim.

Kastelen
Schloss Dhaun (zie Kirn), Ebernburg (Bad Münster am Stein; zie Bad Kreuznach), Sponheim (zie Bad Kreuznach), Stromberg.

Kerken, kathedralen
Idar-Oberstein, Kastellaun, Kirchberg, Monzingen (zie Bad Sobernheim), Ravengiersburg (zie Simmern), Rochusfeld (zie Simmern), Sponheim (zie Bad Kreuznach).

Musea
Bad Kreuznach: *Schlossparkmuseum en Römerhalle.*
Bad Sobernheim: *openluchtmuseum.*
Hermeskeil: *Flugausstellung (vliegtuigen).*
Idar-Oberstein: *Deutsches Edelsteinmuseum.*
Sensweiler: *Geologisches Freimuseum.*
Simmern: *Hunsrücker Heimatmuseum.*

Overige hoogtepunten
Bundenbach (zie Rhaunen): Rondleiding in de *Schiefergrubbe Herrenberg.*
Gemünden: Wandeling over het *Geologische Lehrpfad.*
Hermeskeil: Bezoek aan de *Hunnenring.*
Idar-Oberstein: Het rijden van de *Deutsche Edelsteinstrasse* met bezoek aan het *Mittelalterliches Kupferbergwerk* te Fischbach, het *Geologisches Freimuseum* te Sensweiler, de *edelsteenslijperijen* en het *Wildfreigehege* Wildenburg.
Waldalgesheim (bij Stromberg): Bezoek aan de oude *mangaanerts- en dolomietmijn.*

Höhenstrasse is niet de snelste weg tussen die twee steden. Dat is namelijk de Autobahn die noordelijk en westelijk van de Moezel loopt. Maar omdat hij over de Hunsrück – met zijn bossen, akkers, weiden en boerendorpen – voert, komt juist deze weg voor de minder gehaaste toerist in aanmerking. De weg kan ook opgenomen worden in een rondtocht, bijvoorbeeld in combinatie met de Moezeldalroute. Op talrijke punten komen wegen uit het Moezeldal op deze hoofdweg uit.

Verscheidene toeristenplaatsjes liggen aan deze Höhenstrasse. Het belangrijkste plaatsje is het schilderachtige Kastellaun, aan het noordoostelijke deel van de weg. Helaas biedt ook dit plaatsje, vergeleken bijvoorbeeld met toeristenoorden in de Eifel en het Moezeldal, slechts weinig overnachtingsmogelijkheden voor de vakantieganger. Hetzelfde geldt voor Simmern, de hoofdplaats van de Hunsrück, en voor Hermeskeil, de hoofdplaats van het Hochwald, aan het zuidwestelijke traject van de route. Andere plaatsjes aan of bij de Hunsrück Höhenstrasse, zoals Thalfang, Morbach en Kirchberg, bieden zo mogelijk nog minder faciliteiten voor de vakantieganger.

Het Hochwald Drie zwaarbeboste ketens sluiten bijna in elkaars verlengde de hoogvlakte naar het zuiden af; het Hochwald, het Idarwald en het Soonwald. Het zijn spaarzaam bewoonde gebieden met een rijk wildbestand, voornamelijk herten, reeën en zwijnen, maar verder ook hazen, marters, vossen, dassen, moeflons, hoenders en fazanten. In de weggedoken stille dalletjes leeft nog de zeldzaam geworden wilde kat. De beken zijn rijk aan forellen.

Het landschapsbeeld van het zuidwestelijkste deel van de Hunsrück wordt bepaald door twee dichtbeboste bergruggen, die als twee brede golven parallel aan elkaar lopen: het Osburger Hochwald en het Schwarzwälder Hochwald. Het hele gebied wordt samengevat onder de naam Hochwald. Van deze twee is het *Schwarzwälder Hochwald* het grootst en het hoogst. Het noordelijke deel ervan bereikt gemiddeld een hoogte van 700 m. Slechts betrekkelijk weinig daarbovenuit verheffen zich enkele toppen, waarvan de Erbeskopf (818 m) de bekendste en de hoogste is. Meer naar het zuidwesten – in de buurt van Hermeskeil – neemt de hoogte van de bergrug af, en de zeer weinige, afzonderlijke toppen komen nauwelijks boven de 600 meter. Iets verderop breken de beken Lösterbach en Wadrill door het Schwarzwälder Hochwald heen.

Door het Schwarzwälder Hochwald voert een aantal goed berijdbare wegen. Voor hen die een voettocht door deze streek zouden willen maken, is het gunstig te weten dat de Wanderweg Merzig (Saar) – Bacharach (Rijn) dwars door het Hochwald loopt.

De hoogste toppen van het *Osburger Hochwald* zijn de Rösterkopf (708 m) en de Hohe Wurzel (669 m). Zij zijn geheel met bos bedekt en bieden dus geen uitzicht. Dit laatste is wel het geval met de rotsachtige Seiferingstein (539 m), die beschouwd kan worden als het westelijk uiteinde van het Osburger Hochwald. De Ruwer, een zijrivier van de Moezel, stroomt langs de voet van deze berg. Ook de oostelijke grens wordt door een zijdal van de Moezel gevormd. Dit Dhrontal, grilliger en boeiender nog dan het Ruwertal, is vooral bekend om zijn mijnbouw. Het Osburger Hochwald is maar nauwelijks ontsloten voor wandelaars. Een enkele weg, die de verbinding vormt tussen Trier en de Hunsrück Höhenstrasse, loopt er in de breedte doorheen. In het Osburger Wald liggen twee stuwmeren, namelijk de Riveris Talsperre, die niet toegankelijk is, en de Stausee bij Kell, waar watersport wordt bedreven en waar een groot zwembad is aangelegd.

6 Hunsrück en Nahetal

Het Idarwald Het Idarwald is de kleinste van de drie bergruggen. Het is een stil, bij weinigen bekend gebied, dat voor een groot deel door bos bedekt is. Boven de bergrug uit verheffen zich van zuidwest naar noordoost respectievelijk de Idarkopf (746 m), 'an den zwei Steinen' (766 m), de Steingerüttelkopf (757 m) en de Usarkopf (724 m). Vooral de laatste biedt een fraai uitzicht. De beken die in het Idarwald ontspringen en naar de Nahe stromen, hebben zich door een bergrug evenwijdig aan het Idarwald heen moeten breken, waarbij mooie rotsachtige dalen zijn gevormd. Zo heeft bijvoorbeeld de Idarbach een twee kilometer lang kloofdal, dat onder de naam Katzenloch bekend staat. Niet ver hiervan-

daan verheft zich de imposante rotsachtige top Wildenburg (676 m). Interessant zijn daar de resten van een Keltische ringwal. Als verblijfplaats hier in de buurt noemen wij Kempfeld en het tot dezelfde gemeente behorende Sensweiler.

Het Soonwald Het Soonwald strekt zich uit van de Rijn tot de Hahnenbach, die bij Kirn uitmondt in de Nahe. Deze laatste rivier vormt de zuidelijke begrenzing van het Wald. Twee andere zijriviertjes van de Nahe, de Güldenbach en de Simmerbach, hebben zich in diepe, schilderachtige dalen een weg dwars door het Soonwald gebaand. Eén van de toppen, de Fran-

zosenkopf (618 m), bevindt zich dicht bij de Rijn. Tegen de helling van deze berg staat eenzaam maar fraai de burcht Sooneck. Het centrum van het Soonwald, de zogenaamde Gross Soon tussen de beide genoemde riviertjes, is met dichte bossen bedekt. Het is een zeer eenzaam en wildrijk gebied. Wanneer u, dicht bij het rotsachtige Güldenbachtal en het plaatsje Rheinböllen, de top Hochsteinchen beklimt, kunt u een indruk krijgen van de onmetelijkheid van dit licht golvende bosgebied. Naar het zuid-westen ontwaart u hier een reeks andere toppen. Op twee daarvan, de Wildburg (628 m) en de Koppenstein (551 m), liggen nog enkele spaarzame resten van een burcht. Het hoogste punt van het Soonwald, de Ellerspring (658 m), is wat meer naar het zuiden gelegen. In dit deel zijn vooral het Höxbachtal en het Ellerbachtal de moeite waard. Het eerste woeste maar schilderachtige dal is op verschillende plaatsen zo diep en nauw als een kloof. Ook het Ellerbachtal is hier en daar nauw en grillig, maar de vele wijngaarden langs de hellingen aan de noordzijde geven dit dal toch weer zacht aanzien. Er liggen diverse dorpen, waarvan alleen Sponheim met zijn imposante burchttoren het vermelden waard is.
Ten slotte rest nog het Soonwaldgedeelte dat ten westen van het prachtige Simmerbachtal ligt en dat bekend staat onder de naam Lützelsoon. Er is weinig anders over te vermelden dan het feit dat ook hier uitgestrekte bossen zijn. De Teufenfels (568 m) met zijn fraaie uitzicht is de meest bezochte plek van deze streek.

Het Nahetal Het dal van de Nahe is zeker niet minder mooi dan andere zijdalen van de Rijn, zoals het Moezeldal en het Ahrdal. De rivier ontspringt in Saarland bij het dorpje Selbach op een hoogte van 450 meter en mondt – na een afstand van circa 130 kilometer te hebben afgelegd – bij Bingen (80 m) in de Rijn uit. Gelijk een echte bergrivier heeft de Nahe hier en daar een flink verval en voert een grote hoeveelheid puin en leem mee, vooral wanneer hij sterk gezwollen is door regen en smeltwater. Het water krijgt daardoor dikwijls een roodgele kleur. De rivier vormt grotendeels de zuidelijke grens van de Hunsrück en vooral daar geven machtige rotspartijen op verscheidene plaatsen het dallandschap een indrukwekkend karakter, in het bijzonder bij Idar-Oberstein en bij Bad Münster am Stein. In het benedendal neemt de wijnbouw een belangrijke plaats in, al doen de wijnen wel onder voor die van Rijn, Moezel en Pfalz. De beste soort is de Kauzenberger, afkomstig uit de onmiddellijke omgeving van Bad Kreuznach.

Praktische informatie

Inlichtingen

Inlichtingen over de streek zijn te verkrijgen bij: Fremdenverkehrsverein Rhein-Hunsrück, Brühlstrasse 2, 55469 Simmern *Plaatselijke inlichtingenbureaus:* 55765 Birkenfeld; 55490 Gemünden; 54411 Hermeskeil; 55743 Idar-O; 54427 Kell am See; 55508 Bad Kreuznach; 54497 Morbach; 55583 Bad Münster am Stein; 55758 Sensweiler; 55469 Simmern; 55566 Bad Sobernheim; 54424 Thalfang.

Sport

Zwemmen: Openluchtbaden zijn er te Birkenfeld (verwarmd), Gemünden (verwarmd), Hermeskeil, Kastellaun, Kell am See (verwarmd), Kirchberg (verwarmd), Kirn, Bad Kreuznach, Morbach (verwarmd), Bad Münster am Stein (met mineraal-thermaal openluchtbad en Thermal-Sole-Hallenbewegungsbad), Rhaunen (verwarmd), Simmern, Bad Sobernheim (verwarmd), Stromberg (verwarmd). *Watersport:* Kell am See.

Bad Sobernheim

Dit oude stadje (152 m; 7000 inw.) ligt aan de linkeroever van de Nahe, te midden van wijngaarden die naar het noorden overgaan in de bossen van het Soonwald. Door de natuurgeneeswijze van dr. Felke, die hier (1915-1926) leefde, werkte en stierf, is Sobernheim één van de bekendste kuuroorden van de Hunsrück geworden. Het gedenkteken voor deze ereburger van het stadje bevindt zich op de Bahnhofvorplatz.
De oorsprong van Bad Sobernheim gaat terug tot een Keltisch-Romeinse nederzetting. In 1324 kreeg het stadsrechten. Hierna werd het bestuurd door de graven van de Kurpfalz en vervolgens bezet door de Fransen, die het stadje in 1689 bijna geheel verwoestten. In de 19e en 20e eeuw bloeide Bad Sobernheim weer op.
Het marktplein met het raadhuis en de evangelische hallenkerk, die in de 14e eeuw in gotische stijl is gebouwd, vormen het centrum. Er zijn nog oude huizen en boerderijen uit de Middeleeuwen en de Renaissance. Even buiten het plaatsje bevindt zich in een zijdalletje van het Nahetal het *openluchtmuseum Bad Sobernheim*. Op het 35 hectare grote terrein bevinden zich vier 'museumdorpen' met karakteristieke oude woonhuizen, boerderijen, meubilair, gereedschappen en ambachtswerkplaatsen uit de regio's Hunsrück-Nahe, Moezel-Eifel, Pfalz-Rheinhessen en Mittelrhein.

Odernheim

In het dal van de Glan, 5 km ten zuidoosten van Sobernheim, ligt te midden van wijngaarden het dorpje Odernheim (127 m; 2000 inw.). Bezienswaardig zijn het raadhuis uit 1541 en het Pfalz-Zweibrücker Schlösschen, het voormalige slot van de hertogen van Zweibrücken. Vlak ten noorden van Odernheim en ten oosten van Sobernheim, als het ware in de elleboog tussen Glan en Nahe, trekt de 216 meter hoge *Dissiboden* de aandacht. Op de top, die bijzonder fraai uitzicht biedt, liggen de resten van een middeleeuws klooster.
Vanuit Odernheim loopt een weggetje oostwaarts, hoog boven het dal van de Nahe, naar **Niederhausen**. In de Lemberg bij dit dorp aan de Nahe kunt u het *Quecksilberbergwerk Schmittenstollen* bezichtigen. U krijgt via een rondleiding (dagelijks van 1 maart tot 15 oktober) een inzicht in de werkwijze en arbeidsomstandigheden van middeleeuwse mijnwerkers die met hamer en beitel het erts uit de Lemberg moesten hakken.

Monzingen

Ten westen van Sobernheim ligt het kleine Monzingen (200 m; 1500 inw.), één van de oudste wijndorpen van het Nahetal. In de aardige kern staan talrijke vakwerkhuizen uit de 16e-18e eeuw, waarvan vooral het *Alt'sche Haus* de aandacht verdient. Boven die kern verrijst de laatgotische *Pfarrkirche* (15e eeuw), die geroemd wordt om haar koor.

Birkenfeld

Birkenfeld (400 m; 7000 inw.) is een aardig plaatsje op de Hunsrück. Het ligt in een wijd dal, ongeveer een uur wandelen verwijderd van de oostelijke, beboste hellingen van het Schwarzwälder Hochwald. Ten zuiden van Birkenfeld stroomt de jonge Nahe.
Op de nabijgelegen Burgberg ligt de ruïne van de burcht Birkenfeld. Bezienswaardig in het plaatsje is het *Museum für Heimatkunde*. Het

gebouw van dit museum is opgetrokken in de stijl van een Romeins landhuis. De verzameling omvat de in de streek gevonden oudheidkundige voorwerpen. Enkele zijn uit de Steen- en de Bronstijd, de meeste stammen echter uit de IJzertijd, de tijd van de Kelten en de Romeinen. Voor de kinderen is er een *Kleintierzoo*, een dierentuintje met herten, pony's, pauwen, fazanten en nog wat klein wild.

Gemünden

Dit aardige vakantieoord (280 m; 1200 inw.), ook wel de 'parel van de Hunsrück' genoemd, ligt aan de voet van het Soonwald. De rivier de Simmerbach heeft zich dwars door deze bergrug een weg gebaand. Door de grillige rotsen gaat van het landschap een merkwaardige bekoring uit.
Boven het stadje staat het *slot Gemünden*, ooit eigendom van de Freiherren von Schmidtburg, die het in het begin van de 18e eeuw in oude stijl hebben verbouwd. Hier stond vanaf 1250 het oude slot van de graven van Sponheim. Het slot is privé-bezit en helaas niet te bezichtigen.
Branden hebben in het verre verleden Gemünden geregeld geteisterd en daarom staan er in het dorp vrijwel geen oude huizen meer. Een enkel gebouw stamt nog uit de laatste helft van de 16e eeuw. Dat men vroeger van een stad sprak, blijkt duidelijk uit de omvang van de intact gebleven overblijfselen van de stadsmuur. De rooms-katholieke kerk en de evangelische kerk werden respectievelijk in 1899 en 1906 gebouwd. Daarvoor hadden beide geloofsrichtingen vele jaren van hetzelfde gebedshuis gebruikgemaakt.
Even buiten Gemünden bevindt zich het 4 kilometer lange *Geologische Hunsrück Lehrpfad*, dat u nader inzicht verschaft in de geologische structuur van de Hunsrück. Helaas is het pad slecht onderhouden en de oude leisteengroeve, de *Kaisergrube*, is gesloten.
Het dal van de Simmerbach en het berggebied aan weerszijden ervan zijn zeer geschikte wandelgebieden. Zuidoostelijk van Gemünden verrijst de hoogste berg van de omgeving, de *Alteburg* (621 m), waar u vanaf de daar aanwezige uitzichttoren tot ver in de omgeving kunt kijken. Vlak ten zuiden van het plaatsje verrijst de *Koppensteiner Höhe* (556 m). Op de top liggen resten van een burchtruïne en (naar men vermoedt) overblijfselen van een Keltische nederzetting. Aan de overzijde van het dal van de Simmerbach verrijst de *Womrather Höhe* (597 m).

Hermeskeil

Hoewel het de grootste en belangrijkste plaats van het Hochwald is, is Hermeskeil (614 m; 5500 inw.) een rustig plekje te midden van prachtige beuken- en dennenbossen. Het is daarom een zeer geschikt uitgangspunt voor kleine en grotere wandelingen in de omgeving.
Even ten noorden van Hermeskeil bevindt zich in het gemeentedeel **Abtei** een *Flugausstellung*. Hier kunt u een tiental vliegtuigen bezichtigen, waaronder oude modellen en een nagebouwde Concorde, waarin men een drankje kan nuttigen.
Acht kilometer ten zuidoosten van Hermeskeil, bij Otzenhausen in het Saargebied, bevindt zich de *Hunnenring*. Deze op de Dollberg gelegen muur is eigenlijk een Keltische ringwal uit de periode van 450 voor Christus tot de 3e eeuw na Christus. Hij omsluit een gebied van 19,11 hectare. Het geheel is opgebouwd uit grote rotsblokken (totaal circa 228.000 m^3). De 2210 meter lange muur is van onder 41,5 meter, van boven 2,5 meter breed en 10 meter hoog.

Idar-Oberstein

Idar-Oberstein (260 m; 36.000 inw.) ligt in het romantisch aandoende dal van de Nahe, omringd door steile rotsen. Tussen deze rotsen en het riviertje worden de huizen van Oberstein samengedrongen. Een rotskerk en twee burchten steken hoog boven dit stadsdeel uit. Idar ligt drie kilometer noordwestelijker in een zijdal en vormt sinds 1933 samen met Oberstein één gemeente.

De in de rotswand gebouwde Felsenkirche van Idar-Oberstein bezit een kruisbeeld uit bergkristal (PI)

De sieraadstad Het zijn de edelstenen en sieraden die Idar-Oberstein tot ver over de Duitse grens bekendheid hebben gegeven. Dat valt meteen op bij een bezoek aan de stad, want er zijn veel winkels met smaakvol geëtaleerde sieraden. Zo verleidelijk, dat slechts weinigen zonder een glanzend aandenken huiswaarts keren. Het slijpen en bewerken van edelstenen is in de loop der jaren een hele industrie geworden.

De oudste edelsteenslijperij ontstond rond het jaar 1530. De oorsprong daarvan ligt bij de agaatsteen, die door kristallisatie van kiezelzuur ontstaat. In de naaste omgeving van de stad werden deze stenen gevonden, hoofdzakelijk in de westelijk van Idar gelegen Steinkaulenberg. Het zoeken naar dit materiaal werd echter steeds moeilijker en tijdrovender, daar het langzamerhand opraakte en in het begin van de 19e eeuw was het zo ongeveer gedaan met de agaat. Een gelukkig toeval was, dat uit Idar afkomstige immigranten in Zuid-Brazilië aan het riviertje de Taquary zeer veel agaatstenen vonden, die groter en van een betere kwaliteit waren. Toen bovendien op de Serra en in het nabijgelegen Uruguay stenen gevonden werden, waaronder zich ongekend grote met mooie strepen bevonden, begon men deze naar Idar te exporteren. Sindsdien zijn de steenzoekers uit Idar over de gehele wereld verspreid en voorzien hun stad van de kostbaarste stenen. Ingevoerd worden uit Brazilië en Madagaskar aquamarijn, turmalijn, topaas, agaat en amethist; uit India robijn, saffier en granaat; uit Columbia smaragd; uit Australië opaal en saffier en uit Afghanistan lapis lazuli. Bovendien verschaft Zuid-Afrika de diamanten. Sinds enkele jaren worden er ook synthetische edelstenen bewerkt. Het water van de Idarbach en de Nahe drijft nu nog steeds een eeuwenoude slijperij aan, waarin de slijpers tot voor kort in liggende

Schinderhannes

Johannes Bückler (1783-1803), beter bekend als Schinderhannes, is de legendarische roverhoofdman, die rond het jaar 1800 de Hunsrück onveilig maakte. Tijdens het eerste Duitse showproces werd zijn gehele uit 68 rovers bestaande bende veroordeeld, waarbij 20 doodvonnissen, in totaal 312 jaar veroordeling tot de ketting, vijf jaar tuchthuis en twee verbanningen werden uitgesproken. Het doodvonnis van Schinderhannes zelf en 19 van zijn rovers werd op 21 november 1803 te Mainz, dat toen hoofdstad was van een Frans departement, door de guillotine voltrokken.
De 19e-eeuwse romantici maakten van hem vervolgens een volksheld en een symbool van het verzet tegen Frankrijk. In het pittoreske dorpje Herstein aan de 'Deutsche Edelsteinstrasse', vindt u zelfs de Schinderhannestoren.

houding werkten. Die slijperij is de *Weiherschleife* aan de Idarbach ten westen van Idar en kan worden bezichtigd. Naast het slijpen van edelstenen begon men hier ook sieraden te vervaardigen, waarin deze edelstenen werden gevat.
In Oberstein kunt u een goede indruk krijgen van de historische ontwikkeling van de edelsteennijverheid door een bezoek te brengen aan het *Museum Idar-Oberstein* aan de Hauptstrasse 436. U vindt er een oude slijperij, een goudsmidse en mineralen van allerlei soort, grootte en gewicht. In de glyptotheek op de parterre van het gebouw is een collectie te bewonderen van ruwe en bewerkte edelstenen uit alle delen van de wereld, en ook halfedelstenen en zogenaamde Landschaftsachate uit de omgeving van Idar-Oberstein zelf. Spectaculair is het Fluoreszenskabinet waar mineralen onder ultraviolet licht getoond worden.
In Oberstein staan de huizen, waarvan een aantal uit de 16e tot 18e eeuw stamt, dicht op elkaar gedrongen in het nauwe Nahetal.
De *Felsenkirche*, die in de rotswand is gebouwd, ligt 50 meter boven de stad en 163 treden voeren erheen. Deze kerk werd in 1482 gebouwd als boetedoening voor een broedermoord, zoals een oude sage verhaalt. Opvallend in het interieur zijn een in goud gevat vleugelaltaar (1420), een kruisbeeld uit bergkristal en in de sacristie een raam uit 1482.
Boven de kerk liggen twee burchtruïnes. De ene, de *Neue Burg*, is gebouwd omstreeks 1200 en werd in 1855 door een brand verwoest. Van de andere burcht, de *Alte Burg*, is weinig behouden gebleven. Tussen deze beide burchten in staat een oorlogsmonument. Niet zozeer de beide burchten als wel het fraaie uitzicht dat u hier op 100 m boven het Nahetal op de stad en het dal heeft, lonen de moeite van een tocht naar boven.
In Idar is hoofdzakelijk de edelsteenindustrie en -handel gevestigd. In het *Deutsche Edelsteinmuseum* in de Hauptstrasse 118 (Purper's Schlöszen) is een tentoonstelling van de producten van de edelsteenindustrie uit heel Duitsland te zien. Het museum ligt op ongeveer 10 minuten lopen van het beursgebouw. De *Steinkaulenberg* westelijk van Idar is al jaren geen vindplaats van agaten meer. Er worden nu rondleidingen door de oude groeve gehouden.

Naar Fischbach

Idar-Oberstein is uitgangspunt voor een autotochtje langs de bewegwijzerde 'Deutsche Edelsteinstrasse' (48 km). Aan deze toeristische route liggen tal van dorpen waar men edelsteenbedrijven kan bezoeken. Een bijzondere attractie aan deze route zijn het *Mittelalterliches Kupferbergwerk*

en de *Kupferhütte* te Fischbach, gelegen tussen Idar en Kirn. In de middeleeuwse kopermijn worden van maart tot 15 november dagelijks tussen 10.00 en 17.00 uur rondleidingen verzorgd. De mijngangen voeren naar immense grotten die door de ontginning zijn ontstaan. Het gesteente is bezaaid met ontelbare kleine kristallen, hetgeen mooie kleureffecten oplevert. Tevens zijn in deze grotten druipsteenformaties ontstaan. In historische kledij gestoken poppen tonen hoe in de Middeleeuwen de mijnbouw werd bedreven.
Een ander leuk dorpje aan deze route is **Herrstein** met fraaie vakwerkhuizen, het raadhuisplein met fontein, een robuuste klokkentoren en delen van een oude stadsmuur. Bovendien bezit het dorp een slotkerk en zelfs een Schinderhannestoren, genoemd naar de beruchte roverhoofdman die aan het einde van de 18e eeuw de streek terroriseerde.

Sensweiler en Kempfeld

In Oberstein mondt de Idar in de Nahe uit. Dit riviertje heeft boven Idar een schilderachtig kloofdal uitgeslepen. Door dit dal voert een weg naar het kleine, rustige **Sensweiler** (540 m; 900 inw.), hoog gelegen tussen het Idarwald en de Idarbach. Door die hoge ligging en de gezonde droge lucht wordt het dorp in de zomer veel bezocht en is het zeer geschikt voor een langer verblijf. Er kunnen talrijke wandelingen in de omgeving gemaakt worden. In het *Geologische Freimuseum* wordt een interessant overzicht geboden van de typische gesteenten die men in de omgeving aantreft. Oostelijk van Sensweiler ligt het stuwmeer Steinbachtalsperre, dat Idar-Oberstein voorziet van drinkwater. Zwemmen en varen is er verboden.
Ten noordoosten van Sensweiler ligt op dezelfde hoogvlakte het oude plaatsje **Kempfeld** (650 m; 1000 inw.). Daar bevinden zich verschillende agaat- en edelsteenslijperijen. Twee kilometer ten zuiden van Kempfeld ligt de *Wildenburg* (676 m) en ten zuidoosten ervan verrijst de *Mörschieder Burr* (646 m). Beide toppen bieden een fraai uitzicht. Op de Wildenburg zijn zowel door de Kelten als door de Romeinen versterkingen aangebracht. In de vorige eeuw zijn belangrijke vondsten gedaan, onder andere een Romeinse badinrichting, resten van gebouwen en scherven van vazen en aardewerk. Nu ligt hier het *Wildfreigehege Wildenburg*, een soort wildpark, waar op een oppervlakte van 42 hectare herten reeën, wilde zwijnen, moeflons en vele soorten watervogels in de vrije natuur leven. Een drie kilometer lange wandelweg geeft de bezoekers de gelegenheid de dieren te observeren.

Kastellaun

Het rustige oude stadje Kastellaun (487 m; 4000 inw.) ligt aan het oostelijk gedeelte van de Hunsrück Höhenstrasse. Hier bevindt u zich in het typische boerenlandschap, waarvan Kastellaun de marktplaats en het inkoopcentrum is. In dat beeld passen de talrijke vakwerkhuizen uit de 18e en 19e eeuw (in de Marktstrasse en de Schlossstrasse). Boven de Markt, midden in het centrum en dus niet te missen, ligt op een steile rots de indrukwekkende ruïne van de burcht Sponheim. De grote evangelische *Pfarrkirche*, een basiliek met drie schepen, dateert van het midden van de 14e eeuw. In het interieur staan grafmonumenten in renaissancestijl. De Friedhofskapelle heeft een in boerenstijl beschilderd gewelf. En de rooms-katholieke Pfarrkirche, die tegen de rots is aangebouwd, is in neogotische stijl opgetrokken. In het Pfingstwald loopt een drie kilometer lang Waldlehrpfad.

Kell am See

Kell (483 m; 1900 inw.) aan de Hunsrück Höhenstrasse, is een modern toeristenoord dat geheel is gericht op de recreatie. Men begon met de aanleg van een 14 hectare groot stuwmeer in één van de beekjes die uit het Osburger Hochwald zuidwaarts stromen. Daarna kwamen er faciliteiten voor watersporters en vissers, een Feriendorf, een Kneipp-Kurhotel, appartementenflats, een zelfbedieningswinkel en een restaurant.
In de omgeving van Kell, voornamelijk in het Osburger Hochwald, is een net van 320 kilometer goed aangegeven wandelpaden aangelegd. De wandelingen zijn voorzien van borden waarop witte letters en cijfers in een bepaalde combinatie staan geschreven. De letters slaan op de plaatsen die rondom het Osburger Hochwald liggen. Zo verwijst bijvoorbeeld Kl naar Kell en wegwijzers met OS naar Osburg. Andere afkortingen die u in deze buurt kunt tegenkomen zijn: OHW (Osburger Hochwaldweg), GR (Grosser Rundweg), RR (Rundweg Rosterkopf en RBR (Rundweg Beuren).

Kirchberg

Kirchberg (427 m; 3000 inw.), Stadt auf dem Berge, is één van de hoogst gelegen plaatsjes in het centrum van de Hunsrück en behoort tot de belangrijkste in die streek. Jaarlijks worden hier vele markten gehouden, waarvan de veemarkten (vooral paarden en biggen) een zeer belangrijke plaats innemen.
Kirchberg heeft stadsrechten sinds 1259. Het plaatsje is reeds uit de verte te herkennen aan zijn watertoren en de toren van de rooms-katholieke *Michaelskirche*. Het oudste deel van deze laatgotische hallenkerk met drie schepen dateert van de 13e eeuw. Zij behoort tot de mooiste kerken van de Hunsrück. Gedurende 277 jaar heeft ze dienstgedaan als 'Simultankirche', een kerk voor protestanten als rooms-katholieken, zoals dat meer op de Hunsrück voorkwam. In 1967 hebben de protestanten hun moderne evangelische *Friedenskirche* ingewijd.
Het marktplein is het sfeervolle centrum van het stadje. Het is het karakteristieke plein van een plattelandsstadje, omzoomd door 17e- en 18e-eeuwse vakwerkhuizen, patriciërshuizen en een raadhuis. Van die vakwerkhuizen is de *Schwanen-Apotheke* het meest gefotografeerde huis van de Hunsrück.

Kirn

Het aangename vakantieplaatsje Kirn (200 m; 11.000 inw.) is mooi gelegen aan de uitmonding van de Hahnenbach in de Nahe en wordt omgeven door de beboste bergen van het Soonwald. Aan de westrand van het plaatsje verheft zich de ruïne van de *Kyrburg* (235 m), die oorspronkelijk in de 10e eeuw werd gebouwd, in de 13e en 14e eeuw werd uitgebreid, maar in 1734 door de Fransen werd verwoest. Lange tijd was de burcht in bezit van de Wild- en Rijngraven. Bewaard gebleven zijn de vestingmuren, het machtige gewelf en de Eselsbrunnen. Naast de burchtruïne staat de Kyrburg Gaststätte. Bezienswaardig in het plaatsje is de evangelische *Pancratiuskerk*, oorspronkelijk een Romaans gebouw dat in 1893 grotendeels werd herbouwd. Opmerkelijk in het interieur zijn de renaissancistische grafschilderingen van de Rijngraven (15e en 16e eeuw).
Wie nog een interessante burchtruïne wil bekijken en niet tegen wat klimmen opziet, moet wandeling 4 volgen. U volgt de nummers 4 langs het riviertje de Hahnenbach naar de ruïne *Steinkallenfels*. Deze burcht uit

het begin van de 12e eeuw is op drie rotsen gebouwd, en was begin 19e eeuw het hoofdkwartier van de roverhoofdman Schinderhannes, die de Hunsrück zo'n slechte naam heeft bezorgd. Van de ruïne bereikt u in enkele minuten de Kallenfelser rotsen, een sterk gespleten rotsmassief (Klettergebiet). U heeft hier een schitterend uitzicht tot aan de Erbeskopf en de Donnersberg. U kunt nog verder wandelen via Oberhausen (met Gasthof) naar slot *Wartenstein* (1704). Hier stond oorspronkelijk een burcht uit 1360, die door de Fransen werd verwoest. Vanaf het terras heeft u prachtig uitzicht over het Hahnenbachtal en op de Kallenfelser burcht. Afdalen in het Hahnenbachtal doet u via de Kallenfels en langs de 'Biddende jonkvrouw' loopt u terug naar Kirn; totaal 2,5 uur.

Dhaun

De mooiste burchtruïne van het Nahetal ligt vijf kilometer noordoostelijk van het stadje Dhaun boven het dal van de Simmerbach bij het dorp Simmertal. Schloss Dhaun, dat eens in het bezit was van de Wild- en Rijngraven, werd eind 18e eeuw door de Fransen zwaar geplunderd. Tegenwoordig is er een volkshogeschool in gevestigd en worden er binnen of in de omliggende tuinen concerten gegeven. De Simmerbach, die bij het kasteel uitmondt in de Nahe, heeft stroomopwaarts door de rotsen een diep dal uitgeslepen. Een weg slingert langs de bochtige rivier door de bossen van het Soonwald naar het Hunsrückplaatsje Gemünden.

Bad Kreuznach

Bad Kreuznach (104 m; 40.000 inw.), een bekende en druk bezochte badplaats, ligt zeer beschut aan beide zijden van de rivier de Nahe. De bergen rondom zijn bedekt met wijngaarden en bossen.
Het Keltisch-Romeinse Cruciniacum lag oorspronkelijk ten zuiden van de huidige stad. Deze nederzetting kreeg onder Constantijn een citadel, waarvan alleen de *Heidenmauer* nog behouden is gebleven. Naderhand werd de nederzetting verplaatst naar de huidige Neustadt. Op de rechteroever ligt de Altstadt. Beide stadsgedeelten werden omstreeks 1300 met elkaar verbonden door de stenen Nahebrücke.
De zoutwaterbronnen in en nabij Kreuznach zijn al eeuwenlang bekend. Nadat in het begin van de 18e eeuw Dr. Prieger de heilzame werking van de bronnen had ontdekt, werd Kreuznach binnen korte tijd een badplaats van betekenis. De Salines werden niet meer uitsluitend gebruikt voor de zoutwinning, maar steeds meer om de gasten in de gelegenheid te stellen de gezonde lucht ervan in te ademen. De zogenaamde Gradierwerke die u overal ziet, zijn hoge stellages opgevuld met rijshout, waarlangs het omhooggepompte water sijpelt. Het zout zet zich op de twijgen af. Op halve hoogte van deze Gradierwerke is een houten wandelgang aangebracht, zodat men nog sterkere zoutwaterlucht kan inhaleren.
Het oude centrum (Altstadt) heeft schilderachtige straatjes en bezienswaardige middeleeuwse huizen. Van de oude brug, de *Nahebrücke*, zijn de pijlers onderaan van massieve ijsbrekers voorzien en daarboven tot schietkamers uitgebouwd. Op de brug staan de alom bekende brughuizen. In de omgeving van de nieuwe brug, in de Magister Faustgasse, staat het huis waarin dr. Johann Faust omstreeks 1500 enkele jaren heeft gewoond. In de *Nikolauskirche* uit 1250 aan de Eiermarkt liggen enkele edellieden van Sponheim begraven. Met deze kerk is men in Romaanse stijl begonnen, maar zij werd in gotische stijl voltooid. De rijke kerkschat is zeer bezienswaardig. Voor de kerk staat een monument voor de Kreuznacher slagersleerling Michael Mort, die in de Slag bij Sprenling het

Langs de oevers van de Nahe tussen Bad Kreuznach en Bad Münster am Stein is het heerlijk toeven (PI)

leven van zijn landheer redde en daarbij zelf het leven verloor. Aan de korenmarkt (Kornmarkt) staat het *Blücherhaus*, nu Café Kiefer, waar veldmaarschalk Blücher, die ten strijde trok tegen Napoleon, in 1813 zijn hoofdkwartier had. Op het Wörtheiland ligt het *Kurpark* met de Elisabethquelle. In dit park staat het Kurhaus en het voortreffelijk ingerichte badhuis. Op dit eiland werd in 1311 de vroeggotische *Wörthkirche* gebouwd. Na door brand te zijn verwoest werd zij herbouwd en in 1780 als Pauluskirche ingewijd.

Ten zuidwesten van het nieuwe stadsdeel (Neustadt) verheft zich op de Schlossberg de ruïne van de *Kauzenburg*, vanwaar u een prachtig uitzicht hebt. Nu is hier een restaurant gevestigd dat gespecialiseerd is in gerechten die naar middeleeuwse recepten zijn bereid. In het bijbehorende park bevindt zich het *Schlossparkmuseum* met collecties op het gebied van de geologie, prehistorie en de Oudheid. Opmerkelijk zijn de fossielen in Hunsrückleisteen. Het *museum Römerhalle* aan de Hüffelsheimerstrasse, met vondsten uit de Romeinse tijd, bevindt zich aan de rand van het Schlosspark. Zeer bezienswaardig zijn het Okeanosmozaïek en het gladiatorenmozaïek met twaalf taferelen van het verloop van een gevecht in een amfitheater. Naast de Römerhalle vindt u de opgravingen van een Romeinse villa (Archäologischer Park).

Bad Münster am Stein

Even ten zuiden van Kreuznach ligt het veel kleinere Bad Münster am Stein (117 m; 4500 inw.), eveneens bekend als badplaats. De ligging van het stadje is zeer schilderachtig. De Nahe stroomt door een dal van wijngaarden en hoge rotsen, waarvan de Rheingrafenstein en de Rotenfels, in het gelijknamige natuurreservaat, de hoogste zijn met een fraai uitzicht.

De gebouwen van het kuuroord zijn bijzonder aantrekkelijk. De gebouwencomplexen uit 1911 waren voor hun tijd modern van opzet en wijken daarmee af van de doorsnee kuuroordgebouwen. Het Kurpark grenst aan de ter plaatse opgestuwde Nahe. Deze brengt een oud waterrad in beweging, dat nog steeds wordt gebruikt om het water op te pompen.

Pal tegenover Bad Münster ligt het elfhonderd jaar oude wijnstadje **Ebernburg**. De ruïne van de 11e-eeuwse Ebernburg ligt 80 meter boven de Nahe. Beneden in het plaatsje bevindt zich de herberg *Schwarze Katz* met uitzicht op de rotsen. Eens was de wijnkelder van deze uitspanning eigendom van de graven van Sickingen, de bewoners van de Ebernburg. Het gebouw diende als voorburcht voor de boven op de rots gelegen burcht. Ongeveer 700 jaar geleden werd de herberg Schwarze Katz hierin gevestigd. De naam is afkomstig van een kat, die in de kelder lag te slapen, toen een dief per ongeluk op haar staart trapte. Hij was bezig de inhoud van een vat zeer goede wijn te vervangen door goedkoop bocht en werd dankzij de kat op heterdaad betrapt.

Sponheim

Ten westen van Bad Kreuznach ligt aan de rand van het Soonwald het kleine dorpje Sponheim. Ondanks zijn nietigheid heeft het een grote bezienswaardigheid. Dat is de *Romaanse kerk* van een voormalig benedictijner klooster. Dit gebouw uit de periode 1123 tot 1191 heeft een Grieks kruis als grondplan met halfronde apsissen. Het interieur onderscheidt zich door zijn sobere, stijlvolle vormgeving en door zijn eigenaardige geelachtige kleur.

Sponheim beroemt zich evenzeer op zijn wijnen, zoals Abtei, Klostergarten, Grafenberg en Mühlberg.

Een paar kilometer ten zuiden hiervan, in het Ellerbachtal, ligt *Burgsponheim*. De burcht waaraan het dorp zijn naam te danken heeft, is echter grotendeels verdwenen. Maar de overgebleven 22 meter hoge stomp van een woontoren maakt toch wel indruk door zijn constructie uit machtige blokken natuursteen.

Rhaunen

Rhaunen (324 m; 1400 inw.) is een aantrekkelijk plaatsje in het dal van de Idarbach, waar dit riviertje en de Raunelbach samenkomen. Bezienswaardig zijn het *raadhuis* uit 1723 en de evangelische *kerk* met een bijzon-

der orgel uit datzelfde jaar. In vele kerken op de Hunsrück komt u orgels tegen van de familie Stumm uit het naburige Sulzbach, die het bouwen van die instrumenten tot haar beroep maakte.
Door zijn centrale ligging is Rhaunen een geschikt uitgangspunt voor het maken van voettochten door het Idarwald en het Soonwald. Westelijk van het dorp verrijst de 746 meter hoge *Idarkopf*, die een bijzonder fraai uitzicht biedt.

In het dal van de Idarbach

Ten zuiden van Rhaunen ligt aan de Idarbach het dorp **Bundenbach** (403 m; 1000 inw.). De grote attractie hier is het meedoen aan een rondleiding in de *Schiefergrube Herrenberg*, een leisteengroeve waarin u een goede indruk krijgt van de wijze waarop men vroeger in primitieve en zeer vaak ongezonde omstandigheden werkte. Ook kunt u zeer mooie afdrukken van fossielen bewonderen: zeesterren, zee-egels, schelpen, mosselen, slangensterren en zeelelies. Fossielenzoekers kunnen in de groeve dagelijks van april tot en met oktober hun hart ophalen. Leuke vondsten mogen zelfs, indien beperkt in aantal, tegen betaling worden meegenomen. Van deze leisteengroeve leidt een wandelpad naar de ruïne *Schmidtburg*, een voormalige schuilplaats van de roverhoofdman Schinderhannes.
Liefhebbers van tin raden wij aan de *Hunsrücker Zinngiesserei* in **Krummenau** te bezoeken.

Simmern

Simmern (325 m; 7000 inw.) ligt op een hoogvlakte midden in de Hunsrück. Het was vroeger de hoofdstad van het hertogdom Simmern en die status is het stadje nog een beetje aan te zien. Dicht bij de Oberstrasse staat de *Schinderhannesturm*, een middeleeuwse Pulverturm (kruittoren), waarin in 1799 de roemruchte roverhoofdman Schinderhannes gevangen heeft gezeten. De toren, waarin een klein museum is ondergebracht, kan worden bezichtigd. Aan de Fruchtmarkt staat de *Stephanskirche* uit 1072, die later in laatgotische stijl werd verbouwd (15e eeuw). In het interieur bevinden zich grafmonumenten van de graven van Simmern-Hunsrück. De rooms-katholieke kerk St. Josef is uit de 18e eeuw en heeft prachtige gewelfschilderingen.
De keurvorst Karl Theodor richtte in 1747 het Simmerner slot op. Hierin is tegenwoordig het *Hunsrücker Heimatmuseum* gevestigd. In dit museum is een collectie voorwerpen uit prehistorische, Romeinse en latere perioden te zien, die een goed beeld geven van de historie van de oostelijke Hunsrück. Opmerkelijk zijn vooral de oude Bauernstube en -küche, een serie klederdrachten en fraai versierde met de hand beschilderde liefdesbrieven uit de 18e eeuw.
De bergen, dalen en uitgestrekte bossen rondom Simmern zijn uitermate geschikt voor het maken van wandelingen en uitstapjes. Midden in één der eikenbossen ligt een groot modern openluchtzwembad.
Het kleine dorp **Ravengiersburg** (377 m; 400 inw.), zeven kilometer ten zuiden van Simmern in het dal van de Simmerbach, trekt reeds van verre de aandacht door zijn indrukwekkende *Hunsrückdom*. Het kerkgebouw zelf – de voormalige Augustinerchorherrenstiftskirche – stamt uit de 18e eeuw, maar de westgevel geflankeerd door twee stoere torens is 12e- tot 13e-eeuws en toont een laatromaanse zuilengalerij met enkele bijzondere beelden. Met de vakwerkhuizen aan de voet van de kerkheuvel vormt dit geheel een beeld uit vervlogen tijden.

Op de terugweg loont het de moeite even langs het ten oosten van Ravengiersburg gelegen **Sargenroth** te rijden. Hier staat de *Nunkirche*, een oude bedevaartkerk met Romaanse fresco's. Van de *Bismarckturm* heeft u een weids uitzicht op de omgeving.

Stromberg

Het plaatsje Stromberg (370 m; 2500 inw.) ligt aan de uiterste oostrand van de Hunsrück, omgeven door de gedeeltelijk beboste bergen van het Soonwald. De Guldenbach stroomt erdoorheen en de linksrheinische Autobahn voert erlangs. Ten tijde van de Romeinen liep hier ook al een belangrijke weg: de Römerstrasse van Mainz naar Trier.
Eén van de voornaamste bezienswaardigheden is de ruïne van de *Stromburg*, of Fürstenburg, waarvan de buitenste muren, die nog overeind staan, tot in het dal liepen en ook Stromberg omsloten. Het was de geboorteplaats van de in 1625 in Seelze bij Hannover gevallen luitenant-generaal Hans Michel von Obentraut, die 'der deutsche Michel' werd genoemd en nu nog voortleeft als verpersoonlijking van het Duitse volk. Tegenover de Hundsfels – een bijna loodrecht uit de Guldenbach oprijzende marmerrots – bevindt zich de Gollenfels met bovenop de gelijknamige ruïne. Op de Gollenfels treft u ook het *grafmonument* aan van de Pruisische luitenant von Gauvain, die in maart 1793 in de strijd tegen de Fransen viel, nadat hij urenlang met slechts 37 man de berg tegen de overmacht had verdedigd. Een bezoek waard is ook de Schiessgraben, een tussen twee rotsen van de Römerberg gevormde kloof, waar bij zware regenval het water 30 tot 40 meter naar beneden stort.

Thalfang

Midden op de Hunsrück ligt Thalfang (450 m; 1300 inw.) aan de voet van de *Erbeskopf* (816 m), het hoogste punt van de Rijnstreek. Thalfang heeft weinig doorgaand verkeer, omdat de Hunsrück Höhenstrasse beneden langs het dorp loopt. De aftakking naar Neumagen-Dhron loopt eveneens buiten het dorp om. Het wordt door zijn mooie, hoge ligging en de gezonde zuivere lucht veel bezocht.
In 633 werd het dorpje voor het eerst genoemd. Het was toen bezit van het St. Maximinklooster bij Trier. In 1635 werd het door de Keulse troepen verwoest. Het grootste gedeelte van het dorp ligt op een steile heuvel. De evangelische *kerk* uit de 13e eeuw is in gotische stijl gebouwd. Van 1698-1900 werd zij als simultaankerk gebruikt, dat wil zeggen dat er zowel protestantse als rooms-katholieke diensten werden gehouden. Daarna is er een nieuwe rooms-katholieke kerk gebouwd.
De omgeving is geschikt voor het beoefenen van wintersport. Op de *Erbeskopf* zijn skipistes, compleet met sleepliften en verlichtingsinstallaties voor avondlijke afdalingen. Ook zijn er rodelbanen en een installatie voor het aanbrengen van kunstmatige sneeuw.

Morbach

Eveneens midden op de Hunsrück en aan de Hunsrück Höhenstrasse ligt ten oosten van Thalfang het plaatsje Morbach (450 m; 10.000 inw.) dat zich heeft ontwikkeld tot een koopcentrum voor de vele kleine dorpen in de omgeving. Door de nabijheid van de wandelgebieden Idarwald en Schwarzwälder Hochwald is het in trek gekomen bij toeristen. Van hier zijn bovendien mooie uitstapjes te maken naar de dalen van de Moezel (Traben-Trarbach) en de Nahe (Idar-Oberstein).

7 Saarland

De meeste mensen zullen niet in de eerste plaats naar Het saarland gaan vanwege de natuur. De streek is vooral bekend als industriegebied met rokende schoorstenen, hoogovens, mijnen en grote fabrieken. Liefhebbers van industriële architectuur zijn hier echter wél aan het goede adres, vooral in Saarbrücken is er op dat terrein nog veel te ontdekken. Deze stad heeft voor de bezoeker ook nog andere bezienswaardigheden in petto en heeft als hoofdstad van het Saarland op cultureel gebied veel te bieden. Het landschap rond de rivier de Saar is tussen Saarburg en Mettlach het mooist en ongereptst. Uitgestrekte loofbossen, dichtbegroeide oevers, steile berghellingen en groene dalen vormen een welkome afwisseling in deze geïndustrialiseerde streek.

Bij het horen van de naam Saarland of Saargebied, zoals het tussen de twee wereldoorlogen bekend stond, doemt bij velen het beeld op van een streek waarin zich tegen een door rook grauwbruin gekleurde lucht silhouetten aftekenen van mijninstallaties, hoogovens en fabriekscomplexen, waar de opvallendste heuvels de enorme slakken- en andere afvalhopen zijn en waar de bevolking in sombere, beroete, uit hun krachten gegroeide steden bijeenhokt. Kortom een gebied dat men, tenzij voor zakelijke doeleinden, maar liever mijdt.

Dit sombere beeld van het Saarland is in zijn algemeenheid niet geheel overeenkomstig de werkelijkheid. Er valt voor de toerist nog wel wat schoons te ontdekken, maar toegegeven: veel is het niet. Wie geïnteresseerd is in oude industrielandschappen en -steden, komt hier in ieder geval aan zijn trekken.

In het westelijk deel van het gebied stroomt de Saar, een zijrivier van de Moezel. Ten zuiden van Trier, tussen Saarburg en Mettlach, is het Saardal op z'n mooist, de bekoorlijkste streek van het gehele gebied. Zoals de Moezel zich in grote lussen en in een diep dal door het leisteenplateau heen werkt, zo kronkelt ook de Saar. Het landschap waar de Saar doorheen slingert, is echter ongerepter. Wanneer u van boven omlaag kijkt in de dalen, dan merkt u dat de donkergroene loofbossen langs de steil naar beneden lopende helling tot diep in het dal reiken, zodat men op vele plaatsen de rivier niet meer ziet. Er is dan ook met moeite een plaats gevonden om de weg en de spoorlijn aan te leggen. Als overnachtingsplaatsen komen hier vooral Saarburg en het aan de westzijde van het dal gelegen Orscholz, dicht bij de Cloef, in aanmerking. De Cloef is een hoogte vanwaar u een bijzonder mooi uitzicht heeft op een zeer lange lusbocht van de Saar.

Meer naar het zuiden wordt het Saardal breder. Daar begint het land-

Hoogtepunten

Stads- en dorpsgezichten
Saarburg en Saarbrücken.

Kastelen en burchten
Saarburg.

Kerken en kloosters
Merzig, Saarbrücken (Ludwigskirche), St. Wendel, Tholey.

Oudheden
Nennig: *mozaïekvloer* in de Romeinse villa.
Nohfelden/Nonnweiler (zie Bosen): *Hunnenring*.
Homburg: *openluchtmuseum Schwarzenacker*.

Musea
Homburg: *openluchtmuseum Schwarzenacker*.
Mettlach: *Keramikmuseum*.
Saarbrücken: *Saarlandmuseum* met Moderne Galerie en Alte Sammlung.

Overige hoogtepunten
Saarbrücken: bezoek aan de *Deutsch-Französischer Garten* en de *dierentuin*.
Wandelen over de *Saarland-rundwanderweg* tussen St. Wendel en de Bostalsee; langs het pad staan moderne sculpturen.
Homburg: bezoek aan de *zandsteengrotten* (Schlossberghöhlen).

schap van industriesteden, waarvan alleen Saarbrücken voor een beschrijving in aanmerking komt.
In het oostelijk deel van het Saarland stroomt de Blies. In het bovenstroomse deel van het dal van deze rivier liggen enkele schilderachtige plaatsen als Ottweiler en St. Wendel. Ten westen van St. Wendel ligt bij Tholey de fraai beboste Schaumberg (570 m). Een beklimming van de top en de daarop gebouwde uitkijktoren wordt beloond met een magnifiek uitzicht. Dit is het ruige voorland van het Schwarzwälder Hochwald, een bergrug in het noordelijke grensgebied van het Saarland, deel uitmakend van de Hunsrück.

Speelbal tussen Frankrijk en Duitsland Het spreekt vanzelf dat een dergelijk economisch en strategisch belangrijk gebied in de loop der tijden heel wat verschillende machthebbers heeft gekend. In vroeger eeuwen hebben vooral de hertogen van Lotharingen er een belangrijke rol gespeeld, terwijl Saarbrücken een eigen gravengeslacht kende onder leenheerschap van de bisschop van Metz. In 1648, aan het eind van de Dertigjarige Oorlog, kwam een groot deel van het Saarland in handen van de Franse koning Lodewijk XIV, die Saarlouis stichtte als bestuurscentrum en sterkste vestingstad van deze streek. In 1792 raakte het gehele gebied in handen van de Franse revolutionaire troepen en tijdens de regering van Napoleon werd het een Frans departement. Maar na de nederlaag van de keizer in 1815 maakte Pruisen zich er meester van. Dit vond plaats ten tijde van de opkomst van de kolenmijnen en de industrie. Uit andere delen van Pruisen kwamen hier toen veel arbeidskrachten naar toe. De steden groeiden snel en het gelukte de Pruisische machthebbers de sporen van de Franse invloed grotendeels uit te wissen.
Met het aangrenzende Lotharingen bleven echter nauwe relaties bestaan, omdat het Saarland voor zijn industrie het Lotharingse ijzererts nodig had en Lotharingen de Saarlandse steenkool. Nadat Lotharingen na de Frans-Duitse oorlog van 1870-'71 bij Duitsland was ingelijfd, werd die samenwerking natuurlijk nog geaccentueerd. Aan het eind van de Eerste Wereldoorlog werd Lotharingen weer Frans. Het Saarland werd ook aan Frankrijk toegewezen, als compensatie voor de schade die door de Duitsers aan de mijnen van Noord-Frankrijk was toegebracht. Maar reeds in 1920 kreeg het onder de naam Saargebied een speciale status. In de hoofdstad Saarbrücken zetelde een bestuurscommissie van vijf leden, die door de Volkenbond benoemd werden. Frankrijk behield echter het beheer over de kolenmijnen. In 1935 kwam hieraan een einde door een referendum waarbij het grootste deel van de bevolking ervoor koos het Saargebied onder Duits gezag te stellen.
Na de val van het Derde Rijk, dat in het Saargebied met grote oorlogsschade gepaard ging, was de toekomst van het gebied opnieuw onzeker geworden. Eerst kreeg het een apart militair en burgerlijk bestuur. Bij de landdagverkiezing in oktober 1947 kreeg het Saargebied een eigen regering en een volksvertegenwoordiging van 50 leden. Daarnaast werd echter het Franse Hoge Commissariaat ingesteld, dat over uitgebreide bevoegdheden beschikte. Vooral economisch bleef het gebied daardoor nauw met Frankrijk verbonden. Na het ontstaan van de Duitse bondsrepubliek, laaide de controverse tussen Frankrijk en Duitsland over het Saarland opnieuw op. Uiteindelijk werd in 1955 een volksstemming gehouden onder controle van een groot aantal burgemeesters uit neutrale Europese landen, waaronder 225 uit Nederland. Die stemming leidde tot het 'Saarakkoord', op grond waarvan het Saarland sinds 1 januari 1957 staatkundig weer deel uitmaakte van Duitsland. Sinds 1959 was het ook financieel-economisch weer met dat land verbonden.

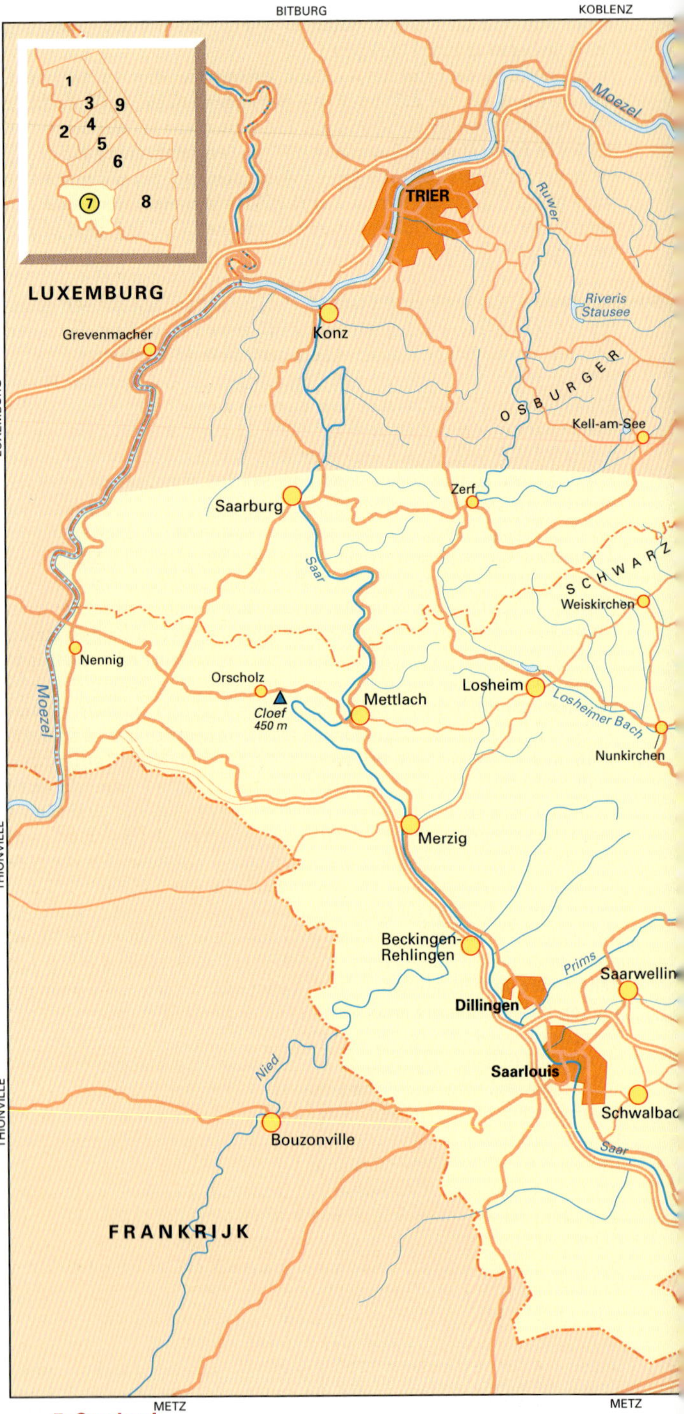
BITBURG
KOBLENZ
LUXEMBURG
THIONVILLE
THIONVILLE
METZ
METZ
1
2
3
4
5
6
7
8
9
LUXEMBURG
FRANKRIJK
TRIER
Moezel
Ruwer
Riveris Stausee
Konz
Grevenmacher
OSBURGER
Kell-am-See
Zerf
Saarburg
Saar
SCHWARZ
Weiskirchen
Nennig
Orscholz
Cloef 450 m
Mettlach
Losheim
Losheimer Bach
Nunkirchen
Moezel
Merzig
Beckingen-Rehlingen
Prims
Saarwellin
Dillingen
Saarlouis
Schwalbac
Nied
Bouzonville
Saar

7 Saarland

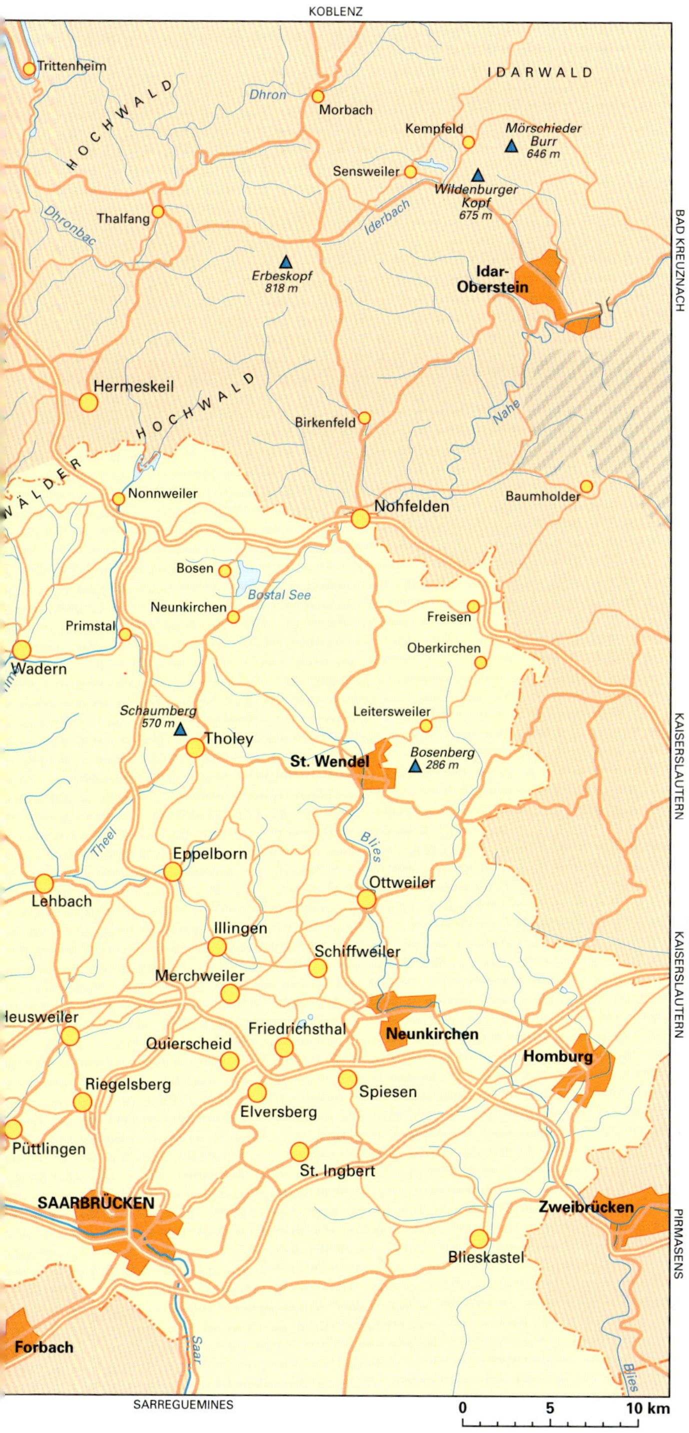
KOBLENZ
Trittenheim
HOCHWALD
Dhron
Morbach
IDARWALD
Kempfeld
Mörschieder Burr 646 m
Sensweiler
Wildenburger Kopf 675 m
Thalfang
Dhronbac
Iderbach
Erbeskopf 818 m
Idar-Oberstein
BAD KREUZNACH
Hermeskeil
HOCHWALD
Birkenfeld
Nahe
WÄLDER
Nonnweiler
Nohfelden
Baumholder
Bosen
Bostal See
Neunkirchen
Freisen
Primstal
Wadern
Oberkirchen
Schaumberg 570 m
Leitersweiler
KAISERSLAUTERN
Tholey
St. Wendel
Bosenberg 286 m
Theel
Blies
Eppelborn
Ottweiler
Lehbach
Illingen
Schiffweiler
KAISERSLAUTERN
Merchweiler
Heusweiler
Friedrichsthal
Neunkirchen
Quierscheid
Homburg
Riegelsberg
Elversberg
Spiesen
Püttlingen
St. Ingbert
SAARBRÜCKEN
Zweibrücken
PIRMASENS
Blieskastel
Forbach
Saar
Blies
SARREGUEMINES
0 5 10 km

Praktische informatie

Inlichtingen

Inlichtingen over de streek zijn te verkrijgen bij: Kongress und Touristik, Grosshertog-Friedrich-Strasse 1, 66111 Saarbrücken. *Plaatselijke inlichtingenbureaus:* 66424 Homburg; 66625 Nohfelden/ Bosen; 66564 Ottweiler; 66111 Saarbrücken.

Sport

Zwemmen: Openluchtzwembaden zijn er in de volgende plaatsen: Mettlach (verwarmd), Saarbrücken en Saarburg.
Watersport: windsurfen en zeilen op de Bostalsee.

Bosen

Even bezijden de Autobahn Trier–Kaiserslautern (in het noorden van het Saarland) ligt bij het boerendorp Bosen Saarlands grootste recreatiegebied: de **Bostalsee**. Het stuwmeer met een oppervlakte van 120 hectare leent zich uitstekend voor zeilen en windsurfen. Maar het aanbod omvat nog meer. U kunt er roeiboten en waterfietsen huren en zwemmen in een groot overdekt golfslagbad; er is een minigolfbaan en er zijn talloze tennisbanen en verscheidene mogelijkheden om paard te rijden. Ook de wandelaar komt hier ruimschoots aan zijn trekken. Overnachten is geen probleem, want in en rond Bosen zijn genoeg hotels, bungalowparken en kampeerterreinen voorhanden.
Wat het wandelen betreft, biedt dit deel van het Saarland iets bijzonders. Tussen de Bostalsee en de stad St. Wendel loopt een 18 kilometer lang wandelpad. Langs dit pad hebben sinds 1979 beeldhouwers uit diverse landen uit machtige steenblokken moderne sculpturen gehouwen. Het pad heeft dan ook de toepasselijke naam 'Strasse der Skulpturen' gekregen. Op een heuvel bij St. Wendel staan nog eens 16 van dergelijk creaties bij elkaar.
Ten noorden van de Bostalsee ligt, eveneens dicht bij de Autobahn, **Nonnweiler** (500-700m; 8500 inw.) met zijn recreatieterrein Peterberg. De attractie hier is de 785 meter lange *Schalenrutschbahn* (zomerrodelbaan) en een stoeltjeslift. Ten noordoosten van dit dorp, bereikbaar vanuit het naburige Otzenhausen, ligt de *Hunnenring*. Deze op de Dollberg gelegen muur, die eigenlijk een Keltische ringwal uit de periode van 450 v. Chr. tot de 3e eeuw na Chr. is, omsluit een gebied van 19,11 hectare. Het geheel is opgebouwd uit grote rotsblokken (totaal circa 228.000 m^3). De 2210 meter lange muur is aan de onderkant 41,5 meter breed en aan de bovenkant 2,5 meter. De hoogte van de muur is 10 meter.

Homburg

De stad Homburg (230 m; 44.000 inw.) ligt in een heuvelachtige, bosrijke omgeving, vlak bij de grens van Rheinland-Pfalz. De stad herbergt veel industrie en de medische faculteit van de Saarlandse universiteit, waarvan het grootste gedeelte in Saarbrücken is gevestigd.
Door een park, dat is aangelegd op de helling van de Schlossberg, bereikt u de overblijfselen van de *Hohenburg*, waaronder de grootste zandsteengrotten van Duitsland liggen. Er leidt een autoweg naar boven die uitkomt bij een groot hotel. Een andere ruïne is die van het *Karlsbergschloss*, een half uur gaans ten noordoosten van Homburg. Ten noorden van Homburg ligt het geologisch-botanisch reservaat *Jägersburger Moor*, dat een landschap van veenmoerassen omvat.

Een bezienswaardigheid is ook het *Grubenmuseum* in **Bexbach**, zeven kilometer ten noordwesten van Homburg. Dit museum, dat interessante collecties op geologisch, technisch en heemkundig gebied bevat, is ondergebracht in een 40 meter hoge uitzichttoren. Maar dé bezienswaardigheid is het *openluchtmuseum* te **Schwarzenacker** (even ten zuiden van Homburg) waar een volledige Romeinse nederzetting is gereconstrueerd.

Lebach

Midden in het onbekende Saarland ligt het stadje Lebach (275 m; 20.900 inw.). Het aardige dal van de Theelbach (waarin Lebach ligt) en dat van de Prims vormen hier de landschappelijke hoogtepunten, maar bijzondere toeristische waarde hebben zij niet. In de bossen rondom zijn wel mooie wandelingen te maken. De parochie Lebach bestaat al meer dan 1000 jaar. De gotische kerk is een brokje neoromantiek uit 1883. Origineel is de vroeggotische doopsteen (12e eeuw) in deze kerk. Hij werd door Trier aan Lebach geschonken. Aan vroeger tijden herinnert ook het slot *La Motte*, waarbij een 800 jaar oude taxusboom staat.

Merzig

Merzig (175 m; 30.000 inw.) ligt aan het begin van een opgestuwd gedeelte van de rivier de Saar, vlak voordat deze zich met talrijke slingers door een bosrijk gebied een weg baant naar Saarburg. Door de bosrijke omgeving en de gezonde lucht komt Merzig in aanmerking voor een langer verblijf. In de nabijheid liggen het *Wolfsfreigehege* in de Kammerforst en de natuurreservaten de *Nachberg* en de *Gipsberg*.
In de plaats zijn verscheidene sporen gevonden van een Romeinse nederzetting. De Romaanse zuilenbasiliek *St. Peter* stamt uit de 12e eeuw en zou door koning Dagobert in 630 zijn gesticht. Een modern bouwwerk in de vorm van een tent is de *St. Josefskirche*. Het vroegere slot van de aartsbisschop van Sötern (1625) is nu in gebruik als Rathaus en is een sieraad van barokke bouwkunst.

Ottweiler

Dit oude stadje (260 m; 16.000 inw.) ligt te midden van bossen en heuvels in het dal van de Blies, die in het oostelijk deel van het Saarland stroomt. In dit gebied is geen industrie. Met zijn oude patriciërshuizen in vakwerkstijl straalt het plaatsje een fijne sfeer uit. Behalve vakwerkhuizen staan er ook veel bouwwerken in barokstijl, die herinneren aan het feit dat Ottweiler de residentie is van de graven van Nassau-Saarbrücken. Zo is er bijvoorbeeld het *Lustschlösschen* van de graven, en het *Witwenpalais*. Naast de vroeggotische evangelische kerk staat nog een oude verdedigingstoren. In Ottweiler bevinden zich een klein *Heimatmuseum* en een *Karnevalmuseum* die na afspraak kunnen worden bezichtigd.

Saarburg

Saarburg (140-340 m; 6500 inw.) is een interessant oud stadje, gelegen in het mooiste gedeelte van het Saardal. In de laatste oorlog heeft het een hevig bombardement ondergaan, maar er zijn nog vele schilderachtige hoekjes bewaard gebleven.
Het stadje ligt rondom en tegen de Burgberg. De burcht *Saarburg*, de kern van de stad, werd in het midden van de 10e eeuw gebouwd. In het jaar

1291 kreeg de plaats stadsrechten en werd toen met muren en torens versterkt. Drie van die torens en aanzienlijke delen van de stadsmuur zijn bewaard gebleven. In de 16e eeuw brandde de burcht af. Hij staat sindsdien als ruïne boven op de berg. Midden in de stad vormt de Leukbach een 20 meter hoge waterval. Aan de voet van de waterval staat een zeer oude molen, die door het riviertje wordt aangedreven. Vlak daarna stroomt de Leukbach in de Saar. In dit deel van het stadje, de Unterstadt, zijn de meeste oude huizen uit de 17e en 18e eeuw bewaard gebleven, die Saarburg zo'n schilderachtig aanzien geven. Bezienswaardig is de *klokkengieterij* uit 1770, die na afspraak kan worden bezichtigd. Andere attracties zijn de stoeltjeslift en een tocht op de Saar met een rondvaartboot.

Het dal van de Saar

Ten zuiden van Saarburg slingert de Saar door een schitterend dal. De rivier ligt er ingeklemd tussen beboste oevers. Maar ook dit mooie dalgedeelte heeft wat aan schoonheid ingeboet nu de rivier is gekanaliseerd. Op de rechteroever is de oude weg verbreed. Hij kronkelt met de rivier mee naar **Mettlach** (165 m; 11.700 inw.). Hier heeft men de Saar opgestuwd tot een meer. In het jaar 690 bouwde de heilige Ludwin in het tegenwoordige park een gebedshuis en later een klooster. Dit werd vernietigd in de Dertigjarige Oorlog, maar later weer opgebouwd. Het gebouw werd in 1734 afgebroken om plaats te maken voor het tegenwoordige, waarin de terracotta- en aardewerkfabrieken van Villeroy en Boch zijn gevestigd. Behouden gebleven is de *After Turm* en de ruïne van de vroegromaanse *grafkapel*. Deze werd in 987 naar het voorbeeld van de Dom van Aken gebouwd en in de 13e eeuw in gotische stijl verbouwd.
In het voormalige Schloss Ziegelberg bevindt zich een *keramiekmuseum*. De collectie omvat werk uit de periode 1750-1930 afkomstig uit Lotharingen, Luxemburg, Frankrijk en Engeland en natuurlijk ook werk uit de eigen fabrieken. Regelmatig vinden er speciale tentoonstellingen plaats.
Ten westen van Mettlach voert een sterk stijgende weg naar het kleine **Orscholz**, dicht bij de *Cloef* (450 m). De Cloef is een hoogte vanwaar u een bijzonder fraai uitzicht heeft over de zeer lange bocht van de rivier, die als het ware een schiereiland omsluit. Midden op dat schiereiland staat een burchtruïne. Vlak bij de Cloef bevindt zich het sprookjespark *Orscholz*.

Nennig

Zuidwestelijk van Saarburg ligt dicht bij de Moezel (tegenover het Luxemburgse Remich) het kleine Nennig dat sinds 1852 bekendheid geniet vanwege de vondst van een *Romeinse villa*. Uitzonderlijk fraai is de bijna geheel ongeschonden gebleven mozaïekvloer van de feestzaal. In deze vloer van 10 bij 16 meter zijn zeven zeer kleurrijke voorstellingen aangebracht, onder andere van gladiatorengevechten.

Saarbrücken

Saarbrücken (230 m; 200.000 inw.), de universiteits-, industrie-, jaarbeursstad en hoofdstad van het Saarland, is het centrum van het gelijknamige kolenbekken. De stad strekt zich uit op beide oevers van de Saar te midden van heuvels en bossen. Saarbrücken dankt zijn ontstaan aan de Romeinse nederzetting bij de brug over de Saar, waar de heerbaan Mainz – Metz over de rivier voerde. Ter bescherming van deze brug werd

later de burcht Sarabrucca gebouwd, die in 999 aan de stad Mainz werd gegeven. Van 1381 tot 1792 werd de stad geregeerd door de graven van Saarbrücken, waarna de stad werd ingelijfd bij Frankrijk. Sindsdien is het Saarland een strijdpunt geweest tussen Duitsland en Frankrijk en heeft het verschillende malen van nationaliteit gewisseld.
Saarbrücken is niet zo'n mooie en interessante stad als bijvoorbeeld Trier, maar het is overdreven te zeggen dat het een sombere industriestad is. Als hoofdstad van het Saarland is het het culturele centrum van de streek. Het levendige centrum van Saarbrücken heeft een rijk uitgaansleven.
Het oude Saarbrücken, Alt Saarbrücken, ligt op de linkeroever van de Saar en schaart zich rondom de oude brug en het kasteel. De *Alte Brücke* werd gebouwd in 1549 en in 1552 trok Karel V als eerste met zijn leger over deze brug, waarna vele legers hem zouden volgen. Bij de brug is de aanlegplaats van de plezierboten voor een tochtje op de Saar.
Op de Schlossberg staat nog steeds de oude gotische *Schlosskirche*, die in 1476 werd gebouwd, maar waaraan in de loop der jaren vrij veel is veranderd. Het huidige slot is van later datum. Het werd gebouwd in de bloei-

Het schitterende Bürgerpark in Saarbrücken is in 1989 aangelegd in de oude haven (MW)

tijd van Saarbrücken, namelijk de 18e eeuw, toen de vorst Wilhelm Heinrich de hofarchitect Friedrich Joachim Stengel in dienst nam. Het slot uit 1738-1748 was zijn eerste schepping. Helaas moet geconstateerd worden dat latere restauraties niet veel hebben overgelaten van het eertijds zo sprankelende barokke gebouw. Aan de Schlossplatz staat ook het Altes Rathaus. Dit oude raadhuis is nu ingericht als het zogenaamde *Abenteuer Museum*. De verzamelingen hebben betrekking op de expedities van de globetrotter Heinz Rox-Schulz, die uit Azië, Afrika, Zuid-Amerika en Nieuw-Guinea tal van bijzondere voorwerpen heeft meegebracht.

Het mooiste werk van Stengel is de Ludwigsplatz met de *Ludwigskirche*. Midden op het plein – een schitterend voorbeeld van monumentale barokke eenheid – staat de kerk die helaas in de Tweede Wereldoorlog werd verwoest. De muren en torens zijn blijven staan maar het gehele interieur ging verloren. Een volledige restauratie heeft het gebouw zijn oude luister weer teruggegeven. Het doet de Nederlandse protestant wat vreemd aan wanneer bedacht wordt dat deze puur barokke kerk werd

Saarbrücken kent nog veel intieme plekjes, zoals dit terras in de voetgangerszone van de St. Johannstrasse (TG)

gebouwd voor de lutherse eredienst. In het paleis aan het plein is het *Museum für Vor- und Frühgeschichte* ondergebracht. Liefhebbers van de pre- en protohistorie kunnen hier hun hart ophalen. Hier op de Ludwigsplatz ervaart u Saarbrücken als een prettige, charmante stad, zoals de inwoners het ook graag zien.

Om nog wat meer van dat charmante Saarbrücken te genieten loopt u over de Alte Brücke naar de wijk St. Johann. Als u op de brug staat, ziet u rechts op de andere oever van de rivier de rondingen van het grote Staatstheater. U loopt rechtdoor via de Saarstrasse naar de St. Johanner Markt, een uitgaans- en winkelcentrum met terrasjes en talrijke cafés en restaurants. Aan het pleintje bevindt zich op nr. 24 de *Stadtgalerie* met collecties van hedendaagse kunst, en tentoonstellingen op het gebied van film, tv en muziek. Er is daar ook een café.

Achter de Johanner Markt verrijst de belfortachtige toren van het neogotische raadhuis. De drukste winkelstraat van Saarbrücken is de Bahnhofstrasse, die van de St. Johanner Markt naar het station voert.

Buiten het oude centrum van de stad zijn nog enkele andere bezienswaardigheden. Achter het Staatstheater bevindt zich het *Saarlandmuseum* met de Moderne Galerie aan de Bismarckstrasse 11-19 met collecties schilderijen en beeldhouwwerken van 20e-eeuwse kunstenaars. Tegenover de Moderne Galerie bevindt zich haar tegenhanger, de Alte Sammlung, met collecties schilderijen, porselein, beeldhouwwerken en meubilair uit de 13e t/m de 19e eeuw, afkomstig van het zuidwestelijk deel van Duitsland en Elzas-Lotharingen.

Als laatste museum noemen we het *Geologisch Museum* (Trierer Strasse 4), gevestigd in de school van mijningenieurs. De verzamelingen geven een overzicht van de geologie, mineralogie en petrologie van het Saarland.

Aan de westrand van de stadswijk Alt Saarbrücken ligt het recreatiepark *Deutsch-Französischer Garten*. Het is een 50 hectare groot park met een midgetgolfbaan, stoeltjeslift, grote vijver met waterorgel waarop met waterfietsen gevaren kan worden, en een soort Madurodam – Gulliver-Mini-Welt geheten – met bekende bouwwerken uit de gehele wereld die op een schaal van 1:13 zijn uitgevoerd. Om het publiek te amuseren vindt er

altijd wel de één of andere manifestatie plaats, voor jong en oud, overdag en 's avonds.
Oostelijk van de wijk St. Johann bevindt zich in een natuurpark tegen de helling van de Eschberg de *dierentuin*. Bijzonder is het Afrika Haus en het verblijf voor de nachtdieren.

St. Wendel

Aan de rivier de Blies ligt in het noordoostelijk deel van het Saarland het plaatsje Sankt Wendel (285 m; 27.000 inw.). Het St. Wendelerland, zoals de directe omgeving genoemd wordt, is waarschijnlijk naar de Ierse monnik Wendelinus, genoemd, die in de 6e eeuw het evangelie in de dalen van deze streek heeft verkondigd. In de 7e eeuw werd St. Wendel reeds als bezit van de abdij Tholey in geschriften vermeld.
Bezienswaardig is de laatgotische *basiliek van St.Wendel* uit de 14e eeuw. Het is nog steeds een bedevaartskerk. Opvallend aan het bouwwerk zijn de drie torens, die aan de westzijde uit het gebouw omhoogrijzen. De hoge, slanke zuilen in het interieur dragen de netgewelven. In het oog lopende kunstwerken zijn de kansel en een beeldengroep die een Graflegging uit omstreeks 1480 voorstelt. Achter het hoogaltaar bevindt zich het graf van de heilige Wendelinus. Rondom de kerk staan talrijke barokke gebouwen. In het *Heimatmuseum* (bezichtiging na afspraak), dat gevestigd is in het stadhuis, kunt u vondsten uit de Romeinse tijd zien.
Een wandeling via het Wendelskapelletje naar het missiehuis van de paters van Steyl aan de Missionshausstrasse 50 is aan te bevelen. In het missiehuis is namelijk het *Museum für Mission und Völkerkunde* ondergebrach. Het museum herbergt een interessante volkenkundige verzameling alsmede schilderijen van Schiestel en Gottwald.

Omgeving van St. Wendel

De omgeving van St. Wendel kenmerkt zich door een berg- en boslandschap, waar de Blies, de Nahe, de Oster en de Prims doorheen stromen. Aan de oostrand van het stadje verrijst de *Bosenberg* (485 m), die een fraai uitzicht biedt. Een tiental kilometers ten westen van St. Wendel verrijst de *Schaumberg* (571 m), die gemakkelijk te herkennen is aan de toren die is opgericht ter nagedachtenis van de oorlogsgevallenen aan beide zijden van de Duits-Franse grens. Vanaf de toren heeft u een weids panorama van het Saarland. Aan de voet van de Schaub ligt **Tholey** met zijn *benedictijner abdij* uit de 7e eeuw. De abdij bezit een zeer bezienswaardige vroeggotische kerk uit de 13e eeuw, die bestaat uit een basilica met drie koren en een machtige westelijke toren. Het interieur is in barokstijl aangekleed. Opvallend zijn het orgel en de koorstoelen. De kloostergebouwen, die als zodanig nog dienstdoen, zijn in 1949 opnieuw gebouwd.
In noordoostelijke richting bereikt u vanuit St. Wendel via Leiterweiler na 12 kilometer **Oberkirchen**. Hier in de buurt ligt op de Weisselberg (570 m) een geologisch reservaat. De Weisselberg is een beboste heuvel van vulkanische oorsprong, omgeven door weidevlakten met een venige en mineraalhoudende bodem.

7

8 Pfalz

De zonnige Pfalz ligt ingeklemd tussen Frankrijk en de Rijn. Op weg naar het zuiden rijden velen eraan voorbij. De streek geldt als het grootste Duitse wijngebied. Weinstuben, (aankondigingen van) wijnfeesten en uitgestrekte, glooiende wijnvelden herinneren overal langs de tachtig kilometer lange Weinstrasse waar men hier van leeft. Maar ook amandelbomen, citroenen, edelkastanjes, cipressen, vijgebomen en ceders zijn op veel plaatsen te zien en geven de streek een zonnig, mediterraan tintje. Het grootste Naturpark van Duitsland is het Pfälzer Wald (1700 km^2), een eldorado voor wandelaars. De historische steden Speyer en Worms met hun schitterende kathedralen hebben op cultureel gebied veel te bieden.

De Pfalz ligt wat verder weg van Nederland dan bekende gebieden als de Eifel en de Moezel. Het vormt als het ware een dode hoek tussen de Rijn met zijn Autobahnen en de grens met Frankrijk.
Men rijdt er gemakkelijk aan voorbij en het is daarom een bij Nederlanders weinig bekend gebied.
Ten westen van de Rijn en evenwijdig daaraan, loopt de 80 kilometer lange Weinstrasse, die het grootste Duitse wijngebied doorsnijdt. Alles staat hier in het teken van de wijn. De wijn heeft hier de geschiedenis, de cultuur en het leven en de welvaart van de bevolking bepaald. Stelt u zich voor; een groene zee van 150 vierkante kilometer (15.000 ha) zachtglooiende heuvels, uitsluitend beplant met miljoenen wijnstokken. De zon moet er wel overdadig schijnen, want ook amandelbomen, vijgenbomen, citroenen, edelkastanjes en zelfs cipressen en ceders groeien hier. De Duitse romantiek is hier volop aanwezig.

In de stadjes staan vele vakwerkhuizen en resten van muren en poorten, en talrijke heuvels worden bekroond door ruïnes van burchten. Vooral in het vroege voorjaar, wanneer de amandelbomen bloeien, en in het najaar, wanneer de wijnfeesten worden gehouden, is het hier druk. Maar Nederlanders ziet u er toch nog weinig. Die houden zich dichter bij de Rijn op om tijdens de paasdagen van de bloesem te genieten, en prefereren de wijnfeesten van het Ahrdal en het Moezeldal. De Deutsche Weinstrasse begint officieel in Bockenheim, maar pas ten zuiden van Grünstadt ligt hij in de beschutting van het Pfälzer Wald, ook wel Haardtgebirge genoemd. De weg wringt zich door de talrijke knusse stadjes en dorpjes. De aardigste zijn Deidesheim en Rhodt, de grootste zijn Bad Dürkheim met zijn enorme tot Weinstube ingerichte wijnvat en Neustadt. De schilderachtigste burchtruïne is de Trifels bij Annweiler.

Hoogtepunten

Stads- en dorpsgezichten

Bad Bergzabern, Deidesheim, Dörrenbach, Bad Dürkheim, Kallstadt, Kirchheimbolanden, Rhodt en St. Martin.

Kastelen en landhuizen

Trifels (bij Annweiler), Berwartstein bij Erlenbach (zie Bad Bergzabern), Dahn, Ludwigshöhe (zie Edenkoben).

Kerken en kathedralen

Kaiserslautern, Kandel, Kirchheimbolanden, Neustadt, Speyer, Worms.

Musea

Bad Bergzabern: Zinnfigurenmuseum.
Mannheim: Reiss-Museum.
Neustadt: Heimatmuseum en spoorwegmuseum.
Pirmasens: Heimat- und Schuhmuseum.
Speyer: Historisches Museum met Weinmuseum.

Overige hoogtepunten

Bad Dürkheim: dineren in het Riesenfass, gokken in het casino, kuren bij de Gradierbau, een tochtje per gondelbaan naar de Heidenmauer.
Edenkoben: met de stoeltjeslift van Schloss Ludwigshöhe naar het uitzichtpunt Rietburg.
Worms: bezoek aan Worms tijdens het Backfischfest in de laatste week van augustus.

Het klimaat in de Pfalz wordt gunstig beïnvloed door het ten westen van de Weinstrasse gelegen bosrijke heuvelland van het Nordpfälzer Bergland en het Pfälzer Wald.
Het Pfälzer Wald, gelegen in het hart van de Pfalz, is met zijn oppervlakte van 1700 km² het grootste Naturpark in Duitsland. Het hoogste punt is de Kalmit (673 m), waarheen een goede weg voert vanuit Maikammer. De Pfälzerwaldverein heeft hier niet alleen voor de nodige bewegwijzerde wandelwegen gezorgd, maar ook voor hutten en andere onderkomens, waarvan sommige (zoals die op de Kalmit) zelfs met volledige bediening. Het is daarom een uitstekend gebied voor het maken van meerdaagse wandeltochten. Er lopen slechts enkele wegen door het Pfälzer Wald heen en een aantal binnenwegen is zelfs voor autoverkeer afgesloten, wat betekent dat rust verzekerd is.

Nog meer naar het westen liggen, zonder dat er sprake is van een wezenlijke verandering van het landschap, het Nordwestpfälzische Hügelland en het Südwestpfälzische Hügelland; in het zuiden ligt de Wasgau met zijn bizarre rotsformaties. In totaal beslaat de Pfalz een oppervlakte van 5500 vierkante kilometer, waarvan de helft met bos is bedekt. De wervingsslogan van de toeristenindustrie luidt dan ook: 'Viel Wald, viel Wein'. Bos en wijn, uitstekende ingrediënten voor een ontspannen vakantie.

Wegwijs Na deze inleiding tot de Pfalz worden de plaatsen ten westen van de Weinstrasse in alfabetische volgorde beschreven. Vanuit enkele belangrijke toeristenplaatsen aan de Deutsche Weinstrasse worden trajecten van deze toeristische weg beschreven.
Vier steden die aan de Rijn, oostelijk van de Weinstrasse, liggen, worden aan het eind van dit hoofdstuk beschreven. Het interessantst zijn de twee historisch gezien belangrijke steden Worms en Speyer, die een bezoek meer dan waard zijn. Ten slotte volgt dan nog de beschrijving van de twee grote, moderne steden Ludwigshafen en Mannheim; Ludwigshafen omdat de stad nog tot de Pfalz behoort, Mannheim omdat het vlak tegenover Ludwigshafen aan de Rijn ligt en de toegangspoort is tot het bekende Neckardal.

Praktische informatie

Inlichtingen

Fremdenverkehrsverband Rheinland-Pfalz Tourismus, Postfach 1420, 56014 Koblenz.
Plaatselijke inlichtingenbureaus: 76855 Annweiler; 76887 Bad Bergzabern; 66994 Dahn; 67146 Deidesheim; 67098 Bad Dürkheim; 67480 Edenkoben; 67603 Kaiserslautern; 67169 Kallstadt; 76870 Kandel; 67292 Kirchheimbolanden; 76829 Landau; 68161 Mannheim; 67433 Neustadt an der Weinstrasse; 66953 Pirmasens; 66976 Rodalben; 67487 St. Martin; 67346 Speyer; 67705 Trippstadt; 67157 Wachenheim; 67714 Waldfischbach; 67752 Wolfstein; 67547 Worms; 66482 Zweibrücken.

Sport

Zwemmen: Openluchtbaden zijn te vinden in Alzey, Annweiler (verwarmd), Bad Bergzabern, Dahn (verwarmd), Deidesheim, Bad Dürkheim (Salinarium en twee Hallen-Thermalsole-Bewegungsbäder), Hambach, Kaiserslautern, Kandel, Kirchheimbolanden, Landau (verwarmd), Meisenheim (verwarmd), Neustadt (verwarmd), Pirmasens, Rodalben, Speyer, Trippstadt, Wachenheim, Wolfstein (verwarmd), Worms.

KIRCHBERG
TRIER
SAARBRÜCKEN
STRAATSBURG
STRAATSBURG
1
2
3
4
5
6
7
8
9
Bad Kreuznach
Bad Münste
Kirn
Bad Sobernheim
Nahe
Alsenz
Idar-Oberstein
Meisenheim
Glan
Lauterecken
Donnersber
687 m
Wolfstein
Imsbach
Glan
Lauter
KAISERSLAUTERN
Landstuhl
Weident
Trippstadt
Johanniskreuz
Speyerbac
Homburg
Waldfischbach
Burgalben
Zweibrücken
Schwarzbach
Rodalben
Merzalben
Blies
Pirmasens
Annwei
Trifels
Dahn
Erlenbach
Bad
Bergzaber
Berwartstein
Dörrenbach
Bitche
Schweigen
Wissembourg
FRANKRIJK

8 Pfalz

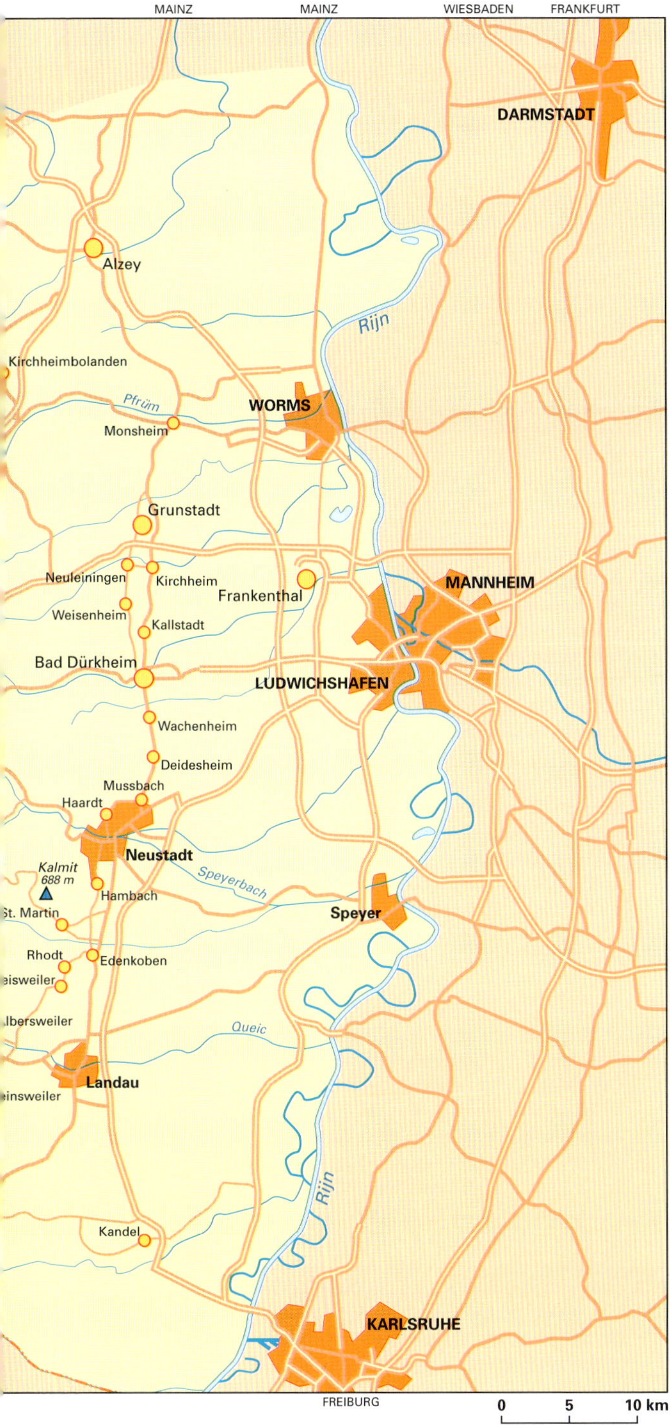
MAINZ
MAINZ
WIESBADEN
FRANKFURT
DARMSTADT
Alzey
Rijn
Kirchheimbolanden
Pfrüm
WORMS
Monsheim
Grunstadt
Neuleiningen
Kirchheim
Frankenthal
MANNHEIM
Weisenheim
Kallstadt
Bad Dürkheim
LUDWICHSHAFEN
Wachenheim
Deidesheim
HEIDELBERG
Mussbach
Haardt
Neustadt
Kalmit
688 m
Speyerbach
Hambach
St. Martin
Speyer
HEILBRON
Rhodt
Edenkoben
eisweiler
lbersweiler
Queic
Landau
einsweiler
Rijn
Kandel
KARLSRUHE
FREIBURG
0
5
10 km

Alzey

Alzey (172 m; 15.500 inw.) is een oud wijnstadje tussen Mainz en Kaiserslautern (dicht bij de Autobahn). In het oude centrum staan veel schilderachtige huizen. De vedelaar Volker uit het Nibelungenlied werd in Alzey geboren, vandaar de bijnaam Volkerstadt en de luit in het wapen van de stad. Het *Rathaus* aan de Fischmarkt dateert van 1586. Het *Schloss* met zijn vele torentjes werd in 1902-1904 opnieuw opgebouwd; in de kelder is een wijnproeverij. In de Schlossgasse bevindt zich een *museum* dat vondsten herbergt uit de Romeinse tijd. Aan de Obermarkt staat de grote, imponerende laatgotische *Nikolaikirche* (uit 1449).
Aan de zuidrand van Alzey ligt het *Wartbergstadion*, waar jaarlijks de traditionele paardenrennen worden gehouden. Daar is ook een groot openluchtzwembad.

Annweiler

Op de grens tussen de Haardt met zijn heuvelketens en de Wasgau met zijn bizarre rotsformaties ligt aan de voet van de bekende burcht Trifels het plaatsje Annweiler (180-260 m; 7200 inw.). Vanwege zijn mooie ligging is het een druk plaatsje, dat zeer geschikt is als uitgangspunt voor tochten. Ook is het een centrum voor de bergsport.
De 'Dreiburgenstadt' heeft in het verleden als rijksstad van het middeleeuwse Duitsland een belangrijke rol gespeeld. De keizers Frederik I Barbarossa en zijn kleinzoon Frederik II verbleven hier graag. Een tijdlang zijn hier ook de kerk- en rijksschatten bewaard. Delen van de oude stadsmuur omsluiten nog de oude kern met zijn talrijke vakwerkhuizen. De huizen aan de Markt, de Pfarrkirche met 14e-eeuwse toren en het raadhuis zijn na de verwoestingen in de Tweede Wereldoorlog in de oude stijl herbouwd. Een schilderachtig deel vormen ook de huizen aan de Mühlbach, een zijarm van de Queich. In de Quodgasse is in een vakwerkhuis het *Heimatmuseum* met looiermuseum ingericht. In het stadhuis en de rooms-katholieke kerk zijn fresco's aangebracht die de geschiedenis van de stad uitbeelden.
De **Trifels** was eertijds een belangrijke keizerlijke vesting. In deze burcht heeft koning Richard Leeuwenhart van Engeland van 1193 tot 1194 gevangen gezeten. In 1602 brandde de burcht door blikseminslag af. Tussen 1938 en 1942 en tussen 1945 en 1950 is hij gerestaureerd, niet volgens de oorspronkelijke bouwplannen, maar naar voorbeeld van de burchten van Frederik II in Zuid-Italië. De Königskapelle en de Kaisersaal zijn weer in hun oorspronkelijke staat hersteld. Hier werden de rijksschatten en kroonjuwelen bewaard. Replica's daarvan zijn nu boven de Königskapelle te bewonderen. Oorspronkelijk bezat de stad nog twee burchten, die tezamen met de Trifels op drie heuveltoppen lagen. Van deze twee burchten – de *Anebos* en de *Scharfenberg* – resten slechts schamele brokstukken en van de laatste een 20 meter hoge toren. De Trifels is per auto bereikbaar. Er is een parkeerterrein en een restaurant. In de directe omgeving zijn mooie wandelingen te maken.

Albersweiler en Leinsweiler

De Queich stroomt verder oostwaarts naar de Rijnvlakte. Aan het riviertje ligt even ten oosten van Annweiler het wijndorpje Albersweiler (167 m; 2400 inw.) met zijn aardige parochiekerk *St. Stephan* uit 1299. Ten noorden van het dorp verrijst de *Orensberg* (582 m) die wordt omringd door een prehistorische stenen muur.

Niet alleen het paard van de vedelaar Volker (uit het Nibelungenlied) rust uit bij de put op de Fischmarkt van Alzey (PI)

Van Albersweiler gaat de hoofdweg verder oostwaarts naar Landau, maar spoedig takt zuidwaarts de Deutsche Weinstrasse af via Ranschbach naar Leinsweiler (onderweg heeft u mooie uitzichten op het omringende landschap). Het kleine Leinsweiler (450 inw.) heeft enkele mooie vakwerkhuizen. Bij het hotel Leinsweiler Hof loopt de Weinstrasse onder een poort door. Het dorp wordt gedomineerd door de burcht Neukastel.

Bad Bergzabern

Aan de rand van de Wasgau, ingebed tussen de wijngaarden aan de Deutsche Weinstrasse, ligt het aardige plaatsje Bad Bergzabern (200 m; 6000 inw.). De naam Bergzabern is van Romeinse oorsprong. De Romeinen hadden hier een nederzetting onder de naam Tabernae montanae, hetgeen taveernes in de bergen betekent. In 1286 kreeg het stadsrechten van keizer Rudolf. De *Dicker Turm* en de *Storchenturm* zijn resten van de stadsmuren uit de 13e eeuw. Van 1410 tot aan het eind van de 18e eeuw behoorde Bergzabern tot het hertogdom Zweibrücken en werd zelfs als residentie gebruikt toen de hertogen er in de jaren 1461 tot 1479 een kasteel lieten bouwen. Een mooi voorbeeld van burgerlijke bouwkunst in renaissancestijl is het *Gasthaus Zum Engel*, waarin het Heimatmuseum is gevestigd. Ook uit die tijd zijn de *Bergkirche*, met in het interieur een barok orgel, en het *raadhuis*. Een kijkje waard is ook het *Zinnfigurenmuseum* in de Kunsthandlung Wilms in de Marktstrasse. Leuke tinnen figuurtjes uit grootvaders tijd zijn in deze kunstzaak te bezichtigen.
Als kuuroord geniet Bad Bergzabern al bijna 100 jaar bekendheid. Aan de westrand van het stadje ligt het kuurpark.

Omgeving van Bad Bergzabern

Een prachtig vakwerkdorp is het twee kilometer ten zuidwesten van Bergzabern gelegen **Dörrenbach** (350 m; 1000 inw.). Talrijke wandelingen kunnen hier worden gemaakt in het heuvelachtige, bosrijke gebied, met rotspartijen, burchtruïnes en uitzichtpunten.
Schweigen (220 m; 1400 inw.) is het laatste wijndorp aan de Weinstrasse, acht kilometer ten zuiden van Bergzabern aan de Franse grens. Hier

8

staat een in 1936 gebouwde 20 meter hoge Weintor. Deze werd gebouwd om de in 1935 ingestelde Deutsche Weinstrasse meer bekendheid te geven. In Schweigen werd ook het eerste Weinlehrpfad aangelegd. Ook vanuit dit plaatsje zijn talrijke wandelingen mogelijk: onder andere naar de ruïne Guttenberg (504 m) en de Hohe Derst (561 m) ten noordwesten van het dorp.
Dé bezienswaardigheid is echter de burcht **Berwartstein** 10 kilometer ten westen van Bergzabern bij het dorpje **Erlenbach**. De burcht ligt hoog op een onneembaar lijkende, rode zandstenen rots en is de enige nog bewoonde in de Pfalz. De enige toegang tot de burcht was eertijds een smalle schacht in de rotsen, waardoor de burcht door één man verdedigd kon worden. Hij dateert oorspronkelijk van de 13e eeuw en de Rittersaal stamt uit de 15e eeuw. Het kasteel werd in de 19e eeuw geheel verbouwd. Er is nog een wapenkamer en een folterkamer. De burcht is onder leiding te bezichtigen. Er is een café met terras.
Tien kilometer noordwestelijk van Bad Bergzabern ligt bij **Silz** het *Wild- und Wanderpark Südliche Weinstrasse*.

Dahn

In het Felsenland, het mooiste gedeelte van de Wasgau, ligt Dahn (202 m; 5200 inw.), een drukbezocht plaatsje en kuuroord in het dal van de Wieslauter. Dahn ligt beschermd tegen de noordenwinden achter twee hoge rotsen, de *Jungfernsprung* en de *Lochberg*.
Het Felsenland met zijn dichte bossen, heuvels, rotsen en burchtruïnes leent zich uitstekend voor het maken van wandelingen en klimpartijen. Kenmerkend zijn de vele rotsformaties, die door de eeuwenlange invloed van de verwering groteske vormen hebben aangenomen die tot de verbeelding van de bevolking hebben gesproken. Een voorbeeld is de rotsformatie *Braut und Bräutigam*.
In de omgeving liggen de ruïnes van de in de 12e en 13e eeuw gebouwde burchten *Altdahn*, *Grafendahn* en *Tannstein*. Op een steile bergkegel aan de westrand van het dorp ligt de ruïne *Neudahn* met aan de voet het strandbad van de Wieslauter. Op de helling van de Hochstein bij de St. Michaelskapel is een *erebegraafplaats* voor gesneuvelden uit de Tweede Wereldoorlog.

Bad Dürkheim

Dürkheim (132-495 m; 18.000 inw.) is een beroemd wijnstadje aan de Weinstrasse. Door zijn mooie ligging en het heerlijke klimaat wordt het druk bezocht. Naast de wijnstokken groeien er zelfs amandelbomen, vijgen en tamme kastanjes. Tegen de gure winden vanuit het westen wordt de Weinstrasse beschermd door het Haardtgebirge. De Haardt, ofwel Pfälzer Wald, biedt vele mogelijkheden voor uitstapjes en wandelingen.
Met zijn 900 hectare aan wijngaarden is Bad Dürkheim de grootste wijnbouwgemeente van Duitsland. De namen van de wijngaarden die de stad omringen, klinken de fijnproever beslist bekend in de oren. Enkele van de bekendste zijn de Spielberg, de Michelsberg en de Hochbenn. Alles wat in Bad Dürkheim met wijn te maken heeft, wordt er verteld in superlatieven. Zo zou het Riesenfass, het grootste wijnvat ter wereld dat in gebruik is als Gaststätte, 1,7 miljoen liter kunnen bevatten. Het bekendste en grootste wijnfeest in de bondsrepubliek wordt in september tijdens de Wurstmarkt in Bad Dürkheim gevierd.
De natuur is Bad Dürkheim bijzonder gunstig gezind geweest. Niet alleen de wijn, maar ook heilzame zoutwaterbronnen hebben tot de

bekendheid van Dürkheim bijgedragen. Reeds in de Middeleeuwen begon men met de zoutwinning. De bekendste bron, de Maxquelle, werd in 1859 op een diepte van 298 meter aangeboord. De benaming 'Bad' heeft Dürkheim in 1905 verkregen. In het centrum liggen nu een complex kuurgebouwen, een park, een casino en een zwembad. Tevens staat er een 'Gradierbau' met een lengte van 333 meter, een van de langste in Europa. Dit is een hoge stellage die opgevuld is met rijshout. Het zoute water wordt omhooggepompt om daarna weer langs het hout omlaag te sijpelen, waarbij het zout zich afzet op de twijgen. Deze stellage is niet meer uitsluitend in gebruik voor de zoutwinning, maar meer om de gasten in de gelegenheid te stellen de gezonde zoute lucht in te ademen. In het *Pfalzmuseum für Naturkunde*, verbonden aan het *Heimatmuseum*, kunt u over de geologische structuur en het ontstaan van de Pfalz meer te weten komen. Een andere bezienswaardigheid van het plaatsje is de gotische *Schlosskirche* of *Johanniskirche*, die gebouwd werd in de 14e eeuw. De toren dateert echter van 1866.

Ook de omgeving van Bad Dürkheim heeft veel te bieden. Eén van de mooiste uitstapjes in de directe omgeving is die naar de ruïne van het voormalige *benedictijner klooster Limburg*, waar 's zomers muziekuitvoeringen en toneelvoorstellingen worden gegeven. Voorts kunt u wandelen naar de *Hardenburg*, eertijds de burcht van de vorsten van Leiningen en nu een ruïne. Deze Keltische Ringwal of Heidenmauer is ook met de gondelbaan bereikbaar. Ook de 40 meter hoge toren op de *Grosse Peterskopf* (494 m) is een bezoekje waard. Vanaf deze Bismarckturm heeft u een mooi uitzicht.

De Weinstrasse

Van de Weinstrasse even ten noorden van Dürkheim voert een gondelbaan naar de Teufelstein, een goed beginpunt voor wandelingen door het Pfälzer Wald.
Van de hierboven al genoemde Grosse Peterskopf loopt een kilometer lange laan met amandelbomen in de richting van het vier kilometer ten noorden van Dürkheim gelegen wijnplaatsje **Kallstadt** (176 m; 1200 inw.). Om het bezit van dit plaatsje werd eeuwenlang gestreden. Het is één van de schilderachtigste plaatsjes aan de Weinstrasse met een gemoedelijke landelijke sfeer. Rond de *kerk* (1750) staan de huizen, waaronder vele van adelijke families. De kerk bezit een mooi barok orgel. Zeker een bezoek waard zijn de wijnkelders. De bekendste wijn van Kallstadt is de Saumagen. De Weinstrasse voert verder noordwaarts via Herxheim naar **Kirchheim**. Daar slaat u linksaf naar **Neuleiningen**, vanwaar zuidwaarts een mooi weggetje terugvoert naar Dürkheim, parallel aan de Weinstrasse en direct langs de beboste hellingen van de Haardt, via **Weisenheim** en Leistadt.

Aan de Weinstrasse ligt drie kilometer ten zuiden van Dürkheim het dorpje **Wachenheim** (158 m; 4500 inw.). Het is niet alleen de wijn die het plaatsje zijn bekendheid heeft gegeven. In 1888 begon men hier namelijk ook met de bereiding van sekt, dat qua bereidingswijze is te vergelijken met de Franse champagne. De landhuizen van de grote wijnbouwers getuigen van de bloei van het plaatsje. In het dorp zelf staan nog veel patriciërshuizen uit de 16e en 17e eeuw. Aan de intieme Marktplatz staat de St. Georgskirche uit 1350. De Ludwigskapelle ernaast stamt uit 1443. Boven het plaatsje ligt de ruïne van de *Wachtenburg*, die gelijktijdig met het dorp in 1689 door de Fransen werd verwoest. Ten zuidwesten van

Wachenheim ligt het *wildpark Kurpfalzpark*. Voor de kinderen is er een *pretpark* met diverse attracties.
Nog drie kilometer zuidelijker ligt **Deidesheim** (117 m; 4000 inw.) met zijn schilderachtige middeleeuwse marktplein. Aan het plein staat een gotische kerk uit de 15e eeuw en het raadhuis met het barokke bordes, dat het *Museum für Weinkultur* herbergt. In de Deichelgasse en de Heumarktstrasse staan vruchtdragende vijgenbomen bij de huizen en op binnenplaatsen.
Het plaatsje is ook een *museum voor moderne keramiek* rijk. U vindt dit museum aan de Stadtmauergasse 17. Ook het *museum voor film- en fototechniek* aan de Weinstrasse 33 is de moeite waard. Beide musea zijn slechts enkele ochtenden per week geopend. Op de Kirchberg ligt de ruïne *Heidenlöcher*, een burcht uit de 9e eeuw die omgeven was door een 450 meter lange muur en bescherming moest bieden aan de bevolking van de omringende dorpen.
Met Pinksteren vindt in Deidesheim de Geissbockversteigerung plaats, een oud gebruik dat teruggaat tot 1404 en dat het weiderecht van de stad betreft.

Edenkoben

Edenkoben (150-300 m; 6000 inw.) is de derde wijnstad van Duitsland en wordt wel 'die weinfrohe Stadt' genoemd. Ze ligt mooi aan de Weinstrasse, aan de voet van de *Kalmit* (673 m), één der bergtoppen van de Haardt. Zo ver het oog reikt strekken de wijngaarden rondom het stadje zich uit. Aan de westrand van het stadje ligt het voormalige nonnenklooster *Heilsbruck*, gebouwd in 1262. Nu behoort het bij een wijngaard.

Op de Markt in Edenkoben staat het standbeeld van Ludwig I van Beieren. De koning verbleef hier graag en liet in de periode 1846-1852 ten westen van het dorp zijn zomerresidentie *Villa Ludwigshöhe* bouwen. Hij wilde in dit deel van Duitsland met zijn milde klimaat een villa in Italiaanse stijl laten optrekken. Er kwam een classicistisch bouwwerk met de grootte van een kasteel. Het gebouw heeft relatief weinig te lijden gehad van de opeenvolgende oorlogen, maar in de Tweede Wereldoorlog verdween het meubilair. Het slot is nu te bezichtigen tijdens rondleidingen. Er is een tentoonstelling ingericht met werken van de Duitse impressionist Max Slevogt. Aan de toegangsweg tot het Schloss is een Weinlehrpfad en een Naturlehrpfad; de laatste voert langs een smidse en een waterval. Achter het gebouw is het station van de stoeltjeslift naar de **Rietburg** (550 m). Dit roofridderslot, gebouwd in de 12e eeuw, werd verwoest in de Dertigjarige Oorlog. Hier heeft u een mooi uitzicht over de Rijnvlakte. Er is ook een restaurant. Naast de Ludwigshöhe verrees in 1952 het gebouw van de Zuidwest-Duitse Voetbalbond met ernaast een stadion.

De Ludwigshöhe is ook bereikbaar vanuit het aangrenzende wijndorpje **Rhodt** (160-280 m; 1400 inw.). Het dorpje heeft kans gezien buiten de onderlinge oorlogen van de keurvorsten te blijven en is daardoor nog precies zoals het eeuwen geleden werd gebouwd. Het staat op de lijst van monumentenzorg. In de Gebiets-Winzergenossenschaft Rietburg kan meer dan 10 miljoen liter wijn opgeslagen worden.

Op de helling van de al genoemde Kalmit, de hoogste berg van het Pfälzerwald, ligt de *Kropsburg*. Deze burcht werd omstreeks het begin van de 13e eeuw gebouwd en is in de 18e eeuw tot ruïne vervallen. Beneden de burcht ligt het zeer schilderachtige wijndorpje **St. Martin** (240 m; 2000 inw.) met zijn nauwe straatjes met vakwerkhuizen en patriciërshuizen uit de 14e tot de 17e eeuw. Voor de ingang van de parochiekerk staat het beeld van de heilige Martinus, naar wie het dorpje omstreeks 600 werd genoemd. In het interieur van de kerk is een graf van de ridder van Dalberg en een Madonna uit 1490. Van St. Martin loopt een mooie weg (max. hellingspercentage 8%) naar de top van de Kalmit.

Kaiserslautern

De oude 'Barbarossastadt', tegenwoordig centrum voor handel en industrie en belangrijk verkeersknooppunt (232 m; 100.000 inw.), ligt in het hart van de Pfalz. Aan keizer Frederik I, genaamd Barbarossa, heeft Kaiserslautern zijn opkomst in de Middeleeuwen te danken. Voordat de keizer zijn burcht liet bouwen (1152-1158), lag op de linkeroever van de Lutra – later de Lauter geheten – in de 8e eeuw een Frankische nederzetting. De keizer noemde de plaats Lutra Imperialis, het keizerlijke Lautern, vandaar de naam Kaiserslautern. De paltsgraaf Johann Casimir verbouwde de burcht tot een renaissanceslot, waarvan slechts de Pfalzgrafensaal aan de verwoestingen in later eeuwen is ontkomen. Deze Barbarossaburg is tegenwoordig opgenomen in een modern wolkenkrabbercomplex (84 m hoog), waarin het stadhuis en op de 21e verdieping een restaurant zijn gevestigd.

De genoemde verwoestingen – ten gevolge van talrijke oorlogen – zijn de oorzaak dat slechts enkele gebouwen herinneren aan het historisch verleden. Karakteristiek voor Kaiserslautern is de *Stiftskirche*, een stijlvol vroeggotisch gebouw met drie torens (1250-1350). In het portaal staat een monument ter herinnering aan de vereniging van lutheranen en calvinisten in 1818. Niet ver verwijderd van de Stiftskirche staat de *Martinuskirche* uit de eerste helft van de 14e eeuw. Aan de Schillerplatz staat de Fruchthalle (1843-1846), die tegenwoordig in gebruik is als feest- en concertzaal. In het noorden van de stad bevindt zich het *Pfälzische Landesgewerbeanstalt*, een mooi renaissancistisch gebouw. De *Pfalzgalerie* bezit een bezienswaardige collectie schilderijen.

Na de Tweede Wereldoorlog ontwikkelde Kaiserslautern zich tot een belangrijke industriestad.

De bekende Pfaff-fabrieken voor naaimachines geven werkgelegenheid aan 5000 arbeiders. Grote moderne woonblokken, warenhuizen en brede straten bepalen het beeld van de 'City'. Inderdaad is de stad een city, want als grootste garnizoensstad voor NATO-eenheden in de bondsrepubliek telt Kaiserslautern onder zijn inwoners 42.000 Amerikanen, die natuurlijk ook hun stempel op de stad drukken en gedrukt hebben.

Binnen een straal van 40-60 kilometer strekken de lieflijke dalen, bossen en berglandschappen van het Pfälzer Wald zich rond de stad uit. Kaiserslautern is dan ook uitermate geschikt als uitgangspunt voor tochten en uitstapjes.

Trippstadt

Midden in het Pfälzer Wald ligt 12 kilometer ten zuiden van Kaiserslautern het langgerekte dorpje Trippstadt (410 m; 2800 inw.). Een lindelaan verbindt het dorp met het Karlstal, het bosrijke dal van de Moosalb. Dit riviertje ontspringt even ten zuidoosten van Trippstadt bij het gehucht **Johanniskreuz** (475 m) en stroomt langs het *Kurhaus Karlstal* en de *ruïne Wilenstein* naar de weg die tussen Kaiserslautern en Pirmasens loopt.

De enige bezienswaardigheid van Trippstadt zelf is het *slot van de vrijheren van Haacke*, die het in 1766 lieten bouwen.

Kandel

Tussen Karlsruhe en Landau, aan de noordrand van het mooie Bienwald, ligt het pittoreske stadje Kandel (126 m; 8000 inw.), bestuurszetel en cultureel centrum van het zuidoostelijk deel van de Pfalz.
Karakteristiek voor het stadje is de toren van de *St. Georgskirche*. Deze toren, gebouwd tussen 1501 en 1519 en daarmee ouder dan het schip van de kerk, is het voornaamste laatgotische bouwwerk in de Pfalz. Om een goede indruk van het stadje en de omgeving te krijgen is een beklimming van de toren aan te bevelen. Aan de voet ervan kronkelen de nauwe straatjes met de dicht op elkaar staande oude vakwerkhuizen.
Elk jaar vindt op het eerste weekend in augustus het feest der vriendschap (de Grenzlandtage) plaats. Dit feest, dat gepaard gaat met sport en spel en waaraan internationale dansgroepen in klederdracht deelnemen, wordt gevierd om de vriendschapsbanden tussen de Pfalz en de Elzas te verstevigen. Ten zuidoosten van Kandel strekt zich het genoemde mooie Bienwald uit. Daar kunt u heerlijke wandelen. Achter het bos stroomt de Rijn. Naar het westen wordt de horizon bepaald door de beboste bergen van het Pfälzer Wald, waarlangs de Weinstrasse voert.

Kirchheimbolanden

Dit aardige oude stadje (250 m; 6700 inw.) ligt in een dalkom bij de uitlopers van de Donnersberg, in het noordoostelijk deel van de Pfalz, het Pfälzer Bergland. Als 'die kleine Residenz' beleefde Kirchheimbolanden een bloeiperiode onder de vorst Karl-August von Nassau-Weilburg (1719-1753) en diens zoon Karl-Christian (1753-1788), die getrouwd was met Caroline, prinses van Oranje. Karl-August liet buiten de stadsmuur een *kasteel* bouwen, waarvan één vleugel, gelegen in een mooi aangelegd park, nog behouden is. In 1744 werd de *Paulskirche* eraan toegevoegd. In deze kerk staat het kostbare barokke Mozartorgel, waarop het genie in 1778 op 22-jarige leeftijd voor vorstin Caroline speelde. Het slotpark en de slotkerk zijn op afspraak te bezichtigen.
Was Kirchheim voor Karl-August slechts een zomerresidentie, Karl-Christian maakte er zijn vaste verblijfplaats van. Zijn vrouw liet in de Langstrasse, toen Holländergasse, een groot aantal huizen in Hollandse stijl bouwen. Slechts één huis is hier nog het bewijs van. Uit deze tijd stammen ook de barokke herenhuizen en de ambtelijke woningen. De *Schwanen-Apotheke* was vroeger de Hofapotheek. Oudere monumenten zijn de delen van de middeleeuwse stadsmuur en de stadstorens en -poorten. De *Peterskirche*, één van de oudste in de Pfalz, werd waarschijnlijk gebouwd als vestingkerk vóór de aanleg van de stadsmuur. In 1904 kreeg Kirchheimbolanden op de Schillerhain ook een *Kurhaus*.

De Donnersberg

Van de Schillerhain lopen talrijke mooie bewegwijzerde wandelwegen door de bossen, tot aan de Donnersberg toe. Vanaf de Donnersberg, de hoogste top van de Pfalz (687 m), heeft u een prachtig uitzicht. Aan de zuidelijke voet van de berg ligt het dorp **Imsbach** met zijn 'Weisse Grube'. In deze mijn werden in de Middeleeuwen koper en zilver gedolven en nadien ook mangaan, kobalt en ijzer. De bezoeker krijgt voornamelijk de middeleeuwse groeve te zien.

Landau

Landau (144 m; 39.500 inw.), de tuinstad terzijde van de Weinstrasse in de Rijnvlakte, werd tussen 1688 en 1691 onder Franse overheersing door de beroemde bouwmeester Vauban uitgebreid tot een sterke vesting. De vestingwerken zijn in later tijden voor het grootste deel geslecht en uitgestrekte parken hebben hun plaats ingenomen. Twee poorten, de Deutsche en de Französische Tor, zijn behouden gebleven. En tussen het groen verscholen kunt u hier en daar nog delen van de versterkingen ontdekken, zoals bijvoorbeeld bij de rozentuin, waar de Bismarcktoren staat.
Een markant gebouw in het centrum van de stad is de vroeggotische *Stiftskirche* uit de 13e en 14e eeuw. Van iets latere datum is de *Augustiner-Kirche* (1413), die behoorde bij het aangrenzende klooster, dat een mooie gotische kruisgang heeft. De op één na grootste kerk van de Pfalz is de *Marienkirche*.

Detail van de prachtige Festhalle (Jugendstil) in het Ostpark van Landau; het gebouw stamt uit 1907 (PI)

In het Ostpark met zijn vijver staat de *Festhalle*. Het is een mooie hal, die tussen 1905 en 1907 in Jugendstil werd gebouwd.
Het gebouw is vooral van belang als congreshal en als cultureel centrum van Landau. Er worden toneeluitvoeringen en concerten gegeven. Het *Heimatmuseum*, gevestigd in Haus Mahla, heeft verzamelingen over de geschiedenis van de stad. In de Villa Streccius is de stedelijke *galerie* ondergebracht. Daar worden wisselende tentoonstellingen georganiseerd. In de Hindenburgstrasse vindt u de *dierentuin*.

Gleisweiler

Even ten noordwesten van Landau ligt het kuuroord Gleisweiler (250 m; 600 inw.). Het ligt beschut aan de Weinstrasse tussen de Teufelsberg en de Ringelsberg. Het sanatorium, gesticht in 1884, is omgeven door een prachtig park met amandel- en vijgenbomen.

Meisenheim

In het noordelijk deel van de Pfalz stroomt de Glan, een zijrivier van de Nahe. Deze stroomt door een heuvelachtig gebied van bossen, akkers en wijngaarden, een gebied dat toeristisch niet erg in de belangstelling staat.
Wanneer u langs de Glan, hetzij vanuit het zuiden, hetzij vanuit het noorden, Meisenheim (150 m; 3000 inw.) nadert, is het eerste dat opvalt de hoogoprijzende toren van de *Schlosskirche* (1479-1504). De kerk staat in het oude gedeelte van het stadje, dat een typisch middeleeuwse aanblik heeft. Het ligt omsloten door een stadsmuur met torens en poorten, waaronder de Untertor bij de brug over de Glan. Aan de smalle straatjes en steegjes staan oude vakwerkhuizen, waaronder het *Thayn'sche Haus* uit 1530. Het interieur van de Schlosskirche is een bezoek waard. Het meest vallen op de preekstoel (1740) in rijke rococostijl, het koorgewelf en het orgel. De in de 16e eeuw aangebouwde grafkapel bevat grafmonumenten en crypten van 44 leden van de familie Wittelsbach, het Beierse koningshuis. Naast de kerk staat het *Herzog Wolfgang Haus*, dat deel uitmaakte van een kasteel uit de 16e eeuw. Bezienswaardig zijn voorts het *raadhuis* (1517) en de Rapportierplatz met de Meisenbrunnen.

Aan de Glan en de Lauter

In een wijd keteldal ligt stroomopwaarts van Meisenheim aan de Glan het schilderachtige stadje **Lauterecken** (165 m; 2500 inw.). Hier mondt de Lauter, komend van Kaiserslautern, in de Glan uit. Het plaatsje, eens residentie van de graven van Veldenz, ontwikkelde zich rondom het *Alte Schloss* en kreeg in 1350 stadsrechten. Zijn landelijke sfeer heeft het behouden, maar weinig is er overgebleven van het middeleeuwse Lauterecken. Van het oude slot resten slechts de toren en enkele delen van de muren.
Voor hen die van rust willen genieten, is de omgeving zeer geschikt. Het golvende landschap aan beide zijden van het dal, met zijn wijnbergen en bossen, biedt de wandelaar mooie plekjes en uitzichtpunten. Van het Kriegerdenkmal op de Igelskopf heeft u een mooi uitzicht op het stadje.

Aan de Lauter ligt ten zuiden van Lauterecken het oude plaatsje **Wolfstein** (188 m; 2500 inw.). Bij het dorp ligt het *Hochwildschutzpark* Königsland. Het Lautertal is landschappelijk gezien zeer afwisselend. Bij Wolfstein vernauwt het dal zich en ten zuiden ervan (richting Kaiserslautern) is het op zijn mooist. Boven het plaatsje rijst de *Königsberg* hoog op (568 m). Op die berg liggen de ruïnes *Alt-* en *Neu-Wolfstein*. In de berg bevindt zich een *kalkmijn*, die zeker een bezoek waard is. Met een treintje worden bezoekers de groeve binnengereden en dan begint een rondleiding door de mijngangen, waarbij men een goede indruk krijgt van de structuur van het gebergte en de wijze waarop de kalk werd gedolven.

Neustadt an der Weinstrasse

Neustadt (140-600 m; 53.000 inw.) is de hoofdstad van de Pfalz en een belangrijk centrum van de wijnhandel. Het ligt aan begin van het beboste deel van het dal dat de rivier de Speyerbach in het Haardtgebirge heeft gevormd. Door het milde klimaat en zijn gunstige ligging aan de Weinstrasse wordt het in de zomer druk bezocht. Het voorjaar zet hier vroeg in en dan bloeien er de vijgenbomen, de amandelbomen en de edelkastanjes.
Fraai is de oude kern met zijn smalle straatjes met vakwerkhuizen en schilderachtige hoekjes. Aan het marktplein staat de *Stiftskirche*, een gotisch gebouw uit de 13e en 14e eeuw, met in het interieur graven van de keurvorsten van de Pfalz. Eveneens aan dit plein staat het 18e-eeuwse *raadhuis*. Achter het marktplein bevinden zich aan de Speyerbach de in gotische en renaissancistische stijl opgetrokken gebouwen van de in 1578 door paltsgraaf Johann Casimir gestichte universiteit, het *Casimirianum*. Het complex is nu in gebruik door de evangelische kerkgemeente. In de Villa Böhm aan de Maximilianstrasse 25 bevindt zich het *Wein- und Heimatmuseum*. Bij het station (ingang Schillerstrasse) bevindt zich het spoorwegmuseum *(Eisenbahnmuseum)*, met een aantal oude locomotieven en vaartuigen. Het is alleen geopend in het weekeinde. Hier vertrekt ook de museumtrein, waarmee u een rit naar Elmstein kunt maken.
Bij **Hassloch** bevindt zich circa 10 kilometer zuid-oostelijk van Neustadt aan de B 39 het *pretpark Holiday-Park* met diverse attracties, waaronder een dolfinarium.

Aan de Weinstrasse

Even ten noorden van Neustadt ligt het kleine plaatsje **Haardt** (212 m; 2800 inw.), dat gedomineerd wordt door het *Haardter Schloss* (privé-bezit). Door de hogere ligging hebt u vanuit Haardt een fraai uitzicht op Neustadt en de Rijnvlakte. De wijngaarden van Haardt leveren edele wijnen, zoals de Herzel, de Mandelring en de Weinhölzel. Ook hier groeien amandelen, vijgen en zelfs citroenen.

Even ten noordoosten van Neustadt ligt **Mussbach an der Weinstrasse**. In de Herrenhof bevindt zich het Weinbaumuseum. Tegenover het station staat de *Saalbau* (1871-1873), een imposant gebouw dat dienstdoet als feestgebouw, congreshal, theater en bioscoop.

Nog een bekend wijndorp is **Hambach** (200 m; 5000 inw.), drie kilometer ten zuiden van Neustadt. Het is zeer geschikt als uitgangspunt voor het maken van wandelingen door de omliggende bergpartijen. Vooral een wandeling naar de gerestaureerde ruïne van het *Hambacher Schloss* is de moeite waard vanwege het mooie uitzicht. In 1832 demonstreerden hier 30.000 mensen voor vrijheid en democratie.
Zie voor de overige plaatsjes aan de Weinstrasse de beschrijvingen van Bad Dürkheim en Edenkoben.

Weidenthal

In het mooiste gedeelte van het Neustadtertal, halverwege Neustadt en Kaiserslautern, ligt behaaglijk tussen de bergen het dorp Weidenthal (220 m; 2400 inw.). Door het dal kronkelt zich de Hochspeyerbach. De omringende bergen, bedekt met de mooiste bossen van de Pfalz, bereiken gemiddeld een hoogte van 400 meter. De twee hoogste toppen, de Mollenkopf en de Drachenfels, reiken respectievelijk tot 507 en 570 meter. Voor de wandelaar zijn er in de omringende bergen door de gemeente talrijke bewegwijzerde wandelingen uitgestippeld. Aantrekkelijke bezienswaardigheden in de naaste omgeving zijn de Siegfriedsbrunnen, de Drachenfels met mooi uitzicht over de Rijnvlakte, de idyllisch gelegen Alte Glashütte, het Kirschtal, de burchtruïnes van zowel Frankenstein als Diemerstein en de dalen van de Morschbach, de Leinbach en de Biedenbach.

Pirmasens

Bijzonder fraai is de ligging van de stad Pirmasens (259-446 m; 52.000 inw.) aan de rand van drie aantrekkelijke landschappen: het mooie Pfälzer Wald, de romantische Wasgau en het heuvelland van de West Pfalz. De stad is gebouwd op zeven heuvels, waarvan de heuvel met de bijbelse naam Horeb de bekendste is. Zij zijn met elkaar verbonden door bruggen. De hoogteverschillen in de stad heeft men overwonnen door de aanleg van talrijke trappen, hetgeen kenmerkend is voor de stad.
In deze welvarende, moderne industriestad heeft het gebruik van elektriciteit als energiebron de rokende schoorstenen uit het stadsbeeld verdrongen. Pirmasens heeft zelfs de bijnaam 'de witte stad' verworven, hetgeen men alleen maar kan beamen wanneer men door de stad wandelt of van één der heuvels in de omgeving neerkijkt op de stad.
Pirmasens is groot geworden door de fabricage van schoenen. Eén op de drie paar schoenen in Duitsland wordt in Pirmasens gemaakt. Er vinden dan ook geregeld (inter)nationale beurzen en markten (Messen) plaats. Een bezoek aan één van de schoenfabrieken is de moeite waard.
Uit historisch oogpunt heeft de stad weinig te bieden. In de laatste wereldoorlog werd de stad bijna geheel verwoest. Ze werd ruim en modern opnieuw opgebouwd, maar heeft een prettige sfeer behouden. Het oude stadhuis werd herbouwd en huisvest nu het *Heimat- und Schuhmuseum*. Opvallend is de nieuwe rooms-katholieke *St. Pirminuskirche* met haar twee torens.

Omgeving van Pirmasens

De omgeving van Pirmasens is ideaal voor een grote stad. Zoals hierboven reeds gezegd ligt de stad aan de rand van het Pfälzer Wald, de Wasgau en het heuvelland van de West Pfalz. Bergen, schilderachtige dalen met uitgestrekte bossen, kloven en ravijnen wisselen elkaar af. Uitstapjes, tochten en wandelingen kunt u er maken in alle richtingen.
Mooie bossen liggen er bijvoorbeeld rondom het vijf kilometer ten noorden van Pirmasens gelegen plaatsje **Rodalben** (250 m; 7500 inw.). Vlak bij het dorp bevinden zich bizarre rotsformaties zoals de Bärenfelsen en de Bruderfelsen. Oude vakwerkhuizen sieren het plaatsje. Het koor van de *Marienkirche* is gesierd met een fresco uit de 14e eeuw.
Nog acht kilometer noordelijker (aan de weg naar Kaiserslautern) ligt het rustige, aangename zomerverblijfplaatsje **Waldfischbach** (273 m; 6200 inw.). Heldere beken als de Schwarzbach en de Moosalb stromen door het

mooie landschap en vormen schilderachtige dalen. Van ver zichtbaar is de kerk van het aangrenzende **Burgalben**. Het schip van de kerk werd in 1740 gebouwd aan de toren van het koor uit 1412. Wat hoger ligt de drukbezochte Romaanse bedevaartskapel Maria Rosenberg, met zijn rijk versierde portalen en vensters. Vanhier heeft u uitzicht over het dal.
Ten westen van Rodalben ligt in een dalletje het dorp **Merzalben** met een kerk uit de 14e eeuw. Even ten westen van het dorpje ligt de indrukwekkende ruïne van de *Gräfenstein*, een burcht die in de 13e eeuw werd gebouwd.
Door het groene, eenzame gebied van het Pfälzer Wald lopen slechts enkele wegen. De wandelaar kan er dagenlang dwalen zonder er iemand tegen te komen.

Zweibrücken

Ook Zweibrücken, ten westen van Pirmasens, is een bezoekje waard. Hier vindt u de *Alexanderkerk* met een hoge toren, die van mei tot september te beklimmen is. Wie de 128 treden heeft beklommen, wacht een mooi uitzicht over de stad en haar omgeving. Liefhebbers van fossielen kunnen terecht in het *Fossielmuseum* aan de Hofenfelsstrasse 53. Nadeel is dat het museum zeer beperkt open is; alleen woensdag vanaf 16.00 tot 18.00 uur en zondag van 10.00 tot 12.00 uur. Even informeren bij de VVV is geen overbodige luxe (Schillerstrasse 6). Wie belangstelling heeft voor rozen, kan hier een bezoek brengen aan Europas Rosengarten met meer dan 2000 rozensoorten.

Aan de Rijn, oostelijk van de Weinstrasse

Speyer

De laatste Rijksdag te Speyer (104 m; 46.500 inw.) vond plaats in 1570. In haar volle glorie lag daar aan de Rijn de nog keizerlijke stad met haar 60 stadspoorten en torens, 38 kerken en kapellen en haar keizerlijke Dom. Maar wezenlijk had de stad al geen politieke status meer. Een periode van ellende en verwoestingen lag in het verschiet.

Hoe anders was dat in de eeuwen daarvoor. Romeinen maakten zich omstreeks 50 v. Chr. meester van de nederzetting aan de Rijn, die gesticht was door de Kelten en later werd overgenomen door de Germaanse stam der Nemeten. De Romeinen noemden het Civitas Nemetum, hoofdstad van de Nemeten. Men vermoedt dat hier reeds in de 4e eeuw een bisschop zetelde. Van de twee eeuwen die volgen op de ineenstorting van het Romeinse Rijk, is niet veel bekend. In de Merovingische en Karolingische periode werd ze weer een bisdom. Er werd een Dom gebouwd, waarvan niets is overgebleven. De bloei van Speyer begon, toen uit het geslacht van de Saliërs Konrad de Oudere tot koning werd gekozen (Konrad II 1024-1039). Hij was geboren in deze streek en had er enkele bezittingen. Nadat Konrad in 1027 te Rome tot keizer was gekroond, besloot hij te Speyer de machtigste Dom van de christelijke wereld te bouwen. In 1030 begon men met de bouw die in de periode 1082-1125 werd voltooid onder zijn opvolgers Hendrik IV en V. Drie eeuwen lang was de Dom de begraafplaats voor de keizers van het Duitse keizerrijk. Vier keizers, drie keizerinnen en vier koningen vonden hier hun laatste rustplaats.
Als 'freie Reichsstadt' groeide Speyer uit tot een voorname stad, waar meer dan 50 rijksdagen werden gehouden. Hendrik IV (de keizer die naar

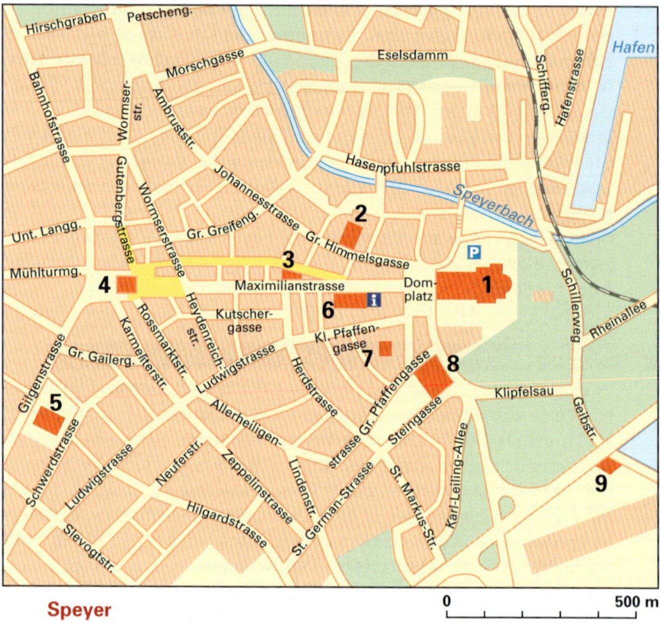

Speyer

Canossa moest om boete te doen) bekroonde het werk van zijn voorgangers door de Dom uit te breiden tot het grootste godshuis van de toenmalige christelijke wereld. Van het oorspronkelijke bouwwerk werd helaas veel in 1689 door de Fransen vernield, terwijl de hele stad werd platgebrand. Ook tijdens de Franse Revolutie werd het gebouw geplunderd, maar uiteindelijk gaf Napoleon in 1806 de Dom aan de rooms-katholieken terug.
In de jaren 1854 tot 1858 werden de belangrijkste restauratiewerkzaamheden verricht, waarbij de het bouwwerk in oorspronkelijke stijl werd hersteld. De restauratie was pas in 1961 definitief ten einde. De Dom had zijn indrukwekkend aanzien van weleer teruggekregen.

Bezienswaardigheden

1 **Dom** In opzet is de Romaanse Dom een kruisvormige basiliek met een driebeukig schip, twee koepels en vier torens: twee aan de oost- en twee aan de westzijde. De hoofdingang bevindt zich in het dwarsgeplaatste westwerk, dat in drie lagen is opgedeeld. Boven het portaal bevinden zich vijf nissen met heiligenbeelden, dan volgt het roosvenster, en daarboven ligt de galerij met de driehoekige gevel, de klokkenkoepel en de twee iets te smalle torens. Door dit portaal komt u eerst in de *Kaiserhalle*. Hier staan de in 1858 vervaardigde standbeelden van de in de Dom bijgezette keizers en de marmeren monumenten voor Rudolf van Habsburg en Adolf van Nassau. De grote, massieve bronzen deur met zijn basreliëfs, van de hand van professor Scheider-Manzell uit 1972, geeft toegang tot het schip, dat verrast door zijn geweldige ruimte. Het is maar liefst 70 meter lang, 13,80 meter breed en 33 meter hoog. Het gewelf wordt gedragen door 11 immense pijlers met daartussen 12 fresco's uit 1853 met voorstellingen uit het leven van Maria. Iets verder in het middenschip en wel voor het dwarsschip, bevindt zich het zeer bezienswaardige

Königschor, waar de bisschoppen van Speyer zijn bijgezet. Koor en dwarsschip liggen 3,40 meter hoger dan het middenschip en zijn voorzien van gebrandschilderde ramen. De crypte is één van de mooiste in Europa. U betreedt eerst de *vieringscrypte*, vervolgens de gereconstrueerde zogenaamde *Vorkrypta* en dan de *Kaisergruft* (grafkelder), waar de keizers zijn bijgezet. In de Vorkrypta bevinden zich nog twee oude reliëftafels en de grafsteen van Rudolf van Habsburg met diens beeltenis.

Tegenover de Dom strekt zich de brede Maximilianstrasse uit, die aan het einde wordt afgesloten door het *Altpörtel*, de oude stadspoort. Over deze weg trokken ten tijde van de rijksdagen de keizers, keurvorsten en bisschoppen op naar de Dom.

Op de Domplatz, staat de *Domnapf* (1490), een stenen bekken dat bij de intrede van een nieuwe bisschop voor het volk met wijn werd gevuld.

U loopt nu langs de Domnapf naar de Grosse Himmelsgasse.

2 **Dreifaltigkeitskirche** De Dreifaltigkeitskirche is een kerk van de evangelische gemeente die tussen 1701 en 1717 in barokke stijl werd gebouwd. Zij behoort tot de belangrijkste scheppingen van protestantse kerkbouwkunst in Duitsland. Achter de hoge gevel met zijn fraaie portalen gaat een rijk barok interieur schuil, dat wordt overwelfd door een houten kap. Deze werd in 1713 voorzien van schilderingen die scènes uit het *Nieuwe* en *Oude Testament* uitbeelden. Ondanks die rijke inrichting, waarbij ook de kansel, het altaar en het orgel opvallen, verlenen de goed gekozen proporties het interieur ruimte en rust.

Via het straatje tegenover de kerk komt u op het brede trottoir van de Maximilianstrasse met diverse terrassen van cafés. U slaat rechtsaf en kijkt tegen de mooie gevel van het voormalige Kaufhaus.

3 **Kaufhaus** Dit statige huis is in 1748 gebouwd.

U loopt rechts de Korngasse in, een gezellige, smalle winkelstraat die alleen toegankelijk is voor voetgangers. Aan het einde slaat u linksaf en staat u oog in oog met de Altpörtel.

4 **Altpörtel** De Altpörtel is een mooie, gave middeleeuwse stadspoort, waarvan de vier onderste verdiepingen uit de tweede helft van de 13e eeuw stammen en het bovenste deel met de borstwering uit 1514. Vanaf de galerij achter deze borstwering heeft u een fraai uitzicht over de stad. Op de eerste verdieping kunt u een tentoonstelling over de geschiedenis van de Altpörtel bezichtigen.

De terrassen op de Maximilianstrasse in Speyer bieden een prachtig uitzicht op de dom (PI)

8

U gaat onder de poort door en slaat linksaf de Gilgenstrasse in naar de Gedächtniskirche.

5 **Gedächtniskirche** Giften uit de gehele wereld hebben de bouw van deze kerk tussen 1890 en 1904 mogelijk gemaakt. Het bouwwerk is een gedenkteken van het 'protest' van de protestantse minderheid tijdens de Rijksdag van Speyer in 1529. De kerk is gebouwd in neogotische stijl in de trant van de oude kathedralen. De machtige, zeskantige 100 meter hoge toren heeft een fraai opengewerkte spits. In de hal onder die toren staan de standbeelden van Martin Luther (1903) en de protesterende vorsten Johann von Sachsen, Philipp von Hessen, Georg von Brandenburg, Ernst von Braunschweig-Lüneburg, Wolfgang von Anholt en Franz von Braunschweig-Lüneburg (1914). Maar vooral aandacht verdienen de grote gebrandschilderde ramen die het protest uitbeelden.

U wandelt terug naar het Altpörtel (4) en gaat de Maximilianstrasse op.

6 **Rathaus** Het raadhuis is een voornaam barok gebouw uit de jaren 1712 tot 1726. Naast het gebouw bevindt zich de VVV.

U loopt even terug en volgt dan linksaf het bord Judenbad.

De rijkssteden Worms en Speyer

Op de linkeroever van de Rijn liggen twee belangrijke historische steden, die elk vanwege hun machtige Dom een bezoek waard zijn: Worms, gelegen in het Rheinhessische deel van Rheinland-Pfalz, en Speyer aan de oostgrens van de Pfalz. Speyer bezit de grootste en indrukwekkendste in Romaanse stijl gebouwde Dom van Duitsland. Voor kenners is deze Dom ontegenzeggelijk een uitermate interessant bouwwerk, voor de leek en globale beschouwer doet hij wat koel aan. Die van Worms daarentegen heeft een warme uitstraling, zowel wat het exterieur als het interieur betreft. Vergelijken we de toeristische waarde van de steden, dan komt Speyer er gunstiger vanaf dan Worms: het heeft een gezellig centrum met enkele oude straten die een aangename sfeer uitstralen.

Beide steden waren gedurende de Middeleeuwen en in de periode tot aan de ondergang van het Duitse keizerrijk (16e eeuw) Reichsstädte van de Duitse keizers, waar de politiek gezien zo belangrijke Reichstage werden gehouden: meer dan 50 in Speyer en meer dan 100 in Worms. De ondergang van dat machtige keizerrijk viel samen met de religieuze omwenteling in het noorden van Europa. Het was april 1521, toen Luther voor de Rijksdag te Worms de historische woorden sprak: 'Hier stehe ich, ich kann nicht anders. Gott helfe mir. Amen.' Die woorden klonken nog na tijdens de Rijksdag te Speyer in 1529, toen de evangelische vorsten 'protesteerden' tegen het standpunt van de katholieke meerderheid. Vanaf die dag heetten alle aanhangers van de evangelische beweging 'protestanten'. Het rijk viel uiteen en daarmee was een einde gekomen aan de politieke status van beide steden; de hoogtijdagen waren voorbij en ook in economisch opzicht vervielen ze tot onbeduidende steden. De bevolking ging bijna en masse, vrijwillig of onvrijwillig (in vele gevallen moesten de onderdanen het geloof van de vorst aannemen) tot het nieuwe geloof over. De pauselijke nuntius bezocht in 1576 heimelijk Speyer en telde tot zijn ontsteltenis nog slechts 30 rooms-katholieke inwoners. Tijdens de Dertigjarige Oorlog (1618-1648) leidde een predikant kerkdiensten in de Dom van Worms. Beide steden hebben sindsdien zwaar geleden onder de vernielzucht van vijandelijke troepen. In 1689 werden ze door de Fransen in de as gelegd. De Franse revolutionairen deden dat in 1792 nog eens dunnetjes over en Napoleon maakte definitief een einde aan het 'Heilige Römische Reich Deutscher Nation'. Daarmee was het trieste lot beklonken van de eens zo welvarende vrije rijkssteden.

7 **Judenbad** Speyer had in de Middeleeuwen een grote joodse gemeenschap binnen zijn muren, die zich met toestemming van de bisschoppen tegen het eind van de 11e eeuw in de schaduw van de Dom had gevestigd. Omstreeks 1110 bouwden zij op deze plek hun synagoge en een tiental jaren later werd het vrouwenbad, de Mikwe, erbij aangelegd, waar de rituele baden genomen konden worden. In 1354 volgde de bouw van de vrouwensynagoge.

Tweemaal werden de joden uit de stad verdreven. De eerste keer vond dit plaats in 1348, gevolgd door een spoedige terugkeer in 1352. De tweede, definitieve verdrijving vond plaats in 1534, waarbij het kerkhof werd ontwijd en geseculariseerd. Uiteindelijk werd het gehele complex in 1899 met de grond gelijk gemaakt. Slechts het onderaardse vrouwenbad is bewaard gebleven en nu te bezichtigen.

8 **Historisches Museum der Pfalz** In het kasteelachtige gebouw uit 1910 dat zich met zijn twee massieve ronde torens naar de Domplatz wendt, is het Historisches Museum der Pfalz gevestigd. In het museum zijn veel voorwerpen te zien uit de prehistorie, de Romeinse tijd en de Middeleeuwen. Pronkstuk is de 'Goldene Hut von Schifferstadt', een uit één stuk gedreven gouden kegel (hoogte 29,6 cm, gewicht 350,5 gram), die naar verluidt dateert van de 12e eeuw voor Christus. Deze 'hoed' diende niet als hoofddeksel, maar werd hoogstwaarschijnlijk gebruikt als object bij erediensten. Op de bovenverdieping van het museum bevinden zich collecties meubelen, beeldende kunst, klederdrachten en Frankenthaler porselein. Op dezelfde verdieping is ook het *Dom- und Diözesanmuseum* ondergebracht, waar de vondsten uit de keizergraven in de Dom bewaard worden.

In de kelder ten slotte is het *Wijnmuseum* gevestigd, waar u ook wat kunt drinken. In een nis bewaart men hier een Romeinse fles met wijn uit de periode rond 300 na Christus, de oudste die er op de gehele wereld is te vinden.

9 **Technik Museum** Het technische museum aan de Geibstrassee is gevestigd in een hal uit 1913, die vroeger voor de vliegtuigbouw diende, en op het grote terrein ernaast. Daar zijn onder andere oldtimers, stoomlocomotieven, oude brandweerauto's en vliegtuigen tentoongesteld.

Worms

Meer nog dan Speyer is Worms (89 m; 80.000 inw.) een stad die als keizerlijke Reichsstadt een grote rol heeft gespeeld in de geschiedenis van Europa. In de prehistorie lag hier een Keltische nederzetting, die door de Romeinen werd veroverd. Na de Romeinse overheersing werd Worms de hoofdstad van het rijk van de Germaanse stam der Bourgondiërs (Burgunder), die in 437, tijdens de volksverhuizingen, door de Hunnen werden verdreven, waarbij de stad werd verwoest. Deze strijd tegen de Hunnen vormt de kern van het Nibelungenlied. Oostwaarts, eertijds naar het kamp van de vijand, loopt de Nibelungenstrasse die in Worms begint. Op de Rijnkade, dicht bij de Nibelungenbrug, staat het standbeeld van de held Hagen, die de Nibelungenschat in de Rijn gooit.

Uit het Merovingische tijdperk is bekend dat in Worms omstreeks 600 de koningsweduwe Brunichildis resideerde. Zij en haar opvolger Dagobert I (625-639) bouwden op de grondvesten van het vroegere Romeinse Forum een kerk. Zuidelijk daarvan werd in dezelfde periode nog een kerk gebouwd, die de voorloper is van de huidige Dom. In deze kerk werd in 955 hertog Konrad de Rode begraven, de stamvader van het latere keizersgeslacht der Saliërs. De man die in feite verantwoordelijk is voor de

Worms

0 500 m

opkomst van Worms, is in dit geval niet een keizer maar de in het jaar 1000 benoemde bisschop Burchard. Energiek begon hij aan de bouw van de Dom, waarbij hij, zoals de gewoonte was in die dagen, de vorige kerk van Brunichildis en Dagobert tot op de grond liet afbreken. Reeds in 1018 kon de nieuwe Dom ingewijd worden, een bouwwerk waarvan het grondplan en de contouren nog steeds overeenstemmen met die van de huidige Dom. Het betreft hier een kruisvormige basilica met twee halfronde koren. Het oostelijk koor werd aan de buitenzijde afgesloten door een rechte muur met aan weerszijden een slanke ronde toren. Boven de kruising van schip en dwarsschip, de viering, verhief zich een derde – lagere en bredere – toren, die in zijn huidige vorm achthoekig is. Het westelijke koor werd ook ingesloten door twee ronde slanke torens, maar of het zelf bekroond werd door een toren (zoals nu het geval is) is niet zeker. In de 12e eeuw werd de Dom herhaaldelijk vernieuwd en verbouwd. Drie perioden zijn in die verbouwingen te onderscheiden: 1130-1144 het oostelijk deel met het dwarsschip, de torens en de vieringstoren; 1160-1170 het drieschepige hoofddeel; 1171-1181 het westelijke koor met de torens en de koortoren, de kruisgang en de zuidwestelijke zijde. Nadien is er nog vaak gebouwd en verbouwd, waarbij gotische elementen werden ingebracht. Ook al zijn er in de loop der eeuwen beschadigingen aangebracht, toch is de Dom sinds de 12e eeuw niet wezenlijk veranderd.

De stad Worms groeide in die middeleeuwse hoogtijdagen mee met de Dom. Eén van de hoogtepunten was het huwelijk van Frederik II (1215-1250) en Isabella, zuster van de Engelse koning Hendrik II, dat in 1235 plaats vond. Ruim twee eeuwen later, in 1495, hield keizer Maximiliaan hier één van de luisterrijkste rijksdagen. Meer dan honderd rijksdagen werden er in die tijd gehouden. Aan deze periode herinneren ook delen van de stadsmuren en 20 van de in totaal 100 torens die er stonden. Het bisdom Worms was echter in vergelijking met de andere maar klein. Spoedig slonk de politieke en economische macht van de stad, waaraan de Rijksdag van 1521, met het optreden van Luther, het zijne bijdroeg. Hoewel Luther door het Edict van Worms werd veroordeeld, is de stad sinds die tijd voor twee derde protestants. De inwoners van Worms noemen de stad ook wel Lutherstad, want het Luthermonument is het grootste ter wereld dat herinnert aan de Reformatie.

Bezienswaardigheden

1 **Dom St. Peter** U betreedt de Dom via de ingang in het zuidelijke deel van het dwarsschip. Daar ziet u ziet een model van de Dom en zijn omgeving, zoals het geheel er voor 1689 uitzag. Vervolgens betreedt u het middenschip, waarbij meteen de aandacht wordt getrokken door het barokke hoogaltaar van Johann Balthasar Neumann, aangebracht in 1740. Het heeft een compositie van verguld hout en marmer in verschillende zachte tinten, die harmoniëren met de steenkleur van muren en gewelven. Alhoewel het altaar de gehele ruimte van het middenschip in de breedte opvult, geeft het toch voldoende doorkijk op de apsis. Het altaar contrasteert scherp met de apsis, maar benadrukt tevens de pure schoonheid van de Romaanse eenvoud.

Achter u ziet u het westelijke koor, dat voor velen geldt als één van de mooiste producten van de Romaanse bouwkunst. Van het westelijke koor loopt u naar het noordelijke schip, waar langs de wand een rij laatgotische, nogal beschadigde beeldhouwwerken (reliëfs) staat opgesteld. Zij stellen de Boodschap aan Maria, Christus' Geboorte, de Graflegging, de Opstanding en de Boom van Jesse voor. Dan volgt het grafmonument van ridder Eberhard von Heppenheim (1559) en daarachter de *Aegidiuskapel* met een Mariabeeld uit omstreeks 1400.

Tegen het zuidelijke schip staat de sfeervolle *Nikolauskapelle* die is gebouwd tussen 1280 en 1315. Het werd in 1919 op enkele veranderingen na weer in de oude stijl opgebouwd. Het doopvont, dat rust op vier leeuwen, stamt uit de 14e eeuw. Het mozaïek eromheen en de gebrandschilderde ramen zijn van de hand van de kunstenaar Heinz Hindorf (1970).

Bij het verlaten van de Dom wijzen wij u nog op het zuidelijk portaal, dat schitterend is uitgevoerd met beeldhouwwerk. In twee bogen, elk ingedeeld met groepen figuren, worden scènes uitgebeeld uit het *Oude* en het *Nieuwe Testament*.

Wie op zondag een bezoek brengt aan de stad, zal versteld staan van de zware klokgeluiden, die over het centrum klinken. De Dom van Worms wordt overal opgemerkt.

2 **Andreasstift** Van dit middeleeuwse klooster uit de 12e en 13e eeuw aan het einde van de Dechaneigasse resten nog de mooie kerk en de kruisgang, gebouwd in Romaanse stijl met gotische toevoegingen. Vanaf 1802 wordt de kerk voor profane doeleinden gebruikt. Sinds 1927 is het *Museum der Stadt Worms* erin gevestigd. Dit stedelijk museum bezit grote verzamelingen kunst, kunstnijverheid en voorwerpen uit de regio vanaf de prehistorie tot heden. Er is ook een kamer van Luther ingericht.

3 **Andreastor** Door de oude Andreaspoort komt u buiten de ommuurde stad.

4 **Judenfriedhof Heiliger Sand** Het joodse kerkhof aan de Andreasring dateert van de 11e eeuw. Het oudste van de ongeveer 2000 graven stamt uit 1076.

5 **Kunsthaus Heylshof** Achter de resten van de Romeinse stadsmuur staat in een parkje het Kunsthaus Heylshof. In dit gebouw uit het einde van de 19e eeuw, dat na 1945 herbouwd werd, bevindt zich een belangrijke verzameling schilderijen. Hoogtepunt van de verzameling is de collectie 17e-eeuwse schilderijen van meesters uit de Lage Landen, waaronder die van Rubens, Van Dijck en Ruysdael. Daarnaast is er een uitgebreide collectie 19e-eeuwse Duitse schilderwerken (van o.a. Rottmann, Böchlin en Kaulbach). Ook is er werk van enkele bekende Franse en Italiaanse schilders, zoals Lorenzo di Credi, Tiepolo, Guardi, Largillière en Greuze. Voorts zijn er verzamelingen geschilderd glas uit de Middeleeuwen, beeldhouwwerk, keramiek en porselein (vooral van Frankenthaler makelij).

6 **Lutherdenkmal** Het Weltdenkmal, zoals het Lutherdenkmal in Worms genoemd wordt, dateert van 1868. Het monument bestaat uit 12 levensgrote figuren. Op de hoeken staan de geestverwanten van Luther: John Wyclif, Jan Hus, Petrus Waldus en Savonarola. Luther zelf staat in het midden met de hand op de bijbel en de rechtervoet naar voren. Als variant op zijn beroemde woorden uitgesproken tijdens de Rijksdag van 1521, meent de volksmond dat Luther hier wil zeggen: Hier sta ik, maar als ik nog één stap verder ga, val ik van mijn sokkel.

7 **Synagoge** De voornaamste bezienswaardigheid van de stad is na de Dom de synagoge in de Judengasse. De joodse gemeente van Worms was één van de oudste en belangrijkste van Duitsland. Rabbi Rasji, of voluit rabbi Salomo Jitschaki, heeft in Worms aan de talmoedhogeschool gestudeerd, waarna hij terugkeerde naar zijn geboorteplaats Troyes in Frankrijk. Daar stierf hij in 1150. Zeer belangrijk waren zijn interpretaties van de talmoed en de bijbel. Zijn commentaren op de Pentateuch, de eerste vijf boeken van het Oude Testament of Talmoed, werden in 1475 in boekvorm uitgegeven. Dit was het eerste boek dat in de Hebreeuwse taal gedrukt werd en was meteen bijzonder geliefd onder het joodse volk. Het werd ook wel geraadpleegd door christelijke bijbelgeleerden. Op het joodse kerkhof (zie nr. 4) werd in 1307 rabbi Meir begraven, ook een geleerde van naam. Worms was voor de joden in de Middeleeuwen een zeer belangrijke stad. Nu is het voor hen een belangrijk bedevaartsoord.

De eerste synagoge, uit 1034, werd in 1146 verwoest en in 1175 vervangen door de huidige *Mannensynagoge*. In 1186 kwam het vrouwenbad voor het nemen van rituele baden (Mikwe) gereed, in 1213 gevolgd door de *Vrouwensynagoge*. Tijdens de Kristallnacht in 1938 werden de gebouwen tot op de grond afgebrand. Een zeer getrouwe reconstructie werd uitgevoerd in de jaren 1958-1960, waarbij ook de onderaardse Mikwe weer toegankelijk werd gemaakt. Steile trappen dalen af naar de kleedruimte en vandaar naar de met grondwater gevulde badinrichting, waarvan de waterspiegel 7 meter onder het huidige grondoppervlak ligt. Dagelijks vinden er rondleidingen plaats.

Tot het complex behoort ook het *Raschi Haus*, waarvan de school, het ziekenhuis en de danszaal deel uitmaakten. Nu is er het stedelijk archief en het Judaica Museum in ondergebracht (ma. gesloten).

Onderweg naar de St. Pauluskirche komt u in de Römerstrasse langs het Rote Haus, het enige gebouw in Worms dat in renaissancestijl is gebouwd.

8 **St. Pauluskirche** Deze voormalige kloosterkerk in de Bauhofgasse behoort met de Dom tot de voornaamste Romaanse bouwwerken van Worms. De driebeukige pijlerbasiliek werd in het begin van de 11e eeuw, net als de Dom, door bisschop Burchard gebouwd, maar in het begin van de 13e eeuw is zij nogal gewijzigd. Het mooiste deel is de westelijke gevel, die een achthoekige toren draagt (als boven een viering) met daarachter

Het aan Luther gewijde monument in Worms laat ook geestverwanten zien, als John Wyclif, Jan Hus, Petrus Waldus en Savonarola (PI)

twee torens die door merkwaardige koepels worden gekroond. Het schip werd in de 18e eeuw grotendeels gewijzigd, waarbij de pijlers werden vervangen door zuilen en het geheel overspannen werd door kruisgewelven.

9 **Dreifaltigkeitskirche** Deze barokke Drievuldigheidskerk is tussen 1709 en 1725 gebouwd ter herinnering aan de Reformatie.

10 **Liebfrauenkirche** In het noorden van de stad staat aan de Liebfrauenring de Liebfrauenkirche, te midden van de wijngaarden die de 'Liebfraumilch' produceren. De naam van deze wijn werd zo vaak misbruikt dat hij geen kwaliteit meer garandeerde. Daarom heeft men noodgedwongen de merknaam veranderd in 'Liebfrauenstift-Kirchenstück'. De kerk is een grote gotische driebeukige basiliek uit de 14e en 15e eeuw en werd oorspronkelijk als kloosterkerk gebruikt. Toen werd de kerk druk bezocht als bedevaartsoord vanwege het Mariabeeld (Gnadenbild) uit de 13e eeuw.

11 **Lutherkirche** In het westelijk deel van de stad aan de Friedrich Ebert Strasse is de Lutherkirche te vinden. Architect Friedrich Pützer uit Darmstadt bouwde deze prachtige Jugendstilkerk tussen 1910 en 1912. Vooral het fraaie en bijzonder stijlvolle interieur is een bezoek waard.

Ludwigshafen am Rhein

De industriestad Ludwigshafen (95 m; 167.000 inw.) heeft het predikaat 'Stadt der Chemie', waar zij trots op is en die zij dankt aan Friedrich Egelhorn, die hier in 1865 de *Badische Anilin & Soda Fabrik* (BASF) stichtte. Inmiddels is BASF uitgegroeid tot een multinational met tientallen binnen- en buitenlandse dochterondernemingen die tezamen meer dan 5000 producten leveren. Zetel van deze onderneming is het meer dan 20 verdiepingen tellende *Hochhaus*, symbool voor deze nijvere stad.

In de loop der jaren kwamen er nog vele chemische fabrieken bij. Door al die fabrieken ruikt het in Ludwigshafen altijd vaag naar een apotheek, maar dat nadeel nemen de inwoners op de koop toe, want de industrie biedt werkgelegenheid aan 110.000 mensen. De laatste jaren is men bezig met het groener maken van de stad. Het stadspark in de bocht van de Rijn en het Friedrich Ebert Park met z'n fonteinen, bloemperken, torenrestaurant en openluchttheater vormen het eerste zichtbare resul-

De industriestad Ludwigshafen wordt dagelijks door veel binnenvaartschepen aangedaan (RP)

taat van dat voornemen. Een opvallend modern gebouw in dit park is de *Friedrich Ebert Halle*, een multifunctioneel gebouw dat tussen 1962 en 1965 werd gebouwd door de Weense architect Roland Rainer. Een tweede opvallende verschijning in het stadsbeeld is het gebouw van het *Wilhelm Hack Museum* aan de Berliner Strasse 23. Dit ontwerp van de Stuttgarter architectuurstudenten Walter Hagstotz, Susanne Hagstotz en Peter Kraft, ingestuurd naar aanleiding van een prijsvraag, werd in 1973 door de gemeente uitverkoren. In 1975 volgde de bouw. Fraai uitgevallen onderdeel van het exterieur is de 55 meter lange en 10 meter hoge keramiekmuur van Joan Mirò. Het gebouw herbergt de stedelijke kunstverzameling. Hoogtepunt van de collectie is de afdeling moderne schilderijen. De weinige historische gebouwen die er zijn, bevinden zich in het stadsdeel **Oggersheim**, zoals de bedevaartskerk *Maria Himmelfahrt*, een classicistisch bouwwerk uit 1774-1777. Het bekendst is het *Schillerhaus* aan de Schillerstrasse 6, het woonhuis van Schiller. Hier schreef deze beroemde dichter in 1782 zijn drama 'Kabale und Liebe'. Nu kunt u er allerlei attributen van hem zien.

Mannheim

Een kleine 400 jaar geleden was Mannheim een vrij onbetekenend vissersdorp, gunstig gelegen vlak bij het punt waar Rijn en Neckar samenvloeien. In deze situatie kwam echter verandering toen keurvorst Karl Philipp von der Pfalz met zijn gehele hofhouding in 1720 van Heidelberg naar Mannheim verhuisde. Hij liet er het grootste barokslot van Duitsland bouwen. Mannhein groeide gestaag tot wat het nu is: de op één na grootste stad in Baden-Württemberg (320.000 inw.) en de op één na grootste binnenhaven van Duitsland, waar jaarlijks 20.000 schepen in- en uitvaren. Intussen raakte Mannheim, nadat Carl Benz hier in 1885 de eerste auto had gebouwd, over de gehele wereld bekend als de stad van de Daimler-Benzfabrieken. Maar minder bekend is dat baron von Drais al in 1817 in Mannheim een loopmachine had vervaardigd, de voorloper van de fiets, die nu te zien is in het Reiss-Museum.
In de binnenstad valt onmiddellijk op dat de gezellige kronkelige nauwe straatjes, die andere oude steden zo vaak kenmerken, hier volkomen ont-

breken. Dat is het werk van onze landgenoot Bartel Janson, van wie het idee van een geometrisch stadsplan afkomstig is. In Mannheim werd dat idee uitgewerkt door de stadsvernieuwer Ulmann, die in 1684 in opdracht van de keurvorst het plan ontwierp. In de eeuwen daarna zijn vele van de oorspronkelijke gebouwen weer met de grond gelijk gemaakt, maar Mannheim bleef zijn geometrisch stadsplan trouw, zodat de stad heel modern aandoet ondanks de naar onze begrippen soms wat smalle straten. Gemakshalve kregen de meeste straten geen namen, maar codes bestaande uit een letter en een nummer. Uitzonderingen hierop zijnde ringweg die om de stad heen loopt en de Planken, de belangrijkste winkelstraat van Mannheim, die dwars door het stadscentrum loopt.

Bezienswaardigheden

1 **Hauptbahnhof** Het hoofdstation van Mannheim, waar treinreizigers vanuit Nederland en België gewoonlijk aankomen, is het beginpunt van deze wandeling.

2 **Kurfürstliches Residenzschloss** In 1720 werd met de bouw begonnen van dit enorme slot, dat nu aan de Bismarckstrasse staat. Vanuit de trein is dit reusachtige complex goed zichtbaar. Zo tussen allerlei nieuwbouw en kaalslag in, ligt het er nu een beetje merkwaardig en verlaten bij. Vroeger moet dat echter heel anders geweest zijn.

Vijf bouwmeesters hebben aan de bouw gewerkt totdat het in 1760 klaar was. Twee eeuwen was het een toonbeeld van pracht en praal, maar in de Tweede Wereldoorlog werd het door brand zeer ernstig beschadigd. Er volgde een grondige restauratie die tot 1960 duurde, waarna het complex voor het publiek werd opengesteld. Het trappenhuis, de Trabantenzalen, de slotkerk en de kleine bibliotheek kunnen worden bezichtigd tijdens rondleidingen (niet op maandag). Ook ziet u dan de ridderzaal, waar Mozart eens gespeeld heeft en die als pronkstuk van de restauratie wordt beschouwd. De plafondfresco's in de zaal zijn zorgvuldig aan de hand van foto's gereconstrueerd. De oorspronkelijke schilder was Cosmas Damian Asam. Op de plaats waar vroeger de hoekbeelden van de kunstenaar Paul Egel stonden, ziet u nu marmeren beelden van Karl Theodor en zijn gemalin. Deze zijn in 1760 door Peter Anton Verschaffelt vervaardigd.

De overige vertrekken van het slot kunt u niet bezichtigen, omdat ze worden gebruikt door de universiteit van Mannheim.

3 **Jesuitenkirche St. Ignaz und Franz Xavier** Evenals het slot is de Jesuitenkirche aan straat A4 de Tweede Wereldoorlog niet zonder kleerscheuren doorgekomen. Het gebouw dateert van 1760 en wordt beschouwd als een belangrijk voorbeeld van Duitse barokarchitectuur. Vandaar ook dat na de oorlog de restauratie zeer zorgvuldig is uitgevoerd. Oorspronkelijk maakte de kerk deel uit van een jezuïetencollege, dat in 1727 door de keurvorst Karl Philipp was gesticht. Nu wordt de kerk gebruikt voor rooms-katholieke diensten.

Vlakbij ziet u het standbeeld van Schiller, ongeveer op de plaats waar vroeger het Nationaltheater stond (zie nr. 12).

4 **Zeughaus/Reiss-Museum** Het oude tuighuis aan straat C5 werd tussen 1777 en 1779 door de Nederlander Peter Anton Verschaffelt gebouwd. Het is het laatste monumentale barokke bouwwerk uit de keurvorstentijd. Carl Reiss, ereburger van Mannheim, en zijn zuster Anna lieten na hun dood in respectievelijk 1914 en 1915 hun vermogen na aan de stad Mannheim. Dit werd gebruikt voor de inrichting van een museum dat in het Zeughaus werd gevestigd. Het museum is verdeeld in diverse belang-

Mannheim

rijke verzamelingen, die sinds 1988 ondergebracht zijn in twee gebouwen; het Zeughaus en het Reiss-Museum aan straat D5. Een grote collectie kunst en stadsgeschiedenis is in het Zeughaus ondergebracht, terwijl de archeologische en volkenkundige verzamelingen in de nieuwbouw van het Reiss-Museum tentoongesteld zijn.

Bij de afdeling stadsgeschiedenis behoort ook de verzameling theaterattributen, afkomstig uit het oude Nationaltheater. U vindt er onder andere teksten, decors, prenten en andere toneelrekwisieten. Pronkstuk van de verzameling is het souffleerboekje dat gebruikt is bij de eerste opvoering van Schillers toneelstuk 'Räuber' in 1782. Voorts is er een zeldzame collectie plateelaardewerk en porselein. De verzameling Frankenthaler porselein is de grootste in de bondsrepubliek. In de tuin van het museum staat het Hofgebouw, waar wisselende exposities worden gehouden. De grote zaal in het museum, genoemd naar de ereburger Florian Waldeck, wordt gebruikt voor gemeenteraadsvergaderingen.

5 **Nieuwbouw Reiss-Museum** De zojuist genoemde archeologische en volkenkundige verzamelingen vindt u in de nieuwbouw van het Reiss-Museum. De collectie omvat onder andere vondsten uit de prehistorie en de Romeinse tijd. De afdeling volkenkunde toont kunst afkomstig uit niet-Westerse culturen.

6 **Paradeplatz en de Planken** Vanaf de Paradeplatz met de Grupello-Brunnen (1709-1716) komt u in Mannheims populairste winkelstraat, de Planken, die zijn naam dankt aan de eiken planken waarmee de straat vroeger was bedekt. Het hele gebied is nu alleen toegankelijk voor voetgangers, zodat er in alle rust gewinkeld kan worden. In de nabijheid zijn verschillende parkeerterreinen en -garages, waar u eventueel de auto

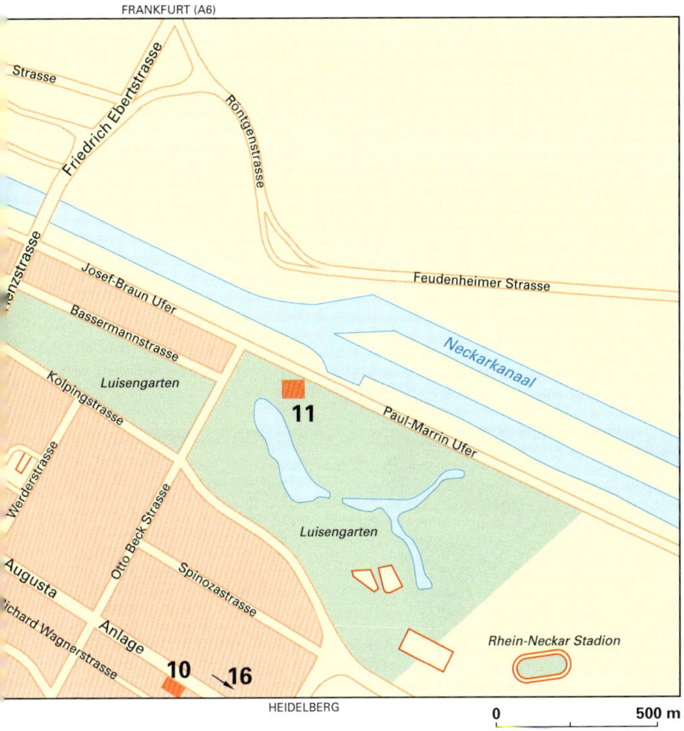

kwijt kunt. Wanneer u de Planken in westelijke richting afloopt, komt u door de Rheinstrasse bij de haven. In tegenovergestelde richting bereikt u, via de Heidelberger Strasse, de Friedrichsplatz (nr. 8).

7 **Altes Rathaus-untere Pfarrkirche** Dit 'tweelinggebouw' op het marktplein is een ontwerp van Johann Jacob Rischer. Het beeldhouwwerk op de gevel is van de hand van Michael Bitterich, met uitzondering van de Vrouwe Justitia, die Heinrich Charrasky in 1709 heeft vervaardigd. Op de gevel kunt u de spreuk Justitia et Pietate lezen, ofwel 'gerechtigheid en vroomheid'. Dit is de kernspreuk van dit gebouw, waarmee het evenwicht tussen kerk en wereld tot uitdrukking wordt gebracht.

8 **Friedrichsplatz met Wasserturm** Het bekendste plein van Mannheim is zonder enige twijfel de Friedrichsplatz. Dat komt niet alleen doordat de stad zo weinig pleinen telt, maar vooral door de watertoren, hét symbool van Mannheim. Op alle toeristische folders treft u een afbeelding van deze toren aan. Hij dient al lang niet meer voor de watervoorziening van Mannheim, maar voorziet nog wel de fonteinen die ervoor staan. Op feestdagen en in het weekend bieden ze 's avonds een kleurrijk schouwspel. Het Friedrichsplein werd in 1907 geheel in Jugendstil herbouwd, ter gelegenheid van het 300-jarig bestaan van Mannheim. Het rozeachtige gebouw (met moderne aanbouw) is het congrescentrum 'Rosengarten', dat na een grondige renovatie van het interieur is heropend.

Van april tot september vertrekt van de watertoren dagelijks om 10 uur 's morgens een bus voor een rondrit door de stad waarbij ook het slot (nr. 2) wordt bezocht.

9 **Städtische Kunsthalle** Het Jugendstilgebouw uit 1907 in de Molkestrasse op nummer 9 herbergt de Städtische Kunsthalle. In deze stede-

lijke kunsthal is een collectie 19e en 20e eeuwse kunst te zien. Interessant is de verzameling moderne aquarellen en grafische kunst. Het bekendste schilderij van het museum is 'De terechtstelling van keizer Maximiliaan van Mexico' van Manet.

Er is tevens een aanbouw met een grote verzameling moderne beeldhouwkunst en naoorlogse schilderkunst. Ook zijn er vaak wisselende tentoonstellingen .

10 **Pavillon des Mannheimer Kunstvereins** In dit museum op de Augusta Anlage 58 hebben hedendaagse kunstwerken een plaats gevonden. Er zijn ook wisselende exposities.

11 **Luisenpark met Fernmeldeturm** Mannheim was in 1975 aan de beurt om de Bundesgartenschau te organiseren. Deze tuinbeurs wordt elke twee jaar gehouden en het stadsbestuur heeft die gelegenheid met beide handen aangegrepen om de stad een groener aanzien te geven. Het Luisenpark werd voor die gelegenheid door middel van een aerobus verbonden met het even mooie Herzogenriedpark. In het Luisenpark werd een

De adelaars op de lantaarnpalen rond de Friedrichsplatz bieden een fraaie aanblik (PI)

Fernmeldeturm gebouwd, een 205 meter hoge toren met een draaiend restaurant op een hoogte van 125 meter. Nog iets hoger is een apart uitzichtpunt. Op de begane grond vindt u onder andere een tropische plantenkas, een minigolfterrein, een klein dierenpark met een volière en natuurlijk veel bloemen en enkele restaurants. Door het hele park strekt zich een langgerekte vijver uit waarop zogenaamde gondoletta's heen en weer varen. Bij zo'n tochtje passeert u het vogeleilandje.

12 **Nationaltheater** Het Nationaltheater van Mannheim aan het Goetheplatz heeft een rijke geschiedenis. Oorspronkelijk stond niet ver van de Jesuitenkirche een theater, maar dit gebouw werd in 1943 met de grond gelijkgemaakt. In het oude theater beleefde het toneelstuk *Räuber* van Schiller zijn première, een feit waar Mannheim nog steeds trots op is.
Het tegenwoordige, moderne theater bestaat uit het Grosse Haus met 1154 plaatsen en het Kleine Haus met 580 plaatsen.

13 **Kurpfalzbrücke** Van juni tot augustus vertrekken van de aanlegsteiger aan de rivier de Neckar bij de Kurpfalzbrug op maandag en donderdag om 10.00 en 14.00 uur boten voor een rondvaart door de haven van Mannheim. Samen met die van Ludwigshafen vormt deze haven het grootste binnenhavencentrum van Europa. De 20.000 schepen die hier laden en lossen, zorgen voor een jaarlijkse overslag van ongeveer 10 miljoen ton. Rondom de haven zijn talrijke industrieën gevestigd, zoals bijvoorbeeld Daimler-Benz waar vrachtauto's en autobussen worden geproduceerd.

14 **Museumsschiff** In het scheepvaartmuseum kunt u historische documenten van de scheepvaart op de Rijn en de Neckar bekijken.

16 **Landesmuseum für Technik und Arbeit** Voor de echter doorzetters is er nog het Landesmuseum für Technik und Arbeit. Dit museum ligt aan de Museumstrasse 1, buiten de plattegrond. U kunt er de ontwikkeling van de techniek vanaf de 18e eeuw tot heden bekijken. Er zijn oude machines, die ook in werking gedemonstreerd worden. Verder zijn er werkplaatsen ingericht en kunt u er robotten zien. Over het terrein rijdt een historische stoomtrein, waarmee een rit gemaakt kan worden.
Na deze wandeling door de stad zult u waarschijnlijk wel zin hebben in een bezoek aan een café of restaurant. Bestel dan eens één van Mannheims twee specialiteiten. Laat u niet afschrikken door de namen. De bekendste van de twee, *Mannheimer Dreck*, is een gebaksoort met als voornaamste bestanddelen chocolade en amandelen. *Hafenwasser* is een drank waarin frambozen, peren, kersen en pruimen zijn verwerkt.

9 Rijn

Een boottocht op de Rijn. Wie kent niet het verhaal van de Loreley, de vooruitspringende rots waarop vele schippers verongelukten. Zij werden gegrepen door het gezang van een oogverblindende jonkvrouw, waardoor zij niet meer op hun schip letten en tegen de rots te pletter sloegen. Het gecultiveerde landschap langs de Rijn is nog steeds een reisje waard. Keulen is een boeiende stad met veel bezienswaardigheden. Mainz spreekt aan door de ongedwongen sfeer, terwijl het kuuroord Wiesbaden nog iets uitstraalt van het rijke verleden. Langs de zonnige hellingen ziet u glooiende wijnvelden, schilderachtige stadjes en dorpen, en (ruïnes van) burchten en kastelen. Vooral het wijnstadje Rüdesheim trekt elk jaar vele duizenden toeristen.

Inleiding

De Rijn is de langste en waterrijkste West-Europese rivier. Hij verbindt de Alpen met de Noordzee. Daar in de Alpen ontstaat hij uit de samenvloeiing van twee bergstromen: de Vorderrhein, die door het gletsjerwater van het St.-Gotthardmassief wordt gevoed, en de Hinterrhein die dat van de Rheinwaldhorn ontvangt. Bij Reichenau stromen zij tezamen. Vervolgens mondt de rivier bij Altenrhein in de Bodensee uit, die zij bij Stein weer verlaat.

De kilometertelling die u op grote witte borden langs de rivier vindt aangegeven, is gerekend vanaf Konstanz en bereikt bij de Maasbrug in Rotterdam het ronde getal 1000. De totale lengte van de samenvloeiing bij Reichenau tot de monding van de Nieuwe Waterweg bij Hoek van Holland bedraagt 1324 kilometer. Het totale stroomgebied omvat maar liefst 224.000 km^2. De Rijn is tevens de drukst bevaren rivier van Europa. Op het ogenblik is hij al bevaarbaar vanaf Rheinfelden, 25 kilometer boven Basel. Vooral het beroepsgoederenvervoer is zeer intensief, zowel op de rivier als op de daarlangs lopende wegen en spoorwegen.

Na bij Schaffhausen de beroemde waterval te hebben gevormd stroomt de rivier als Hochrhein weer verder westwaarts naar Basel, waar ze naar het noorden afbuigt en als Oberrhein de Bovenrijnse Laagvlakte doorstroomt.

Dan volgt het overbekende, romantische deel van het Rijndal tussen Mainz en Keulen, het gedeelte dat in deze gids wordt beschreven: de Mittelrhein. Bij Bingen staat een toren in de Rijn, de Mäuseturm, die als signaaltoren voor de scheepvaart dient. Dat heeft enige opheldering nodig en daartoe keren we even terug naar de aardrijkskundelessen op school: 'De Rijn stroomt door de Bovenrijnse Laagvlakte en breekt zich bij Bingen een weg door het leisteenplateau'. Ter plaatse is waar te nemen hoe de rivier, de geschikste plaats uitzoekend, afbuigt en zich vernauwt. De stroomsnelheid van het water wordt daardoor verhoogd, zodat de schepen ertegenop moeten zwoegen. Soms lijkt het net of ze niet vooruit komen.

Voorbij Bonn vertraagt de Rijn zijn stroom in een steeds wijder wordend landschap en vloeit hij als de Niederrhein door een rokend en roetend industriegebied de Nederlandse grens tegemoet, die hij bij Lobith bereikt.

De reis vanuit Nederland zal in vele gevallen door de Nederrijnse Laagvlakte gaan, waarbij van noord naar zuid het Ruhrgebied wordt doorkruist. Betrekkelijk spoedig ligt dit industriegebied met zijn rook en gassen verspreidende schoorstenen, hoogovens, schachtblokken en storthopen achter u. Maar ook rondom Düsseldorf en Keulen liggen echter nog veel industrieplaatsen waardoor u de Rijn nog nauwelijks te zien krijgt. Dit gebeurt pas voorbij Bonn, waar het Zevengebergte in zicht komt, de eerste bergen langs de Rijn.

Het Zevengebergte is niet hoog, maar wel imposant doordat de bergen vrijwel direct uit de laagvlakte oprijzen. In hun vorm herkent u duidelijk de vulkanische oorsprong. De grillige lijnen van de Drachenfels vinden hun verklaring in een vroegere steengroeve waar eeuwenlang basalt, een vulkanisch product, is weggehaald. Van het Zevengebergte tot Koblenz levert de Rijn nog niet die grandioze landschappen op waaraan de rivier haar faam te danken heeft. Ten zuiden van Koblenz volgt een 60 kilometer lang traject dat een verrukking is voor het oog. Industrie treft men in dit gedeelte slechts sporadisch aan. Bijna alle dorpen en stadjes zijn schilderachtig, veelal omgeven door boomgaarden. Het overgrote deel van de hellingen is bedekt met wijngaarden, het overige met bos. Een enkele rots springt er uit, zoals de Loreley, waaraan de bekende sage is verbonden. Op de rand van het plateau en soms ook op de berghellingen,

Hoogtepunten

De opsommingen zijn gegeven in de volgorde noord-zuid langs respectievelijk de linker en de rechter Rijnoever.

Stads- en dorpsgezichten

Linkeroever: Keulen, Koblenz, Oberwesel, Bacharach.
Rechteroever: Königswinter, Linz, Braubach, Assmannshausen, Rüdesheim, Wiesbaden.

Kastelen en landhuizen

Linkeroever: Schloss Augustusburg (Brühl, zie Keulen), Poppelsdorfer Schloss (Bonn), Rolandseck, Schloss Rheineck (Bad Breisig), Stolzenfels (Koblenz), Rheinfels (St. Goar), Sooneck (Bacharach), Reichenstein (Bacharach), Rheinstein (Bacharach), Klopp (Bingen), Layen (Bingen).
Rechteroever: Drachenburg (Königswinter), Linz, Arenfels (Bad Hönningen), Lahneck (Lahnstein), Marksburg (Braubach), Liebenstein en Sterrenberg (Kamp-Bornhofen), Katz (St. Goarshausen), Pfalzgrafenstein (Kaub), Johannisberg en Vollrads (Geisenheim).

Kerken en kathedralen

Linkeroever: Keulen (Dom en St. Pantaleon), Bonn (Münster), Remagen (Apollinariskirche), Andernach (Mariendom), Koblenz (St. Kastor), Boppard (St. Severuskirche), St. Goar (Stiftskirche), Bingen (Basiliek St. Martin), Mainz (Dom).
Rechteroever: Schwarz-Rheindorf (Doppelkirche), Unkel (Pantaleonskirche), Sayn (Pfarrkirche; zie Bendorf), Niederlahnstein (Johanniskirche; zie Lahnstein), Kamp-Bornhofen, Mittelheim (St.-Aegidiusbasiliek; zie Geisenheim), Abdij Eberbach (zie Hattenheim), Kiedrich (zie Eltville), Wiesbaden.

Musea

Linkeroever
Keulen: *Römisch-Germanisches Museum*; *Wallraf-Richartz-Museum/ Museum Ludwig.*
Bonn: *Städtisches Kunstmuseum*; *Beethovenhaus*; *Rheinisches Landesmuseum*; *Museum Alexander Koenig.*
Koblenz: *Landesmuseum en Rheinmuseum* in de vesting Ehrenbreitstein.
Boppard: *Städtisches Museum.*
Mainz: *Gutenbergmuseum*; *Mittelrheinisches Landesmuseum*; *Naturhistorisches Museum.*
Rechteroever
Linz: *Burg Linz.*
Braubach: *Marksburg.*
Rüdesheim: *Weinmuseum* in de Brömserburg; *Mechanischer Musiksalon.*

Overige hoogtepunten

Tochtjes per boot op de Rijn: deze zijn mogelijk vanuit bijna alle toeristenplaatsen.
Brühl (zie Keulen): pretpark *Phantasialand.*
Rolandseck: *Wildpark.*
Bad Breisig: met de stoeltjeslift naar *Schloss Rheineck.*
Koblenz: bezoek aan *Deutsches Eck* en de vesting *Ehrenbreitstein.*
Boppard: tochtje met de *bergbaantjes.*
Königswinter: per tandradspoor naar de *Drachenfels.*
St. Goarshausen: bezoek aan de wereldberoemde *Loreley.*
Rüdesheim: bezoek (met kabelbaantje) aan het *Niederwald Denkmal.*

liggen de middeleeuwse burchten uitgestrooid, dikwijls tot ruïne vervallen. Ze zijn steeds zo gelegen dat de roofridders, die ze hebben laten bouwen, het verkeer op de rivier konden beheersen om daarvan hun tol te eisen. Eén burcht ligt zelfs in de rivier: het Pfalzgrafenstein bij Kaub. (Zie ook 'Burchten en kastelen' in het hoofdstuk 'Land, volk en cultuur', blz. 43) Aan de oostzijde wordt de Rijn begrensd door het Westerwald en de Taunus, waarvan de zuidelijke uitlopers tussen Rüdesheim en Wiesbaden het Rheingaugebergte heten, de bakermat van befaamde wijnsoorten. Aan de westzijde maken de Eifel en de Hunsrück deel uit van het leisteenplateau.

Vanaf een rondvaartboot heeft u goed zicht op het landschap, zoals hier bij Kaub, met op de achtergrond de ruïne van de burcht Gutenfels (B&U)

Een reisje op de Rijn met één van de cruiseschepen is nog altijd populair. U zult tijdens zo'n reis tot de ontdekking komen dat het verkeer van de vrachtscheepvaart bijzonder intensief is. Dag en nacht varen, dikwijls in diverse rijen naast elkaar, de grote vrachtschepen en tankers met hun machtige motoren. Het aantal gesleepte rijnaken neemt geleidelijk af ten gunste van de duwboten. Een duwboot duwt vier of meer vierkante nauwverbonden ijzeren bakken, gegroepeerd in rijen van twee naast elkaar, voor zich uit. Deze samenstelling beslaat een grotere breedte dan de sleep, maar er is toch gemakkelijker mee te manoeuvreren. Tussen dit verkeer bewegen zich de plezierboten, die eveneens een behoorlijke omvang hebben. Daarmee is echter nog lang niet alle scheepvaart aan bod geweest. Op regelmatige afstand van elkaar, met name op die gedeelten waar maar enkele bruggen de oevers verbinden, zijn punten waar u per veerboot de rivier met de auto over kunt steken. Dan zijn er nog de voetgangersveerboten, kleine motorboten die de oeverplaatsen verbinden en die kriskras de rivier oversteken. Op beide oevers speelt zich eveneens een druk verkeer af, zowel over de weg als op de rails. Het railvervoer van erts vindt voornamelijk plaats over de rechteroever. U kunt daar regelmatig treinen met tientallen goederenwagons in hoog tempo voorbij zien razen, want zij moeten concurreren met het scheepvaartverkeer.

Van de Romeinse tijd tot heden is het altijd al druk geweest op de rivier en haar oevers. De Romeinse keizers stichtten er al steden, die sindsdien zijn uitgegroeid tot belangrijke centra van handel, politiek en religie waar veel moois werd gebouwd. Tot en met de 19e eeuw bleef het er mooi en romantisch, totdat de industrie er zich vestigde met alle rampzalige gevolgen van dien. Al het water van de rivier wast haar naam de 'vuilste rivier van de wereld' te zijn niet weg.

Er zijn inderdaad nog mooie plekjes, maar het is veelbetekenend dat het antwoord op de vraag 'Warum ist es am Rhein so schön' nooit gegeven wordt en dat het lied voornamelijk wordt aangeheven in de talrijke Weinstuben. Maar toch, wie zal niet onder de bekoring komen van dit rivierlandschap, als, ver buiten het waanzinnig drukke seizoen en de lawaaierige toeristencentra, bijvoorbeeld in de lente het lichte groen en de tere bloesem de oevers tooien, of de herfst de wijngaarden en loofbossen doet vlammen en de ondergaande zon de grijze leien daken een gouden gloed geeft. Dat is de Rijn zoals de 19e-eeuwse romanticus hem graag zag en zo presenteert de rivier zich nog dikwijls.

Wegwijs Na deze inleiding volgen de rubrieken die u in een opsomming snel wegwijs maken in het gebied. Na die rubrieken maken we vervolgens met behulp van een vijftal kaartjes, begeleid door korte teksten een tocht langs en over de Rijn. De tekst geeft in het kort aan wat u onderweg zoal passeert en ziet vanaf een boot. Na deze boottocht volgen de beschrijvingen van de plaatsen aan de Rijnoevers. Bij die beschrijvingen volgen we de oevers van noord naar zuid: eerst de linkeroever van Keulen naar Mainz, vervolgens de rechteroever naar Wiesbaden.

Praktische informatie

Inlichtingen

Amt für Wirtschaftsförderung und Tourismus, Mülheimer Platz 1, 53111 Bonn. *Plaatselijke inlichtingenbureaus:* 50667 Köln; 53639 Königswinter; 56112 Lahstein; 53547 Leubsdorf; 53545 Linz; 55116 Mainz; 56564 Neuwied; 55413 Niederheimbach; 55430 Oberwesel; 65375 Oestrich-Winkel; 53424 Remagen; 56321 Rhens; 65385 Rüdesheim; 56346 St Goar; 56346 St. Goarshausen; 55413 Trecht.; 53572 Unkel; 56179 Vallendorf; 65028 Wiesbaden.

Sport

Openluchtzwembaden: Andernach, Assmannshausen (verwarmd), Bad Niederbreisig, Bad Hönningen, Bendorf (verwarmd), Bingen, Boppard, Eltville (verwarmd), Kamp-Bornhofen, Kaub (verwarmd), Koblenz, Lahnstein, Linz, Neuwied, Oberwesel (verwarmd), Remagen (verwarmd), Rüdesheim (verwarmd), St. Goar, St. Goarshausen, Trechtingshausen, Vallendar (verwarmd), Wiesbaden.

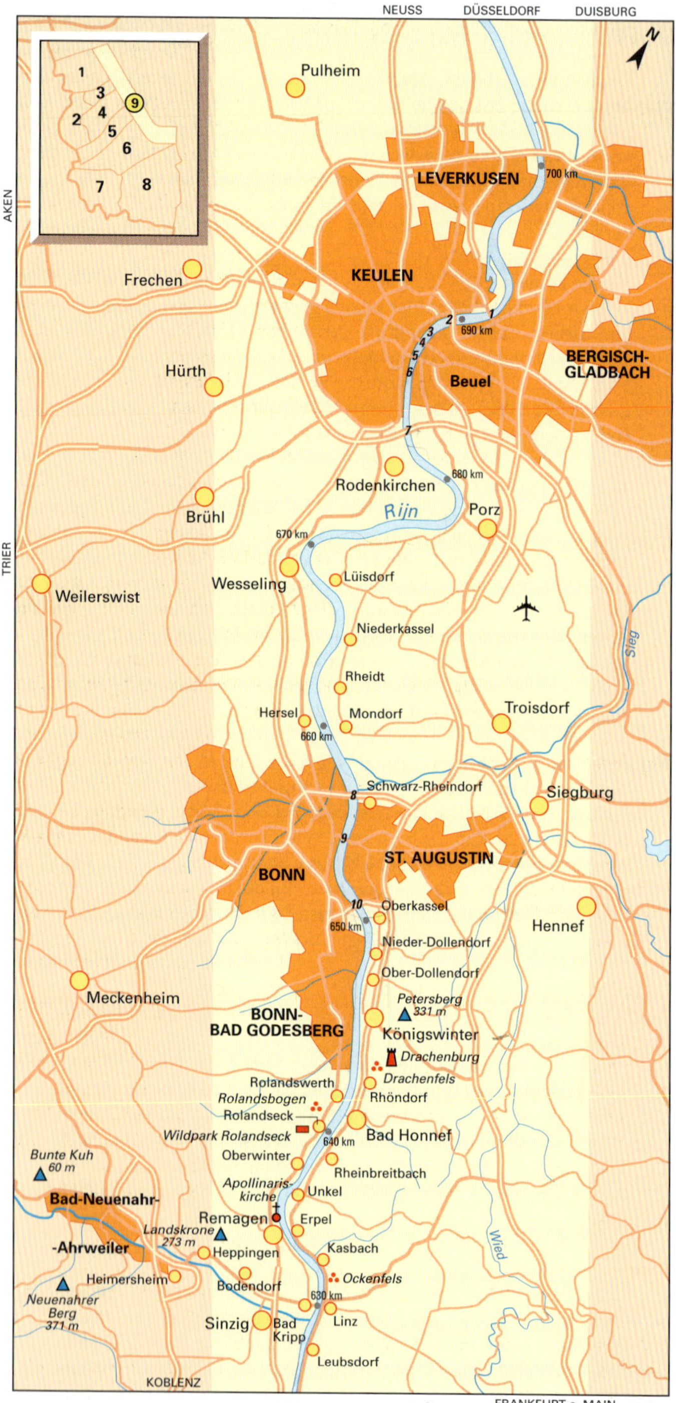

9 Rijn (van Sinzig tot Keulen)

Reis langs en over de Rijn

Linkeroever

Keulen De machtige Dom beheerst het stadsbeeld.
Wat zuidelijker staat de Gross St. Martinskirche.
Rheinauhafen: aan de noordzijde staat de Malakoffturm, aan de zuidzijde de Bayenturm.
Museum voor Volkenkunde.
Landhuizen van de Keulse voorstad Bayenthal.

Wesseling Veel industrie, drukke Rijnhaven (bruinkool).
Van Bonn naar Beuel stroomt de Rijn door de Nederrijnse Laagvlakte.

Bonn Bij de brug ligt de moderne Beethovenhal. Langs de oever staan verscheidene gebouwen die tot voor kort nog in gebruik waren bij regering en parlement, waaronder het grote witte Bundeshaus (parlementsgebouw) en het huis van afgevaardigden (112 m).

Bad Godesberg De vroegere woonplaats van diplomaten en hoge ambtenaren; mooie villa's en huizen. Boven de stad troont de ruïne Godesburg uit.

Rolandswerth

Nonnenwerth Een eiland met een klooster, thans meisjespensionaat.

Rolandseck Aan de voet van een basaltrots, op het noordelijke deel waarvan de ruïne Rolandsbogen ligt. Tussen Rolandseck en **Oberwinter** heeft u richting het noordoosten een uniek uitzicht op het Zevengebergte: van links naar rechts de Drachenfels, Wolkenburg, Löwenburg en Leyburg.

Apollinariskirche Bedevaartskerk.

Remagen Oud stadje dicht bij het begin van het romantische Ahrtal.

Bad Kripp Dit badplaatsje is gelegen in de grote vlakte, die de rivier de Ahr door aanslibbing heeft gevormd.

Rechteroever

Mülheimer Brücke (1)

Zoobrücke (2)

Hohenzollernbrücke (3)

Deutz Met Rheinpark en jaarbeursgebouwen. Landeshaus en St. Herbertskirche.

Deutzer Brücke (4)

Severinbrücke (5)
Deutzer Hafen.

Südbrücke (spoorbrug 6)

Autobahnbrücke (7)

Schwarz-Rheindorf

Friedrich-Ebert-Brücke (8) Hangbrug met pylonen uit 1967, 520 meter lang.

Beuel Industriestad.

Kennedy-Brücke (9)

Konrad-Adenauer-Brücke (10)

Oberkassel Aan de voet van de Rabenlay.

Petersberg 331 m hoog.

Königswinter Eén van de drukst bezochte toeristencentra langs de Rijn, gelegen aan de voet van de Drachenfels met de Drachenburg (1885).

Rhöndorf Stadje gelegen aan de zuidvoet van de steil oprijzende Drachenfels.

Grafenwerth is een eiland met een openluchtzwembad. Daarachter ligt tegen de hellingen van het Zevengebergte de badplaats **Bad Honnef**.
De oever tussen Bad Honnef en Unkel behoort met de er achter oprijzende heuvels tot een beschermd gebied.

Unkel is een kleurrijk oud wijnstadje met een Rijnfront met mooie bomen.

Erpel is gelegen aan de voet van de Erpeler Ley.

Ruïne Ockenfels

Linz Schilderachtig oud stadje met mooie vakwerkhuizen. Aan de Rijn is de de Pulverturm te vinden.

Leubsdorf is ook een schilderachtig wijnstadje. De Zehnthof is een aardige ridderhofstede.

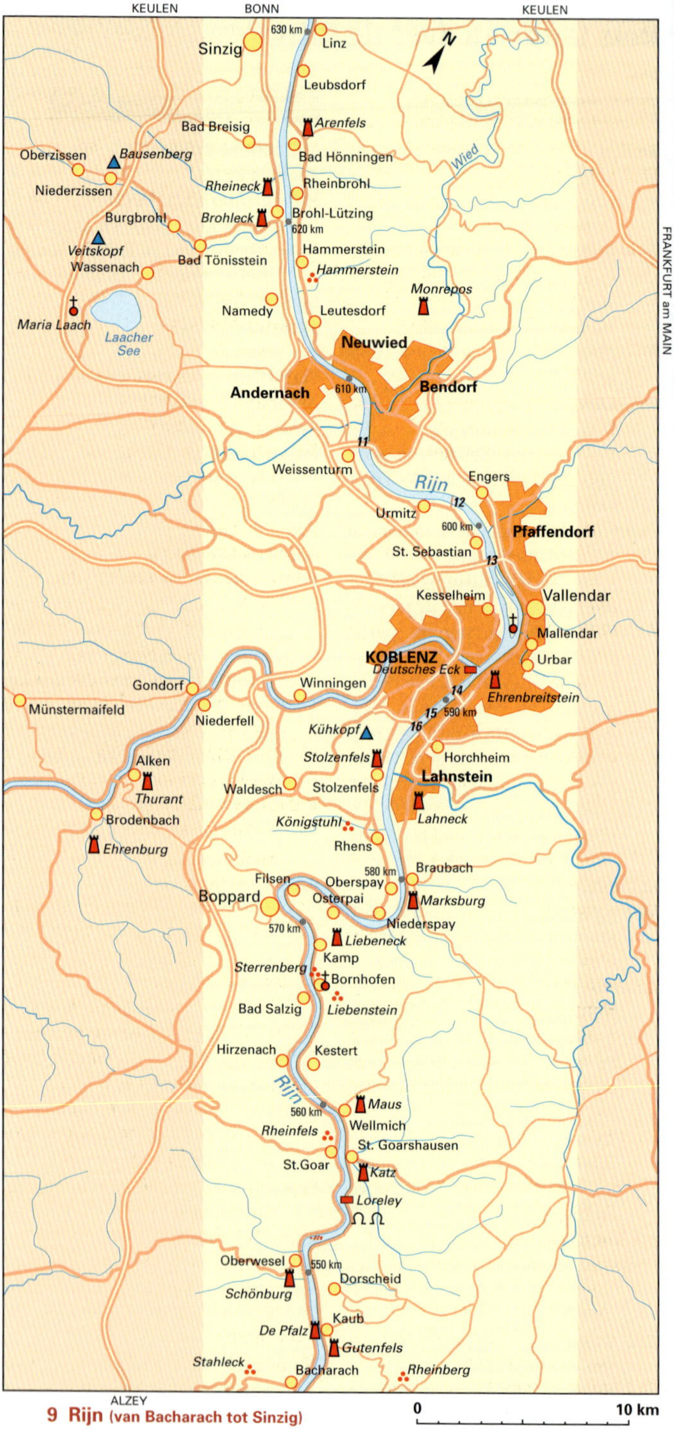

9 Rijn (van Bacharach tot Sinzig)

Linkeroever

Bad Breisig Druk bezochte badplaats. Openluchtthermaalbad, kabelbaan naar de zuidelijker gelegen Burg Rheineck.

Brohl Met burcht Brohleck, aan het begin van het interessante Brohltal.

Namedywerth is een eiland tegenover het plaatsje Namedy; hier is een beroemde springbron (Sprudel); Schloss Namedy.

Andernach Met zijn middeleeuwse muren en poorten. Waar het stadje begint, een oude Rijnkraan met daarboven de Krahnenberg, vervolgens Runder Turm, Rheintor en ten slotte het Bollwerk.

Hier mondt de Nettebach uit in de Rijn; op de achtergrond verheft zich de Hummerich met twee toppen.

Weissenthurm Op de Frauenberg staat het gedenkteken voor de Franse generaal Hoche.

Tussen Weissenthurm en Koblenz is de linkeroever niet bijster interessant. In dit zogenaamde Neuwieder Becken liggen enkele onbeduidende industrieplaatsjes.

Koblenz Het verschil in kleur van Rijnwater en Moezelwater is opvallend. Aan de zuidzijde van de samenvloeiing het Deutsches Eck met vlak daarbij de oude Kastorkirche. Langs de Rijnoever de Rheinanlagen met Schloss (1786) en regeringsgebouwen. In het zuiden bij de spoorbrug het eiland Oberwerth.

Stolzenfels Met daarboven de Burg Stolzenfels (12e eeuw).

Königsstuhl De voormalige vergaderplaats van de keurvorsten van Rijnland.

Rhens Met zijn oude muren en torens.

Boppard Schilderachtig oud stadje, mooi havenfront met kerk en Kurtrierische Burg.

Bad Salzig Kleine badplaats temidden van boomgaarden.

Rechteroever

Bad Hönningen Met slot Arenfels.

Rheinbrohl Met grote ijzerfabriek.

Hammerstein Met daarboven de gelijknamige ruïne (spaarzame resten).

Leutesdorf Langgerekt dorp met vakwerkhuizen.

Neuwied Met zijn hoogwaterkering, mooie Rijnpromenade en het Schloss.

Verkeersbrug (11) Neuwied-Weissenthurm.

De Rijn stroomt hier door het Neuwieder Becken.

Bendorf Industriestadje.

Spoorbrug (12)

Burchtruïnes van Sayn

Engers Met slot van de keurvorsten van Trier.

Autobahn-Brücke (13)

Eiland Niederwerth Met gotische kerk.

Achter het eiland het dorp **Vallendar**, waarboven de Kaiser Friedrich Aussichtsturm.

Ehrenbreitstein Met zijn geweldige vesting.

Pfaffendorfer Brücke (14)

Hochheimer spoorbrug (15)

Koblenzer Südbrücke (16)

Niederlahnstein: Erg veel industrie. Aan de mond van de Lahn de St. Johanniskirche.

Oberlahnstein Met aan de Rijn de Martinsburg en hoog erboven de Burg Lahneck.

Braubach Met erboven de zeer bezienswaardige Marksburg.

Filsen Met zijn boomgaarden.

Kamp-Bornhofen Met wit front van gebouwen en een kerk omringd door boomgaarden. Boven de plaatsjes de burchtruïnes **Liebenstein** en **Sterrenberg**.

Tussen Kamp-Bornhofen en St. Goarshausen wordt de rechteroever in beslag genomen door groene heuvels en slechts twee kleine plaatsjes: Keskert en Wellmich.

Burg Maus

St. Goarshausen Met twee vestingtorens en erboven Burg Katz.

9

Linkeroever

Eiland Ehrenthaler Werth Aan de oever de lood- en zilvergroeve Gute Hoffnung.

Rheinfels Grote burchtruïne, gebouwd 1250, verwoest 1797.

St. Goar Met gotische Stiftskirche.

'Die Sieben Jungfrauen' Of Hungersteine, een rij rotsklippen die alleen bij lage waterstand te zien zijn.

Oberwesel Dit oude stadje met in het front achtereenvolgens de Ochsenturm (met daarachter de Martinskirche), de Wernerkapelle, de Haagsburg en de Liebfrauenkirche, is voor velen het mooiste stadje langs de Rijn. Op een steile berg ten zuiden van Oberwesel bevindt zich de Schönburg.

Bacharach Compact schilderachtig oud stadje met in het front drie middeleeuwse torens, waarachter de witte Romaanse Peterskirche en de gotische Wernerkapelle (1293). Rechts tussen de wijngaarden is nog een toren te zien en links boven het stadje bevindt zich de ruïne van de oorspronkelijk 11e-eeuwse Burg Stahleck.

Rechteroever

Loreley De steile door de sage beroemd geworden rots met zijn zevenvoudige echo. De Rijn is hier 26 meter diep en slechts 120 meter breed.

Na de Loreley (terugkijkend ziet u de twee spoortunnels) volgt een mooi gedeelte van de tocht met uitzicht op het bijzonder schilderachtig gelegen Oberwesel.

Kaub is een oud stadje, beheerst door de Burg Gutenfels. Aan de Rijn staat het gedenkteken voor Blücher.

Iets verderop ligt een eilandje met het romantische kasteel Pfalzgrafenstein (zie foto op pagina 222), waar men vroeger Rijntol hief aan passerende schepen .

Lorch Dit is nu een bekend wijndorp, maar in de Middeleeuwen een belangrijke overslagplaats voor de Rijnscheepvaart. Op de berghelling staat de St. Martinskirche. Ook te zien is Burg Nollig.

Van Wiesbaden tot Lorch stroomt de Rijn door de Rheingau.

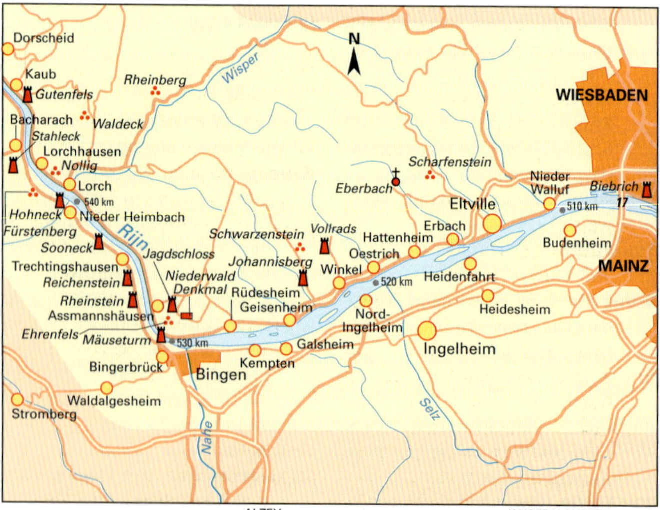

ALZEY

9 Rijn (van Mainz tot Bacharach)

0 KAISERSLAUTERN 10 km

Linkeroever

Ruïne Fürstenberg stamt uit de 13e eeuw.

Burg Hohneck (Heimburg) is in de 19e eeuw herbouwd.

Burg Sooneck Deze roofridderburcht dateert oorspronkelijk van 1010, maar is in de 19e eeuw herbouwd.

Burg Reichenstein (Falkenburg) is een 1000 jaar oude burcht met veel kunstschatten, gelegen boven het Morgenbachtal; aan het begin van dit dal staat de Klemens Kapelle.

Burg Rheinstein dateert van de 13e eeuw en is in 1829 geheel herbouwd.

Bingerbrück Aan de noordzijde van de Nahemonding. Op het eiland ervóór de Mäuseturm (13e eeuw), thans signaaltoren bij het Binger Loch.

Bingen ligt aan de zuidzijde van de monding van de rivier de Nahe. Het stadje wordt beheerst door de 15e-eeuwse Burg Klopp. Op de achtergrond is de Scharlachsberg te zien met de Kaiser Friedrich Turm.

Rochusberg Met Rochuskapelle.

Kempten

Heidenfahrt Achter dit plaatsje is eerst Heidesheim met Burg Windeck te zien en verderweg is de Rabenkopf te onderscheiden.

Budenheim Achter dit dorpje onder rook van Mainz verheft zich de Leniaberg (175 m) met een uitkijktoren.

Rettbergsau Groot eiland met strandbad.

Autobahnbrücke (17)

Kaiserbrücke (spoorbrug)

Mainz De vermaarde Dom torent boven de stad uit, die vanwege haar schoonheid voor de Tweede Wereldoorlog 'Goldene Stadt' werd genoemd. Het vertrek- en eindpunt van de boten van de Köln-Düsseldorfer Deutsche Rheinschiffahrt AG ligt ten zuiden van de Theodor-Heuss Brücke aan de Rijnpromenade.

Rechteroever

Assmannshausen is een zeer romantisch wijndorp; erboven is het Jagdschloss gelegen.

Aan de Rijn ligt te midden van de wijngaarden de burchtruïne **Ehrenfels** aan de ingang van het **Binger Loch** (stroomversnellingen).

Van het dorp gaat een lift naar het **Niederwald-monument** dat zich op een hoogte van 225 meter boven de Rijn bevindt, en in 1877 opgericht werd ter herinnering aan de hereniging van het Duitse keizerrijk.

Rüdesheim is een beroemd oud wijnoord aan de voet van het Niederwald. Jaarlijks komen hier meer dan twee miljoen toeristen. De imposante rechthoekige toren met kantelen van de Boosenburg is niet te missen. Op de berghelling ligt Eibingen en daarboven bevindt zich het Hildegardisklooster.

Geisenheim bezit het Schloss Schönborn.

Schloss Vollrads

Winkel

Mittelheim heeft een mooie Romaanse kerk.

Oestrich Met Rijnhijskraan en gotische kerk.

Hattenheim Oud wijndorp.

Erbach Oud wijnstadje.

Eltville is een oud wijnstadje met een slanke gotische kerktoren en een keurvorstelijke burchttoren.

Wiesbaden-Biebrich Vlak aan de Rijnoever staat het barokke slot Biebrich. Op de achtergrond zijn contouren van de Taunusbergen te zien.

Mainz-Kastel Bij de uitmonding van de Main in de Rijn.

De linkeroever van de Rijn

Keulen

Ondanks het feit dat Keulen (980.000 inw.) in 1945 voor driekwart werd verwoest (in het centrum zelfs voor 90%) heeft de stad de toeristen nog heel wat historische gebouwen te bieden. Een geluk bij een ongeluk was dat de stad al een lange traditie had op het gebied van de architectuur. Al ten tijde van de voltooiing van de Dom in de 19e eeuw woonden er veel bouwkundigen in de stad. Deze architecten kwamen na de Tweede Wereldoorlog goed van pas bij de restauratiewerkzaamheden. De Dom was wel niet ernstig beschadigd – de kerk mocht door geallieerde vliegeniers niet worden gebombardeerd – maar de beroemde Romaanse kerken waren op z'n minst zwaar beschadigd en het herstel eiste heel wat inspanningen.
Het toverwoord in die periode van wederopbouw was 'Sanierungsprojekt'. Heel wat gaten in de stad zijn door middel van zo'n project opgevuld en een merkwaardige lappendeken van historische, semi-historische en moderne gebouwen is het resultaat. Bekende Keulse architecten als Oswald Unger (Frankfurter Messe) en Gottfried Böhm (Wallfahrtskirche van Neviges) zijn bij de bouwwerkzaamheden betrokken geweest. Een geslaagd voorbeeld van een saneringsproject is te zien ten zuiden en oosten van de Dom, waar een open ruimte met veel elan werd omgetoverd in een wijk met winkels, musea en een concertzaaal. Ook met zulke stedenbouwkundige projecten had men in Keulen overigens al heel wat ervaring. Zo werd in de 19e eeuw op de plaats van de Romaanse stadsmuren een grote ringweg aangelegd, met daarnaast een groengordel. Het groen is daar inmiddels verdwenen en heeft plaats gemaakt voor asfalt, maar er zijn weer nieuwe saneringsplannen die het groen terug moeten brengen.
Met zoveel kapitaalkrachtige ondernemingen en instellingen binnen de gemeentegrenzen is het niet zo vreemd dat Keulen veel bekende bestuurders heeft afgeleverd. Een goede positie in één van de Keulse bestuursorganen is een uitstekende springplank naar een belangrijke nationale post en bovendien is in de stad de Hogeschool voor Bestuurskunde gevestigd. Konrad Adenauer bijvoorbeeld, de man die bijna 20 jaar lang bondskanselier is geweest, was van 1917 tot 1933 burgemeester van Keulen. Tijdens zijn burgemeesterschap werd de Keulse universiteit, die in 1388 was opgericht maar in 1798 door de Fransen werd gesloten, heropend en ook die instelling heeft heel wat illustere figuren afgeleverd. Heinrich Böll, winnaar van de Nobelprijs voor literatuur in 1972, kreeg hier een opleiding in de germanistiek. Tegenwoordig staan er meer dan 25.000 studenten ingeschreven. En voor het verwerven van een hoge clericale positie is een opleiding aan de Keulse Katholieke Hogeschool een prima uitgangspunt.

Een beetje geschiedenis De eerste Germaanse stammen trokken in de 4e eeuw v. Chr. naar de rechteroever van de Rijn bij de Keulse Bocht. Op de plaats waar nu het stadsdeel Neuss ligt, wisten de Ubiërs in die tijd een vaste positie te verwerven. Erg lang heeft dat niet geduurd, want nog voor het begin van de jaartelling streken de Romeinen onder leiding van de veldheer Marcus Vipsanius Agrippa neer in het gebied. Om krijgskundige redenen verkozen zij de andere oever voor een oppidum (nederzetting). Hier ligt namelijk aan de rivier een rotsplateau dat bij overstromingen droog blijft. De Ubiërs werden gedwongen zich te vestigen in een naar het voorbeeld van Rome opgezette nederzetting, die de hoofdstad

De Hohenzollern Brücke met ruiterstandbeeld en daarachter de Dom, die onmiskenbaar het stadsbeeld van Keulen bepaalt (MM)

van de provincie Germania zou moeten worden. Als cultureel middelpunt kwam daar een tempel gewijd aan Roma en Augustus op de plaats waar nu de Dom staat. In het jaar 50 werd de plaats door keizer Claudius verheven tot kolonie en bij die gelegenheid werd de naam van Oppidum Ubiorum gewijzigd in Colonia Claudia Ara Aggrippinensium (CCAA), naar een kleindochter van de stichter. Nadat de oprukkende Batavieren door middel van een voor hen gunstig verdrag tot staan waren gebracht, begon de economische opbloei van de stad. Op de rechteroever werd in 312 de burcht Divitia gebouwd, die bescherming moest bieden aan de eerste vaste brug over de Rijn, en het jaar daarop werd Maternus als eerste bisschop benoemd. Het Römisch-Germanische Museum (2) geeft een goed overzicht van de overblijfselen uit die tijd.

Een eeuw later was het gedaan met de macht van de Romeinen. In het begin van de 5e eeuw werd Keulen veroverd door de Franken. De stad liep daarna leeg en stelde enige tijd weinig voor. Toch bloeide Keulen al snel weer op en werd als religieus centrum een belangrijk middelpunt voor de nieuwe christelijke orde in het Germaanse gebied. De politieke invloed van de Keulse bisschoppen nam – mede door de steun van Karel de Grote – steeds verder toe en de bouw van een enorm aantal Romaanse kerken in de periode van de 8e tot de 13e eeuw was één van de gevolgen. De bisschoppen zouden tot het einde van de 18e eeuw een constante machtsfactor zijn. De stevige positie als religieus centrum zou een positieve invloed uitoefenen op de economische ontwikkeling van de stad.
Al in de 10e eeuw begon de Rijnhandel grote vormen aan te nemen en in de 12e eeuw wisselden nergens in Duitsland zo veel waren van eigenaar als in 'Coellen'. De Kölner Messe werd in de laatste eeuw tot een grote jaarlijkse gebeurtenis en ook de bedevaartgangers begonnen flink wat geld in het laatje te brengen. Keizer Frederik I Barbarossa had in 1164 de gebeenten van de drie heiligen De Drie Koningen in handen gespeeld van

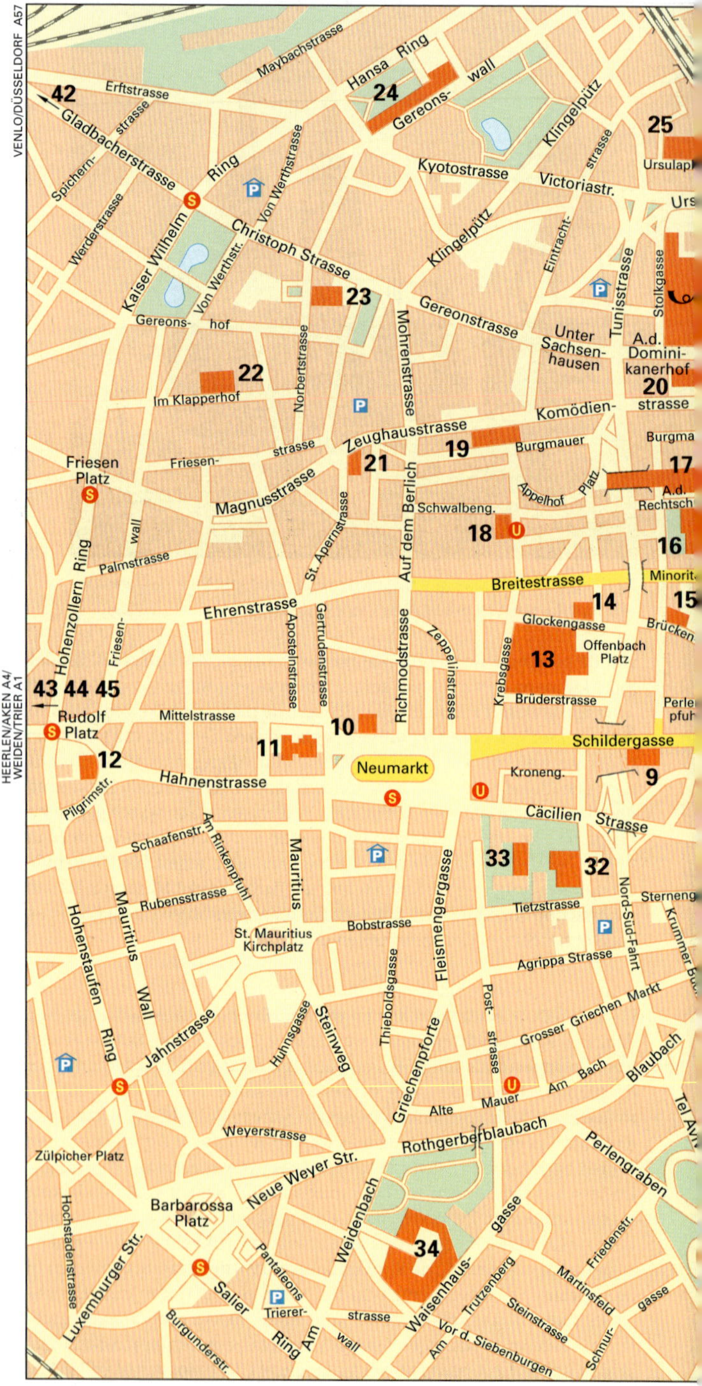
VENLO/DÜSSELDORF A57
HEERLEN/AKEN A4/ WEIDEN/TRIER A1
Maybachstrasse
Hansa Ring
Gereons- wall
Erftstrasse
Gladbacherstrasse
Spichern- strasse
Werderstrasse
Kaiser Wilhelm Ring
Von Werthstrasse
Von Werthstr.
Christoph Strasse
Gereons- hof
Kyotostrasse
Victoriastr.
Klingelpütz
Eintracht- strasse
Tunisstrasse
Stolkgasse
Ursulapl.
Gereonstrasse
Unter Sachsen- hausen
A.d. Domini- kanerhof
Komödien- strasse
Norbertstrasse
Mohrenstrasse
Im Klapperhof
Friesen Platz
Friesen- strasse
Zeughausstrasse
Burgmauer
Burgma
Magnusstrasse
Appelhof Platz
A.d. Rechtsch
St. Apernstrasse
Auf dem Berlich
Schwalbeng.
Palmstrasse
Hohenzollern Ring
Friesen- wall
Breitestrasse
Minorit
Ehrenstrasse
Apostelnstrasse
Gertrudenstrasse
Richmodstrasse
Zeppelinstrasse
Krebsgasse
Glockengasse
Offenbach Platz
Brücken
Brüderstrasse
Perle pfuh
Rudolf Platz
Mittelstrasse
Schildergasse
Neumarkt
Hahnenstrasse
Kroneng.
Pilgrimstr.
Cäcilien Strasse
Schaafenstr.
Am Rinkenpfuhl
Mauritius
Fleismengergasse
Tietzstrasse
Sterneng
Nord-Süd-Fahrt
Krummer Bü
Rubensstrasse
St. Mauritius Kirchplatz
Bobstrasse
Agrippa Strasse
Hohenstaufen Ring
Mauritius Wall
Huhnsgasse
Steinweg
Thieboldsgasse
Post- strasse
Grosser Griechen Markt
Jahnstrasse
Griechenpforte
Alte Mauer Am Bach
Blaubach
Tel Av
Weyerstrasse
Rothgerberblaubach
Zülpicher Platz
Perlengraben
Neue Weyer Str.
Weidenbach
Barbarossa Platz
Hochstadenstrasse
Luxemburger Str.
Pantaleons strasse
Waisenhaus- gasse
Friedenstr.
Martinsfeld
Salier Ring
Trierer- strasse
Am Trutzenberg
Steinstrasse
gasse
Burgunderstr.
Am wall
Vor d. Siebenburgen
Schnur-
42
43 44 45
9 10 11 12 13 14 15 16 17 18 19 20 21 22 23 24 25
32 33 34

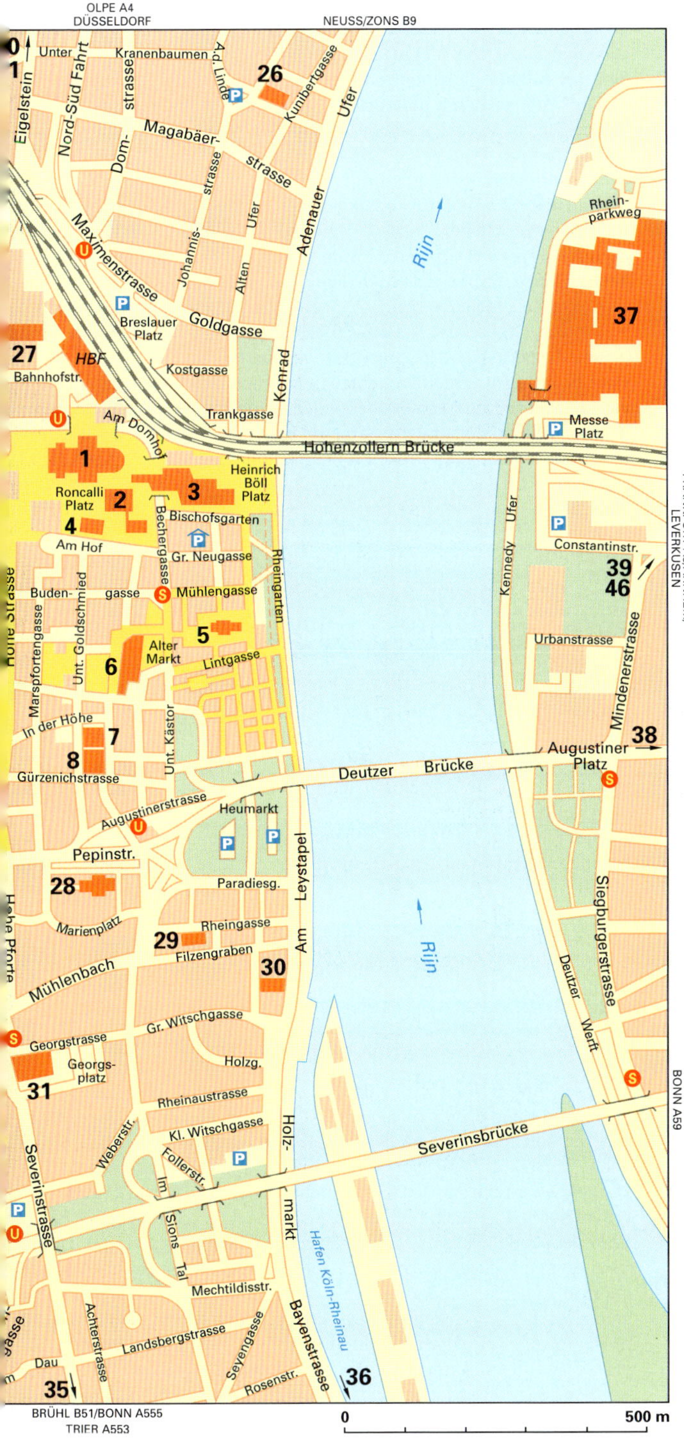
OLPE A4
DÜSSELDORF
NEUSS/ZONS B9
Unter
Kranenbaumen
A.d. Linde
26
Kunibertgasse
Ufer
Eigelstein
Nord-Süd Fahrt
strasse
Magabäer-
strasse
Dom-
strasse
Ufer
Adenauer
Rijn
Rhein-
parkweg
Maximenstrasse
Johannis-
Alten
Goldgasse
Breslauer
Platz
37
27
HBF
Bahnhofstr.
Kostgasse
Konrad
Trankgasse
Messe
Platz
Am Domhof
Hohenzollern Brücke
1
Heinrich
Böll
Platz
Roncalli
Platz
2
3
4
Bischofsgarten
Bechergasse
Am Hof
Gr. Neugasse
Rheingarten
Kennedy
Ufer
Constantinstr.
39
46
FRANKFURT A3/ARNHEM/
LEVERKUSEN
Buden-
gasse
Mühlengasse
Unt. Goldschmied
Marspfortengasse
5
Alter
Markt
6
Lintgasse
Urbanstrasse
Mindenerstrasse
In der Höhe
7
8
Unt. Kästor
Gürzenichstrasse
38
Augustiner
Platz
Deutzer
Brücke
Augustinerstrasse
Heumarkt
Pepinstr.
Leystapel
Am
28
Paradiesg.
Siegburgerstrasse
Marienplatz
Rheingasse
29
Filzengraben
30
Rijn
Mühlenbach
Deutzer
Werft
Gr. Witschgasse
Georgstrasse
Georgs-
platz
Holzg.
31
Rheinaustrasse
BONN A59
Kl. Witschgasse
Weberstr.
Severinsbrücke
Follerstr.
Holz-
markt
Im
Sions
Tal
Severinstrasse
Hafen Köln-Rheinau
Mechtildisstr.
Achterstrasse
Landsbergstrasse
Seyengasse
Bayenstrasse
Dau
Rosenstr.
35
36
BRÜHL B51/BONN A555
TRIER A553
0
500 m

de aartsbisschop Von Dassel en de Dom die voor deze relikwieën werd gebouwd, was al snel niet meer weg te denken uit Keulen.
Een zeer belangrijke gebeurtenis is ook de verlening van het stapelrecht in 1255. Alle goederen moesten door de passerende handelslieden drie dagen lang in Keulen te koop worden aangeboden. De handelshuizen schoten uit de grond en de stad zou gedurende de hele Middeleeuwen één van de machtigste van Europa blijven. Deze machtspositie in de handel had ook zijn uitstraling op de cultuur.
De religieuze scholen leverden beroemde leerlingen af als Thomas van Aquino. Als eerste Duitse stad kwam Keulen in 1388 in het bezit van een gemeentelijke universiteit en de Keulse schilders onder leiding van Stephan Lochner maakten rond 1450 school in Europa met hun kostbare religieuze schilderijen. Dat alles plus natuurlijk de bouw van de Dom maken die periode tot de glansrijkste van Keulen.
Door de onvoorwaardelijke steun aan het rooms-katholicisme in de tijd van de Reformatie begon voor Keulen in de 16e eeuw een moeilijke periode. Hoewel de handelspositie wel behouden bleef, kwamen in protestantse en gemengde streken concurrerende steden op als Amsterdam en Frankfurt. Tijdens de Dertigjarige Oorlog werd de handel met Engeland afgesneden. De Franse bezetting in 1798 bracht wat verandering in de situatie. Het was gedaan met de absolute heerschappij van de roomskatholieken. De universiteit werd gesloten en de secularisatie nam een aanvang. Toen de Fransen in 1814 vertrokken, namen de Pruisen hun intrek in de stad en dat zorgde weer voor een grote opbloei. De eerste vaste Rijnbrug in Duitsland sinds de Romeinse tijd (de Hohenzollernbrücke) kon worden geopend in 1859 en vooral de voltooiing van de gigantische Dom tussen 1842 en 1880 sprak tot de verbeelding. Twee grote prestigeobjecten van het Duitse nationalisme waren daarmee gerealiseerd. Het begin van de 20e eeuw bracht een aantal grote tentoonstellingen naar de stad en dat trok weer nieuwe werkzaamheden aan. De architecten van de Werkbund richtten bijvoorbeeld in 1914 onder leiding van Walter Gropius en Henry van de Velde een groot terrein in op de rechter Rijnoever, dat later in gebruik werd genomen als vestiging van de heropende Keulse jaarbeurs. De universiteit werd in de jaren twintig heropend.

Een zwarte periode nam een aanvang in 1933. De joodse bevolkingsgroep, door de geldhandel mede verantwoordelijk voor de economische opbloei van de stad, werd de dupe van het naziregime. De synagoge werd bijna volledig verwoest en velen werden afgevoerd naar concentratiekampen.

Met grote inventiviteit wisten de Keulenaren hun in 1945 verwoeste stad er weer bovenop te helpen. In vrijwel alle beroemde Romaanse kerken is een tentoonstelling ingericht over de vernietiging en het daaropvolgende herstel, dat overigens niet in alle gevallen helemaal geslaagd is. Het zelfbewustzijn van de Duitsers in het naoorlogse tijdperk wordt misschien het best geïllustreerd aan de hand van de geschiedenis van het in 1986 geopende Wallraf-Richartz Museum/Museum Ludwig (3). De na 1945 stinkend rijk geworden chocoladefabrikant Peter Ludwig stelde zijn enorme collectie moderne kunst in 1976 ter beschikking van de gemeente Keulen, gekoppeld aan de wens dat er een monumentaal museum voor zou worden ingericht. Met overheidsgeld werd toen één van de fraaiste museumgebouwen van Europa neergezet. In dat gebouw werd ook de grote verzameling middeleeuwse schilderijen van de Keulse school ondergebracht.

Waarom naar Keulen? Voor werkelijk iedereen valt er in de Domstad wel wat te beleven. De plaats is een verplicht nummer bij elk Rijnreisje en als u in de buurt bent, is het beslist de moeite waard er één of meer dagen te verblijven. Een korte en goedkope tussendoorvakantie naar Keulen is ook geen gek idee. Er zijn veel aantrekkelijke dagtochtjes die u voor een habbekrats per bus naar de stad brengen. Bijna al het stadsleven speelt zich af binnen de Ringen, de autowegen die op de plaats liggen van de middeleeuwse muur. Tijdens de wederopbouw zijn in dat gebied niet alleen veel oude gebouwen gerestaureerd, er zijn ook een paar prachtige nieuwe gebouwen neergezet. De gotische Dom (1), de twaalf Romaanse kerken en het Wallraf-Richartz Museum/Museum Ludwig (3) worden door de meesten gezien als de cultureel-toeristische hoofdattracties. Ook voor het Römisch-Germanisches Museum (2) en het Käthe Kollwitz Museum (10) kunt u zeker wat tijd uittrekken.

Keulen is behalve een stad van kerken en musea ook een bruisend uitgaanscentrum. Gezellige cafés, restaurants en theaters zijn er te over. Speciaal langs de Rijnpromenade treft u leuke gelegenheden aan. Voor de echte feestneuzen is een bezoek aan het internationaal vermaarde Keulse Karneval (eind februari) een ware belevenis. De binnenstad leent zich heel goed voor een dagje winkelen. Voor een bezoek met kinderen komt het pretpark Phantasialand bij het in de omgeving van Keulen gelegen Brühl in aanmerking. Keulen zelf biedt nog een dierentuin met een prachtig apenhuis. Bovendien is in deze levendige stad altijd wel iets verrassends te beleven: een speciale tentoonstelling, een concert van een groot artiest of een opmerkelijke markt.
Als u een algemeen beeld van de stad wilt krijgen, kunt u de hieronder beschreven stadswandeling maken; de bezienswaardigheden worden daarna uitgebreid beschreven.

Stadswandeling

De wandeling die we hier hebben beschreven en die ook is aangegeven op de stadsplattegrond, voert u langs de belangrijkste bezienswaardigheden van de Keulse Altstadt, en waar kunt u zo'n wandeling beter beginnen dan bij de Dom (1).
Vanaf het centraal station (Hbf) loopt u naar de westkant van deze monumentale, gotische kathedraal, waar zich de hoofdingang bevindt. Langs de zuidkant van de kathedraal wandelt u via het Römisch-Germanisches Museum (2) verder naar de oever van de Rijn. Vlak bij de rivier ligt hier het dubbelmuseum Wallraf-Richartz/Ludwig (3), een heel bijzonder modern gebouw. Langs de Rijn vervolgt u de tocht totdat u bij de grote toren bent aangekomen van de Gross St. Martin (5), de eerste Romaanse kerk van de wandeling. Dit is het hart van de Rheinvorstadt, het levendige stadsdeel aan de Rijn. Hier slaat u rechts af en loopt u langs de kerk en langs de witgekleurde winkeltjes in hetzelfde blok naar de Alte Markt. Daar ziet u tegen de gevel van het huis nummer 24 de Kallendresser hangen, een beeldje dat ook wel de 'Keulse spiegel' wordt genoemd. Het is gemaakt door Ewald Matare (1887-1965) en stelt een mannetje voor met zijn broek naar beneden. U loopt vandaar via het restant van het Romeinse Praetorium (aan de Bundengasse) naar de gotische voorgevel van het oude Rathaus (6) aan de Judengasse, het verlengde van de Bürgerstrasse. Aan het feit dat de joden in de Middeleeuwen in dit deel van de stad waren gevestigd, herinnert nog het restant van de Mikwe (joods ritueel bad) op het plein voor het Rathaus. Van de 10e eeuw tot 1424, toen het ghetto werd vernietigd, leefde hier een bloeiende joodse gemeenschap.

Langs de Mikwe wandelt u in zuidwestelijke richting naar de Alt St. Alban (7), met het oorlogsmonument voor Käthe Kollwitz, en de achterzijde van de gotische ontvangstzaal Gürzenich (8).
Op de eerste hoek na dit gebouw slaat u rechtsaf en komt u na enkele meters terecht op de Schildergasse. Deze voetgangersstraat, met links in het midden de Antoniterkirche (9), mondt uit op de Neumarkt. Aan de rechterkant van dit centrale winkelplein loopt u langs het Käthe Kollwitz Museum (10) naar de belangrijkste Keulse Romaanse kerk op onze route, de St. Aposteln (11). Daar slaat u rechtsaf en daarna neemt u weer de eerste straat rechts totdat u tegen de achterkant aankijkt van het merkwaardige Opernhaus (13). U loopt links om dat gebouw heen totdat u aan de Glockengasse het parfumhuis ziet liggen dat in de Franse tijd het nummer 4711 droeg (14). Hier tweemaal linksaf en dan rechtsaf langs de barokke St. Maria in der Kupfergasse (18) naar het stedelijk historisch museum in het Zeughaus (19). Langs de trapgevel van dit gebouw loopt u daarna in westelijke richting naar de restanten van een oude Römerturm (21), een toren die in de Romeinse tijd deel uitmaakte van de stadsmuur.
Bij de toren slaat u rechtsaf en komt u terecht bij het pleintje met de St. Gereon (23), de derde Romaanse kerk van deze wandeling. Aan de overkant van de Christophstrasse gaat de tocht verder door de Propsteigasse. Aan het einde van deze steeg steekt u de Gereons Wall over en ziet u voor u een deel liggen van de middeleeuwse stadsmuur (24). Langs de Kyotostrasse en het verlengde daarvan loopt u nu terug in de richting van de Dom. Een kleine omweg maakt u bij het Ursulakloster. Daar gaat u even naar links en direct weer naar rechts om een kijkje te nemen bij een vierde Romaanse kerk, de St. Ursula (25) met haar barokke toren. De Marzellenstrasse, die even voorbij deze kloosterkerk begint, voert u naar de 17e-eeuwse St. Mariä Himmelfahrt (27). Als u na die belangrijkste barokkerk van Keulen de eerste straat rechts inslaat, bent u weer terug bij het centraal station (Hbf).

Bezienswaardigheden

Verreweg de meeste bezienswaardigheden van Keulen zijn gelegen in de Altstadt. Dit is het gebied binnen de Ringen, de autowegen die op de plaats liggen van de rond 1180 gebouwde Romaanse stadsmuur, waarvan hier en daar nog wat restanten te zien zijn. We behandelen dit oude stadscentrum hieronder in drie aparte delen. Het eerste behandelt het hart van de Altstadt, het gebied tussen het centraal station (Hbf), de Deutzer Brücke, de Rudolf Platz en de St. Gereonkirche (23). In de andere twee delen komen de ten noorden en ten zuiden van het hart gelegen stukken van de Altstadt aan de orde. Daarna beschrijven we in een vierde deel de bezienswaardigheden in de wijk Deutz op de rechteroever van de Rijn en ten slotte passeren de bezienswaardigheden in de buitenwijken de revue.

Het hart van de Altstadt

Globaal gezien is dit stadsdeel gelegen binnen de 3,9 kilometer lange muur die in de Romeinse tijd om de stad lag. Negen poorten gaven vanaf de 2e eeuw toegang tot de stad en 21 torens zorgden voor de verdediging. Op het plein voor de Dom staat vlak bij de oorspronkelijke plaats de ruïne van een deel van de noordelijke toegangspoort. Ook een deel van een toren is bewaard gebleven (21), evenals wat andere restanten, die zijn ondergebracht in het Römisch-Germanisches Museum (2). De kern van

Een oude middeleeuwse verdedigingspoort, de Hahnentor op de Rudolf Platz (MM)

het oude stadsgedeelte is natuurlijk de Dom. Een groot deel van het gebied is ingericht als voetgangerszone.

1 **Dom St. Peter und Maria** Dit bouwwerk was aan het begin van de vorige eeuw niet meer dan een enorme, 144 meter lange romp met een klein deel van de zuidelijke toren. De bouw van het imposante gotische monument, dat tegenwoordig de gehele stad domineert, werd al begonnen in de 13e eeuw, maar het grootste deel van de Dom is pas in de 38 jaar tussen 1842 en 1880 gebouwd. Van de zijbeuken en de reusachtige westelijke toren was in de 18e eeuw nog geen spoor te bekennen. De ambitieuze bouwplannen uit de Middeleeuwen – die tot doel hadden de grootste kerk van het christendom te laten ontstaan, een ambitie die meer Duitse bisschopssteden hadden – konden in verband met gebrek aan middelen maar voor een klein deel worden gerealiseerd. Dat de bouw van de Dom toch nog is afgerond, is voornamelijk te danken aan het opkomende Duitse nationalisme in het begin van de 19e eeuw. De kerk werd toen 9

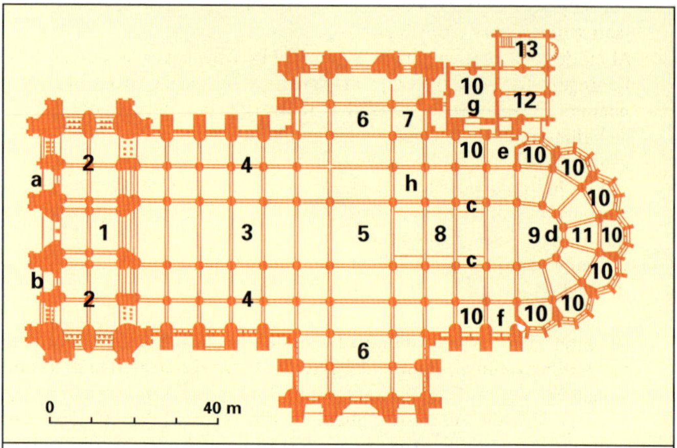

1 voorhal	4 zijbeuken	7 schatkamer	10 kapellen
2 torens	5 viering	8 koor	11 kooromgang
3 middenschip	6 dwarsbeuken	9 hoofdaltaar	12 sacristie
			13 kapittelzaal

Dom van Keulen

namelijk het symbool van de onvoltooide Duitse eenheid. Wie het gebouw in zijn huidige gedaante ziet staan, kan zich voorstellen dat de bouw in de vorige eeuw een huzarenstukje geweest moet zijn. Zelfs tegenwoordig zou een dergelijk project zeer moeilijk te realiseren zijn. Let u maar eens op de enorme afmetingen van de op het plein opgestelde kopie van één van de kruisbloemen, die boven op de 157 meter hoge torens de grootte van distelbloemetjes lijken te hebben.

De Keulse Dom is een schoolvoorbeeld van de bouwstijl van de gotiek. De voltooiing in de vorige eeuw vond plaats naar de oorspronkelijke bouwplannen uit de periode rond 1200 en de overeenkomst met de Franse kathedralen uit die tijd is geen toeval. De architect van het gebouw, een zekere Gerhard, was geschoold bij de bouwkundige gilden in Noord-Frankrijk en Parijs en de invloed van een gebouw als de Notre Dame is dan ook zeker te herkennen.
Dat met de bouw van een dergelijk project begonnen kon worden, is naast het stijgende economische belang van Keulen voornamelijk te danken aan het feit dat de stad al eeuwenlang het christelijk centrum van het land was. Al in de 4e eeuw stond op de Domheuvel een klein rechthoekig gebouw, de Älteste Dom. Met het groeien van het bisdom werd een nieuwe kerk noodzakelijk. Daartoe liet aartsbisschop Hildebold in de tweede helft van de 9e eeuw een voor die tijd moderne, 96 meter lange pijlerbasiliek verrijzen. Deze kerk, die de Alte Dom wordt genoemd, is gebruikt als voorbeeld bij de bouw van talrijke Romaanse kerken in de omgeving.

Een belangrijke impuls was het overbrengen van het gebeente van de drie heiligen De Drie Koningen in het jaar 1164. Dit trok zoveel pelgrims dat het Domkapittel het noodzakelijk achtte om een nieuwe kerk te laten bouwen. Op 12 augustus 1248 kon de eerste steen worden gelegd voor dit 144 meter lange bouwwerk. In de eeuwen die volgden, werd de oude Dom langzaam afgebroken en vervangen door delen van de nieuwe

gotische kerk. Pas vlak voordat de bouw in 1560 gestaakt werd, waren de laatste delen van de Alte Dom afgebroken.
Al bij de westelijke ingang is te zien dat de kerk is gewijd aan de Drie Koningen. Deze heiligen zijn afgebeeld op het reliëf boven het zogenaamde *Driekoningenportaal* (a). Het rechter portaal toont onder andere de heilige Petrus en deze ingang wordt dan ook wel het *Petrusportaal* (b) genoemd. In 1881 werd bij de voltooiing de naam van deze apostel en die van de heilige moeder aan de kerk verbonden. De toren boven het Petrusportaal kunt u tot het uitzichtplateau op 97 meter hoogte over een trap met 509 treden beklimmen. U passeert daarbij de enorme, 24 ton wegende *Petrusklok* uit 1923. Deze in c-klein getoonzette klok is nog steeds de grootste klinkende klok ter wereld.

Het interieur wordt gedomineerd door de sierlijke kruisribgewelven die het plafond steunen, en de spitsbogen die terug zijn te vinden in de zuilengalerijen en in de prachtige vensters. De *kostbaarste ramen* zijn de vijf vensters in de noordelijke zijbeuken, die tussen 1507 en 1509 zijn gemaakt door enkele meesters van de Keulse schilderschool. In deze ramen, gesigneerd door de 'Meester van de Heilige Sibbe' en door de 'Meester van de St. Severin', is de invloed herkenbaar van de Vlaamse primitieven (Jan van Eyck e.a.).
Het *eiken koorgestoelte* (c) met zijn 104 stallen is het grootste van heel Duitsland. De rijk versierde banken werden gesneden in het begin van de 14e eeuw. Het dichtst bij het hoofdaltaar bevinden zich in dit gestoelte de zetels van de keizer en de paus. Achter het hoofdaltaar ziet u de *Driekoningenschrijn* (d), met de gebeenten van de drie Oosterse vorsten. De schrijn wordt gezien als een meesterwerk op het gebied van de 13e-eeuwse goudsmeedkunst. Het is een met verguld koper beklede houten kist in de vorm van een basilica met drie beuken. De voorzijde, die van puur goud is gemaakt, laat de Drie Koningen zien die het kindeke Jezus geschenken aanbieden, evenals de doop (rechts) en de triomferende Christus (boven).
De ramen in de omgang en de kapellen zijn alle gericht op het grote kerkraam in de achter de schrijn gelegen Driekoningenkapel. Ook in deze 14e-eeuwse schepping zijn de aanbiddende koningen te zien bij de heilige moeder en het kind. In de Kruiskapel hangt boven het altaar het *Gerokruis* (e), een in opdracht van aartsbisschop Gero in de 10e eeuw vervaardigd crucifix, een zeer fraai voorbeeld van Ottoonse houtsnijkunst.
In de Mariakapel aan de andere kant van het koor staat nog een topattractie van de Dom: het *Altaarretabel van Stephan Lochner* (f). Dit uit drie delen bestaande altaarstuk – het bekendste van de Keulse School – werd rond 1445 geschilderd. Lochner gaf in dit werkstuk, dat ook wel het Dombild genoemd wordt, vorm aan een onderwerp dat de naderende Renaissance aankondigt. Het stelt namelijk de zelfbewuste Keulse burgers voor, die zich met behulp van de beschermheiligen van de stad (Gereon, Ursula en de Drie Koningen) rechtstreeks tot Maria wenden.
De noordelijke sacramentskapel, die in 1277 door Albertus Magnus werd ingewijd, biedt plaats aan de *Milanese Madonna* (g). Deze houten Maria met Kind werd aan het eind van de 13e eeuw gesneden in de stijl van de figuren die zich tegen de zuilen boven het koorgestoelte bevinden.
Ook de *schatkamer* (7) bezit veel waardevols. Hier bevindt zich bijvoorbeeld de kostbare *Hilliniuscodex*, een handschrift uit 1025 met onder andere een afbeelding van de Alte Dom. Bij een inbraak in 1975 werd één van de belangrijkste stukken van de collectie, een gouden monstrans uit 1657, ontvreemd en – naar later bleek – door de dieven omgesmolten voor het vereenvoudigen van de verkoop. Ten noorden van het koor-

gestoelte bevindt zich de ingang van de *crypte* (h). In die onderaardse gewelven liggen de graven van de Keulse aartsbisschoppen.
Voor de noodzakelijke restauraties is tussen de kerk en het Römisch-Germanische Museum een speciale ruimte gebouwd. In die zogenaamde *Dombauhütte* heeft een kleine ploeg mensen een dagtaak aan de verzorging van het gebouw.

2 **Römisch-Germanisches Museum** De roemrijke Romeinse periode (tussen de 1e en de 5e eeuw) wordt in dit museum onder de aandacht gebracht. Het Römisch-Germanisches Museum is het belangrijkste historische museum van Keulen. Eén van de pronkstukken is het *Dionysosmozaïek*. Door de theoloog Albertus Magnus werd in de 13e eeuw al gesproken over deze 'prachtige vloer uit heidense tijden', die hij heeft gezien toen hij het bouwterrein van de Dom bezocht. Dionysos was de Romeinse god van de wijn en van andere agrarische producten. Het mozaïek werd 1941 bij de aanleg van een schuilkelder ontdekt en in 1974 werd het museum om de vloer heengebouwd. Boven het mozaïek staat het 15 meter hoge *grafmonument van Poblicius* uit de 1e eeuw, dat in 1967 werd gevonden bij opgravingen in de buurt van de St. Severin.
De inscriptie CCAA is te lezen op het deel van de noordelijke toegangspoort dat in het museum is tentoongesteld. De betekenis van deze afkorting van de stadsnaam geeft een deel van de ontstaansgeschiedenis weer: Colonia (stad met Romeins recht) Claudia (gesticht ten tijde van keizer Claudius) Ara (met een altaar voor de keizerverering) Agrippinensium (op verzoek van Agrippina, de echtgenote van Claudius). Het museum heeft ook een grote collectie kleinere voorwerpen zoals sieraden, munten, glaswerk, maskers en afbeeldingen van Agrippina. Er is een reconstructie te zien van de Romeinse terreinwagen. Op de bovenste verdieping zijn vondsten uit de periode van voor de jaartelling ondergebracht. Voor de Germaanse geschiedenis is niet veel ruimte gereserveerd.

3 **Wallraf-Richartz-Museum / Museum Ludwig** Beide musea, het eerste voor kunst(werken) tot 1900, het tweede voor moderne kunst, zijn ondergebracht in een modern gebouw dat prachtig contrasteert met de daarachter gelegen Dom. In het bouwwerk zijn ook de *Kölner Philharmonie* (een concertzaal) en een *fotogalerie* opgenomen. De architecten van het complex, Peter Busmann en Godfrid Haberer, zijn geboren en getogen Keulenaren. Hun in 1986 gerealiseerde ontwerp is met zijn spiegelende, metalen uiterlijk nu al gezichtsbepalend voor dit gedeelte van de stad. Van binnen is het niet minder fraai. De tentoongestelde kunstwerken krijgen door het gebruik van veel grote dakvensters overal een gelijkmatige belichting; er is heel weinig kunstlicht toegepast. Voor moderne kunstwerken is bijna geen betere tentoonstellingsruimte denkbaar. Het is eigenlijk alleen jammer dat de middeleeuwse doeken in het Wallraf-Richartz- Museum in deze lichte ruimte iets van hun mystieke zeggingskracht hebben verloren. Daarvoor in de plaats krijgt het vakmanschap van de schilders van de Keulse School wel extra aandacht.
De nadruk van de middeleeuwse verzameling (op de middelste verdieping) ligt bij de schilders van dat internationaal bekende gilde. Van de bekendste, Stephan Lochner, hangt hier onder andere het met veel goud geschilderde doek Maria im Rosenhag uit 1445. De meeste werken zijn van anonieme kunstenaars, die voortleven onder namen als 'Meester van de Marialevens'. Enkele doeken waaraan deze schilder zijn naam dankt, zijn hier geëxposeerd, evenals het altaar waaraan de naam van 'Meester van de Heilige Sibbe' is verbonden. Het grootste gedeelte van het gebouw wordt in beslag genomen door de unieke verzameling moderne kunst van het Museum Ludwig. Als u bijvoorbeeld 'de ideale levenspartner' zoekt (een doek van de Amerikaan Allen Johns), kunt u terecht op de

bovenste verdieping. Daar hangen ook opmerkelijke (kubistische) schilderijen van Russische avant-gardistische kunstenaars uit de revolutiejaren, voorts veel werk van Picasso, veel doeken van expressionisten (Feininger, Beckmann, Dix, Kokoschka), surrealisten (Dalí, Magritte) en abstracten (Mondriaan, Rothko) en grote popartzeefdrukken van onder andere Andy Warhol en Roy Lichtenstein.

Op de onderste verdieping zijn weer andere speelse kunstwerken tentoongesteld, zoals een draagbaar oorlogsmonument (van de Amerikaan Kienholz) en een compositie van foto's van vakwerkhuisjes.

4 **Diözesanmuseum** Op een bovenverdieping naast het Römisch-Germanisches Museum is het kleine Diözesanmuseum van het bisdom Keulen gevestigd. Er zijn hier enkele van de vele schatten te zien die de bisschoppen in de Middeleeuwen hebben verzameld. Het grootste deel van de collectie bestaat uit grafmonumenten. Vondsten uit een grafkapel onder de Dom laten bijvoorbeeld de rijkdom zien van de vrouw en zoon van een onbekende Frankische vorst (8e eeuw). Op de 11e-eeuwse Severinusscheibe, een deel van de schrijn van de 4e-eeuwse bisschop Severinus, staat ten onrechte dat deze kerkbestuurder gesierd was met de titel 'archi-episcopus' (aartsbisschop). Ook zijn enkele panelen en schilderijen tentoongesteld, waaronder Maria met het viooltje van Stephan Lochner. Niet ver van het museum staat aan de rand van de Roncalliplatz de *Heinzelmännchen Brunnen*, een fontein met daarop de kaboutertjes die in de oude Keulse sage 's nachts het werk doen voor de bewoners.

5 **Gross St. Martin** Eén van de Keulse Romaanse kerken met een van buiten duidelijk herkenbaar klaverbladkoor is de Gross St. Martin. In 1172 werd de romp van de kerk ingewijd, maar de opvallende 80 meter hoge vieringtoren met zijn vier hoektorentjes werd pas aan het eind van die eeuw gebouwd. De spits van de toren is een schepping in de stijl van de 15e-eeuwse gotiek. Tot de voltooiing van de Dom was het beeld van de Gross St. Martin vanaf de Rijn gezien kenmerkend voor Keulen.

6 **Rathaus** Deze plaats was al in de Romeinse tijd de zetel van het stadsbestuur. Het huidige gebouw is namelijk neergezet op de fundamenten van een Praetorium, dat tussen de 1e en de 4e eeuw in gebruik was als paleis van de Romeinse stadhouder. In een ruimte aan de Kleine Budengasse zijn vondsten uit die tijd ondergebracht. Ook een deel van het 140 meter lange afwateringssysteem is hiervandaan te bezichtigen. De Merovingische koningen hielden in dit gebouw lange tijd hof en in de 12e eeuw werd het in gebruik genomen als stedelijk bestuurshuis. Het oudste deel van het huidige Rathaus is de in gotische stijl aangelegde romp met in de bovenverdieping de Hansazaal (1360). Na de 15e eeuw werd het gebouw al snel te klein en werd het uitgebreid tot een complex dat reikt tot de aan de achterzijde gelegen Alte Markt. Tot de interessantste uitbreidingen behoren de renaissancistische ingang (1573) en de omgang van de Löwenhof (1540) in dezelfde stijl. Een aanmerkelijk deel van het complex (waaronder de gehele achterzijde) is helaas in de oorlog verwoest en niet meer in de oorspronkelijke stijl herbouwd.

7 **Alt St. Alban** Deze kerk is in 1945 bijna geheel vernietigd. De ruïne van de St. Alban is als oorlogsmonument blijven staan. Op de binnenplaats staat een kopie van het beeld 'Treurende ouders' van Käthe Kollwitz.

8 **Gürzenich** Dit middeleeuwse gebouw staat naast de St. Alban aan de Martinsstrasse. De gotische gevel aan de oostzijde is uit zandsteen opgetrokken. De Gürzenich is rond 1440 door de gemeente gebouwd voor het houden van grote banketten en andere officiële ontvangsten. Het gebouw is nu ingericht als cultureel centrum.

9 **Antoniterkirche** In de Schildergasse, één van de drukste winkelstraten van Keulen, staat de Antoniterkirche. Deze kleine basilica uit de 14e

eeuw is vooral belangrijk door de Todesengel, het hangende beeld dat Ernst Barlach in 1938 maakte uitgaande van het gezicht van de kunstenares Käthe Kollwitz. Rond dit beeld is een oorlogsmonument ingericht.

10 **Käthe Kollwitz Museum** In een groot bankgebouw aan de Neumarkt is het Käthe Kollwitz Museum te vinden. Een opmerkelijke locatie, want de Berlijnse kunstenares, van wie in het museum een groot aantal tekeningen, sculpturen, litho's en etsen is te zien, was namelijk betrokken bij de strijd voor het socialisme. Käthe Kollwitz (1867-1945) heeft zich haar leven lang gewijd aan het vastleggen van allerlei vormen van leed. In het begin lag de nadruk op het lijden van arme boeren en landarbeiders, later dook de dood steeds meer op in haar werk. Dit Keulse museum herbergt een uitstekende selectie uit haar oeuvre.

11 **St. Aposteln** Aan de Neumarkt staat één van de mooiste Romaanse kerken van Keulen: de St. Aposteln. In het gebouw kunnen bijna alle karakteristieken van de Rijnlandse kerken uit die stijlperiode worden herkend. Van de oorspronkelijke basilica uit het eerste deel van de 11e eeuw staat nu nog het middenschip en een deel van een zijbeuk. Het huidige uiterlijk kreeg de kerk aan het eind van de 12e eeuw toen het koor en de toren op het westwerk (de Apostelklotz) werden gebouwd. Aan het begin van de daaropvolgende eeuw werd het middengedeelte door een overwelving stilistisch in het geheel opgenomen. Het interieur is heel simpel maar stijlvol gehouden.

12 **Hahnentor** Dit is de fraaist versierde middeleeuwse poort, omdat het de plaats van binnenkomst was vanuit Aken. De Duitse koningen kwamen na hun kroning in die stad direct naar Keulen om hun plaats in het domkapittel waar te nemen en om in de Dom de Drie Koningen te eren. De Hahnentor op de Rudolf Platz is een overblijfsel van de Romaanse stadsmuur. Op de bovenverdieping worden tentoonstellingen gehouden.

13 **Schauspiel- und Opernhaus** Het complex is gelegen aan de Offenbachplatz. In 1957 werd hier, op de plaats van het in de oorlog verwoeste gebouw, een nieuw operahuis gebouwd. Het ontwerp van W. von Riphahn heeft veel weg van een combinatie van twee woonflats. De schouwburg uit 1962 van Von Riphahn is veel minder opvallend.

14 **Parfumhuis 4711** In het pand aan de Glockengasse 4 is het Parfumhuis 4711 gevestigd. Het getal 4711 is afkomstig uit de tijd van de Franse bezetting rond 1800, toen alle huizen in Keulen een eigen nummer kregen toegewezen. In dit neogotische pand werd de eerste 'eau de Cologne' (of Kölnisch Wasser) gefabriceerd. Tegenwoordig verkoopt het merk 4711 er zijn reukwaters en zeepproducten. De Reiter is een klokkenspel aan de gevel van het huis dat bestaat uit 30 ongeveer één meter hoge houten figuren.

15 **St. Kolumba** Deze stijlvolle eenheid van oud zandsteen en modern beton is één van de meest karakteristieke kerkjes van het naoorlogse Keulen. De St. Kolumba wordt ook wel Madonna in den Trümmern genoemd. Van de 15e-eeuwse kerk die hier stond, bleef in 1945 alleen een Mariabeeld met wat fundamenten overeind. Rond die 'door een wonder geredde' Madonna werd in 1950 onder leiding van de architect Gottfried Böhm een intiem achthoekig kapelletje gebouwd. Aan de muur boven het altaar hangt het Mariabeeld.

U krijgt toegang tot de kapel door de gerestaureerde stomp van de toren van de oude kerk. In dat gedeelte zijn ook enkele kerkramen in het ontwerp betrokken. Het venster met de afbeelding van de Heilige Geest is in 1911 vervaardigd door de Nederlandse kunstenaar Jan Thorn Prikker. Achter in het gerestaureerde oude deel is de sacramentskapel, met in het midden een prachtig belicht marmeren altaar van de hand van Böhm.

16 **Kunstgewerbemuseum** Dit museum is gevestigd in het oude gebouw van het Wallraf-Richartz-Museum (An der Rechtschule). De collectie

In het gezellige uitgaanscentrum in de Altstadt staat de Romaanse Gross St. Martin die vanaf de Rijnoever goed te zien is (MM)

omvat kunstnijverheid vanaf de Middeleeuwen tot heden, mode en een tentoonstelling design van de 20e eeuw.

De *Minoritenkirche* (St. Maria Empfängnis) ligt even ten zuiden van het museum. Het is een 14e-eeuwse kloosterkerk van de orde der minderbroeders. Het eenvoudige uiterlijk van het vroeggotische gebouw (geen dwarsbeuken en geen toren) is geheel in overeenstemming met de uitgangspunten van de bedelmonniken van de minorietenorde.

Een klein restant van de *Romeinse waterleiding* uit de 2e eeuw is aan de noordwestkant van het museum in een klein parkje opgesteld. Over aquaducten en door tunnels werd het water in die tijd over een afstand van 90 kilometer uit de Eifel naar Keulen geleid (zie Kall in de beschrijving van de Nordeifel). Dat er zo weinig van bewaard is gebleven, is voornamelijk te wijten aan het feit dat dit staaltje van technisch vernuft in de Middeleeuwen werd gezien als 'Teufelsrinne', een werkstuk van de duivel.

17 **Westdeutscher Rundfunk (WDR)** In de studio's worden de radio- en televisieprogramma's van één van de belangrijkste omroeporganisaties van Duitsland opgenomen.

18 **St. Maria** Deze kerk in de Kupfergasse is in de 17e eeuw gebouwd in de stijl van de Nederlandse barok. Die stijl werd door voor de protestanten gevluchte ongeschoeide karmelietessen meegebracht uit haar plaats van herkomst 's-Hertogenbosch.

19 **Zeughaus** Het renaissancistische Zeughaus biedt onderdak aan het Stadtmuseum. In de jaren rond 1600 werd dit bouwwerk met zijn leuke trapgevel hier neergezet als arsenaal voor wapentuig. Achter de gevel gaat nu een verzameling voorwerpen schuil die betrekking heeft op de stadsgeschiedenis vanaf de Middeleeuwen. Aan de ten zuiden van het stadsmuseum gelegen Appelhof Platz vindt u naast het massieve gerechtsgebouw uit de vorige eeuw het beruchte *El-De Haus*. Dit gebouw, dat nu is ingericht als oorlogsmonument, was tussen 1933 en 1945 gedeeltelijk in gebruik als gevangenis, waarin de Gestapo ook folterruimtes had ingericht.

20 **St. Andreaskirche** Hoewel deze kerk (Komödienstrasse) wordt gerekend tot de beroemde Romaanse kerken, is een groot deel ervan in de 15e eeuw in gotische stijl opgetrokken. De toren op de viering en het middengedeelte van deze basilica zijn nog wel duidelijk Romaans. Die delen zijn het resultaat van een uitbreiding in 1200 van het oorspronkelijke Ottoonse bouwwerk uit de 10e eeuw. Het koor en de dwarsbeuken zijn verbouwd in de Weiche Stil van de gotiek, die onder andere wordt gekenmerkt door de wijde plooien in de gewaden van de op de kerkramen in dat gedeelte afgebeelde figuren.

21 **Römerturm** De Römerturm was een onderdeel van de Romeinse stadsmuur. De toren die tussen de 1e en de 11e eeuw als verdedigings- en uitkijkpost diende, werd in de Middeleeuwen opgenomen in een (inmiddels verwoest) kloostercomplex. Hij diende als wc voor de nonnen. Toen hij in de vorige eeuw dreigde te worden afgebroken, kocht de gemeente het bolwerk op. De 2,5 meter dikke buitenmuur is na de oorlog weer gerestaureerd.

22 **Gerling** Dit verzekeringsbedrijf heeft zijn hoofdkantoor ondergebracht in een groot gebouw dat in 1949 ontworpen is door E. Hennes, een leerling van naziarchitect Speer. De uitbreidingen in de richting van de Klapperhof zijn in de vier jaar daarna gebouwd naar plannen van onder anderen A. Breker. De vier vlaggenmasten worden gesierd door grimmige leeuwenkoppen.

23 **St. Gereonkirche** De St. Gereonkirche behoort met de St. Aposteln, de St. Maria im Kapitol en de St. Pantaleon tot de belangrijkste Romaanse kerken van Keulen. Het gebouw met zijn opmerkelijk middengedeelte is bovendien één van de oudste kerken van de stad. De ovale kern van het middendeel is nog afkomstig uit de Romeinse tijd. De gekerstende Romeinse hoofdman Gereon kwam in het begin van de 4e eeuw in de buurt van het gebouw om het leven bij een actie tegen de christenen. Niet lang daarna werd er daarom een ellipsvormige kerk neergezet om deze martelaar te eren. In 818 werd in die door apsissen omgeven koepelkerk de eerste Keulse aartsbisschop Hildebold begraven en in die tijd ontwikkelde de kerk zich tot een religieus centrum. De belangrijkste uitbreidingen zouden plaatsvinden op het hoogtepunt van de Romaanse stijlperiode. Het oostelijke koor werd in het midden van de 11e eeuw gebouwd en een eeuw later werden daarnaast twee torens met plooidaken neergezet. Tussen 1219 en 1227 werd ten slotte het ovale deel verbouwd tot een 10-hoekige vorm (dekagon) met steunberen en spitsbogen, waarin de overgang naar de gotische stijl is te zien. In die periode werd

ook de kruisgang aangelegd. In het interieur overheerst sinds de restauratiewerkzaamheden na de Tweede Wereldoolog weer de roodbeschilderde koepel van het middengedeelte met zijn bijzondere lichtinval. In het westelijk deel van de crypte staat de sarcofaag met het stoffelijk overschot van de Romeinse martelaar Gereon.

De noordelijke Altstadt

Ten noorden van de lijn Centraal Station – Christoph Strasse ligt een deel van de Altstadt met een eigen karakter. De kern van het gebied wordt gevormd door het Eigelsteinviertel, dat door Heinrich Böll treffend werd beschreven in zijn boek *Unter Kranenbäumen* (de naam van één van de belangrijkste straten). Ten noorden van het station bevinden zich in deze volkswijk (de Keulse Jordaan) veel goedkope hotels.

24 **Romanische Stadtmauer** Veel resten van deze muur bevinden zich in het noordelijke stadsdeel. Even ten noorden van de St. Gereon ligt nog een groot stuk van die 5,5 kilometer lange muur, met een rond 1450 tegen de muur aangebouwde toren. Andere overblijfselen van het in 1881 bij een stadsuitbreiding gesloopte verdedigingswerk zijn de Eigelsteinertor (helemaal in het noorden van de wijk) en de Weckschnapp (een in een woonhuis ingebouwde toren aan de Konrad-Adenauer-Ufer die ten onrechte wordt aangezien voor de gevangenis waar men de gevangenen liet hongeren terwijl aan het plafond een broodje, Wecken, werd opgehangen.

25 **St. Ursula** De St. Ursula straalt aan de buitenzijde het minst het Romaanse karakter uit van de Keulse kerken uit die stijlperiode. Het koor is er in de 13e eeuw in gotische stijl aan vastgebouwd en de barokke torenspits op het westwerk is er na een brand in 1680 op gezet. De kern is echter wel degelijk Romaans. Die werd in de eerste helft van de 12e eeuw gebouwd in de vorm van een basilica, om plaats te bieden aan een groot aantal relikwieën, verbonden aan de Ursulalegende. Aan de west- en oostwand van de noordelijke dwarsbeuk hangt een 15e-eeuwse schilderijencyclus van de hand van schilders uit de school van Stephan Lochner, die deze legende uitbeeldt. Net als Gereon was Ursula een martelaar voor het christendom. Om aan het huwelijk met een heidense prins te ontkomen, was zij met 11.000 maagden uit Engeland naar Keulen gevlucht. Daar werd zij met haar gevolg door binnenvallende heidense stammen gedood. Toen die echter zagen wat zij hadden aangericht, sloegen zij op de vlucht. Ursula is één van de beschermheiligen van de stad. De elf vlammen in het stadswapen herinneren aan de heilige en haar maagden. De legende heeft de stad beslist geen windeieren gelegd. De botten van Romeinse burgers die aan de rand van de stad waren begraven, werden vanaf de 10e eeuw voor veel geld verkocht aan gelovigen uit onder meer Portugal en Finland als waren zij de overblijfselen van de maagden. De schrijn met de relikwieën van Ursula zelf staat op een verhoging achter het hoofdaltaar. De *Goldene Kammer* bevat enkele waardevolle kerkschatten. In de nissen staan bijvoorbeeld 116 fraaie houten beelden met een gouden omlijsting uit de 17e eeuw.

26 **St. Kunibert** Een andere Romaanse kerk in het noordelijke deel van de stad is de St. Kunibert. Het in 1247 aan de 7e-eeuwse bisschop Kunibert gewijde bouwwerk was de laatste basilica die verrees voordat met de bouw van de Dom werd begonnen. Het koor met zijn torens lijkt sterk op het oostelijk deel van de St. Gereon, die al ruim een eeuw eerder was voltooid. De in 1226 aangebrachte kerkramen in dat gedeelte worden gezien als de belangrijkste uit die periode. Ze vormen onder andere een cyclus rond de boom van Jesse (voorstelling van de stamboom van Jezus). Tegen

de pijlers van de viering staan fraaie beelden van de Verkondiging aan Maria.

27 **St. Maria Himmelfahrt** Dit is één van de weinige Keulse barokkerken. Het vlak bij het Centraal Station gelegen bouwwerk geldt als één van de mooiste voorbeelden van de kerken die de jezuïeten in de 17e eeuw in Duitsland lieten bouwen. Dit toonbeeld van de Contrareformatie (waar beter op zijn plaats dan in Keulen) moest de eeuwigheid van het 'enige ware' geloof aantonen. In de kerk zijn daarom elementen uit alle eeuwen van het christendom opgenomen. Naast de overheersende barokke vormen vindt u bijvoorbeeld in de oostelijke klokkentoren Romaanse elementen en in de westelijke façade zijn gotische elementen verwerkt. Het barokke interieur vormt nog een sierlijke eenheid. Evenals het grootste deel van de kerk is ook het hele hoofdaltaar van drie verdiepingen uit 1628 na de verwoestingen tijdens de Tweede Wereldoorlog gereconstrueerd.

De zuidelijke Altstadt

De kern van het gedeelte van de Altstadt ten zuiden van de lijn Heumarkt – Rudolf Platz wordt gevormd door het Severinsviertel. In deze wijk aan de voet van de Romaanse St. Severin vindt u musea, arbeiderswoningen, kraakpanden, statige koopmanshuizen, enkele fabrieken en Romaanse kerken. Ook wonen hier veel kunstenaars.

28 **St. Maria im Kapitol** Een bijna perfect voorbeeld van een kerk uit de regeringsperiode van de Salische vorsten (1024-1125) is de St. Maria im Kapitol. Het is een eenvoudige basilica met aan de oostzijde een groot klaverbladkoor. De naam 'in capitolio' duidt op het feit dat de geschiedenis van de kerk teruggaat tot de Romeinse tijd. In de 1e eeuw werd op deze plaats namelijk een tempel gebouwd voor de goden Jupiter, Minerva en Juno. Tussen de 7e en 11e eeuw stonden er verschillende christelijke kerkjes, die later weer werden afgebroken. In 1045 begon men met de bouw van het huidige Romaanse bouwwerk, waarbij voor het eerst een koor werd uitgevoerd met drie apsissen die samen een klaverblad vormen. Deze vorm zou veel navolging krijgen in het Rijnland. De kerk maakte deel uit van een klooster, dat bij wijze van uitzondering niet was gereserveerd voor dames van adel. Omdat sinds de wijding in 1065 zo weinig aan het gebouw is veranderd en het na 1945 uitstekend is gerestaureerd, vormt deze Romaanse kerk nog steeds een fraaie, harmonieuze eenheid. In de 13e eeuw werd zij alleen wat in de lengterichting uitgebreid. Speciale aandacht verdienen de houten deuren in de ingang van de noordelijke apsis. Ze zijn tijdens de bouw van de kerk gesierd met taferelen uit het leven van Christus. De Crux Miracoloso uit 1304 was het prototype van de gevorkte crucifixen die in de 14e eeuw in het Rijnland werden vervaardigd. Dit waardevolle realistische kruisbeeld diende onder andere als voorbeeld voor een vergelijkbaar beeld in de St. Georg.

29 **Overstolzenhaus** Eén van de weinige middeleeuwse woonhuizen die bewaard zijn gebleven, is het Overstolzenhaus. Tussen 1220 en 1230 werd het in opdracht van de koopmansfamilie Overstolz in Romaanse stijl gebouwd. Het is interessant om de in de trapgevel van het huis verwerkte bogen en zuilen te vergelijken met de overeenkomstige delen van de Keulse kerken die in dezelfde tijd werden gebouwd (zoals de 200 meter verderop gelegen St. Maria in Lyskirchen).

30 **St. Maria in Lyskirchen** Deze kerk is bekend om haar fresco's. De rond 1220 in Romaanse stijl gebouwde kerk, met uitbreidingen uit de 17e eeuw in de stijl van de laatgotiek, is bouwkundig gezien niet erg interessant, maar de plafondschilderingen zijn zeer de moeite waard. Deze 13e-

De Rijnpromenade biedt een levendig schouwspel. Hier liggen rondvaartboten afgemeerd, en wandelaars en fietsers hebben er alle ruimte (MM)

eeuwse fresco's, die overigens pas in de 19e eeuw werden herondekt, deden in de Middeleeuwen dienst als 'bijbel' voor de ongeletterden (en dat waren er toen veel). Het fraaie beeldverhaal op het gewelf onder de zuidelijke toren vertelt de geschiedenis van St. Nicolaas.

De *Malakoffturm* (tegenover de St. Maria) is een overblijfsel van het verdedigingswerk voor de Rijnhaven dat de Pruisen hier rond 1850 aanlegden. Het schiereiland met de haven is bereikbaar via een draaibrug.

31 **St. Georg** Dit is de enige bewaard gebleven Romaanse zuilenbasilica van het Rijnland. Zij werd in de 11e eeuw gebouwd. De simpele gewelven dateren van de eeuw daarna. Het opvallendste deel is het wat plompe westwerk dat ook in de 12e eeuw aan het gebouw werd toegevoegd. Het is één van de weinige kerken uit die tijd waarvan de architect bij name bekend is. Op een zuil in de crypte staat de inscriptie Herebrat me fecit (Herebrat heeft mij gemaakt). In het interieur bevindt zich een fraai gevorkt kruisbeeld in de 14e-eeuwse traditie van de Crux Miracoloso (zie 28). De binnenplaats ten westen van de voorhal is na de oorlog ontworpen door de Nederlandse kunstenaar Jan Thorn Prikker.

32 **Schnütgenmuseum** De St. Cäcilien, een simpele Romaanse basilica die tussen 1130 en 1160 op oudere fundamenten gebouwd is als kerk bij een klooster voor adellijke dames, herbergt het Schnütgenmuseum. Voor het exposeren van de gehele collectie middeleeuwse kunst van de gemeente Keulen is in 1977 een moderne hal tegen de kerk aangebouwd. De graffiti-kunstenaar Harald Naegeli sierde het dichtgemetselde westelijke portaal van de kerk toen met een voorstelling van de dood. Tot de interessantste objecten in het museum behoren een boekomslag van ivoor uit 1100 (met een zeer gedetailleerde voorstelling van Christus en de heiligen Gereon en Victor); de rond 1150 in een gevelsteen gebeitelde Siegburger Madonna en een houten beeld van Christus op een zetel met wieltjes, dat in het begin van de 16e eeuw in Keulen werd gesneden.

In de noordelijke voorhal van de achter het museum gelegen *St. Peter* zijn fraaie renaissancistische gebrandschilderde kerkramen uit 1530 te zien. Daar bevindt zich ook het schilderij De kruisiging van Petrus van de Vlaamse barokschilder Peter Paul Rubens (1577-1640).

33 **Josef Haubrich Kunsthalle** In het cultuurcentrum naast het Schnütgenmuseum is de Josef Haubrich Kunsthalle ondergebracht. In deze naar een verzamelaar van moderne kunst genoemde zaal worden wisselende tentoonstellingen gehouden op het gebied van kunst en cultuur.

34 **St. Pantaleon** Karakteristiek voor de vroegromaanse Ottoonse bouwkunst is de St. Pantaleon. Het gebouw wordt gekenmerkt door zijn bindingen met Byzantium. Al in 866 werd begonnen met de bouw van de kerk, maar bij de uitbreiding tot een klooster (in opdracht van aartsbisschop Bruno, de jongste broer van keizer Otto I, die hier ook begraven ligt) stortte dit bouwwerk precies een eeuw later al weer in. Na de ineenstorting begon men in 970 met de bouw van een nieuwe kloosterkerk, waarop de hernieuwde belangstelling voor het Oost-Romeinse Rijk van grote invloed zou zijn. In 970 stuurde de keizer aartsbisschop Gero (van het kruis in de Dom) naar het Byzantijnse hof om op zoek te gaan naar een geschikte huwelijkspartner voor zijn zoon. Twee jaar later keerde hij terug met Theophano, waarschijnlijk een nicht van de Byzantijnze keizer Johannes. Als keizerin vestigde Theophano zich met Otto II in Aken, waarvandaan ze regelmatig een bezoek brachten aan Keulen. Tijdens die bezoekjes was zij onder de indruk van de sterk door de bouwkunst uit haar geboorteland beïnvloede kloosterkerk, waar de oom van haar man (Bruno) begraven lag. In 984 gaf Theophano daarom opdracht om er een groot nieuw westwerk bij te bouwen, dat nog steeds het uiterlijk van de kerk bepaalt. Om de band met Byzantium definitief te bezegelen werd de nieuwe kerk gewijd aan St. Pantaleon, een Griek die onder het aanroepen van Christus een blinde ziende zou hebben gemaakt. De keizerin liet bovendien het gebeente van de heilige Albinus (en Romeinse soldaat die zich in Engeland had opgeworpen als martelaar voor het christendom) naar Keulen overbrengen om de kerk meer status te geven. In 991 zou de keizerin er zelf worden bijgezet. De invloeden van het Oost-Romeinse Rijk zijn nog goed te zien aan de verwerking van rode bakstenen in de bogen van het westwerk, het grote bouwlichaam met drie vleugels en twee ronde torens in het westelijk deel van de kerk. Uitbreidingen in later tijd hebben de kerk wel wat van karakter veranderd. Het zaalachtige uiterlijk van het gebouw kreeg bijvoorbeeld na 1152 minder nadruk door de bouw van twee lage zijbeuken, zodat een basilicavorm werd gecreëerd. In het oostelijk deel overheerst tegenwoordig de laatgotische afscheiding tussen het middenschip en het koor (Lettner) uit 1500, een zeer fraai staaltje van beeldhouwkunst. Op vier zuilen rust een hoeveelheid maaswerk met in het midden de reliëfs van Maria, Pantaleon en Mauritius, een andere heilige van wie zich in de kerk relikwieën bevinden. Van de St. Pantaleon is in de oorlog veel verloren gegaan. Tot de kerkschat behoren de bewaard gebleven delen van de uit goud gesmede schrijn van St. Albinus uit 1186. De verwoeste graftombe van Theophano is vervangen door een fraaie moderne marmeren schepping van Sepp Hürten.

35 **St. Severin** Een van de oudste Romaanse kerken van de stad is de St. Severin. In het begin van de 5e eeuw, tijdens het leven van bisschop Severin, stond hier al een kleine basilica, die was ontstaan uit een Romeinse zaalkerk uit het jaar 320. Het gebouw werd neergezet op een nog veel ouder Romeins grafveld. Van de vroegste geschiedenis is echter niet veel meer over. De kern van het huidige gebouw is het Ottoonse middengedeelte, de rond 948 onder bisschop Bruno gebouwde basilica, die aan het begin van de 16e eeuw in laatgotische stijl werd verbouwd. In die laatste periode werd ook de merkwaardige westelijke toren gebouwd. Het koor, de crypte en de noordelijke zijkapel werden in de 11e eeuw gebouwd in hoogromaanse stijl, maar ook deze delen werden tijdens de

gotiek enigszins veranderd. In het interieur werden tijdens de barok nog wat ornamenten aangebracht. Ook de St. Severin moest na 1945 helemaal opnieuw worden opgebouwd. Bewaard bleef de Lachende Madonna uit 1280. Dit houten beeld kijkt, staande tegen de laatste pijler van het middenschip, glimlachend de kerk in. Aan de westzijde van de zuidelijke zijbeuk hangen de schilderijen die de legende rond Severinus voorstellen. Op deze rond 1500 vervaardigde doeken van schilders van de Keulse School is de heilig verklaarde bisschop te zien, die door zijn gave om de hemelse gezangen te kunnen registreren bovennatuurlijke waarnemingen kon doen.

36 **Rautenstrauch-Joest Museum** Het volkenkundig museum van Keulen is samengesteld uit schenkingen van de families Rautenstrauch en Joest en heet daarom ook het Rautenstrauch-Joest Museum. De nadruk ligt op voorwerpen van volken uit de Stille Zuidzee, van de Amerikaanse Indianen en van Afrikaanse stammen. Er is ook een grote collectie maskers uit Sri Lanka te zien.

Op het pleintje naast het museum staat het restant van de *Bottmühle*, een ronde (botte) toren die deel uitmaakte van de middeleeuwse stadsmuur. In de 17e eeuw stond er een windmolen op.

Deutz

Het oude stadsdeel Deutz ligt op de rechteroever van de Rijn. In de 3e eeuw lieten de Romeinen er op veilige afstand van het centrum bewoning toe door Germaanse stammen. Deutz was door die ligging in de Middeleeuwen en ook nog later geregeld het slachtoffer van de strijd tussen de Keulse bisschoppen en de Bergse vorsten, zodat er niet veel uit die periode bewaard is gebleven. Daarna kreeg de industrie er vaste grond onder de voeten. Vanuit de Altstadt is de wijk vooral herkenbaar aan de toren van het jaarbeursterrein met de grote cijfers 4711. De *Hohenzollern Brücke* daar vlakbij verbindt Keulen met Deutz. Deze spoorwegbrug uit 1908 is de tweede versie van de in het midden van de vorige eeuw gebouwde, eerste vaste oeververbinding over de Rijn sinds de Romeinse tijd. Van de eerste versie is aan de kant van Deutz nog een ruiterstandbeeld over. De *Severinsbrücke* in het zuiden van Deutz werd in 1957 gebouwd. Deze modern ogende brug hangt gedeeltelijk aan grote kabels (tuien), die zijn bevestigd aan een A-vormige pyloon.

37 **Messegelände** Hier worden de Keulse jaarbeurzen gehouden. Op initiatief van burgemeester Konrad Adenauer werd dit terrein in 1922 in gebruik genomen voor allerlei vaktentoonstellingen. De kern wordt gevormd door het bakstenen gebouw van de architecten Verbeek en Pieper, dat een half decennium later werd uitgebreid door A. Abel, die ook de opvallende 4711-toren ontwierp. Van die toren schilderde Oskar Kokoschka in 1956 zijn fraaie gezicht op Keulen (nu in Museum Ludwig). Ten noorden van het terrein ligt het *Rheinpark*, met onder meer een smalspoorweg en een grote fontein (Tanzbrunnen). Een kabelbaan over de Rijn verbindt het park met de dierentuin (40) in het noorden van de stad.

38 **Neu St. Heribert** Deze neoromaanse kerk uit de vorige eeuw is te vinden op de Deutzer Freiheit 64. Hier is de beroemde 12e-eeuwse schrijn van Heribert opgesteld. Hij geldt als één van de fraaiste voorbeelden van de goudsmeedkunst uit die tijd. Op het dak van de schrijn is op geëmailleerde plaatjes de legende rond de heilige weergegeven. Er is onder andere te zien hoe Maria aan Heribert de opdracht geeft om in Deutz een klooster te stichten. Dit is het meermalen volledig vernietigde benedictijner klooster bij de Alt St. Heribert, waar de schrijn oorspronkelijk stond.

39 **KHD Motorenmuseum** Dit is het museum van de machinefabrieken Klöckner-Humbold-Deutz; het is gevestigd in de Mülheimerstrasse 111. Het toont onder andere het origineel van de beroemde ottomotor. Deze revolutionaire technische vinding werd in 1876 in Deutz ontwikkeld door Nicolaus August Otto. Het was de eerste viertaktmotor ter wereld. Dit soort motoren, waarbij een buiten de cilinder uit benzine verkregen gasmengsel in vier fasen tot ontbranding werd gebracht, wordt nog steeds op grote schaal gebouwd. Ook de verschillende ontwikkelingsfasen van de dieselmotor zijn hier te zien.

De buitenwijken

In de overige wijken en in de stadsdelen die buiten de plattegrond op de linkeroever van de Rijn liggen, bevinden zich enkele opmerkelijke bezienswaardigheden. Het zijn voornamelijk moderne attracties.

40 **Zoo** De voortreffelijke dierentuin ligt even ten noorden van de Altstadt vlak bij de Rijn. Het apenhuis is een prachtige moderne constructie van Ernst Kullmann, waarin de dieren zeer veel bewegingsruimte hebben. Het werd in 1985 gebouwd ter gelegenheid van het 125-jarig bestaan van de dierentuin. Uniek is het gebouw dat onderdak biedt aan de lemuren (halfapen). Ook de aquaria en insectaria zijn zeer de moeite waard. Naast de Zoo is in 1862 een botanische tuin aangelegd.

41 **St. Engelbert** Deze rooms-katholieke kerk uit 1931 van de Keulse architect Dominikus Böhm wordt ook wel de citroenpers genoemd. Ze vertoont inderdaad wel enige gelijkenis met zo'n keukenattribuut. Het nog steeds modern ogende bouwwerk met zijn contrasterende toren (het bovenste deel lijkt meer op een rasp) is gelegen aan de Barbarastrasse, ongeveer één kilometer ten noorden van de Zoo.

42 **Neu St. Alban** Dit is moderne kerk werd in 1957 ontworpen door Hans Schilling naar het voorbeeld van de bedevaartkerk in Ronchamp van de Zwitser Le Corbusier. Het bakstenen gebouw (met een fraai reliëf van Toni Zenz op één van de toegangsdeuren) staat even ten noordwesten van de Altstadt aan de Gilbachstrasse.

43 **Fernmeldeturm Colonius** De 243 meter hoge toren van de Duitse PTT staat in het westen van de stad. Op een hoogte van 170 meter is een uitzichtplateau met daaronder een restaurant dat langzaam om zijn as draait. Van de toren kunt u goed zien hoe de stad zich in de loop der eeuwen rond het oude raadhuis (6) in concentrische cirkels heeft ontwikkeld.

44 **Museum für Ostasiatische Kunst** Het museum voor Oost-Aziatische kunst is gelegen naast een vierkante vijver ten zuiden van de Fernmeldeturm (Universitätsstrasse 110). Het gebouw uit 1977 werd ontworpen door de Japanse architect Mayekawa, met een oosterse tuin op de binnenplaats. Het museum stelt wisselende tentoonstellingen samen uit zijn grote collectie historische en moderne voorwerpen uit Japan, Korea en China.

45 **Christi Auferstehung** Deze moderne rooms-katholieke kerk ten westen van het bovengenoemde museum (Brucknerstrasse 16) loopt in het oog door haar speelse betonnen constructie uit 1970 van Gottfried Böhm, de zoon van de architect van de St. Engelbert (41).

46 **Weisse Stadt** In de wijk Buchforst ten noordoosten van Deutz ligt Weisse Stadt. Deze 'stad' is het resultaat van een project voor sociale woningbouw uit 1929. In die jaren nam de bevolking van Keulen met rasse schreden toe, waardoor men vond dat 'verantwoorde' hoogbouw noodzakelijk was geworden. De wijk wordt gevormd door een groep sierlijk witgepleisterde flatgebouwen van vijf verdiepingen.

Praktische informatie

Inlichtingen

Het *Verkehrsamt* van Keulen is gevestigd in een gebouw tegenover de westelijke ingang van de Dom. Hier kunt u ook terecht voor het reserveren van hotelkamers en voor het verkrijgen van inlichtingen over het uitgaansleven. Voor schriftelijke informatie: Unter Fettenhennen 19, D-5000 Köln 1.

Sport

Het *Müngersdorfer Stadion* met 60.000 zit- en staanplaatsen is niet alleen het thuisveld van de Bundesligaclub FC Köln, er worden ook atletiekwedstrijden gehouden. Het stadion is gelegen in het westen van de stad.
De *Sporthalle* aan de Mülheimer Strasse in Deutz is de grootste overdekte sportzaal.
In het noordelijk stadsdeel Weidenpesch is een grote *paardenrenbaan*. Uit een afgegraven bruinkoolmijn in het noorden van de stad is de *Fühlinger See* ontstaan, een roei- en kanobaan waaromheen een groot vrijetijdscentrum met onder meer een joggingparcours is aangelegd.

Uitgaan

Het avond- en nachtleven van Keulen is geconcentreerd in vier wijken. Rond de Offenbach Platz worden de meeste opera- en theatervoorstellingen gegeven. Het grootste aantal bioscopen is gelegen in het gebied rond de Hohenzollernring, waar zich ook veel nachtclubs en discotheken bevinden. De Rheinvorstadt, de oever van de Rijn tussen de Dom en de Heumarkt, biedt veel restaurants en cafés, evenals de concertzaal 'die Philharmonie'. Het studentenleven speelt zich grotendeels af in het gebied rond de Zülpicher Strasse in het westen van de stad. Ook daar zijn discotheken. Informatie over het uitgaansleven vindt u in de publicaties 'Monatvorschau' en 'Zwischen Rhein und Ring', die beiden verkrijgbaar zijn bij de VVV.

Restaurants

De meeste eetgelegenheden zijn gelegen in het gebied ten noorden van de Heumarkt. Hier vindt u ook de meeste typische Keulse Brauhäuser, waar u de plaatselijke culinaire specialiteiten kunt krijgen en waar ook het Kölsch wordt geschonken. Dit bier, dat wat weg heeft van pils maar iets lichter van kleur is en minder koolzuur bevat, mag volgens de strenge Duitse bierwetten alleen in Keulen worden gebrouwen. Het wordt door de kelners op een temperatuur van tien graden geschonken in lange smalle glazen. De Altstadt-Päffgen (Heumarkt 62) is een voorbeeld van zo'n Brauhaus. Men verkoopt er eigengebrouwen Kölsch dat buiten de stad niet verkrijgbaar is. Als u op de menukaart van een Brauhaus het gerecht Kölsche Kaviar mit Musik tegenkomt, dan zult u dit niet aantreffen onder de visgerechten. Het is namelijk een stukje bloedworst dat wordt geserveerd met een saus van uien. Ook de Halve Hahn is zo'n misleidende naam. Als u het bestelt, krijgt u een stuk roggebrood met oude Hollandse kaas. Restaurants met een mooi uitzicht vindt u in de 4711-toren (37) en op de Fernmeldeturm (43).

Nachtclubs en discotheken

Het centrum van dit soort amusement bevindt zich aan en ten oosten van de Hohenzollernring. Dat is tevens de sexwijk van de stad. Discotheken zijn er ook rond de Zülpicher Strasse.

Winkelen

De voetgangerszone tussen de Dom en de Neumarkt is het belangrijkste gebied voor de winkelaar. Rond de Mittelstrasse (ten westen van de Neumarkt) zijn de meeste boetieks te vinden. De Bazaar de Cologne is een groot winkelcentrum dat is gelegen ten zuiden van deze straat. Tussen maart en oktober wordt er op de Alte Markt (achter het Rathaus) op iedere derde zaterdag van de maand vlooienmarkt gehouden. Tijdens de dagen voor Kerstmis zijn de winkels ook 's avonds geopend. In die periode zijn er in de binnenstad op verscheidene plaatsen ook marktstalletjes opgesteld.

Brühl

Aan de rand van het bos- en merenrijke Erholungspark Ville ten zuidwesten van Keulen ligt het plaatsje Brühl met het bekende Schloss **Augustusburg**, direct achter het station. Dit in het midden van de 18e eeuw in opdracht van de Keulse bisschop en keurvorst Clemens August gebouwde lustslot is het belangrijkste barokke kasteel van het Rijnland. De bouwmeester was de in Parijs opgeleide Zuid-Nederlandse architect François de Cuvilliés en de invloed van de Franse barok is inderdaad aan het gebouw af te zien. Het trappenhuis bij de ingang maakt direct al een overweldigende indruk door het grote aantal ornamenten. Het eveneens in opdracht van Clemens August door Cuvilliés gebouwde jachtslot Falkenlust is met de Augustusburg verbonden door een statige allee. Hier vindt u onder andere een treffend portret van de keurvorst, die zijn politieke zaken verwaarloosde voor de kunst en de jacht.
Het pretpark **Phantasialand** ligt in het zuiden van Brühl. De belangrijkste attracties zijn een wildwaterbaan, een achtbaan, een dolfijnenshow en een westernstadje.

Bonn

Bonn (47 m; 304.000 inw.) werd in het jaar 69 na Christus voor de eerste keer genoemd als de Romeinse legerplaats 'castra Bonnensia'. Bonn was geen onbeduidende stad in Duitsland. In 1597 werd ze residentie en hoofdstad van de keurvorsten van Keulen en in de 18e eeuw beleefde zij onder deze edellieden haar grootste bloei. In die periode werd de stad onder de keurvorsten Joseph Clemens en Clemens August verfraaid met talrijke schitterende barokke gebouwen, die hier en daar in de stad nog hun voorname uitstraling hebben behouden.
Van 1 september 1948 tot 23 mei 1949 kwam in Bonn de Parlementaire Raad bijeen om de bondsrepubliek een nieuwe grondwet te geven en in september 1949 kwam hier voor het eerst de Deutsche Bundestag bijeen. Dat scheen allen blijkbaar goed te bevallen, want op 3 november 1949 werd Bonn 'provisorisch' tot hoofdstad aangewezen. Op 3 oktober 1990 – de dag van de Duitse hereniging – werd Berlijn weer de officiële hoofdstad van het land. Op 20 juni 1991 werd besloten dat de ministeries en de ambassades voor het jaar 2000 naar Berlijn zouden verhuizen. Deze verhuizing werd in september 1999 afgerond. Enkele staatsfuncties heeft Bonn echter behouden, zodat niet voor alle regeringsgebouwen een andere bestemming moest worden gevonden, maar diplomaten zijn er nu heel wat minder te zien.

Het oude centrum van Bonn werd tijdens de Tweede Wereldoorlog verwoest. Sinds 1949 is Bonn, om al de ministeries onder te brengen, ruim voorzien van enorme betonnen gebouwen. Ondanks die gewichtige regeringsgebouwen, de af- en aanrijdende hoogwaardigheidsbekleders, de gebruikelijke pronk en sier bij staatsiebezoeken, heeft Bonn geen allure gekregen. Wel heeft Bonn, op enkele plekjes na, zoals rond de Markt en de Münsterplatz, de charme van een oude universiteitsstad. Wanneer de stoelen weer op de terrasjes staan, heerst er een gezellige drukte. Tussen de Kennedy-Brücke en het station is een wijk met veel winkels waar zich ook enkele bezienswaardigheden bevinden, die hieronder worden beschreven. De overige bezienswaardigheden en belangwekkende musea liggen ver van elkaar en worden daarom apart behandeld; haal daarvoor een plattegrond van geheel Bonn en Bad Godesberg bij de VVV (Rheinallee 69, in een groot neorenaissancistisch gebouw).

Bezienswaardigheden

1 **Münster** Zo wordt kortheidshalve de kathedraal genoemd van St. Cassius en St. Florentius, die voltooid werd in dezelfde periode als waarin men aan de Keulse Dom begon (rond 1248). Uit opgravingen onder de crypte is gebleken dat hier eerst een 'cella memoriae' was, waarin het galgenmaal werd uitgedeeld. Hier zouden de twee Romeinse officieren Cassius en Florentius als martelaar gezeten hebben. Later zijn zij heilig verklaard en tot stadspatronen benoemd. Over deze cel heen werd in 400 een kleine kerk gebouwd, die in de 11e eeuw werd vervangen door een 70 meter lange driescheepige basiliek. Aan de zuidkant van dit sobere Romaanse gebouw werd in de 12e eeuw nog een deel toegevoegd, waartoe ook de stemmige kloosterhof behoort, een van de mooiste onderdelen van de kathedraal. Fraai zijn de vele grafzerken. Let u eens op de traptorentjes aan het westwerk.

Van de Münster loopt u via de Martinplatz en Am Neutor naar de Hofgarten; dan slaat u linksaf, waar u langs de lange strakke gevel van de universiteit loopt.

2 **Universität** Keurvorst Joseph Clemens liet hier van 1697 tot 1725 door de Italiaan Enrico Zucalli en later Robert De Cotte dit paleis bouwen

Bonn

(laatbarok), dat in 1818 werd bestemd voor de universiteit. De lange oostelijke vleugel loopt bijna tot aan de Rijnoever. Via een galerie hiermee verbonden (dus geheel aan de oostzijde) staat de *Koblenzer Tor*, die de statige toegang vormde tot de voormalige residentie.

Aan de zuidzijde van de Hofgarten staat een imponerend neoclassicistisch gebouw (1824), waarin het Akademisches Kunstmuseum is ondergebracht. De collecties omvatten gipsafgietsels van Griekse en Romeinse beelden en originele terracotta's, sarcofagen en bronswerk.

Loopt u verder in de richting van de Rijnoever (langs de Stadtgarten), dan ziet u links de *Alte Zoll* staan, een voormalig bastion dat een mooi uitzicht biedt op de Rijn en het Zevengebergte.

Langs de Rijnoever (de Brassertufer) loopt u een eindje noordwaarts tot aan het moderne Stadttheater. Daar slaat u linksaf de Rheingasse in die overgaat in de Rathausgasse.

3 **Altes Rathaus** Dit vorstelijke gebouw is het werk van de hofarchitect Michael Leveilly (die ook de Koblenzer Tor schiep). De gracieuze gevel met zijn elegante bordes en bewerkte open trap beheerst de Markt, het centrum van de oude stad. Voor het Rathaus staat een fontein uit 1777.

Tegenover het Rathaus, aan het andere einde van de Markt, slaat u rechtsaf de Bonngasse in.

4 **Beethoven-Haus** Het geboortehuis van Ludwig van Beethoven is nu als museum te zijner nagedachtenis ingericht. U vindt er enkele van zijn privé-bezittingen, brieven, composities en de hoorn waarmee hij zijn doofheid trachtte te bestrijden. Naast het Beethovenhuis werd in 1989 op de begane grond van het gebouw van het Beethoven-Archiv een nieuwe zaal voor kamermuziek geopend.

U loopt weer terug naar de Markt, steekt deze schuin over en slaat rechtsaf de Remigiusstrasse in die voert naar de Münsterplatz. Rechts ziet u op het plein het standbeeld van Beethoven staan.

U heeft nu een korte rondwandeling door het oude centrum van de stad gemaakt. Er zijn nog enkele bezienswaardigheden waarop wij u attent willen maken die zeker de moeite van een bezoek waard zijn (zij liggen alle buiten de plattegrond).

Rheinisches Landesmuseum In dit museum aan de Colmantstrasse 14-16 (achter het station) wordt een beeld gegeven van de kunst- en cultuurgeschiedenis in het Rijngebied vanaf de Neanderthalers (50.000 v. Chr.) tot aan de 20e eeuw. Er zijn archeologische vondsten, amusante en leerzame diorama's, modellen van werk- en voertuigen, beeldhouwwerken en schilderijen (onder andere Rijnlandschappen uit de 19e eeuw) en een muntenverzameling.

Poppelsdorfer Schloss Dit classicistische slot aan de Meckenheimer Allee 171 (bereikbaar vanaf het station via de Poppelsdorfer Allee of via de Meckenheimer Allee) heette vroeger Schloss Clemensruhe. De bouw werd onder keurvorst Joseph Clemens in 1715 begonnen en ten tijde van zijn opvolger Clemens August in 1753 voltooid. De stijl is sterk beïnvloed door de Italiaanse en Franse architectuur van die dagen. Vier vleugels omsluiten het hof met ronde arcaden.

In één van de vleugels van het Poppelsdorfer Schloss is het *mineralogisch-petrologisch museum* van de universiteit ondergebracht (sinds 1818): mineralen, ruwe en geslepen sier- en edelstenen, petrografische gesteenten en meteorieten. Slechts op aanvraag te bezoeken is de verzameling uit de naaste omgeving: stenen uit het Zevengebergte, de Eifel en het vulkaangebied rond Maria Laach.

Het park, dat het slot omgeeft, werd als botanische tuin met tien kassen aangelegd.

Kreuzbergkirche Aan de Stationsweg 21 (boven het Poppelsdorfer Schloss) ligt de Kreuzbergkirche. Keurvorst Ferdinand liet hier een bedevaartkerk bouwen, die echter in 1689 geplunderd werd. Keurvorst Clemens August liet de kerk in 1746-1751 uitbreiden en schitterend restaureren in barokstijl. Balthasar Neumann, gespecialiseerd in trappenhuizen, tekende voor de Heilige Stiege naar voorbeeld van de Scala Sancta in Rome.

U gaat nu een kijkje nemen in de oude regeringswijk van Bonn met zijn ministeries en ambassades. U volgt vanaf de Koblenzer Tor de Adenauerallee zuidwaarts.

Ernst-Moritz-Arndt-Haus Dit huis (Adenauerallee 79) is in Biedermeierstijl ingericht en bevat bezittingen en documenten van de pedagoog Ernst-Moritz Arndt (1769-1860), die in de Duitse geschiedenis wordt genoemd vanwege het feit dat zijn geschriften de Zweedse koning ervan overtuigden het lijfeigenschap van de Duitse soldaten af te schaffen. In latere geschriften riep hij op tot internationale eenheid.

Villa Hammerschmidt Het witte classicistische gebouw uit 1865 op de Adenauerallee 135, is nog steeds een van de ambtshuizen van de bondspresident.

Het geboortehuis van Ludwig van Beethoven is nu als museum (Beethovenhaus) ingericht (MM)

Palais Schaumburg Dit is het voormalige ambtshuis van de bondskanselier aan de Adenauerallee 139-142. Het Palais Schaumburg is tussen 1858 en 1860 in neorenaissancestijl gebouwd. Het nieuwere ambtshuis ernaast stamt uit 1976.

Achter het ambtshuis liggen aan de Rijnoever de voormalige gebouwen van het Duitse parlement, Deutsche Bundestag, het *Bundeshaus*. Daarnaast staat de wolkenkrabber (112 m hoog) die in gebruik was bij het *Abgeordnetenhaus*, bijgenaamd Langer Eugen.

Even ten zuiden hiervan (voorbij het sportpark en de kerk) bevond zich de Nederlandse ambassade. Aan de Rijnoever ligt het Freizeitpark Rheinaue met een binnenmeer.

Museum Alexander Koenig In dit museum (Adenauerallee 150-164) is één van de grootste biologische verzamelingen in de bondsrepubliek te zien. Er wordt een duidelijk beeld van de verscheidenheid in de dierenwereld gegeven. Er zijn talrijke opgezette zoogdieren, vogels, gipsafgietsels van reptielen, amfibieën en vissen en een bonte verzameling Chinese vlinders.

Städtisches Kunstmuseum In het verlengde van de Adenauerallee ligt de Friedrich Ebert Allee, waar u op nummer 2 het Städtisches Kunstmuseum vindt. Hier zijn werken van voornamelijk Duitse schilders en beeldhouwers sinds 1945 tentoongesteld, waaronder de verzameling Duitse expressionisten rondom August Macke.

Kunsthalle der BRD In de Kunsthalle (Friedrich Ebert Allee 4) worden wisselende tentoonstellingen gehouden op het gebied van beeldende kunst, architectuur, cultuurgeschiedenis, wetenschap en techniek. Bovendien vinden er film-, theater- en muziekvoorstellingen plaats. Op het dak staan ook beeldhouwwerken.

Bad Godesberg

Wanneer u in Bonn de Adenauerallee zuidwaarts bent gevolgd (door het vroegere regeringscentrum), komt u in Bad Godesberg, nu één gemeente vormend met Bonn. Bad Godesberg is een drukbezochte badplaats en congresstad. Ze was de woonplaats van zeer veel leden van het corps diplomatique. Ondanks het feit dat de plaats nu met Bonn is vergroeid, heeft ze haar vroegere karakter van villadorp en badplaats niet geheel verloren.

Men vermoedt dat de stad een oude Germaanse plaats voor erediensten is geweest; later werd het een Romeinse vesting. In 850 kreeg het voor het eerst bekendheid onder de naam Wuodnerberg ofwel Wodansberg. Aartsbisschop Dietrich I van Keulen legde in 1210 de eerste steen voor de *Godesburg*, die echter in 1583 door de hertog van Beieren werd verwoest. De burcht ligt op de Burgberg, een 65 meter hoge basaltkegel. Vanaf de 30 meter hoge donjon, die beklommen kan worden, heeft u prachtig uitzicht op de Rijn en het Zevengebergte. In 1960 bouwde men op het terrein rond de donjon een hotel en een restaurant. Op de noordwestelijke helling van de heuvel staat de *Michaelskapelle* (1699), die met barokke schilderingen en stucwerk is versierd.

Rond de Burgberg ligt het oudste gedeelte van de stad met het Kurpark en het Stadtpark. Direct aan de voet van de Burgberg, aan de Aennchenplatz, werd in 1976 het historische studentencafé *Zur Lindenwirtin* weer in oorspronkelijke stijl opgebouwd. Het café heeft zijn roem voornamelijk te danken aan de beeldschone waardin Ännchen Schumacher (1860-1935). In het Kurpark staat het *Kurhaus Redoute* (1790-1792), vroeger een keurvorstelijk rococoslot, waar in 1792 Beethoven voor Haydn speelde. Het wordt nu gebruikt voor verschillende doeleinden. Het wordt nu

gebruikt voor verschillende doeleinden. Vroeger lieten de diplomaten zich hier graag zien. In het aangrenzende stadspark staat de in 1955 gebouwde *Stadthalle*, voornamelijk in gebruik als congresgebouw. Op de Brunnenallee staat de Draitschbrunnen met een in 1952 nieuw geopende *Trinkhalle*.
De brede Rheinallee voert door een villawijk naar de Rijn, waar u vanaf de twee kilometer lange rustige promenade uitzicht heeft op het Zevengebergte. De promenade heeft een voortzetting naar het zuidelijker gelegen Mehlem. Kort vóór het veer naar Königswinter ziet u aan uw rechterhand de voormalige Amerikaanse ambassade. Amerikaanse ambtenaren woonden in de noordelijke wijk Plittersdorf (u bent er al langs gereden vanuit Bonn), waar voor hen de woonwijk Klein Amerika was gebouwd.
Het voorstadje Mehlem is een villadorpje, gelegen aan de voet van de vulkaan Rodderberg (195 m).
Aan de zuidelijke stadsrand ligt omgeven door boomgaarden het plaatsje **Muffendorf**. Met zijn vakwerkhuizen, de Deutschherren commanderij (13e eeuw) en de laatromaanse kerk (1200) vormt het een schilderachtig geheel.

Kottenforst

Westelijk van Bonn en Bad Godesberg strekt zich het Naturpark Kottenforst Ville uit, het vroegere jachtgebied van de keurvorsten. Het circa 5000 hectare grote bosgebied ligt op een plateau met een gemiddelde hoogte van 170 meter. Het wordt doorsneden door talrijke paden met rustbanken, maar ook door autowegen; dwars erdoorheen voert een stukje Autobahn. Aan de oostelijke rand van het plateau heeft u prachtig uitzicht op het Zevengebergte.
Aan de zuidwestrand van het Kottenforst ligt het stadje **Meckenheim** (169 m; 21.000 inw.) met in de buurt veel boomgaarden. In Meckenheim zijn de grootste fruitteeltbedrijven van West-Duitsland gevestigd. Een bezoek aan deze stad is dan ook het aantrekkelijkst in de bloeitijd.
Aan de weg naar Adendorf ligt het omgrachte kasteel *Münchhausen*, dat gedeeltelijk is gebouwd met de stenen van een Romeinse waterleiding, die enkele kilometers noordelijk van Urft naar Keulen liep. In Adendorf zelf is de vroegere *gotische burcht* in de 17e en 18e eeuw verbouwd tot een representatief slot, dat eveneens door een gracht is omringd.
In het noordoostelijk van Meckenheim gelegen **Lüftelberg** staat een Romaanse kerk en eveneens een in de 18e eeuw verbouwde *Wasserburg*.

Rolandswerth en Rolandseck

Schilderachtig liggen deze beide dorpjes aan de Rijn (55 m; 900 inw.). Rolandseck heeft echter als nadeel dat het doorgaande verkeer er dwars doorheen gaat, zowel overdag als 's nachts. Het is daarom niet geschikt voor een langer verblijf; Rolandswerth ligt in dit opzicht iets gunstiger.
Tegenover de dorpen bevinden zich in de Rijn de eilandjes *Nonnenwerth* en *Grafenwerth*. Op het eerste staat een voormalig benedictijner klooster (1122), dat thans in gebruik is als ursulinen-meisjespensionaat. Op het tweede bevindt zich een openluchtzwembad. Tussen beide dorpen verheft zich de Rolandsbogen (153 m). Dit is het laatste restant van de oude vesting Rolandseck, die door aartsbisschop Frederick I van Keulen werd gebouwd, maar in 1475 werd verwoest. Toen ook de laatste boog van de poort instortte, heeft de dichter Freiligrath middelen voor de wederopbouw verzameld. De sage waarin wordt verhaald dat de paladijn van Karel de Grote, Roland, hier van verdriet is gestorven omdat zijn geliefde

het klooster Nonnenwerth inging, is later ontstaan. Van de Rolandsbogen heeft u een grandioos uitzicht op het Zevengebergte en de verdere omgeving, vooral tijdens zonsondergang. Dit hebt u ook vanaf het nabijgelegen uitzichtpunt Humboldtblick.

In 1855 liet keizer Wilhelm I de landelijke villa Rolandseck bouwen. Naast het keizerlijke onderkomen werd meteen ook een spoorlijn aangelegd. Tegenwoordig dient de Villa Rolandseck als atelier en expositieruimte voor schilders en beeldhouwers. De reusachtige zalen, het glanzende parket en het kostbare stucwerk herinneren nog aan de tijd dat hiervandaan de jachtstoet vertrok. In het oude classicistische station bevindt zich het *Künstlerbahnhof Rolandseck* met tentoonstellingen en een Arp-Museum. Overigens is het aardige plaatsje door moderne hoge gebouwen nogal van karakter veranderd.

Dicht achter de spoorlijn ligt langs de oever van de Rijn het *Wildpark* Rolandseck met een oppervlakte van 30 hectare. De toegangsweg hiertoe voert in de buurt van het station over de spoorlijn en eindigt bij enkele parkeerplaatsen. In het park zijn onder andere vogels, verschillende soorten herten, wilde zwijnen, moeflons, dwergezels en dwerggeiten te zien. Een oude uitzichttoren biedt een mooi panorama over de Rijn.

Oberwinter (65 m; 3000 inw.) behoort evenals Rolandswerth en Rolandseck bij de stad Remagen. Het is een onbeduidend plaatsje. De spoorlijn loopt om het dorp heen, en ook het doorgaand verkeer rijdt niet meer als voorheen door de lange smalle dorpsstraat, maar langs de Rijn.

Remagen

Remagen (64 m; 8000 inw.) is een zeer oud stadje, gelegen tussen zeer bosrijke bergen in het westen en zuiden. Het is dan ook een toeristisch centrum met een mooie Rijnpromenade waaraan enkele grote hotels staan. De rooms-katholieke *Pfarrkirche* (20e eeuw) werd in neoromaanse stijl gebouwd op de fundamenten van de oude kerk, waarvan een gedeelte uit de 11e eeuw nog als voorportaal dienst doet. De westelijke toren stamt uit 1674 en het koor uit de 13e eeuw. De Romaanse poort van de rondom gelegen tuin is met reliëfs versierd. Op het pleintje voor de kerk staat een aan Maria gewijde fontein (1718). In een gotische kapel (15e eeuw), gebouwd op de resten van een Romeinse tempel, is het *Römische Museum* gevestigd met Romeinse en Frankische oudheden.

Dicht bij het stadje staat op een rots de *St.-Apollinariskerk* (1839). Het is een bedevaartskerk in neogotische stijl met vier torens. Het interieur is versierd met wandschilderingen. In de crypte wordt onder een sarcofaag (14e eeuw) het hoofd van de heilige Apollinaris van Ravenna bewaard.

De Lüdendorffbrücke vormde vroeger de spoorverbinding tussen beide Rijnoevers. Een kleine voorhoede van de Amerikaanse troepen onder generaal Patton forceerde hier in 1945 een belangrijke Rijnovergang, want de brug was de enige die nog intact was. Zo'n haast hadden de Amerikanen dat de brug 10 dagen later wegens overbelasting instortte. Hij is niet meer hersteld, maar u kunt de brugpijlers nog zien en ook de dichtgemetselde ingang van de tunnel aan de overzijde. In de twee oude brugtorens is nu het *Friedensmuseum Brücke von Remagen* ingericht.

Bad Kripp

In de grote vlakte die de Ahr, die hier in de Rijn uitmondt, door aanslibbing heeft gevormd, ligt Bad Kripp (64 m; 6800 inw.). Het is een oud vriendelijk plaatsje met geneeskrachtige bronnen en een Kurhaus. In de directe omgeving wordt wijn verbouwd. In het plaatsje staat een bezienswaardige kerk uit het begin van de 13e eeuw.

Bad Breisig

Bij de bouw van een huis vond men in 1912 toevallig de warme bron terug van de Romeinse grensvesting Brysiacum. Daardoor op het spoor gebracht boorde men in 1914 nog enkele bronnen aan, waarna deze plaats voortaan als Bad Breisig op de kaart prijkte (61 m; 8100 inw.). Aan de Rijn staat nu een *Kurhaus* met een groot park eromheen. In dit fraaie park liggen omringd door grote bomen tevens enkele openlucht- en overdekte zwembaden die zijn gevuld met warm bronwater.
Wandelen kunt u hier ook, want er zijn tal van wandelmogelijkheden in de omringende heuvels. Vele uitzichtpunten gunnen de wandelaar fraaie kijkjes op de Rijn en op het aan de overzijde gelegen Bad Hönningen. Een zeer mooie wandeling is die naar *Schloss Rheineck*. Het Schloss ligt op een 182 meter hoge heuveltop, vanwaar u een prachtig uitzicht hebt op de omgeving. Dit kasteel kan ook per stoeltjeslift bereikt worden. Bezienswaardig in het plaatsje is de barokke *Pfarrkirche* uit de 18e eeuw, het Schultheissenhaus en het Alte Zollhaus. In het stadsdeel Oberbreisig, wat meer landinwaarts, staat een *13e-eeuwse kerk*.

Brohl

Het kleine Brohl (62 m; 2900 inw.) ontleende zijn betekenis voornamelijk aan het feit dat het de haven werd voor de verscheping van de natuursteen die in het Brohltal werd gedolven. Het delven van tras, tufsteen en basalt gebeurt nog op beperkte schaal. Tegenwoordig wordt het haventje ook gebruikt voor de verscheping van andere producten uit het dal, met name mineraalwater. In hoofdstuk 4 (Vulkaneifel) wordt het Brohltal beschreven.

Namedy

Bij het dorpje Namedy ligt het prachtige slot van prins Albrecht von Hohenzollern. Tussen Namedy en Andernach ligt in de Rijn het eilandje Namedywerth, dat door dammen met de oever is verbonden. Op het eilandje bevindt zich de bekende Namedyer Sprudel, een spuitende bron, die vroeger om de vijf uur gedurende zeven minuten een geweldige hoeveelheid mineraalwater 50 tot 60 meter omhoog spoot, maar dit nu nog zelden doet omdat het meeste water voordien wordt opgevangen. De koude geiser werkt alleen nog op zondag. Zaterdag na 12 uur is bekend op welke uren de bron spuit. Van oktober tot april worden geen demonstraties gegeven.

Andernach

De plaats Andernach (65 m; 29.000 inw.), aan de voet van de Krahnenberg, is één van de oudste stadjes aan de Rijn. Eens stond hier slechts een Romeins kasteel (Antunnacum) dat later (na de 6e eeuw) als hof voor diverse Frankische koningen diende. De plaats werd daarna tot Reichsstadt verheven, hetgeen wil zeggen dat zij tot 1167 onmiddellijk onder de keizer ressorteerde. Vervolgens verviel zij aan de keurvorsten van Keulen. De rode gekruiste sleutels en het zwarte kruis in het wapen herinneren aan dit feit en aan de overeenkomst die gesloten werd tussen de keurvorsten van Keulen en van Trier over het bestuur van de stad. In 1689 verwoestten de Fransen Andernach grotendeels. Ook in de Tweede Wereldoorlog werd het stadje zwaar beschadigd. Daar is nu niet veel meer van te merken en er is een vrij belangrijke industrie ontstaan, waaronder de verwerking van Bims (drijfsteen) het bekendst is.

Van de vroegere vestingmuren zijn enkele delen bewaard gebleven. Een klein gedeelte dateert nog van de Romeinse tijd, het grootste gedeelte dateert van de Middeleeuwen rond 1200. Aan de westzijde van het stadje staat de 56 meter hoge Runder Turm (1448), die een onderdeel van de vestingwerken was. Het gat dat u in de vier meter dikke muur ziet, herinnert aan de terugtocht van de Fransen, waarbij zij hebben geprobeerd de toren te laten instorten door aan de buitenzijde een 'mijn' tot ontploffing te brengen. Ten zuiden van dit gebouw staat de trots van Andernach, de laatromaanse Mariendom (1198) met zijn vier torens. De kerk bezit een laatromaans doopvont, een kruis uit het begin van de 14e eeuw en een mooie barokke kansel.

In de Hochstrasse bij de Markt staat het laatgotische raadhuis uit 1572 met op de binnenplaats een joods ritueel bad (Mikwe). De Mikwe is een 13 meter diepe schacht onder in een ronde toren, die nog dateert van de 14e eeuw. U kunt in het onderste gedeelte langs een stenen wenteltrap afdalen tot de waterspiegel die rijst en daalt met het niveau van de Rijn. Van de Late Middeleeuwen af hebben de in Andernach wonende joden het bassin gebruikt voor rituele baden (bezichtiging na aanmelding vooraf).

Eveneens aan deze straat staat de gotische *Christuskirche* (evangelische Stadtkirche) eens de kerk van een minorietenklooster, en op nr. 101 kijkt u tegen de gevel van het *Haus von der Leyen* (1580), waarin het Stadtmuseum is gevestigd.

Aan het einde van de Hochstrasse ziet u de dubbele *Koblenzer Tor* (circa 1200), één van de vroegere stadspoorten. Rechts van de poort, te midden van plantsoenen, ligt de ruïne van een in 1689 door de Fransen verwoeste burcht (13e eeuw). Bij de andere ingang van het Schlosspark staat de *Hospitalkirche* met haar barokke portaal uit 1739.

Aan de Kölnerstrasse staat de oude *Rijnkraan* (1554), die nog tot 1911 in gebruik was. In het inwendige bevinden zich twee tredmolens die met mankracht bediend werden. In vroeger eeuwen heeft deze kraan vooral gediend om basaltkeien in de schepen te laden. Op deze plaats langs de Rijn ligt een groot plantsoen, waaraan ook enkele hotels staan.

De Krahnenberg Aan de noordwestrand van het stadje verrijst de Krahnenberg (216 m), bereikbaar via de Krahnenbergweg, een weg die over een afstand van 2,5 kilometer gemiddeld 10 procent stijgt. Vanaf de top, waar zich ook een restaurant bevindt, heeft u vooral in de namiddag een fraai uitzicht op de omgeving.

Koblenz

De naam Koblenz is een verbastering van het latijnse Confluentes dat samenvloeiing betekent. De Romeinen gaven die naam aan de legerplaats die ze hier rond het jaar 14 na Christus bouwden, op het punt waar de Rijn en de Moezel samenkomen. De Romeinse heerschappij duurde tot omstreeks 500, toen de stad werd veroverd door de Franken. Karel de Grote heeft hier in 807 recht gesproken. In 836 werd de eerste Kastorkirche ingewijd. Keizer Hendrik II schonk Koblenz in 1018 aan de aartsbischoppen van Trier, de latere Duitse keurvorsten, die het aanzien en de welvaart van de stad trachtten te verhogen.

De bloeitijd van Koblenz begon na 1688. Toen begon men met de wederopbouw van de eerder door de Fransen verwoeste stad. Het resultaat was een barokstad. Een kleine eeuw later (1780-1786) liet keurvorst Clemens Wenzeslaus een nieuwe residentie bouwen in classicistische stijl. Met de vlucht van die vorst voor de Franse troepen in 1794 kwam er een einde aan de 800-jarige heerschappij van de aartsbisschoppen annex keurvorsten en aan alle vorstelijke pracht en praal. In 1815 werd Koblenz een Pruisische stad. Na de Tweede Wereldoorlog, waarin Koblenz voor 85 procent werd verwoest, kwam de stad in de deelstaat Rheinland-Pfalz te liggen.

Elke vierde Koblenzer is een ambtenaar Koblenz (65 m) heeft zo'n 110.000 inwoners. Het is een middelgrote stad. De afstanden tussen de bezienswaardigehden zijn allemaal nog net te belopen.

Koblenz is zetel van tal van overheidsinstellingen, niet alleen van het Bundesland Rheinland-Pfalz, maar van de hele bondsrepubliek. Elke vierde Koblenzer is een ambtenaar. Bovendien is het de grootste garnizoensstad van het land met ongeveer 13.000 soldaten.

Er zijn vier havens, maar de grootste en drukste liggen ver uit het zicht. Er is weliswaar de nodige industrie (chemie, textiel, ijzerverwerking), maar niet in die mate dat de Koblenzers er onder hoeven te lijden: geen rook en geen roet. Keulen is beslist een beter uitgaanscentrum, maar in het Weindorf van Koblenz, het wijndorp (7) dat elke zomeravond in het teken staat van Wein, Weib und Gesang, komt u ook aardig aan uw trekken. U ruikt de wijn trouwens ook elders in de stad: Koblenz is een centrum van de wijnhandel. De stad hoort zelfs bij twee wijngebieden tegelijk (Mittelrhein en Mosel) en binnen de stadsgrenzen zijn meer dan een miljoen wijnstokken te vinden. Bovendien wordt hier sekt gemaakt, de Duitse champagne (firma Deinhard).

Koblenz is een stad waar u heerlijk kunt winkelen. Daarvoor moet u vooral zijn in de Löhrstrasse en de straten die erop uitkomen, waar u beter terecht kunt dan in de provinciehoofdstad Mainz.

Bezienswaardigheden

Als u met de auto bent, kunt u het beste eerst naar de Deutsches Eck in het centrum rijden. Daar kunt u dan een wandeling langs de bezienswaardigheden beginnen. Bent u met de boot of met de trein gekomen, dan vat u de wandeling op bij nummer 4, respectievelijk 11.

1 **Deutsches Eck** Deutsches Eck is strategisch gelegen aan de samenvloeiing van de Moezel en de Rijn. Wanneer u door het parkje wandelt, komt u bij een reusachtig monument met een 14 meter hoog ruiterstandbeeld van keizer Wilhelm I. Hij was de grootvader van de laatste Duitse keizer Wilhelm II, die het standbeeld liet oprichten. In maart 1945 maakte een Amerikaanse granaat een einde aan deze hoge positie van keizer Wilhelm. Restauratiewerkzaamheden volgden en sinds maart 1993 staat de keizer er weer even trots bij als voor de granaatinslag.

Toen het monument tussen 1893 en 1897 werd gebouwd, was er op de plaats van Deutsches Eck slechts een grote zandbank in de Moezel. De naam bestond echter al voor die tijd, al bevond zich de oorspronkelijke 'Duitse Hoek' wat meer landinwaarts. Nu is het een druk ontmoetingspunt. Rondom het monument verzamelen zich vele mensen en langs de met vlaggen versierde kade meren bootjes aan. Wie de moeite neemt om de 107 treden te beklimmen, wacht boven een prachtig uitzicht over de rivieren de Rijn en de Moezel, de vesting Ehrenbreitstein en het achterland.

2 **Blumenhof** Vanaf Deutsches Eck wandelt u onder een poortje door, waarna u bij het Blumenhof belandt. U vindt hier het Deutschherrenhaus. De naam 'Duitse Hoek' komt van deze, hier eeuwenlang gevestigde

B9/A48
Brender-
weg
Neue Mosel Brücke
19
Moezel
Moselanlagen
16
18
Burgstr.
17
Moselweisserstr.
Münz-
str.
Kornpfortstrasse
15
B49 NIEDEREIFEL
Alten-
graben
Marktstr.
Firmungstr.
Am Wollershof
Am
Plan
Entenphuhl
14
13
Pfuhlg.
Strasse
Clemensstrasse
Hohenfelder
Löhrstrasse
Deinhard
platz
12
Mosel Ring
Casinostrasse
Schloss
strasse
Viktoria-
strasse
10
Neustadt
Friedrich Ebert Ring
Löhrstrasse
9
Rizzastrasse
Karthäuser Strasse
Bahnhofstrasse
Emil Schüllerstrasse
Hohenzollernstrasse
Kurfürstenstr.
Mainzer Strasse
Südallee
Bismarckstr.
Moltkestrasse
Bahnhofs-
platz
11
B327 KASTELLAUN
B9 STOLZENFELS

Koblenz

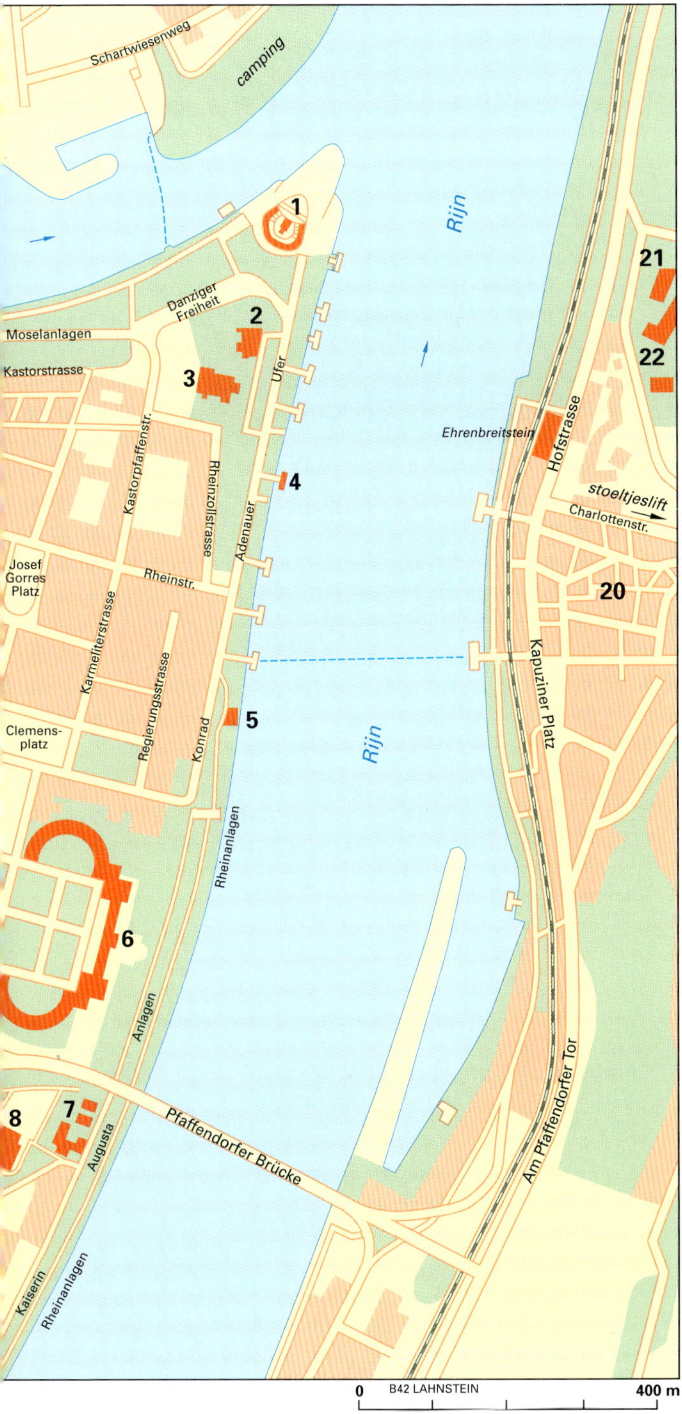
Schartwiesenweg
camping
Rijn
Danziger Freiheit
Moselanlagen
Kastorstrasse
Ufer
Kastorpfaffenstr.
Rheinzollstrasse
Adenauer
Ehrenbreitstein
Hofstrasse
stoeltjeslift
Charlottenstr.
B49 MONTABAUR
Josef Gorres Platz
Rheinstr.
Karmeliterstrasse
Regierungsstrasse
Konrad
Kapuziner Platz
Clemensplatz
Rheinanlagen
Anlagen
Augusta
Pfaffendorfer Brücke
Am Pfaffendorfer Tor
Kaiserin
Rheinanlagen
1
2
3
4
5
6
7
8
20
21
22
0
B42 LAHNSTEIN
400 m

Commanderij van de Duitse Orde, de zogenaamde hospitaalridders, die hun activiteiten heel vreedzaam waren begonnen tijdens de derde kruistocht als een soort ziekenbroeders in het Heilige Land. In de 13e eeuw veroverden zij al spoedig hele gebieden, niet in Palestina, maar in Oost-Pruisen (nu Pools en Russisch gebied). Het Deutscherherrenhaus was hun oudste hoofdkwartier op Duitse bodem.
Sinds 1992 is in het gebouw het *Museum Ludwig* gevestigd, waar een collectie hedendaagse kunst wordt tentoongesteld.

3 **St. Kastorkirche** Deze grotendeels uit circa 1200 stammende Romaanse kerk is genoemd naar een zekere Castor, die in de 4e eeuw in Karden aan de Moezel leefde. Zijn gebeente belandde hier als relikwie bij de inwijding van de eerste kerk op deze plaats in 836. Indrukwekkend zijn de robuuste torens. Het onderste gedeelte van het westwerk is waarschijnlijk nog een overblijfsel van die oorspronkelijke Karolingische Kastorkirche. Het kerkportaal is overigens van 1862, de vier profeten boven de arcaden van het hoofdschip van 1858. Het oostelijke koor stamt uit de jaren 1147 tot 1158 en het huidige hoofdschip werd gebouwd tussen 1189 en 1212. Het laatgotische gewelf van het hoofdschip verving eind 15e eeuw het oorspronkelijke vlakke plafond. Bij de restauratie na 1945 kreeg de kerk een geheel nieuwe beglazing. In het koor vindt u graftombes van twee keurvorsten annex aartsbisschoppen van Trier, erboven zijn muurschilderingen op een gouden ondergrond aangebracht. Het reliëf boven de zuidelijke zijingang werd na de Eerste Wereldoorlog aangebracht door de Koblenzer beeldhouwer Tophinke.
Castorhof heet het plein voor de kerk. U ziet, tegenover het kerkportaal, een fontein, die hier in 1812 werd geplaatst ter herinnering aan Napoleon en zijn veldtocht naar Rusland. Koblenz was toen hoofdstad van het Franse departement Rijn en Moezel. De inscriptie luidt: 'Anno 1812. Ter herinnering aan de veldtocht tegen de Russen. Onder prefectuur van Jules Doazan'. Opmerkelijker dan deze tekst is echter het laconieke inschrift eronder. Generaal St. Priest van het Russische leger liet het daar in de muur beitelen toen hij in 1814 bij Koblenz over de Rijn trok met het geallieerde leger van Blücher: 'vu et approuvé par nous, Commandant russe de la ville de Coblence' (gezien en goedgekeurd door ons, Russisch bevelhebber van de stad Koblenz).

4 **Aanlegplaats KD** Ruim 100 meter ten zuiden van het parkje waarin de St. Kastorkirche staat, bevindt zich aan de oever van de Rijn de aanlegplaats van de Köln-Düsseldorfer Rijnschepen. Even verderop komt u langs de aanlegplaats van de veerboot over de Rijn naar de vesting Ehrenbreitstein. Een wandeling langs de druk bevaren rivier, door de plantsoenen van de zogenaamde 'Rheinanlagen' uit 1860 bevelen wij u van harte aan.

5 **Rheinkrahn** Wandelend langs de Rijn passeert u de Rheinkrahn, een hijskraan uit 1611. Hij is niet meer compleet, zodat u misschien geen duidelijk beeld krijgt van de goederenoverslag enkele eeuwen terug. Wel kunt u aan de merktekens zien hoe hoog de Rijn ooit gestaan heeft. De regeringsgebouwen hiertegenover stammen uit het eind van de 19e eeuw.

6 **Kurfürstliches Schloss** Dit slot is gebouwd tussen 1777 en 1786 tijdens het bewind van de laatste keurvorst (Clemens Wenzeslaus). Het bouwwerk is opgetrokken in klare classicistische lijnen, waarbij Griekse (Ionische) zuilen natuurlijk niet ontbreken. Tot 1794 diende het slot als keurvorstelijk paleis. De daarna volgende Franse bezetters gebruikten het als kazerne en lazaret (militair hospitaal). Dat maakte een complete renovatie noodzakelijk. In 1845 werd het gebouw dan ook aanzienlijk aangepast en veranderd. In de jaren 1850 tot 1858 deed het dienst als residentie van

Na het beklimmen van het ruiterstandbeeld van Wilhelm I heeft u een mooi uitzicht op de Deutsches Eck, waar Rijn en Moezel samenvloeien (PI)

keizer Wilhelm I, toen nog kroonprins en militair gouverneur van de Rijnprovincie.

7 **Weindorf** Dit wijndorp vindt u aan de zuidzijde van de oprit van de Rijnbrug (u komt er onder de brug door). Weindorf werd in 1925 gebouwd als tentoonstellingsruimte en in 1951 geheel vernieuwd. Met zijn vier Winzerhäuser (huizen van wijnboeren) in vakwerkstijl uit verschillende Duitse wijnbouwstreken is het een oord van jolijt. Deze huizen zijn ingericht als wijnlokalen rond een marktpleintje aan de voet van een echte wijnberg. Van juni tot en met september worden hier elke avond wijnfeesten gevierd, maar ook de rest van het jaar kunt u hier vrijwel dagelijks terecht voor het drinken van een glaasje wijn.

Indien u niet alle bezienswaardigheden wilt bezoeken, kunt u terugwandelen: onder de brug door, en meteen links, via de trappen omhoog, over de uitloop van de brug, voor het slot (6) langs en via de Clemensstrasse richting Rathaus (13). Wilt u meer zien van Koblenz, wandel dan via de Julius-Wegeler-Strasse, naast het Weindorf, via de trappen omhoog naar de Rhein-Mosel-Halle.

8 **Rhein-Mosel-Halle** Dit moderne zalencomplex wordt gebruikt voor concerten, theatervoorstellingen, tentoonstellingen en congressen. De Rhein-Mosel-Halle beschikt ook over een restaurant.

Wandel verder langs de fontein, de trapjes op en meteen weer linksaf omlaag, met een boogje onder het viaduct door, naar de overzijde van de brede Friedrich Ebert Ring, voorbij de Friedrichstrasse. U komt dan bij de Oberpostdirektion.

9 **Oberpostdirektion** Vooral voor filatelisten is het gebouw op de Friedrich Ebert Ring nummer 14 tot 20 interessant. Zij kunnen binnen om een rondleiding vragen langs de Postgeschichtliche Sammlung. Daar zijn niet alleen collecties postzegels, sluitzegels en zeldzame stempels tentoongesteld, maar ook uniformen, uithangborden en zelfs een compleet postkantoortje (Poststube) uit 1860 waar de oudste brievenbus van het district Koblenz te bewonderen is. 9

10 **Herz-Jesu-Kirche** Op de hoek van de Löhrstrasse en de Friedrich Ebert Ring staat de Herz-Jesu-Kirche, een kerk die in het begin van de 20e eeuw is gebouwd in neoromaanse stijl.

Hier slaat u rechtsaf om met de Koblenzers te slenteren door de Löhrstrasse, de voornaamste winkelstraat van de stad, die alleen voor voetgangers toegankelijk is.

11 **Hauptbahnhof** Tegenover het centraal station vindt u het paviljoen van het Fremdenverkehrsamt der Stadt Koblenz, de VVV, waar u de nodige informatie over de stad en omgeving kunt verkrijgen.

12 **Stadttheater** Het Stadttheater is rond 1780 gebouwd, ten tijde van keurvorst Clemens Wenzeslaus, en staat schuin tegenover het slot.

13 **Rathaus** De westelijke vleugel van het vroegere jezuïetencollege, dat gebouwd is in 1694, is nu in gebruik als stadhuis. U vindt hier de Schängelbrunnen, een fontein met het beeldje van een Koblenzer kwajongen, die argeloze voorbijgangers met water bespuwt.

Door de poort komt u op de Jesuitenplatz, waar u linksaf slaat, de blik gericht op de overige vleugels van het huidige stadhuis. Als u omkijkt, ziet u rechts van de poort de Jesuitenkirche.

14 **Jesuitenkirche** Vooral het goed behouden 17e-eeuwse portaal van deze kerk zal zeker uw aandacht trekken.

U slaat, zoals gezegd, linksaf door de Jesuitengasse en aan het eind daarvan weer linksaf door de Entenpfuhl. Via de trapjes gaat u rechtsaf en omhoog naar de Liebfrauenkirche.

15 **Liebfrauenkirche** Deze kerk die ook wel Oberpfarrkirche wordt genoemd, is in de Tweede Wereldoorlog aanzienlijk beschadigd. In 1953 werd zij volledig hersteld. De kerk is een pijlerbasiliek, in de 12e eeuw gebouwd in Romaanse stijl, op de plaats waar eens een oud Romeins kasteel stond. De kerk heeft nu een gotisch koor uit de 15e eeuw en renaissancistische torens.

U loopt voor de kerk langs en via een steegje in de richting van de Flohmarkt ofwel vlooienmarkt. Deze markt wordt gehouden op de Florinsmarkt.

16 **Mittelrheinmuseum** Aan de Moezelzijde van de Florinsmarkt op nummer 15, staat het Alte Kaufhaus uit de 15e en 16e eeuw. Daarnaast vindt u het Schöffenhaus. Let eens op de zwarte kop onder de klok, die zijn tong naar u uitsteekt! Het is de 'Augenroller' van 1965, de opvolger van de ogenroller uit 1724, die de laatste oorlog niet overleefde. In het Alte Kaufhaus is het Mittelrheinmuseum gevestigd.

In het museum vindt u, behalve wisselende tentoonstellingen, ook een collectie archeologie en stadsgeschiedenis, maar vooral kerkelijke kunst en veel schilderijen van vier generaties Zick: Koblenzer schilders die u de stad tonen zoals die eruitzag in de 19e eeuw. Op de eerste verdieping een model van het ruiterstandbeeld van keizer Wilhelm I, dat u vindt aan Deutsches Eck.

17 **Florinskirche** Aan dezelfde zijde van de Florinsmarkt als het Mittelrheinmuseum staat een Romaanse pijlerbasiliek met twee vierkante torens. Deze kerk is in de 11e eeuw gebouwd op Romeinse fundamenten, zoals in 1930 bij opgravingen bleek. Het koor is gotisch en stamt uit 1356. Links naast de kerk voert een smalle toegang naar de binnenhof met het vroegere Kapittelhaus, dat tegen de kerk is aangebouwd. Daar heeft de geleerde kardinaal Nikolaus von Cues gewerkt. Dit is het oudste huis van Koblenz (1216).

Wanneer u nu omlaag wandelt naar de Moezel, komt u voorbij een ander oud woonhuis (1520) met gotische kantelen, waar nu Gasthaus Deutscher Kaiser is gevestigd, op de hoek van de Kornpfortstrasse en de Moselanlagen. Maar voor u daar een biertje gaat drinken, moet u beslist even een korte omweg maken door de Burgstrasse en een bezoek brengen aan de Alte Burg.

18 **Alte Burg** Van de 13e tot de 16e eeuw was de Alte Burg de residentie van de keurvorsten van Trier. De burcht met haar twee enorme torens uit 1280 is gedeeltelijk op Romeinse fundamenten gebouwd. Als citadel bood de burcht bescherming tegen de naar vrijheid strevende burgers van Koblenz.

U gaat via de buitentrappen omlaag, door het poortje, en terug naar het punt van uitgang langs de Moezeloever (Moselanlagen). Wanneer u wilt, kunt u nog een stukje verder lopen over de Balduinbrücke.

19 **Balduinbrücke** Deze boogbrug over de Moezel is 320 meter lang en verbindt sinds 1430 de oude binnenstad met het stadsdeel Lützel. In 1337 begon keurvorst Balduin al met de bouw. Het beeld van Balduin staat met zijn rug naar de rivier.

Met het pontje of via de Rijnbrug steekt u over naar Ehrenbreitstein, met het Beethoven-Gedenkstätte.

20 **Beethoven-Gedenkstätte** In de Wambachstrasse 204, één van de straatjes aan de voet van de vesting Ehrenbreitstein, vindt u dit museum dat is gevestigd in een barok burgerhuis. Op het binnenhof is een fraaie wenteltrap te zien. In dit huis is in 1746 de moeder van Ludwig van Beethoven geboren. Tussen 1970 en 1975 heeft de Deinhard-Stichting (van de gelijknamige Sektfirma) hier vitrines opgesteld met brieven en documenten van de beroemde componist, waaronder brieven van Franz Gerhard Wegeler en diens vrouw Eleonore van Breuning. Zij was Beethovens jeugdliefde en muzikaal bekend dankzij een ouverture die haar naam draagt. Ludwigs piano en viool vindt u in het Beethovenhaus te Bonn.

21 **Ehrenbreitstein** Dit is na Gibraltar de grootste rotsvesting van Europa, gebouwd op een 118 meter hoge steile leisteenrots. Waarschijnlijk was hier al in de 7e eeuw een ridderburcht, maar in ieder geval stond er één omstreeks het jaar 1000, gebouwd door een zekere Ehrenbrecht; 'Ehrenbrechtstein' zou de naam dus eigenlijk moeten luiden. In de 17e eeuw werd deze middeleeuwse burcht uitgebreid tot een machtige vesting, die echter na de Vrede van Lunéville moest worden afgebroken. Dat was in 1801 in de Napoleontische tijd. Na 1815 bouwden de nieuwe machthebbers uit Pruisen een nog sterkere vesting, die in 1919 moest worden ontmanteld, alweer onder Franse druk. Te vuur en te zwaard werd deze vesting nooit veroverd, wél door maandenlang, zelfs jarenlang uithongeren van de verdedigers, zoals tijdens de Dertigjarige Oorlog door Franse belegeraars gedaan werd. Er zijn nog tal van bouwwerken uit de 18e eeuw, bijvoorbeeld aan de voet van de rots de zogenaamde *Dikastarialbau*, een barok regeringsgebouw uit 1739, dat later in de 18e eeuw nog een tijdje keurvorstelijke residentie was.

Tegenover het station Ehrenbreitstein is een parkeerterrein. Hier kunt u met de stoeltjeslift naar boven (meteen voorbij de afslag van Bundesstrasse 49 rechtsaf). Boven heeft u vanaf het vestingplein een schitterend uitzicht over Rijn, Moezel, Eifel en Hunsrück. Daar vindt u ook een *jeugdherberg*, die in de zuidelijke vleugel is gevestigd.

22 **Landesmuseum** In de hoge oostelijke vleugel van Ehrenbreitstein bevindt zich rechts van het Sesselbahn-restaurant (ertussen nog de Schlosskirche) het Landesmuseum. Hier vindt u vernuftige machines van de Koblenzer industrie uit vroeger tijden, zoals diverse 'Kelter' (waaronder Duitslands oudste wijnpers), maar ook graafmachines om Bims (puimsteen), Schiefer (leisteen), Trasa (gemalen tufsteen) en Sandstein (zandsteen) mee op te graven.

In de aansluitende vleugel vindt u het *Rheinmuseum*, waar u zich kunt verdiepen in de plaatselijke historie. Het zwaartepunt valt op de afdeling Schiffahrt, waar modellen van Rijnschepen uit alle eeuwen worden getoond, zoals vlotten, veren, raderboten en motorschepen. Ook vindt u hier tekeningen en modellen van waterbouwkundige werken en tevens informatie over de vroegere Rijnvisserij.

Der Rhein in Flammen Elk jaar wordt op de tweede zaterdag in augustus een hels vuurwerk afgestoken boven de Koblenzer Rijnvestingen van Ehrenbreitstein tot Braubach, terwijl op de Rijn tal van schepen feestelijk verlicht zijn.

Güls

Ten westen van Koblenz ligt op de linker Moezeloever het plaatsje Güls (72 m; 4500 inw.), te midden van kersenboom- en wijngaarden. Güls wordt vooral in de bloesemtijd druk bezocht, want begin mei vindt hier het wijn- en bloesemfeest plaats.
Güls is een zeer oud plaatsje, waarvan nog de oude Pfarrkirche getuigt, een laatromaanse kleine basiliek met drie beuken en een oude westelijke toren. De nieuwe *Pfarrkirche* werd gebouwd in 1833 en heeft een opmerkelijke spitse tweelingtoren, die in de volksmond Zahnstocher (tandenstoker) genoemd wordt, en het toeristische handelsmerk van Güls is geworden.

Stolzenfels

Van de zuidrand van Koblenz voert een weggetje steil omhoog (10%) over de flank van de 385 meter hoge Kühkopf.
Verderop ligt het prachtige Schloss Stolzenfels. Het kasteel werd door de Fransen in 1688 verwoest en alleen de 34 meter hoge, vierkante hoofdtoren dateert nog van de Middeleeuwen (13e eeuw). De rest werd tussen 1825 en 1845 door koning Friedrich Wilhelm IV op magnifieke wijze in oorspronkelijke (neo)gotische stijl herbouwd. Hij gebruikte het slot als zomerresidentie. Verscheidene vertrekken zijn smaakvol ingericht, zoals bijvoorbeeld de ridderzaal waar wapenuitrustingen te zien zijn en de woonvertrekken van de koning. Bezienswaardig is ook het interieur van de bijbehorende kapel.
Aan de Rijnoever ligt het kleine dorpje Stolzenfels (60 m; 600 inw.). Een wandelweg vanuit het dorp naar Schloss Stolzenfels voert door een kloofachtig dal waar een waterval ruist.

Rhens

Gedeeltelijk intact gebleven stadsmuren met torens en poorten uit de 14e eeuw, omsluiten dit aardige stadje (60 m; 3000 inw.). In het stadsbeeld vallen de vele vakwerkhuizen en de twee kerken op. De *Scharfenturm* speelde een rol in de heksenvervolgingen in de jaren 1640 tot 1645.
Beroemd is de **Königsstuhl** – ten noorden van het stadje – die naar men aanneemt voor het eerst dienst deed in 1308 bij de koningskeuze en daarna als vergaderplaats door de Duitse keurvorsten werd gebruikt. In 1338 verklaarde deze vergadering – de Kurverein zu Rhens – dat de paus niet meer de koning mocht kiezen. Het jaar 1803 zag de verwoesting van de Königsstuhl door de Fransen, maar deze werd 40 jaar later weer opgebouwd. Het 6 meter hoge kanselachtige bouwwerk van basaltlava staat op een plaats die een mooi uitzicht biedt op de Rijn.
Links van de spoorbaan onder aan de Königsstuhl liggen de gebouwen van de Rhenser Brunnen. Deze bronnen leveren water voor een bekend merk bronwater.

Boppard

Boppard (60 m; 16.500 inw.) is een veel bezochte plaats en bekende wijnstad. De wijnbergen leveren de bekende Bopparder Hamm. De stad was oorspronkelijk een Keltische nederzetting, die later in Romeinse handen

kwam. Er ontstond een vesting onder de naam 'Castell Bodobrica', waarvan in de Angertstrasse en de Steinstrasse nog resten te zien zijn. Ook van de latere middeleeuwse stadsversterkingen zijn nog overblijfselen en poorten te vinden, zoals de Lelientor, de Kronentor en de Bingertor.
Tot de voornaamste bezienswaardigheden behoort de *St. Severuskirche*, een laatromaanse pijlerbasiliek uit de 13e eeuw, waarvan de stoere torens hoog boven de Rijn uitrijzen. Het interieur is versierd met wandschilderingen. Ook de *Karmeliterkirche* is het vermelden waard. Deze is uitgevoerd in gotische stijl (begin 14e eeuw), maar bezit opvallend genoeg geen torens. Opmerkelijk in het interieur is het priesterkoor, het bijzonder fraaie altaar, het koorgestoelte met houtsnijwerk, de vele beeltenissen van Maria en de graven van ridders uit de Middeleeuwen.
De vroegere *Kurtrierische Burg* stamt uit de 14e eeuw, maar alleen de *Bergfried* uit 1340 is nog oorspronkelijk. Deze burcht aan de Burgstrasse 2 is in gebruik als *Städtisches Museum* met collecties uit de Romeinse tijd. U kunt daar de stadsgeschiedenis op de voet volgen aan de hand van voorwerpen van de Romeinse tijd tot heden. Een aparte afdeling vormt het *Wald- und Holzmuseum*. Verder is er een tentoonstelling van meubelen van de in Boppard geboren Michael Thonet.
Het klooster *Marienberg* stamt uit de 12e eeuw en is na een brand in 1738 in barokstijl herbouwd. Het ligt op een mooi punt 30 meter boven het plaatsje. De slingerweg erheen biedt mooie uitzichtpunten.
Vanuit het Mühltal vertrekt een stoeltjeslift naar de Gedeonseck met het uitzichtpunt Vierseenblick.

Hunsrückbahn

Vanuit Boppard vertrekt de Hunsrückbahn. Op het traject Boppard – Buchholz wordt over een afstand van acht kilometer een hoogteverschil van 380 meter overwonnen (stijging van zes procent). Het personenvervoer wordt met motorwagens onderhouden. De goederentreinen hebben altijd twee locomotieven van een speciaal type, waarvan er één de trein duwt en de andere de trein afremt. Het traject met twee viaducten en vijf tunnels is erg mooi. Aanvankelijk rijdt de trein door het Mühltal, daarna is het uitzicht vrij.

Bad Salzig

In een mooie omgeving van zachtglooiende heuvels beplant met vruchtbomen, waarvan de meeste kersenbomen zijn, ligt het kuuroord Bad Salzig (112 m; 3000 inw.), dat een *Kurhaus* en *Kurpark* rijk is. Vooral in het voorjaar, wanneer het Blütenfest wordt gehouden, is deze streek een bezoek waard. Vanuit het dorp voert een weggetje naar de *Fleckertshöhe* (530 m), een mooi uitzichtpunt.

St. Goar

Het kleine oude plaatsje (75 m; 3100 inw.) is genoemd naar de heilige Goar, die hier omstreeks het jaar 600 het evangelie kwam prediken. Boven de huizen en de oever van de Rijn rijst de toren op van de gotische *Stiftskirche* (15e eeuw). In het interieur staat een marmeren grafmonument voor graaf Philipp II en zijn gemalin; de wanden zijn versierd met schilderingen en er is een Romaanse crypte uit 1137. In het *Loreley-Haus* is een poppen- en speelgoedmuseum gevestigd.
Het plaatsje wordt beheerst door de machtige burcht *Rheinfels*, die 115 meter boven de Rijn uitsteekt. De burcht stamt uit 1245 en behoorde tot

het graafschap Katzenelnbogen. Graaf Philipp II liet de burcht tegen het eind van de 16e eeuw uitbreiden. In 1797 werd hij verwoest door de Fransen, maar later werd hij weer gedeeltelijk hersteld. Er is nu een hotel en het *Heimatmuseum* in gevestigd.
Het Schützenfest (derde weekend in juli) en het Hansenfest (eerste zondag in augustus) vinden elk jaar op de burcht plaats. Beide feesten gaan gepaard met kleurrijke optochten en optredens van groepen in klederdracht. Een beroemd schouwspel is het sprookjesachtige 'Rhein in Flammen' (derde zaterdag in september), waarbij burchten, huizen, rotsen en de Rijn in een schitterende gloed van vuurwerk en verlichting komen te staan.
Voor de schepen op de Rijn die naar Bingen varen, is St. Goar een belangrijk plaatsje. Loodsen brengen de schepen hier door de gevaarlijke nauwe passage bij de Loreleyrots. Het meest imponerende uitzicht op deze beroemde rots heeft u vanaf de oever waar St. Goar ligt. U ziet dan goed hoe de rots de afbuigende stroom van de rivier tot een versnelling dwingt.

Oberwesel

Het kleine Oberwesel (70 m; 4650 inw.) geeft een mooi beeld van een middeleeuws stadje, fraai gelegen aan de rivier. Voor velen geldt het stadje als het mooiste plekje aan de Rijn. Behalve voor de plaatselijke wijn komen veel toeristen dan ook naar Oberwesel voor de architectuur. Talrijke torens, zowel van vestingwerken als van kerken, verfraaien het stadsbeeld. Tot de vestingwerken behoren, buiten de vrijwel geheel intact gebleven 15e-eeuwse ringmuur, maar liefst 16 torens.
Aan de zuidrand van het stadje staat de gotische *Liebfrauenkirche* uit het begin van de 14e eeuw. Het gebouw is opgetrokken uit rood zandsteen en wordt daarom ook wel de Rote Kirche genoemd. Bezienswaardig in het interieur zijn met name het hoogaltaar (1331), het doksaal (1350) en het barokke orgel. De klokkentoren van de *St. Martinskirche* (14e eeuw, in het noorden van het stadje, deed oorspronkelijk dienst als wachttoren in de stadsmuur. Aan de Rijn staat de 13e-eeuwse *Wernerkapelle*, die als koor deel uitmaakte van een in 1689 verwoeste kerk.
Aan de zuidrand van het stadje ligt de ruïne **Schönburg**. De burcht stamt uit de 10e eeuw, en alleen de drie torens hebben de verwoestingen in 1689 overleefd. Een gedeelte van het kasteel is gerestaureerd en is in gebruik als hotel, een ander gedeelte dient als internationaal jeugdhuis. U heeft hier een fraai uitzicht op de Rijn.

Bacharach

Evenals Oberwesel is Bacharach (80 m; 2600 inw.) een schilderachtig, romantisch oud stadje, omsloten door een stadsmuur. De naam doet vermoeden dat de Romeinen hier reeds een heiligdom hadden voor de wijngod Bacchus (Bacchia ara). In de Middeleeuwen was het stadje uitgegroeid tot één van de bekendste wijnplaatsjes en het is thans nog steeds opslagplaats voor de Rheingauer wijnen. In het Steegerta wordt de wijn verbouwd. In het eerste weekend in oktober wordt hier het oudste wijnfeest aan de Rijn gehouden.
Interessant is de middeleeuwse stadsmuur (14e eeuw) met de vele torens die in goede staat zijn. Binnen de muren zijn talrijke mooie plekjes met oude huizen te vinden. Aan de Marktplatz staat het *Alte Rathaus*, dat een vakwerkhuis uit 1568 is. Boven alles uit rijst de versterkte 13e-eeuwse *Peterskirche*, gebouwd in laatromaanse stijl en zowel van buiten als van

binnen bezienswaardig. Opvallend zijn de verhoudingen van het schip: de hoogte bedraagt meer dan de lengte. Bacharach heeft evenals Oberwesel een laatgotische *Wernerkapelle* uit de 15e eeuw, maar deze werd grotendeels verwoest in 1689. Toch is wat er nog staat een staaltje van verheven gotische bouwkunst.
Via de Wernerkapelle kunt u omhoog wandelen naar de boven het plaatsje gelegen ruïne van de burcht **Stahleck** (11e eeuw), die in 1689 werd verwoest. In 1925 werd de burcht verbouwd tot jeugdherberg. U heeft hier een mooi uitzicht op de Rijn.

Langs de Rijn naar Bingen

Even ten zuiden van Bacharach ligt het kleine dorp **Rheindiebach** aan de voet van de burchtruïne *Fürstenberg*. In het dorp staat een *gotische kerk* uit 1414, die binnen versierd is met wandschilderingen.
Nog iets verder zuidelijk ligt **Niederheimbach**. Hier liep de grens tussen de keurvostendommen van Mainz en de Kurpfalz en het is dan ook niet verwonderlijk dat dit plaatsje geregeld in de vuurlinie lag. Ondanks zijn stadsmuur en de bescherming die burcht *Hohneck* bood, werd het verwoest. In de *11e-eeuwse kerk* bevindt zich een opmerkelijk pestaltaar. Op een rotsterras ligt een *sprookjespark*, waar de sprookjes uitgebeeld worden door plastieken. In de Rijn ligt vlak voor Niederheimbach het langgerekte eiland Lorcher Werth.
De weg voert verder onder langs de burcht **Sooneck**, dat eens één van de beruchtste roofridderburchten was. Koning Friedrich Wilhelm IV liet het in 1840 in zijn huidige vorm verbouwen. Nu zijn er een restaurant en een museum in ondergebracht.
Dan volgt het kleine wijndorp **Trechtingshausen** (1300 inw.) met daarboven **Burg Reichenstein**. Hier maakte Rudolf van Habsburg een bloedig einde aan de praktijken van de roofridders. De burcht verviel tot ruïne door toedoen van de Fransen in 1689, maar werd in 1899 weer opgebouwd. Het interieur bestaat onder andere uit antiek meubilair, wapens en jachttrofeeën.
Hetzelfde geldt voor **Burg Rheinstein** dat iets verderop ligt. Deze burcht werd in de jaren tussen 1825 en 1829 door prins Friedrich van Pruisen weer opgebouwd en behoort nog steeds tot deze familie. De burcht kan bezichtigd worden. U kunt er een wapenverzameling en antiquiteiten zien.

Bingen

Bingen (82 m; 25.000 inw.), is een levendig wijnplaatsje, waar veel toeristen komen. Op de Rijn is het hier een komen gaan van schepen. De oogst van de wijngaarden in de omgeving wordt hier verhandeld en in de drukke haven verscheept. Wandelend over de mooie promenades langs de Rijnoever kunt u genieten van het rivierlandschap, dat nog veel van zijn vroegere romantiek heeft behouden. Bingen ligt bovenstrooms van het Binger Loch, dat van oudsher één van de moeilijkste doorvaartpunten van de Rijn is. Veel schepen liggen er te wachten op het sein om verder te mogen of gaan er voor de nacht voor anker. Op een eilandje ligt de *Mäuseturm*, een toren die vermoedelijk in de 10e eeuw is gebouwd op de fundamenten van een Romeinse vesting. Vanaf 1298 diende de toren als tolhuis van de burcht Ehrenfels aan de overkant. De naam Mäuseturm is afkomstig uit een sage, die verhaalt van een zekere bisschop Hatto die zich had teruggetrokken in de toren met enorme hoeveelheden graan, die hij had afgeperst van de boeren. Toen men hem na enige tijd opzocht, trof men hem nog maar gedeeltelijk aan: hij was opgegeten door de muizen. De toren werd in 1689 verwoest en in 1855 herbouwd; hij werd daarna gebruikt als signaaltoren voor de scheepvaart.

Vroeger, ten tijde van Drusus, was Bingen een Romeinse vesting met de naam Castellum Bingium. **Burg Klopp**, midden in de stad gelegen, is in 15e-eeuwse 'Burgstil' gebouwd op deze Romeinse fundamenten. De burcht werd verscheidene malen verwoest, maar tegen het eind van de 17e eeuw werd hij gerestaureerd en sinds 1896 is hij in gebruik als gemeentehuis. In de burchttoren is een interessant Heimatmuseum ondergebracht met vondsten uit de Romeinse en Frankische tijd. Tot de verzameling behoort een complete verzameling van 60 bronzen instrumenten van een Romeinse arts uit de 2e eeuw. Verder zijn er collecties muziekinstrumenten, munten, wapens en glaswerk te bezichtigen. Van de burcht is ook de Rheingoldsaal te bezichtigen en er is een restaurant met terras. In de tuin is de 52 meter diepe Burgbrunnen waarschijnlijk door de Romeinen ontdekt.

In de oude stad, aan de oever van de Nahe die hier uitmondt, staat de laatgotische basiliek *St. Martin* met een Karolingische en Romaanse crypte. Het middenschip van deze kerk werd in 1944 zwaar beschadigd, maar is intussen weer opgebouwd. Het noordelijke zijschip, de zogenaamde Barbarabau, dat in 1505 als Pfarrkirche werd aangebouwd, bleef bij de bombardementen behouden, evenals de waardevolle laatgotische beelden van de heilige Barbara en de heilige Catharina. Bewaard bleef ook de houten groep van de klaagzang voor Christus uit de 15e eeuw en een Vlaams altaar met voorstellingen uit het leven van Maria.

In het zuiden van de stad spant zich de *Drususbrug* over de Nahe. Het is een gerestaureerde brug uit het jaar 1000 met een brugkapelletje in één van de pijlers, die destijds werd gebouwd op Romeinse fundamenten. Ten oosten van de stad ligt de Rochusberg met een Weinlehrpfad, een uitkijktoren en de veel bezochte *Rochuskapelle* (105 m boven de Rijn). Die kapel werd in 1666 gebouwd ter herinnering aan de pest en is meermaals verwoest. In 1895 is zij opnieuw in gebruik genomen. In de kapel hangt een schilderij, een geschenk van Goethe, waarop hijzelf staat afgebeeld als de heilige Rochus. Van het nabijgelegen Kempter Eck heeft u een prachtig uitzicht op de omgeving.

Rümmelsheim

Ruim 5 kilometer ten zuidwesten van Bingen, dicht bij de Autobahn, ligt tegen de rand van het dorp Rümmelsheim **Burg Layen**, die bij wijnkenners een zekere roem geniet. Het Burg-Layen-Cabinet, met zijn wijnmuseum en wijnbibliotheek, geeft de bezoeker een goede indruk van de wijnbouw in en om het Nahetal. Ook kunt u er een leerzame wandeling maken langs het 2 kilometer lange Weinlehrpfad.

Mainz

Tot aan de Tweede Wereldoorlog behoorde de skyline van Mainz tot één van de mooiste van de Rijn. Het moet voor elke opvarende van een Rijnaak of pleziervaartuig een belevenis zijn geweest de 'Goldene Stadt' van aartsbisschoppen en keurvorsten te passeren of er aan te leggen. Torens van een machtige Dom en diverse andere kerken en gebouwen tekenden het stadsbeeld. Veel van deze blikvangers staan er nog steeds, maar nu overheersen de moderne gebouwen, zoals het Rathaus en de Rheingold-

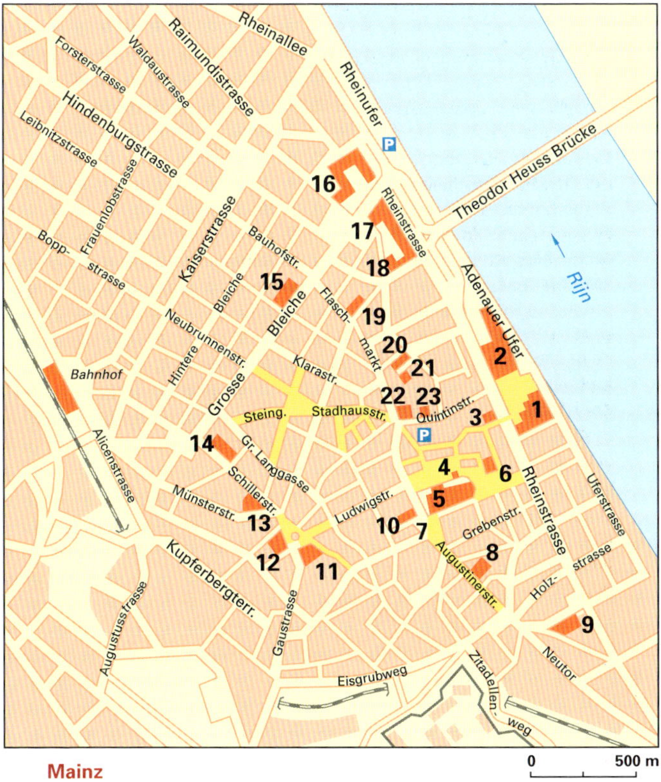

Mainz

halle met op de achtergrond de wolkenkrabbers van de universiteit en van de ZDF. Deze aanblik is niet zo fraai en romantisch als weleer, maar geeft wel de status weer van het 2000 jaar oude Mainz, de charmante en tolerante hoofdstad van Rheinland-Pfalz.

De stad (190.000 inw.), gunstig gelegen op het punt waar de Main in de Rijn stroomt, werd in 38 voor Christus gesticht door de Romeinen en groeide spoedig uit tot één van de belangrijkste steden ten noorden van de Alpen. Reeds vanaf het begin van de kerstening werd Mainz bisschopsstad en kon in 742 Bonifatius (dezelfde die bij Dokkum werd vermoord) inhalen als de eerste aartsbisschop van Duitsland. Omstreeks het jaar 1000 werd aartsbisschop Williger, die met de bouw van de Dom begon, tevens aartskanselier van het 'Heilige Römische Reich Deutscher Nation', waaraan later de waardigheid van keurvorst werd verbonden. In de Late Middeleeuwen, aan het einde van de 14e eeuw, maakte de stad een bloeiperiode door.

'Das Goldene Mainz' groeide toen uit tot de culturele en politieke hoofdstad van het rijk. Hendrik II werd er in 1002 tot keizer gekroond en ongekend groots moet het rijksfeest geweest zijn dat keizer Frederik Barbarossa er in 1184 hield. Nadien deed Gutenberg zijn revolutionaire uitvinding van de boekdrukkunst en werd in 1477 de universiteit gesticht. Maar roerige tijden, oorlogen en machtswisselingen maakten een einde aan de vooraanstaande positie van de stad. In 1945 werd de stad zwaar beschadigd door bombardementen. Na de oorlog heeft Mainz zich volledig hersteld en is nu een bloeiende en vrolijke stad.

Bezienswaardigheden

De bezienswaardigheden van Mainz worden beschreven in de vorm van een stadswandeling. Uitgangspunt is de aanlegplaats van de Köln-Düsseldorferboten aan de Adenauerufer. Vandaar kunt u meteen het hart van de Altstadt bereiken, een voetgangerswijk waar u niet met de auto kunt komen. Rondom het centrum bevindt zich een aantal parkeergarages. De belangrijkste bezienswaardigheden (Dom en Gutenbergmuseum) liggen dicht bij elkaar. Een extra hulp om u te oriënteren bieden de straatnaambordjes: straten met een blauw naambord lopen parallel aan de Rijn, straten met een rood bord lopen in de richting van de Rijn.

1 **Rathaus** Aan de Adenauerufer ligt het raadhuis, dat in 1973 ontworpen is door de Deense architect Arne Jacobsen en na diens dood voltooid is door Otto Weitling. Opvallend aan het grote gebouw zijn de zonneschermen: door de golvende vormen en het donkere traliewerk lijken het net middeleeuwse vensters.

2 **Rheingoldhalle** Dit is een multifunctioneel gebouw, waarin grote manifestaties en evenementen plaatsvinden. Er is ook een casino in ondergebracht.

3 **Eisenturm** De Eisenturm is een onderdeel van de verdwenen middeleeuwse stadsommuring. In de toren is nu een galerie gevestigd.

Langs het Brand Einkaufszentrum, met parkeergarage, loopt u naar de Markt.

4 **Marktbrunnen** De Marktbrunnen zijn in 1526 opgericht door keurvorst Albrecht van Brandenburg voor de burgers van de stad 'die er von Herzen liebt als eifriger Schützer der Ehrbarkeit und immer zu lieben bestrebt, damit sie Liebe mit Liebe vergelten'.

5 **Gutenbergmuseum** Het laatrenaissancistische bouwwerk aan de Liebfrauenplatz is een waardige omlijsting voor het in 1962 gestichte Gutenbergmuseum, het 'Weltmuseum der Druckkunst'. Johannes Gutenberg is door zijn uitvinding omstreeks 1440 de beroemdste zoon van Mainz geworden. Al zegt men in Nederland graag dat Laurens Jansz. Coster uit Haarlem de uitvinder was, toch komt de eer toe aan Gutenberg, die voor het eerst met losse metalen letters een boek drukte en daarmee een nieuw tijdperk in de geschiedenis inluidde. Gutenbergs beroemdste werk is de uit 42 regels bestaande bijbel, die in 1455 werd uitgegeven. In deze bijbel zijn de initialen (sierlijke beginletters) die mode waren in de handgeschreven bijbels van voor 1445, nog met de hand geschilderd. Het museum toont voorts de ontwikkeling van de drukkunst van de Middeleeuwen tot op heden. Talrijke oude en nieuwe machines tonen de technische ontwikkeling. Er zijn werkplaatsen met handpersen, zet- en drukmachines, maar er is ook een kamertje waar de middeleeuwse monnik zijn arbeidsintensieve, handwerk verrichtte, en een curiositeit als een Japanse papiermakerswerkplaats. Als het Gutenbergmuseum indruk op u heeft gemaakt, dan raden wij u aan ook eens een kijkje te nemen in het Plantin-Moretus Museum te Antwerpen.

U loopt nu terug langs de Dom en de Marktbrunnen. U slaat linksaf en wandelt door de Schöfferstrasse naar de Leichhof.

6 **St. Martins Dom** Aartsbisschop Willigis (975-1011) begon kort na zijn ambtsaanvaarding meteen met de bouw van de Dom. In 1009 zou deze feestelijk worden ingewijd, maar de avond tevoren brandde hij af. De kerk werd spoedig weer hersteld, maar het lot bleek tegen de kerk te zijn, gezien de vlammenzee van 1081. Door de grote macht en rijkdom van de Kerk in de Middeleeuwen was men in staat de dom te herbouwen. In 1239 kwam de schitterende kathedraal in Romaanse stijl gereed.

Vijfhonderd jaar later werd de kerk door de bliksem getroffen en brandde weer geheel uit. Opnieuw toog men aan het werk en de geniale

De tot viermaal toe door brand geteisterde en vervolgens weer opgebouwde Dom torent robuust boven de omliggende huizen uit (PI)

bouwmeester Franz Ignaz Neumann restaureerde de Dom grotendeels in zijn oude vorm en stijl. Lang duurde de vreugde echter niet, daar de Duitse troepen – bij de herovering van de stad op de Fransen – de Dom met hun artillerie in lichter laaie zetten, waarna de ruïne als opslagplaats en paardenstal werd gebruikt, tot men het gebouw voor de laatste maal herstelde en in 1804 weer als kerk in gebruik nam. Ondanks alle tegenslag is de Mainzer Dom één van de interessantste bouwwerken in Duitsland, wat vooral komt door het grote aantal grafplaten en grafmonumenten voor de aartsbisschoppen en keurvorsten, die als het ware een compleet register vormen van alle hoogwaardigheidsbekleders vanaf de Middeleeuwen. Het *Dom und Diözesan Museum* is door de kruisgang met kloosterhof met de Dom verbonden. Dit museum herbergt enkele kostbaarheden, zoals de 13e-eeuwse plastieken van de 'Naumburger Meister'.

7 **Johanneskirche** De oudste kerk van Mainz (900) is een Romaanse pijlerbasiliek met drie schepen, de Johanneskirche.

8 **Leichhof** Dit is een een schilderachtig hoekje achter de Dom. Door de smalle Leichhofstrasse loopt u naar de Augustinerstrasse. Halverwege deze straat staat de Augustinerkirche.

9 **Augustinerkirche** Deze kerk is nu ingeklemd tussen andere gevels van de straat, maar valt wel bijzonder op door de beeldenpartij boven het portaal: Maria geflankeerd door Augustinus en zijn moeder, de heilige Monica. Boven het venster zweeft de heilige Drieëenheid. Het is een typisch barokke kerk uit 1774, hetgeen ook tot uiting komt in de aankleding van het interieur.

De Augustinerstrasse gaat links over in de Kapuzinerstrasse.

10 **St. Ignazkirche uit 1774** Op het voormalige kerkhof staat het meesterwerk van de Mainzer beeldhouwer Hans Backofen; een Kruisigingsgroep uit 1520.

Nu loopt u richting de Eisgrubweg en gaat een stuk rechtdoor. U passeert aan uw rechterhand diverse straten. Bij de Stefanstrasse ziet u de St. Stefankirche.

11 **St. Stefanskirche** Bij de Stefanstrasse op de Stefansberg ligt de Stefanskerk, die omstreeks 990 door aartbisschop Willigis gebouwd werd. In 1011 werd Willigis er begraven.

Tussen 1290 en 1338 volgde de bouw van de huidige gotische hallenkerk, die tijdens de Tweede Wereldoorlog zwaar verwoest werd. Restauratiewerkzaamheden volgden en nu is de kerk weer in haar oude glorie hersteld. Opvallend zijn de negen koorvensters, die de bekende kunstenaar Marc Chagall ontworpen heeft. In 1976 ving hij op 89-jarige leeftijd met de eerste ontwerpen aan. Eind 1984, een paar maanden voor zijn dood, voltooide hij dit meesterwerk. Verschillende bijbelse voorstellingen heeft Chagall weergegeven. Zo is er een afbeelding van het Paradijs en vindt u er een voorstelling van Mozes met de Stenen Tafelen. Als de zon door de vensters schijnt, wordt het interieur op bijzondere en kleurrijke wijze verlicht.

Overige bezienswaardigheden

U hebt nu de belangrijkste bezienswaardigheden van Mainz gezien. Interessant om te zien zijn ook de musea en enkele adellijke paleizen. Hieronder worden de belangrijkste behandeld.

U loopt over de Stefansberg en gaat linksaf over de Ballplatz naar het Osteiner Hof.

12 **Osteiner Hof** Dit is één van de voornaamste en mooiste adellijke hoven van Mainz. Het is gebouwd in de periode tussen 1747 en 1752.

13 **Bassenheimer Hof** Dit hof (1750-1753) is gebouwd voor de gravin van Bassenheim.

Door de Schillerstrasse loopt u naar het volgende hof.

14 **Schönborner Hof** Dit keurvorstelijk paleis in laatrenaissancestijl uit 1670 is nu in gebruik als Frans cultuurinstituut.

15 **Erthaler Hof** Het Erthaler Hof (1745) is ontworpen door de eerste bewoner, Philipp Christoph von Erthal. In het interieur is fraai stucwerk te bewonderen. Het gebouw is nu in gebruik van een overheidsinstelling.

Aan het einde van de Schillerstrasse gaat u rechts de lange Grosse Bleiche op.

16 **Mittelrheinisches Landesmuseum** Dit interessante museum bevindt zich halverwege de Grosse Bleiche. Er zijn collecties van prehistorisch keramiek, Frankische wapens en glaswerk tentoongesteld. Voorts is er Romeins beeldhouwwerk, goudsmeedkunst, middeleeuwse sieraadkunst en beeldhouwkunst te zien. De schilderijencollectie omvat werken van Duitse, Nederlandse en Franse meesters van de 14e tot de 18e eeuw.

Verderop staat links in een parkje de *Jubiläumsbrunnen* (opgericht in 1962 ter gelegenheid van het 2000-jarige bestaan van de stad) en de *Dativus Bogen*, een nagebouwde Romeinse triomfboog. Aan de overzijde staat

Mainz is een charmante, gemoedelijke stad, waar de mensen rustig de tijd nemen, zoals hier bij de Marktbrunnen (PI)

midden op een pleintje de *Jupitersäule*, een naar gevonden fragmenten nagebouwde Romeinse zuil. Het origineel staat in het Mittelrheinisches Landesmuseum.

17 **Kurfürstliches Schloss** Het slot van de keurvorsten werd in de periode tussen 1687 en 1752 gebouwd en geldt als één van de mooiste gebouwen in de Duitse renaissancestijl. Tegenwoordig is hier het *Römisch-Germanisches Zentralmuseum* in gevestigd. Dit museum geeft aan de hand van belangrijke vondsten en kunstvoorwerpen een nagenoeg compleet historisch overzicht van de Europese prehistorie en de Romeinse en Germaanse cultuur in Duitsland.

18 **Deutschhaus** Oorspronkelijk dateert dit paleisachtige barokke gebouw van 1739. Na ernstige schade te hebben opgelopen in de Tweede Wereldoorlog, werd het exterieur in 1951 in originele staat teruggebracht; het interieur werd aangepast aan de eisen van de moderne tijd en dient thans als zetel van de Landtag van Rheinland-Pfalz.

19 **Altes en Neues Zeughaus** Dit complex is vooral interessant vanwege de fraaie gevels. Het Alte Zeughaus (oorspronkelijk uit 1604) werd herbouwd in 1904. Het Neue Zeughaus dateert van 1740 en is tegenwoordig in gebruik als Staatskanzlei.

20 **Naturhistorische Museum** Op de hoek van de Flaschmarkt staat het grootste museum in zijn soort van Rheinland-Pfalz. De collecties omvatten gesteenten en mineralen, fossielen van planten en dieren, vitrines met inheemse dieren en planten in hun eigen omgeving en voorts bijzonderheden (onder andere geraamten) van prehistorische en uitgestorven of zeldzame dieren.

21 **St. Christophkirche** Dit vroeggotisch bouwwerk doet in zijn geschonden staat nu dienst als oorlogsmonument.

22 **Knebelscher Hof** Dit hof is een renaissancegebouw uit 1598.

23 **St. Quintinkirche** Deze gotische hallenkerk stamt uit omstreeks 1300 en bezit een opvallende preekstoel in rococostijl.

Via de Quintinstrasse komt u weer bij het begin van deze wandeling door Mainz.

De rechteroever van de Rijn

De plaatsen aan de rechteroever van de Rijn zijn ook beschreven in de gids *Sauerland, Hessen, Keulen en Ruhrgebied*. In deze gids worden de plaatsen direct aan de Rijn uitvoerig behandeld, maar voor het achterland van deze plaatsen kunt u de genoemde gids raadplegen.

Schwarz-Rheindorf

Tegenover het centrum van Bonn ligt deze stadswijk met de voor Duitsland unieke *Doppelkirche* (1151). Deze benaming slaat op het feit dat de kerk in twee etages is gebouwd. Beneden zat het volk, boven zaten de burchtheren en de edellieden. Op een aantal fresco's wordt het leven getoond van de profeet Ezechiël.

Königswinter

Vanouds is Königswinter (60 m; 37.000 inw.) één van de drukst bezochte plaatsen aan de Rijn. Het is een uitgangspunt voor ritten en wandelingen door het Zevengebergte. Vooral de tocht naar de beroemde **Drachenfels** is interessant. Op de top van deze legendarische berg (321 m) staat de ruïne van de vroegmiddeleeuwse burcht Drachenfels, en dicht daarbij een café met terras, vanwaar u een ongeëvenaard uitzicht heeft op het Rijndal en de omringende gebergten.

Lager tegen de helling staat de **Drachenburg**, een neogotisch kasteel, dat in 1880 werd gebouwd door Stefan Sarter, zoon van een caféhouder in Bonn die later een financieel genie bleek (hij financierde onder andere de aanleg van het Suez- en het Panamakanaal). In 1973 werd het geheel gerestaureerd door de multimiljonair Paul Spinat, die er een kunstcollectie in onderbracht, die hij voor het publiek openstelde.

U kunt de top op gemakkelijke en snelle wijze bereiken met het elektrische tandradspoor. Romantischer maar langzamer gaat het per koetsje, ezeltje of te voet. De korste wandeling loopt over de Drachenfelsstrasse langs het dalstation van de tandradbaan en over de zogenaamde Eselsweg (circa 1 uur).

Halverwege de Eselsweg ligt de Nibelungenhalle, gesticht ter ere van Richard Wagner; er is een schilderijengalerij en een reptielenhuis. Dat reptielenhuis brengt ons bij de drakenlegende. Volgens de sage vond een kwaadaardige draak op de Drachenfels door toedoen van de Nibelungenheld Siegfried een gewelddadig einde, waarbij zijn bloed langs de rots stroomde. Als herinnering aan deze heuglijke gebeurtenis noemt men de rode wijn die op de hellingen van de Drachenfels wordt verbouwd Drachenblut.

Behalve naar de Drachenfels kunt u voor een mooi uitzicht ook naar de 10 meter hogere *Petersberg* gaan (noordelijk van Königswinter). Op de markante top staat het voormalige hotel Petersberg, dat nu eigendom is van de Bundesregierung. Bij het hotel staat een kapel uit 1762. Dit tochtje kunt u te voet (een uur) of met de auto maken.

Het stadje Königswinter biedt zijn gasten veel afwisseling, vertier en gezelligheid. Vooral op de 3 kilometer lange, fraai beplante Rijnpromenade kunt u prettig wandelen en er staan banken voor u klaar zodat u op uw gemak naar het natuurschoon en het drukke scheepsverkeer op de Rijn kunt kijken. Als bezienswaardigheid in de plaats noemen we ten slotte het *Siebengebirgsmuseum* met interessante gegevens over de geologische, historische en economische ontwikkeling van het Zevengebergte.

Rhöndorf

Voorstadje van Bad Honnef is Rhöndorf (80m; 2500 inw.), gelegen aan de zuidelijke voet van de Drachenfels. Vanuit Rhöndorf is de Drachenfels te bereiken via een voetpad en een aantal trappen. In de rotswand ziet u het legendarische drakenhol. In de nieuwe kerk vindt u de grafsteen van de laatste ridder van de Drachenfels. De oude *kapel* (1714) bezit een barok altaar en een merkwaardig torenkruis. Rhöndorf staat ook bekend als de woonplaats van Duitslands eerste bondskanselier Adenauer. In zijn voormalige woonhuis is nu het *Adenauermuseum* gevestigd.

Bad Honnef

In 1898 werd in Honnef een geneeskrachtige bron, die de naam Drachenquelle kreeg, aangeboord, waarna Honnef promoveerde tot Bad Honnef (23.000 inw.). Vanwege de mooie en beschutte ligging werd het plaatsje al spoedig druk bezocht. Het uitzicht vanaf Bad Honnef op de loof- en naaldbossen van het Zevengebergte en op de Rijn met de bekende eilanden Grafenwerth en Nonnenwerth (zie onder Rolandseck) is alleen al de moeite van een bezoek waard.
De oude gedeelten van het plaatsje kenmerken zich door vakwerkhuizen. Aan de Markt staat de 12e-eeuwse *Pfarrkirche St. Johann Baptist*. Als Bad beschikt Honnef natuurlijk ook over Kuranlagen en een Kurhaus.

Unkel en Erpel

Unkel (52 m; 4500 inw.) is een kleurrijk oud wijnstadje maar ook een kuuroord. Als wijnstadje is het vermaard om de rode wijn, die om zijn diepe gloed bekend staat onder de naam Unkeler Funkel. Kleurrijk is Unkel zowel in de lente als in de herfst. De Rijnpromenade en het Rijnfront met zijn mooie bomenrijen is één van de aardigste van het Rijngedeelte tussen Bonn en Koblenz. Het oude van Unkel vindt u terug in de vroeggotische *Pantaleonskirche*, in delen van de stadsmuur en in de vakwerkhuizen. De kerk is een bekoorlijk bouwwerk, dat opvalt door de eigenaardige plaatsing van de drie parallele schepen met hun zadeldaken. Het interieur bezit een groot aantal laatmiddeleeuwse beeldhouwwerken en voorts is het ten opzichte van de gotische bouw zeer smaakvol in de barokstijl ingericht.

Erpel

Even ten zuiden van Unkel ligt Erpel (65 m; 2500 inw.), een wijndorpje aan de voet van de steil boven de Rijn oprijzende Erpeler Ley. Deze biedt een mooi uitzicht. Bezienswaardig in dit rustige dorp zijn de Marktplatz met zijn vakwerkhuizen; vooral nummer 24, een huis uit de 15e eeuw, het barokke *Rathaus* uit 1780 en de *Pfarrkirche* zijn de moeite waard. Hoewel ze bescheiden van afmetingen, is de kerk toch zeker het aankijken waard vanwege haar fraaie laatromaanse uitvoering.

Linz

Linz (56 m; 6000 inw.) is een bijzonder mooi middeleeuws stadje, dat vanwege zijn vele kleurige vakwerkhuizen de bijnaam Bunte Stadt kreeg. Die sfeer van het verleden is behalve bij de vakwerkhuizen ook blijven hangen bij *Burg Linz*, de resten van de *middeleeuwse stadsmuren* met twee stadspoorten en het laatgotische *raadhuis* uit 1392, met een barok dak uit

1707. Het vlak bij de Rijn gelegen Burg Linz werd oorspronkelijk in 1365 gebouwd door de Keulse aartsbisschoppen. Van dat gebouw resten nog de toren en de fundamenten. Al het overige van het huidige gebouw, zeer romantisch uitgevoerd in vakwerkstijl, werd in de 18e en 19e eeuw op de gotische fundamenten opgetrokken. Tegenwoordig is de burcht een toeristische attractie waar veel is te zien en te doen: er bevinden zich een museum voor mechanische muziekinstrumenten, een folterkamer, een Romeinse glasblazerij, diverse ruimten voor ambachtslieden, een galerie, een middeleeuws restaurant, bars, een discotheek en een concertzaal. Bezienswaardig is ook de *Pfarrkirche St. Martin* (1214), die een mooi driedelig altaarbeeld uit 1463 bezit en fraai versierd is met fresco's.
De middeleeuwse burcht Ockenfels, die ten noorden van het stadje boven de Rijn uitrees, bestaat in z'n oorspronkelijke vorm niet meer. Op de plek waar de burcht heeft gestaan, liet een vermogend Keulenaar in 1924 een romantisch zomerverblijf bouwen. Vanuit Linz loopt een weggetje steil omhoog naar het dorp Dattenberg. Aan dit weggetje staan de resten van de toren van de voormalige burcht *Dattenheim*. Aan die ruïne werd in 1880 een fraaie villa vastgebouwd, die nu in gebruik is als jeugdcentrum. Een bezienswaardigheid van geheel andere aard zijn de bekende basaltgroeven, waar de economie van Linz grotendeels op dreef.

Leubsdorf

Even ten zuiden van Linz ligt het wijndorp Leubsdorf (65 m; 1500 inw.). Ook dit dorp is rijk voorzien van vakwerkhuizen, die als ware kunstwerkjes van huizenbouw het dorp sieren. *Burg Ariendorf* is niet te bezichtigen. Het kasteel bezit nog een middeleeuwse woontoren, maar de overige delen (waarvan enkele in vakwerkstijl) stammen hoofdzakelijk uit de 19e en 20e eeuw.

Bad Hönningen

Deze kleine badplaats (65 m; 5500 inw.) ligt aan de uitlopers van het Westerwald, die tot aan de oevers van de Rijn reiken. Vlak aan de Rijnkade liggen een kampeerterrein en een groot thermaalzwembad, waarvan het water een temperatuur heeft van 29 °C.
Op een terras boven het plaatsje en zijn wijngaarden staat het in een mooi park gelegen slot **Arenfels** (13e eeuw), dat tegenwoordig voor publiek toegankelijk is. Van de oorspronkelijke middeleeuwse burcht is niet veel meer overgebleven. De burcht werd door zijn opeenvolgende bezitters volledig verbouwd en bleef tot 1850 bewoond. Daarna stond het gebouw jarenlang leeg, totdat een nieuwe bezitter het geheel in neogotische stijl liet verbouwen. Na de Tweede Wereldoorlog, waarin het slot schade opliep, werd het hele bouwwerk ontruimd. Nu is het voor bezoekers toegankelijk. Vooral op mooie herfstdagen gaat er van het slot een aparte bekoring uit. In het stadsdeel Rheinbrohl lag vroeger het eerste kasteel van de Limes (Romeinse grenswal). Nu staat er een reconstructie van een *Romeinse wachttoren* vlak bij de Rijn.

Leutesdorf

In dit rustige langgerekte wijndorp (65 m; 2500 inw.) vindt u talrijke vakwerkhuizen, waarvan er vele met hun front naar de Rijn gekeerd staan. Verder zijn er nog tal van andere middeleeuwse bouwwerken, zoals kloosterhoven, adellijke hoven, een 14e-eeuwse *Pfarrkirche* en de bedevaartskerk *Heiligkreuz*, die opvallend is versierd met barokke altaren.

Neuwied

Neuwied (63 m; 65.000 inw.) heeft zich na de oorlog ontwikkeld tot een industriestad, maar heeft hier en daar nog het karakter van een plezierig Rijnplaatsje behouden. Geweldig trots zijn de inwoners op de 7,5 kilometer lange waterkering (de Schutzdeich), waarlangs de mooie Rheinpromenade loopt. Achter die 'dijk' is het meestal druk en gezellig in de straten en op de pleinen van het bedrijvige Neuwied, dat ook toeristen op alle mogelijke manieren goed wil ontvangen. Dat zit een beetje in het bloed van de Neuwieders. In 1653 werd de plaats bestemd tot vrijplaats en toevluchtsoord voor aanhangers van alle geloofsrichtingen. Na het Edict van Nantes vestigden zich hier vele Hugenoten, die in 1750 werden gevolgd door de Hernhutters. Als voormalige residentie van de prinsen zu Wied bezit Neuwied een fraai *barok slot* uit 1747. Het kasteel dat wordt bewoond, is niet te bezichtigen, maar het slotpark wel. Bezienswaardig is voorts het *Kreismuseum* met vondsten uit de prehistorische, Romeinse en Frankische tijd en collecties volkskunst en meubilair. In het Schloss Monrepos (stadsdeel Niederbieber-Segendorf) is een *archeologisch museum* ondergebracht.

In het aardige stadsdeel **Engers** staat het aanzienlijke, *barokke kasteel* van de keurvorsten van Trier (1758), dat opvalt door het fraaie smeedijzeren hek. Het slot is tegenwoordig in gebruik als ziekenhuis, dus eigenlijk niet te bezichtigen. Bent u geïnteresseerd, dan kunt u na afspraak de beroemde Festsaal bezichtigen. De wanden en het plafond van dit pronkstuk van het gebouw zijn fraai beschilderd met landschapsbeelden en arcadische scènes. Het grote plafondschilderij dat de 'Triomf van Diana' voorstelt, is van de hand van Januarius Zick. Tegenover het slot staat het oude *raadhuis* (1664). Langs de Rijn loopt een 2 kilometer lange promenade. Ten noorden van Engers vindt u in Heimbach-Weis de op een heuvel gelegen *dierentuin* van Neuwied, van waaruit u een mooi uitzicht op de Rijnvallei heeft.

Bendorf

Bendorf (85 m; 16.500 inw.) is een plaatsje met talrijke fabrieken en het is daardoor ook belangrijk als aanlegplaats voor de Rijnscheepvaart. Bendorf zelf is toeristisch niet belangrijk, wel het achterland met de dalen van de Sayn en de Bex.
Bij de samenvloeiing van deze riviertjes ligt het stadsdeel **Sayn**, waar enkele interessante dingen te zien zijn. In Sayn werd in 1202 een premonstratenzer *klooster* gesticht. Na de opheffing van het klooster in 1803 werden grote delen ervan gesloopt, wat nog rest is de moeite van het bekijken waard. Het oudste deel van het huidige complex is de laatromaanse kruisgang. Het mooiste stuk van de kerkschat is de schrijn van de heilige Simon die in 1230 werd vervaardigd in Trier. De kerk die thans dienst doet als Pfarrkirche, is grotendeels in gotische stijl gebouwd. Binnen zijn mooie gotische wandschilderingen te zien, evenals de gotische en barokke grafmonumenten van de families von Stein en Reiffenberg. Het barokke orgel is gebouwd door de beroemde orgelbouwer Stumm. Boven het dorp ligt een groot ruïnecomplex van een middeleeuwse *burcht* (van de graven van Sayn) en een *barok slot* (van de vorsten van Sayn-Wittgenstein). Van de burcht zijn onder andere de machtige toren en delen van de muren bewaard gebleven; er is ook een grote Biergarten (biertuin). Van het slot verkeert alleen de kapel nog in redelijke staat. Zeer fraai is het slotpark met de vlindertuin.

De voornaamste bezienswaardigheid in Sayn is de *Eisenhütte*. In de vorm van een basiliek bouwde de architect K.L. Althans tussen 1824 en 1830 een nieuwe hal voor de ijzergieterij. Deze hal, die geheel van ijzer opgetrokken is, wordt vanwege zijn overeenkomst met een kathedraal ook wel de 'ijzeren Dom' genoemd. Het gebouw wordt nu aangemerkt als één van de belangrijkste ontwerpen van de 19e-eeuwse architectuur, waarbij reeds zeer moderne constructiemogelijkheden en materialen werden toegepast.

Vallendar

Het plaatsje Vallendar (70 m; 10.000 inw.) – een zogenaamd kneippkuuroord – is een oud stadje met bezienswaardige vakwerkhuizen uit de 17e eeuw. Boven alles uit rijst een enorm groot, modern gebouw, dat de omgeving wel erg nadrukkelijk domineert. Voor het plaatsje ligt in de Rijn het eiland Niederwerth.

Lahnstein

Ober- en Niederlahnstein vormen samen de gemeente Lahnstein (71 m; 19.000 inw.). Vanaf de vierbaansweg die bovenlangs de gemeente loopt, ziet Lahnstein er rommelig uit met z'n verspreid staande bedrijven en fabrieken. Maar aan de Rijn presenteert Lahnstein zich toch als een keurig Duitse, levendige toeristenplaats.
In **Niederlahnstein**, het noordelijke gedeelte, staat dicht bij het punt waar de Lahn in de Rijn uitmondt, de zeer bezienswaardige *Johanniskirche*. Deze kerk, een laatromaanse basiliek uit de 12e eeuw, werd als Pfarrkirche gebouwd. In 1794 ging het gebouw in vlammen op en van 1856-1860 werd het weer opgebouwd. Vanaf 1906 maakt deze parochiekerk deel uit van een johannieterklooster. Deze gemeenschap zorgde ervoor dat de kerk in 1961 in oorspronkelijke stijl werd gerestaureerd. Bij de brug over de Lahn ziet u direct links het oude *tolhuis* en het *Wirtshaus an der Lahn*, een vakwerkhuis uit 1697. Het Wirtshaus heeft een gedenksteen ter herinnering aan het bezoek van Goethe in 1774.
Oostelijk van dit stadsdeel bevindt zich de Ruppertsklamm, een romantisch dal met rotspartijen en watervalletjes. Aan de rand van het stadje verrijst de *Allerheiligenberg* (157 m), waarop een kapel staat vanwaar u een mooi uitzicht heeft.

Oberlahnstein is een oud stadje met in goede staat gebleven vestingtorens en muren en een historisch gedeelte, direct aan de Rijn gelegen, met een aantal bezienswaardigheden. Er is ook een met bomen beplante Rijnpromenade, maar de voorbijrazende treinen in de onmiddellijke nabijheid dragen niet bij aan een romantische sfeer. In de buurt van het station staan het *Alte Rathaus*, een laatgotisch *vakwerkhuis*, en de *St. Martinskirche*. Het schip van deze kerk stamt uit 1777, de twee torens zijn omstreeks de 12e eeuw in laatromaanse stijl gebouwd. Het koor dateert van 1332 en de zijbeuken zijn er in de 19e eeuw bijgebouwd. Aan de Markt staat de oude *Hexenturm*. Zuidelijk van het station ligt de *Martinsburg*, een omgracht kasteel en tolburcht uit de 14e eeuw, dat in de daarop volgende vier eeuwen verscheidene malen is verbouwd. In de nabijheid hiervan staat de *Wenzelskapelle*, waar in 1400 de levenslustige maar zwakke koning Wenzel door de keurvorsten van zijn koningsschap werd ontheven. Op de tegenover liggende oever, op de Königsstuhl bij het plaatsje Rhens, werden de nieuwe koningen gekroond en vergaderden de keurvorsten.

De gebouwen van de *Victoria-Brunnen* liggen ten zuiden van de Martinsburg. Van een diepte van 450 meter welt het warme koolzuurhoudende water van 31 °C naar het aardoppervlak.
Bij Oberlahnstein ligt de machtige **Burg Lahneck** op een hoogte van 164 meter boven de Rijn. De burcht, die reeds rond 1230 als vesting werd vermeld, werd in 1689 verwoest en in 1860 weer opgebouwd. Van het terras van het daar gelegen restaurant heeft u een mooi uitzicht over het Lahndal en de Rijn. 's Zomers worden er openluchtvoorstellingen gegeven.

Braubach

Braubach (72 m; 4000 inw.) wordt veel bezocht vanwege zijn mooie ligging. De bossen en wijngaarden rondom, de rozenparken langs de Rijn en de schilderachtige straatjes maken het tot een aangenaam plaatsje. Bent u van plan hier uw intrek te nemen, dan is het zeer fraai gerestaureerde Gasthaus Zum Weissen Schwanen aan de Brunnenstrasse aan te raden. Het was oorspronkelijk een molen. Uit omstreeks 1300 stamt de *Barbarakirche* en aan de Rijn liggen nog resten van het in 1568 gebouwde kasteel *Philippsburg*. Boven Braubach ligt op een steile rots de **Marksburg** (150 m boven de Rijn), de enige niet vernietigde Rijnvesting, die dateert van de 13e eeuw. Het is een schilderachtig complex met een bezienswaardig interieur. Vooral de ridderzaal met de wapenverzameling is de moeite waard. Vanaf de toren heeft u een prachtig uitzicht. Zuidelijk van de Marksburg staat de oude *Martinskapelle* (13e eeuw).

Filsen

Na Braubach maakt de Rijn een scherpe bocht en binnen die bocht liggen Osterspai en het kleine Filsen (500 inw.) aan de voet van de Filsener Ley (237 m). De top van deze berg biedt een fraai uitzicht. Tegen de hellingen liggen boomgaarden. Het dorp heeft een *Rathaus* uit de 17e eeuw en vele vakwerkhuizen.

Kamp-Bornhofen

Dit rustige dorp (82 m; 2000 inw.), omringd door boomgaarden, is bekend als bedevaartsplaats. In het deel Kamp staan schilderachtige vakwerkhuizen. Bornhofen met zijn witte gotische *kerk* (1435) en 17e-eeuws franciscanenklooster is het eigenlijke bedevaartsoord. Doel van de grote aantallen pelgrims is de 13e-eeuwse Pietà (Gnadenbild), die is opgesteld in het barokke marmeren hoogaltaar onder de eveneens barokke koepel van de aangebouwde Gnadenkapelle. In het stadhuis bevindt zich het streek- en scheepvaartmuseum. Ten zuiden van het dorp liggen dicht bij elkaar op heuveltoppen de ruïnes van de burchten **Liebenstein** en **Sterrenberg**, die de bijnaam 'die feindlichen Brüder' dragen. Volgens een legende leefden hier twee broers in onmin met elkaar en hadden zij tussen de twee burchten een muur gebouwd.

St. Goarshausen

Dit plaatsje (64 m; 2000 inw.) wordt gedomineerd door de burcht *Katz*, in 1393 als Neu Katzenelnbogen gebouwd. De burcht is niet te bezichtigen. Aan de noordkant van het plaatsje, bij het gehucht Wellmich, staat eveneens een *burcht*. Deze werd uit wrok door de eigenaar van Katz 'Maus' genoemd. In het historische Adler und Falkenhof op de Burg Maus kunt u gedurende de zomermaanden dagelijks adelaars en valken in vrije vlucht bewonderen. Vanaf het punt Drieburgenblick boven het plaatsje heeft u een mooi uitzicht op de burchten Katz, Maus, Rheinfels en de Loreley. In St. Goarshausen bevindt zich een wijn- en streekmuseum.

De beroemde en eertijds beruchte *Loreley* ligt 30 minuten wandelen ten zuiden van St. Goarshausen. De vooruitspringende rots vernauwt de loop van de Rijn en veroorzaakt een gevaarlijke stroomversnelling. De rots is over de gehele wereld bekend geworden door de sage over de beeldschone jonkvrouw die de schippers met haar welluidend gezang lokte, waardoor hun boten op de rots sloegen. Boven op de rots is het vaak een drukte van belang, vooral als er rockfestivals en popconcerten worden gegeven. Met name het beroemde gedicht van Heinrich Heine over de Loreley heeft de rots zijn bekendheid gegeven, maar de romantische sfeer die uit het gedicht spreekt, is er niet meer te bespeuren.

Die Loreley

Ich weiss nicht, was soll es bedeuten,
dass ich so traurig bin;
ein Märchen aus uralten Zeiten,
das kommt mir nicht aus dem Sinn.
Die Luft is kühl und es dunkelt,
und ruhig fliesst der Rhein;
der Gipfel des Berges funkelt
im Abendsonnenschein.

Die schönste Jungfrau sitzet dort
oben wunderbar,
ihr gold'nes Geschmeide blitzet,
sie kämmt ihr goldenes Haar.
Sie kämmt es mit goldenem Kamme
und singt ein Lied dabei,
das hat eine wundersame,
gewaltige Melodei.

Den Schiffer im kleinen Schiffe
ergreift es mit wildem Weh;
er schaut nicht die Felsenriffe,
er schaut hinauf in die Höh.
Ich glaube die Wellen verschlingen
am Ende noch Schiffer und Kahn;
und das hat mit ihrem Singen
die Loreley getan.

Kaub

Dit kleine wijnplaatsje (80 m; 1200 inw.) heeft een historische faam, omdat de Pruisische generaal Blücher hier in de nieuwjaarsnacht van 1813/1814 met zijn gehele leger over de Rijn trok in achtervolging van Napoleons verslagen leger. Een voor Kaub zeer belangrijke historische gebeurtenis was ook de succesvolle verdediging in 1504 van het plaatsje door de burgerij, waarbij de dappere kanonnengietersdochter Elslein een heldenrol speelde. Dat feit herdenkt men nog ieder jaar met een feest waarin een (moderne) Elslein het middelpunt vormt.

Het verleden, de mooie ligging en de omgeving van dit oude plaatsje aan het meest romantische gedeelte van de midden-Rijn trekken tal van bezoekers, die komen genieten van de middeleeuwse sfeer in de straatjes

Veel schippers werden zo gegrepen door het gezang van de Loreley dat hun schip tegen de rots te pletter sloeg (naar een ets van Carl Sohn)

met hun vakwerkhuizen, de oude ommuring met poorten en torens en het mooie uitzicht van de hooggelegen burcht *Gutenfels* op de Rijn. Deze burcht stamt oorspronkelijk uit de 12e eeuw, werd op bevel van Napoleon verwoest maar 80 jaar later weer opgebouwd. Nu is het een zogenaamd Schlosshotel. In de Rijn ligt het eilandje Pfalz met het bijzonder romantische kasteel **Pfalzgrafenstein**, waar men vroeger de Rijntol hief. U kunt er dagelijks naartoe varen. Van deze waterburcht of 'Wasserburg', die wat weg heeft van een schip, werd in 1327 eerst de zeshoekige toren gebouwd en 15 jaar later kwam daar het door muren versterkte, langwerpige zeskantige gebouw bij. De 'boeg' van het gebouw werd in 1607 met ijzeren klemmen verstevigd om het te beschermen tegen ijsgang. Bij een ingrijpende restauratie tussen 1969 en 1974 kreeg het zijn oorspronkelijke kleuren terug: wit met zandsteenrode omlijstingen.
Voor Blücher staat in dit plaatsje een standbeeld aan de Rijn en er is een *Blücher Museum*. Bezienswaardig zijn voorts de 12e-eeuwse dubbelkerk

St. Nikolaus (rooms-katholiek en evangelisch) en de binnenplaats van het vroegere *Kurpfälzische Amtshaus*. Opmerkelijk is de zogenaamde Hochweg over de oude stadsmuren, die diende om bij hoog water de tegen de muur aangebouwde huisjes met droge voeten te bereiken. Een bezoek waard zijn ook de groeven waar men de leisteen wint die gebruikt wordt als dakbedekking.

Lorch

Eerst komt u door het kleine **Lorchhausen**, een oud dorpje, waar de restanten van oude versterkingen, een kerk en een kapel te bezichtigen zijn. Het dorp is uitgangspunt voor wandelingen in het lieflijke Retzbachtal en tevens het beginpunt van de Rheingauer Riesling Route, die via Rüdesheim tot voorbij Wiesbaden voert.
Lorch (75 m; 5000 inw.), nu een wijnstadje, was in de Middeleeuwen een belangrijke overslagplaats voor de Rijnscheepvaart. Aangezien het Binger Loch nagenoeg onbevaarbaar was, was het veiliger de goederen over land van Lorch naar Rüdesheim te brengen. De uitermate hoge Rijntol die bij Ehrenfels werd geheven, was eveneens een reden voor de landroute. De welvaart uit die bloeitijd herkent u nog in de fraaie gebouwen en vestingwerken van het stadje. Het *Hilchenhaus* (1546) bijvoorbeeld is één van de mooiste renaissancegebouwen in dit gedeelte van het Rijnland. De *St. Martinskirche* (13e eeuw) heeft een beroemd hoogaltaar uit 1480. De *Strunk* is een gekanteelde vestingtoren uit 1527, en de *Burg Nollig* (oorspronkelijk uit de 11e eeuw) is eigenlijk geen burcht maar een zware vestingtoren. Hij staat 176 meter boven de Rijn op een heuveltop, vanwaar u een mooi uitzicht op de omgeving heeft.

Assmannshausen

Het kleine Assmannshausen (80 m; 2000 inw.) is een bijzonder romantisch oord, dat in de 19e eeuw druk werd bezocht door kunstenaars, die er 'hochromantisch' zwijmelden en er studentikoos het wijnglas hieven onder het zingen van een Rheinlied. De vele oude Gaststätten waarin dat plaatsvond, staan er nog steeds, en achter de fraaie vakwerkgevels kunt u nu nog genieten van een glas vurige rode wijn. Die wijn komt van de wijngaarden in het schilderachtige Höllenbachtal, dat bij Assmannshausen uitmondt. Beneden het dorpje ligt Bad Assmannshausen waar een warme bron (32°C) ontspringt.
Van het dorp gaat een stoeltjeslift naar het *Jagdschloss Niederwald* dat nu een hotel is, gelegen in een wildpark. Vanuit het dorp Aulhausen voert ook een weg naar het jachtslot. De weg loopt verder naar het Niederwald Denkmal, dat u ook kunt bereiken over een wandelpad via de 344 meter hoge Rossel waarop een namaakburcht is gebouwd. Beneden aan de Rijn ligt te midden van wijngaarden de indrukwekkende ruïne van de burcht *Ehrenfels*, die in 1208 werd gebouwd als tolvesting, maar in 1689 werd verwoest door de Fransen.
Liefhebbers van oude auto's kunnen een bezoek brengen aan het *Oldtimer-Museum* in de Rheinallee.

Rüdesheim

Rüdesheim (82 m; 9700 inw.) is het zo bekende, zonnige wijnstadje aan de voet van het Niederwald. Dit plaatsje wordt elk jaar weer door 2,7 miljoen toeristen bezocht. Drommen mensen lopen door de smalle straatjes, waardoor wel wat van het schilderachtige decor verloren gaat. Maar

aan de andere kant zorgt dit voor een gezellige vrolijkheid (indien u daarvoor open staat), die nog wordt verhoogd door de wijn, waarvan hier overvloedig kan worden genoten. De wijnen van Rüdesheim, met hun eeuwenlange reputatie, en het toerisme hebben het plaatsje welvaart gebracht.
Van de bezienswaardigheden noemen wij als eerste het oudste bouwwerk, de *Brömserburg* dicht bij het station. Het gebouw dateert van omstreeks 1100 en valt op door zijn stoere architectonische stijl. De burcht bevat het *Weinmuseum* met een interessante collectie die een overzicht geeft van de geschiedenis van 2000 jaar wijnbouw in de Rheingau. Achter de Brömserburg ligt de *Boosenburg* met zijn imposante toren met kantelen.
Grenzend aan de Boosenburg en de Brömserburg ligt het grote gebouwencomplex van de firma Asbach, die de beroemde Duitse cognac Asbach Uralt levert. Aan het eind van de Rheinstrasse staat de laatgotische *Adlerturm*, die deel heeft uitgemaakt van de stadsversterkingen. Achter de Rheinstrasse, die langs de Rijnkade met de spoorweg loopt, ligt het stadje met zijn schilderachtige straatjes en hoven. Aan het marktplein staan het *raadhuis* en de gotische rooms-katholieke kerk *St. Jakob* uit 1390. Deze kerk werd in 1953 herbouwd. Het beroemdst is echter de *Drosselgasse* met zijn Weinstuben, Weinhöfe en Weinschänken. Eén van de bekendste Weinhöfe is het oude vakwerkhuis *Klunkhardshof* (16e eeuw). Nabij de Drosselgasse vindt u in de Brömserhof *Siegfrieds Mechanisches Musikkabinett*, waar een verzameling mechanische muziekinstrumenten uit de 18e, 19e en 20e eeuw te bezichtigen is.
De meeste wijnverwerkende bedrijven in Rüdesheim kunnen bezichtigd worden. In de meeste wijnkelders of Kellereien kunt u van maandag tot en met vrijdag terecht voor het proeven van wijn.

Niederwald Denkmal

Met het kabelbaantje vanaf het dalstation aan de Oberstrasse achter de Brömserburg, kunt u naar het beroemde Niederwald Denkmal. Ook een voetweg door de wijngaarden leidt naar het monument. Vanuit het Panorama-restaurant heeft u hier een fraai uitzicht.
Na beëindiging van de Frans-Duitse oorlog (1870-1871) werd Duitsland een eenheid, het nieuwe Duitse keizerrijk onder Wilhelm I. Om dit feit voor het nageslacht levend te houden wilde men een nationaal monument oprichten. Het Niederwald werd de uitverkoren plaats vanwege zijn mooie ligging en het unieke mooie uitzicht. Het monument, waaruit duidelijk de zucht naar pracht en praal en de Duitse voorliefde voor het imposante spreekt, werd opgericht tussen 1877 en 1883. Het enorme gevaarte is 37,60 meter hoog, de sokkel tot aan de Germaniafiguur 25,80 meter en Germania zelf meet van hoofd tot voeten 10,55 m. Het front met het bronsreliëf, waarop circa 200 personen levensgroot staan afgebeeld, wordt geflankeerd door de allegorische figuren Oorlog en Vrede. Naast het Niederwald Denkmal kunt u de *Adlerwarte* met zijn roofvogels bezichtigen.

Geisenheim

Geisenheim – en dit geldt ook voor de hieronder genoemde plaatsjes – is een wijnstadje (96 m; 7000 inw.), dat door zijn ouderdom verscheidene historische bezienswaardigheden bezit. Op de eerste plaats moet genoemd worden de Rheingauer Dom, een laatgotische kerk uit de 16e eeuw. In de nabijheid bevindt zich de Lindenplatz met een zeshonderdjarige linde. In *Schloss Schönborn* vonden de inleidende gesprekken plaats voor de Vrede van Münster. *Schloss Monrepos* heeft een fraai park. Voorts zijn er verscheidene kasteelachtige herenhuizen en statige landhuizen. Even buiten Geisenheim (richting Winkel) takt links van de weg langs de Rijn een weggetje af naar het dorpje **Johannisberg**. Daar ligt (104 m boven de Rijn) het bezienswaardige *Schloss Johannisberg* (1757), dat enige tijd in het bezit is geweest van koning Willem I. De wijngaard van dit slot levert wereldberoemde witte wijnen, die u hier ook kunt proeven. Vanaf het slot heeft u een fraai uitzicht over de Rheingau.

Winkel

In Winkel (100 m; 3800 inw.) staat het *Graue Haus*, dat naar men zegt het oudste (uit 850) nog bewoonde stenen huis van Duitsland is. Thans is het een restaurant. In de buurt hiervan vindt u het *Brentanohaus*. De dichter Clemens Brentano maakte in het begin van de 19e eeuw een cultureel trefpunt van het huis, Goethe logeerde hier vaak. Zijn werkkamer kan na afspraak worden bezichtigd. Bezienswaardig is ook het **Schloss Vollrads** (14e eeuw) met zijn schilderachtige binnenplaats. Het ligt fraai tegen de berghelling te midden van tuinen en wijngaarden.

Mittelheim

Dit dorp (87 m; 1100 inw.) bezit de oudste Romaanse kerk van de Rheingau, die u beslist moet gaan bekijken. Het opmerkelijke van deze *St.-Aegidiusbasiliek* is dat er sinds het bouwjaar 1138 niets meer aan veranderd is. Het raadhuis is een laatgotisch bouwwerk uit 1504. Ook vanuit Mittelheim kunt u een wandelingetje maken naar Schloss Vollrads.

Oestrich

Nagenoeg tegen Mittelheim aangebouwd ligt Oestrich (90 m; 4250 inw.). Het opvallende herkenningsteken van het dorp is een *Rijnhijskraan* uit 1652. De kerk, uitrijzend boven de oude straatjes, is een gotisch bouwwerk uit 1308. Voor een mooi uitzicht wandelt u van hier in 20 minuten naar de uitzichttoren op de Hallgarter Zange, een berg van 580 meter hoog. Op de helling ligt het wijnbouwersdorp Hallgarten.

Hattenheim

Hattenheim (90 m; 1900 inw.) is een oeroud, aardig gelegen en van alle industrie verstoken wijnstadje. Het is uitgangspunt voor een wandeling van een half uur naar de prachtig in het bos gelegen en geheel gave voormalige cisterziënzer abdij **Eberbach** uit de 12e eeuw. Vooral het vroegere refectorium (met een collectie wijnpersen), de eetzaal der monniken en de streng Romaanse kloosterkerk trekken de aandacht. Het voormalige klooster is nu de zetel van de Deutsche Wein Akademie, opgericht door de bedrijfsvereniging van wijnbouwers en exporteurs. Deze zijn niet van cultuur verstoken, want regelmatig vinden er concerten plaats van klassieke muziek.

Erbach

Het kleine, zeer oude Erbach (98 m; 3400 inw.) is behalve om zijn wijn en aardbeien ook bekend om de bloesempracht in het vroege voorjaar. Bezienswaardig zijn het **Schloss Reinhartshausen** (1754), de Marcobrunnen, vele oude vakwerkhuizen en de 15e-eeuwse *St. Markuskirche*. In *Schloss Reinhartshausen* (nu gedeeltelijk hotel) is prinses Marianne der Nederlanden (1810-1883), een dochter van koning Willem I, gestorven. Zij ligt begraven op het kerkhof van Erbach, tegenover het slot, een paar honderd meter van de Rijn.

Eltville

De Frans aandoende naam dankt dit stadje (92 m; 7500 inw.) aan de Romeinen, die hier een nederzetting onder de naam Alta Villa hadden gevestigd. In de Middeleeuwen was de burcht Eltville de zomerresidentie van de Mainzer keurvorsten. In 1467 werd hier onder leiding van Gutenberg, de uitvinder van de boekdrukkunst, het beroemde Latijns-Duitse woordenboek de *Vocabularius ex quo* gedrukt. In één van de machtige torens, waar een kunstgalerie is gevestigd, is een plaat aangebracht ter ere van Gutenberg.

De bijnaam 'stad van wijn en rozen' dankt Eltville aan de uitgestrekte wijngaarden, de enorme wijnkelders en de belangrijke rozenkwekerijen. Het stadje bezit fraaie adellijke hoven en patriciërshuizen, zoals bijvoorbeeld de *Langwerther Hof*, de *Lichtensternsche Hof*, de *Eltzer Hof* en de *Stockheimer Hof*. De gotische Pfarrkirche dateert van de 14e eeuw. Deze bezit een fraaie toren en een interieur met mooie kunstwerken, zoals een Madonnabeeld, grafmonumenten, en een calvariegroep; de laatste is vermoedelijk van de hand van Backoffen.

Kiedrich

Boven Eltville ligt het alleraardigste wijndorpje Kiedrich (166 m; 3600 inw.), met vakwerkhuizen aan smalle straatjes en intieme pleintjes. Op het marktplein staat het 16e-eeuwse *raadhuis*.

Bovendien bezit dit dorp een pracht van een gotische kerk uit de 15e eeuw. In deze *St. Valentinuskirche* bevindt zich het oudste nog bespeelbare orgel van Duitsland. Een juweel van gotische bouwkunst is ook de ernaast staande *St. Michaelskapelle* uit 1440, die ook wel het Schatzkästchen des Rheingaus wordt genoemd. Even buiten het dorp ligt de ruïne *Scharfenstein*, waar u vanaf de toren een mooi uitzicht heeft.

Wiesbaden

Rond de eeuwwisseling was de statige stad Wiesbaden één van de belangrijkste kuuroorden ter wereld en nog steeds kan men zich goed voorstellen waarom de groten der aarde zich hier kwamen verpozen. Door de geringe verliezen in de Tweede Wereldoorlog heeft deze chique stad met nu 265.000 inwoners nog steeds een zekere allure. De fraaie ligging in het uiterste westen van het Rhein-Maingebied tussen het Taunusgebergte en de Rijn draagt daartoe zeker bij. Maar ook de functie als hoofdstad van de deelstaat Hessen geeft de rustige stad haar waardigheid. Ook zijn hier belangrijke Duitse instanties gevestigd zoals het Bundeskriminalamt en het Statistische Bundesamt. In Wiesbaden kunt u de kuursfeer uit de 19e eeuw nog proeven en zelfs het theaterpubliek lijkt niet veel te zijn veranderd. Tegenwoordig is de stad ook van belang voor de Duitse filmindustrie. Er zijn opnamestudio's en er is een filmacademie. De zware industrie (chemie, cement, machines) heeft bezit genomen van de oever van de Rijn en daar zijn ook grote sektfabrieken neergestreken. In de grote Rhein-Main-Halle worden het hele jaar door belangrijke congressen gehouden.

In de eerste eeuw waren de 26 hete zoutwaterbronnen van Wiesbaden al bekend bij de Romeinen. Keizer Claudius liet hier toen twee versterkte legerplaatsen bouwen en daaromheen ontwikkelde zich een tamelijk grote badplaats. In de 4e eeuw begonnen de Romeinen met de aanleg van een stadsmuur, maar die is nooit voltooid. In de 13e eeuw namen de graven van Nassau de bronnen in bezit en vijf eeuwen later verplaatsten deze vorsten hun residentie naar Wiesbaden. Na 1816 begon de stad uit te groeien tot een kuuroord van wereldfaam. In dat jaar werd de plaats met haar 10.000 inwoners de hoofdstad van het nieuwe hertogdom Nassau en steeds meer luxe kuurhuizen verrezen in het centrum. Een hoogtepunt werd bereikt nadat onder Pruisische heerschappij de Duitse eenheid was gerealiseerd. Wiesbaden was één van de favoriete verblijfplaatsen van keizer Wilhelm II (regeringsperiode: 1888-1918) en de 'jetset' van die tijd streek in zijn voetsporen neer in de stad, waar nu ook kapitalen konden worden verdiend (en verloren) in het roulettespel. In de periode na de Eerste Wereldoorlog begon de glans van het kuurwereldje te verdwijnen en trok de elite weer naar andere oorden. Ook burgers die niet tot de 'happy few' gerekend werden, konden het zich nu permitteren om in de hete bronnen genezing te zoeken van (vooral) reumatische klachten en ook het casino kreeg een breder publiek.

Bezienswaardigheden

De kuurcentra in de binnenstad, het stedelijke museum en de buiten de plattegrond gelegen Neroberg met zijn Griekse kapelletje zijn met het aan de Rijn gelegen slot Biebrich de meest karakteristieke bezienswaardigheden van de stad.

1 **Kurhaus (Wilhelmstrasse)** Met zijn twee van zuilengalerijen voorziene paviljoens vormt dit in 1907 geopende neoclassicistische gebouw van de architect Friedrich von Thiersch een hoefijzervorm rond een statig parkje. Het is het centrum van het uitgaansleven in Wiesbaden. Er is een groot casino en zalen voor concerten en congressen. Op het hoofdgebouw staat 'aquis mattiacis', de Romeinse naam van de stad die zoveel betekent als 'de wateren (van de Germaanse stam) der Mattiaken'. Een fraai mozaïek siert de grote koepelhal bij de ingang. Achter het gebouw ligt een in het midden van de vorige eeuw aangelegd Kurpark.

2 **Kochbrunnen** Hier op de Kranzplatz komt per dag een half miljoen liter zout bronwater uit 15 hete bronnen met een temperatuur van 66°C omhoog borrelen. De achthoekige Kochbrunnentempel uit 1854 herinnert met zijn architectuur aan het Romeinse verleden van de stad.

3 **Kaiser-Friedrich-Bad** Rond 1910 op het hoogtepunt van de roem van Wiesbaden werd het Kaiser-Friedrich-Bad met het Römisch-Irische Bad in de Coulinstraat gebouwd als kuurcentrum. Het is het grote badhuis van de architect A.O. Pauly. Dit is één van de weinige openbare badhuizen met bronwater. Een technische bijzonderheid van het gebouw is, dat het met behulp van heet bronwater wordt verwarmd.

Even verderop in dezelfde straat staat de *Römertor*, een houten voetgangersbrug die in 1902 werd gebouwd tegen de Heidenmauer, de restanten van de Romeinse stadsmuur.

4 **Hessisches Staatstheater** Dit neorenaissancistisch theatergebouw (Paulinenstrasse) uit 1894 leent zich goed voor een chic avondje uit. Het gebouw werd ontworpen door de Weense architecten Fellner en Hellmer.

5 **Schloss** Het neoclassicistische slot in het hart van de stad werd rond 1840 naar plannen van Georg Moller (de schepper van de Ludwigskirche in Darmstadt) gebouwd voor de hertogen van Nassau. Tegenwoordig is het de zetel van de Hessische Landtag, het parlement van de deelstaat.

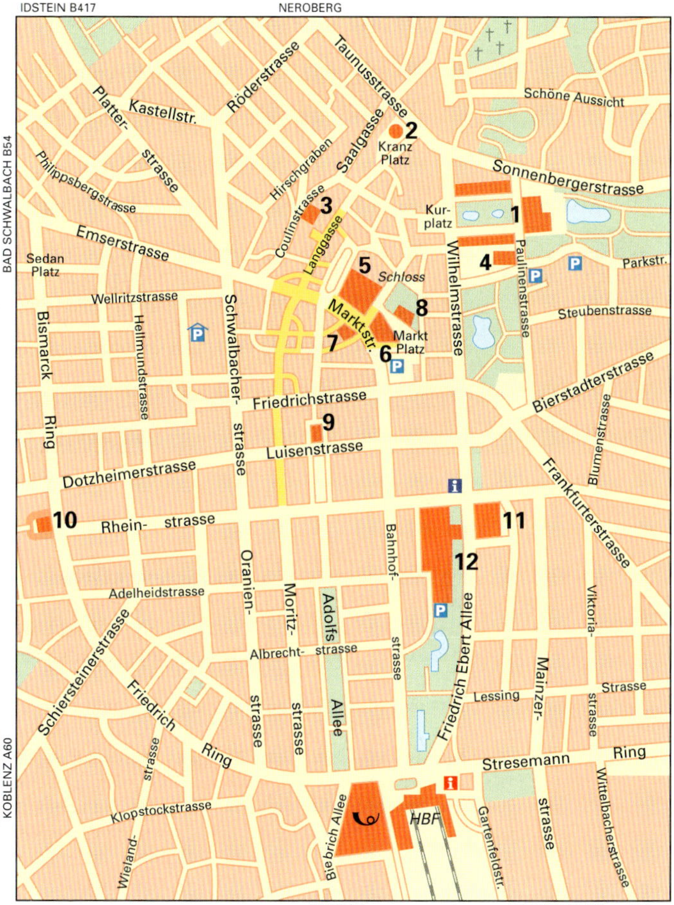

Wiesbaden

Het trappenhuis, de ronde koepelzaal en de op de fresco's in het antieke Pompeï geïnspireerde versieringen in de danszaal zijn de opmerkelijkste gedeelten van het verder sobere gebouw.

6 **Neues Rathaus** Dit gebouw aan de Marktplatz werd in 1887 tegenover het slot neergezet omdat het oude raadhuis te klein was geworden. Het is in de stijl van de renaissancekasteeltjes gebouwd, naar een ontwerp van Georg Hauberisser die ook de bouwplannen maakte voor het neogotische raadhuis van München. In de kelder van het gebouw kunt u een brouwerij bezichtigen.

7 **Altes Rathaus** Het oudste bouwwerk in Wiesbaden is het renaissancistische raadhuis uit 1610 aan de Marktstrasse, dat tot in de vorige eeuw werd gebruikt door het stadsbestuur. Bij een restauratie in 1829 is het vakwerk van de bovenste verdieping helaas vervangen door een muur in dezelfde renaissancestijl als de benedenverdieping. In de kelder is een wijnrestaurant.

8 **Marktkirche** Links naast het nieuwe raadhuis verheft zich een merkwaardige driebeukige neogotische basilica uit 1862 van Carl Boos. De rode bakstenen kerk heeft vijf torens en een zeer groot aantal pinakels.

Eén van de hete bronnen op de Kranzplatz. Het water heeft een temperatuur van 66 °C (PI)

De voorgevel van het huis op de hoek van de Burgstrasse en An der Quelle, ten noorden van de kerk, is uitgevoerd in de vorm van een reusachtige koekoeksklok.

9 **Pfarrkirche St. Bonifatius** Een andere neogotische kerk met Romaanse stijlelementen zoals de ronde bogen, is de Pfarrkirche St. Bonifatius aan Luisenplatz. Deze hallenkerk is in 1844 ontworpen door Philip Hoffmann, de architect van de Griekse kapel op de Neroberg.

10 **Ringkirche** Op de top van de Rheinstrasse staat de Ringkirche (Kaiser Friedrich Ring). Met de bouw van deze uit vier halfronde apsissen bestaande kerk deed de architect Johannes Otzen in 1894 een poging tot het ontwikkelen van een eigen protestantse bouwstijl. Vooral bij de tegen elkaar aangebouwde torens heeft dat geleid tot een eigenzinnige bouwvorm.

11 **Städtisches Museum** In een gebouw uit 1915 is het Städtisches Museum (Friedrich Ebert Allee 2) ondergebracht, dat onderdak verleent aan drie grote collecties. In de *Gemäldegalerie* hangen onder andere schilderijen uit de Middeleeuwen, de Renaissance, enkele doeken uit de 16e tot de 18e eeuw en een grote collectie werken uit de 19e eeuw. Het meest van belang is echter de verzameling schilderijen van de Russische expressionistische schilder Alexej Jawlensky (1864-1941), die lange tijd werkzaam was in Wiesbaden. Verder is er een *natuurwetenschappelijke afdeling* en een *historische collectie*. Een deel daarvan heeft betrekking op de vorsten van Nassau en een nog omvangrijker deel is gewijd aan de Romeinse vondsten uit de omgeving.

12 **Rhein-Main-Halle** Dit is een grote hal uit 1956 voor muziekuitvoeringen, tentoonstellingen en congressen, tegenover het stedelijk museum.

Buiten het centrum

In het noorden van de stad ligt de *Neroberg*, één van de hoofdattracties van Wiesbaden. Deze berg dankt zijn naam aan het Romeinse castellum dat hier in de 1e eeuw in opdracht van keizer Nero zou zijn gebouwd. Met een tandradbaantje kunt u vanuit het Rijndal in de zomermaanden een uitzichtpunt op de heuvel bereiken. Door de bossen tegen de helling kunt u daarvandaan een aangename wandeling van ongeveer een kilometer in oostelijke richting maken naar de *Griechische Kapelle*. Deze exotische kerk werd tussen 1847 en 1855 gebouwd naar een ontwerp van Philipp Hoffmann. Het was het grafmonument voor de in 1845 op 19-jarige leeftijd in het kraambed overleden hertogin Elisabeth Michailowna van Nassau, die van Russische afkomst was. De bouwstijl van de Grieks-orthodoxe kerken is duidelijk herkenbaar aan de vijf goudkleurige uivormige koepeltorentjes. Hoffmann verwerkte ook Byzantijnse elementen, zoals ronde bogen, in zijn ontwerp. De prachtige fresco's op de binnenzijde van de centrale koepel zijn van August Hopfgarten. Helemaal bovenin is het 'Oog van God' of het 'Alziend Oog' gesymboliseerd.

Schloss Biebrich ligt in het uiterste zuiden van de gemeente aan de Rijn. Dit tussen 1700 en 1744 in barokstijl gebouwde slot was de residentie van de vorsten van Nassau. Toen de hertogen zich in 1840 zetelden in het centrum van Wiesbaden, werd dit gebouw hun zomerverblijfplaats. Uit een klein jachtslot (het linkse paviljoen) ontwikkelde zich een groot symmetrisch complex met een rond middendeel. Het koepeldak van dit door Maximilian von Welsch ontworpen gedeelte wordt gedragen door acht Corinthische zuilen van marmer en is gesierd met een fraaie plafondschildering. In de grote tuin van het kasteel staat de Moosburg, een als ruïne aangelegde neogotische burcht uit 1806.

De naam van de oostelijke voorstad *Bierstadt* is niet afkomstig van het gerstenat, maar van de beren die hier nog tot in de Middeleeuwen voorkwamen.

Praktische informatie

Inlichtingen

Informatie over toeristische attracties, beschikbare hotelkamers, theatervoorstellingen en concerten kunt u krijgen bij het Verkehrsbüro, Rheinstrasse 15, D-65028 Wiesbaden. Ook op het centraal station (Hauptbahnhof) is een kantoor van de plaatselijke VVV.

Uitgaan

Het Hessische Staatstheater (4) is de meest gerenommeerde schouwburg van de stad. In het voorjaar worden hier de internationaal bekende Maifestspiele gehouden, een opera-, ballet-, en theaterfestival. Het Staatsorchester geeft zijn uitvoeringen meestal in de grote zaal van het Kurhaus (1). In dat complex is ook een groot casino. In de Rhein-Main-Halle (12) vinden ook concerten en congressen plaats.

Praktische informatie

Op reis

Met diverse vervoersmiddelen zijn de streken in deze gids op een gemakkelijke en snelle manier bereikbaar. Hieronder volgen enkele tips.

Reisseizoenen

De beste tijd voor een bezoek aan het in deze gids beschreven gebied is de zomer. De populaire vakantiegebieden en toeristenplaatsen worden in die periode echter zó druk dat u er nauwelijks kunt genieten van het landschap en het stedenschoon.
De meeste Nederlanders en Belgen kiezen deze streken juist vooral uit om het eens rustig aan te doen. Mijd daarom in die tijd het Ahrdal, grote delen van de Rijn en de Moezel en overbekende steden als Monschau, Cochem, Bernkastel-Kues, Königswinter en Rüdesheim. De Südeifel, de Hunsrück, het Nahetal en de bosrijke gebieden van de Pfalz, die door hun mindere bekendheid nog iets oorspronkelijks bewaard hebben, zijn dan te prefereren, en wilt u toch even de vrolijke drukte van een toeristenplaats proeven, dan hoeft u daarvoor nooit ver te rijden.
Hetzelfde verhaal geldt voor de herfstperiode. Al in september beginnen de vele wijnfeesten langs de Rijn, de Ahr, de Moezel en de Deutsche Weinstrasse. Deze feesten, die doorgaans tot half oktober duren, worden zeer druk bezocht. Mist kan in die periode een spelbreker zijn, terwijl een ochtendnevel juist een sfeervol effect heeft, vooral wanneer de zon daarna de bossen in een gouden gloed zet.
De maand mei is voor rustzoekers de geschiktste periode voor een korte vakantie. In de rivierdalen is het weer in die maand over het algemeen iets zachter dan in de hogere regionen. Met name in de Hohe Eifel en op de Hunsrück kan het dan nog guur zijn. De wijngaarden in de wijndalen liggen er dan nog kaal en zonder kleur bij.
In de wintermaanden ligt er in het hoogste gedeelte van de Eifel soms voldoende sneeuw voor enige wintersport. Die sneeuw blijft echter vrijwel nooit lange tijd achtereen liggen.

De reis vanuit Nederland en België

Wanneer u met uw eigen auto of ander eigen vervoermiddel op reis gaat, raden wij u aan om bij een ANWB-kantoor te vragen naar het nieuwste informatiemateriaal over routes naar en in Duitsland. Vanuit Nederland (Arnhem, Venlo en Heerlen) kunt u via de autosnelwegen (Autobahnen) uw plaats of streek van bestemming uitstekend en snel bereiken. Van Utrecht naar Keulen is het 218 kilometer, naar Mainz 393 kilometer. Vanuit België neemt u de A3/E40 Brussel-Luik-Aken-Keulen; of de A2 via Heerlen naar Aken; voor Trier kiest u na Luik de A27 Verviers–Sankt Vith.

Treinverbindingen De Eifel bereikt u vanuit Nederland het eenvoudigst via Heerlen en Aken. Enkele malen per dag vertrekken er treinen in deze richting. Verschillende treinen lopen van Arnhem of Venlo naar Keulen. In Keulen bestaan uitstekende aansluitingen richting Mainz en Frankfurt, zodat het mogelijk is dezelfde dag nog de plaatsen in het Ahrdal en aan de Moezel te bereiken, zelfs wanneer u pas in de namiddag vertrekt. Vanuit België voert de route over Luik naar Aken en Keulen.
U kunt ook van de D- of Exprestreinen gebruik maken. De bekendste zijn de intercitytreinen Frans Hals, Erasmus en Rembrandt (1e en 2e klas; toe-

slag verplicht), die in Keulen, Bonn, Koblenz en Mainz stoppen. Vanuit België is de belangrijkste lijn die van Oostende-Brussel-Luik-Aken-Keulen; naar Trier de lijn Brussel-Luxemburg (daar overstappen).
Informatie is te verkrijgen bij NS Klantenservice, Antwoordnummer 4470, 3500 VE Utrecht; NS Internationaal, tel. 0900-9296 (50 ct/min.); internet: www.ns.nl.

Reizen in Duitsland

Wegverkeer Het wegennet in het beschreven gebied is over het algemeen in tamelijk goede conditie, zodat alle toeristisch interessante punten met de auto bereikt kunnen worden.
In de Eifel zijn de wegen vaak smal en hebben door het herhaald kruisen van min of meer diepe valleitjes veel stijgingen en dalingen en S-bochten. Hellingspercentages blijven echter doorgaans onder de 12 procent.

De hoge dom van Keulen, dicht bij het centraal station en het busstation, domineert de oude binnenstad (MM)

Openbaar vervoer

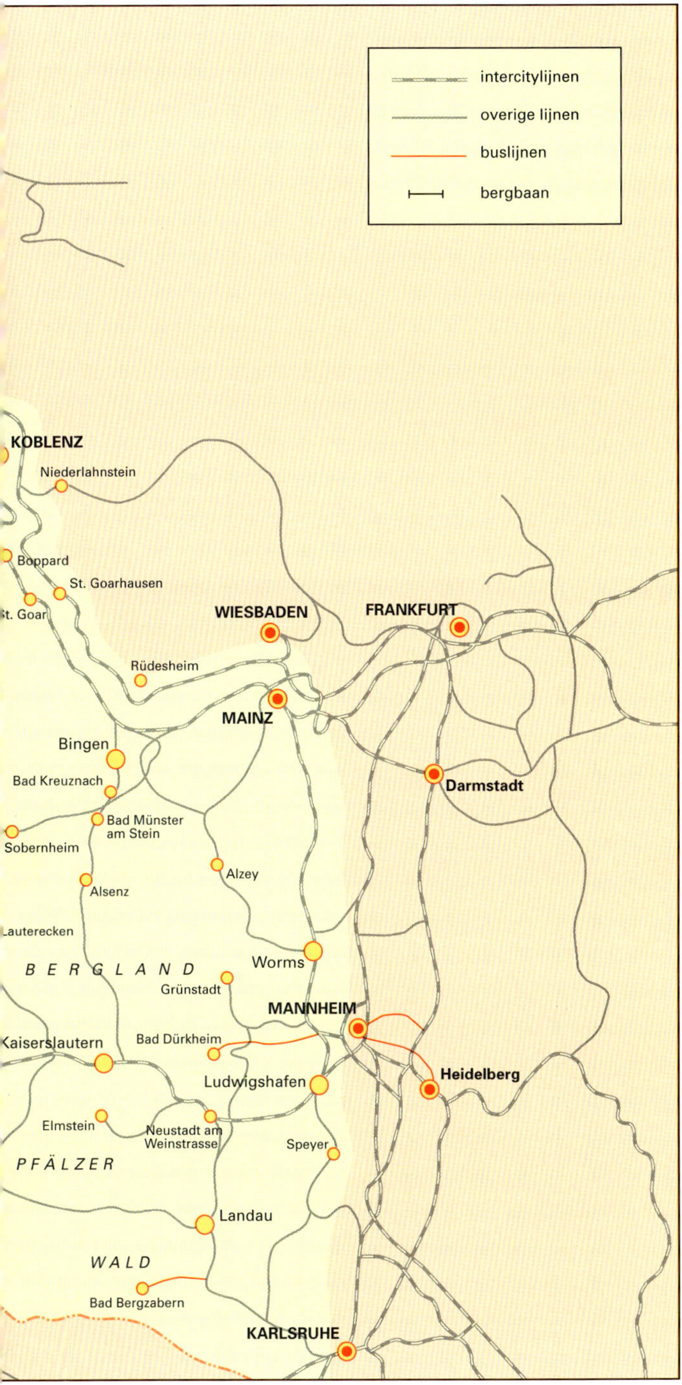
intercitylijnen
overige lijnen
buslijnen
bergbaan
KOBLENZ
Niederlahnstein
Boppard
St. Goarhausen
St. Goar
WIESBADEN
FRANKFURT
Rüdesheim
MAINZ
Bingen
Bad Kreuznach
Darmstadt
Bad Münster am Stein
Sobernheim
Alzey
Alsenz
Lauterecken
BERGLAND
Worms
Grünstadt
MANNHEIM
Kaiserslautern
Bad Dürkheim
Heidelberg
Ludwigshafen
Elmstein
Neustadt am Weinstrasse
Speyer
PFÄLZER
Landau
WALD
Bad Bergzabern
KARLSRUHE

Het net van Autobahnen wordt steeds dichter; zie de ANWB-routekaart van Duitsland, die elk jaar wordt herzien.
De overige hoofdwegen (de genummerde Bundesstrassen) zijn uitstekend, maar worden in het zomerseizoen druk bereden.
Dat geldt ook voor de wegen langs de Moezel en de Rijn, waarvan vooral die langs de Rijn een bijzonder druk verkeer hebben.
De Hunsrück-Höhenstrasse is een goed alternatief voor een reis van Trier naar Koblenz.

Hulp bij pech Heeft u in Duitsland pech met uw auto of andere moeilijkheden dan kunt u zich wenden tot de adressen die in de Internationale Reis- en Kredietbrief staan aangegeven, of tot de ANWB-Alarmcentrale, Den Haag, tel. 00-31-703141414, dag en nacht bereikbaar, ook op zaterdag en zondag. Op de belangrijkste Duitse wegen (de Autobahnen) is een Wegenwacht, de 'Strassenwacht' van de ADAC, ingesteld, die ook leden van de Wegenwacht en houders van een Internationale Reis- en Kredietbrief helpt bij pech. Meer gegevens zijn te vinden in het ANWB-handboek. U kunt ook contact opnemen met het ANWB-steunpunt in München, Leonhard-Moll-Bogen 1-3, 81373 München, tel. 089-76764170, fax 089-76764114. Het kantoor is het hele jaar geopend van 8.00 tot 18.00 uur. In de zomer ook op zaterdag en zondag van 10.00 tot 16.00/17.00 uur.

Trein- en busverbindingen

Vele secundaire lijnen zijn opgeheven, zodat het spoorwegnet in de beschreven gebieden niet erg dicht is; het Rijngebied is een uitzondering. Op het kaartje zijn de treinverbindingen en busdiensten van de Deutsche Bundesbahn aangegeven.
Een dicht net van autobusdiensten vult het spoorwegverkeer aan, maar de meeste bussen rijden echter maar enkele malen per dag en de aansluitingen tussen de diverse lijnen zijn doorgaans vrij slecht.
Informatie is verkrijgbaar bij de Deutsche Bundesbahn, tel. 030-2354982.

Bootverbindingen

Op de Rijn 's Zomers varen op de Rijn vele passagiersboten, vooral op het traject Keulen – Koblenz – Mainz. Een van de bekendste rederijen die met haar witte schepen tochten op de Rijn organiseert, is ongetwijfeld de KD, de Köln-Düsseldorfer Deutsche Rheinschiffahrt AG (hoofdkantoor in Keulen: Frankenwerft 15, 50667 Köln 1).
Een andere maatschappij die bootreizen op de Rijn organiseert is de Rijntours (St.-Annastraat 385, Nijmegen, tel. 024-2564773/3540570).
Vanuit Nederland worden georganiseerde tochten aangeboden, inclusief maaltijden, overnachtingen en excursies. Voor zo'n reis is een vast programma opgesteld, waarin alle belangrijke bezienswaardigheden in het Rijndal en zelfs enkele in de zijdalen zijn opgenomen. Sommige schepen varen tot Straatsburg, de meeste gaan niet verder dan Bingen/Rüdesheim.
De meeste cruises vinden plaats vanaf half april tot eind oktober. Op de Rijn is het gedurende die periode een komen en gaan van grote, moderne schepen, die stroomop- en stroomafwaarts varen.
Deze drijvende hotels zijn luxueus uitgerust met restaurants en een verwarmd zwembad. Sommige hebben een capaciteit van zo'n 2000 passagiers.
Voor de snelle genieter is er de draagvleugelboot 'Rheinpfeil', die zijn naam alle eer aandoet: een tochtje Mainz – Keulen duurt maar 3 uur en

Een kenmerkend beeld van veel plaatsen langs de Rijn zijn de cruiseschepen en rondvaartboten die aan de kade afmeren (MM)

40 minuten. Voor deze boot moet bijtijds gereserveerd worden omdat hij slechts 64 personen kan vervoeren.
Daar waar geen bruggen zijn, worden de Rijnoevers verbonden met veren. Op vele plaatsen vindt u autoveren, moderne ponten met koplading, die recht overvaren langs de kortste route. Daarnaast bestaat er een groot aantal voetveren of 'Lokalboote' die een zeer frequente verbinding onderhouden tussen de diverse plaatsen aan weerszijden van de Rijn.

Op de Moezel Van eind mei tot begin oktober worden er door de boten van de Köln-Düsseldorfer op de Moezel twee- of driedaagse cruises georganiseerd tussen Koblenz en Trier.
U kunt dagelijks dagtochten maken (ook met kleinere maatschappijen) tussen Koblenz en Cochem. De volgende plaatsen worden aangedaan: Koblenz – Moselweiss – Winningen – Kobern-Gondorf – Alken – Brodenbach – Moselkern – Treis – Cochem.
Lokale diensten zijn er onder andere nog op de trajecten Koblenz – Cochem, Trier – Bernkastel-Kues en Bernkastel-Kues – Traben-Trarbach.

Op de Saar U kunt rondvaarten maken vanuit Saarbrücken, Saarburg, Mettlach en Merzig. Lijndiensten zijn er tussen Dillingen en Saarburg.

Op de Rursee, de Obersee en Urftsee Van Pasen tot medio oktober zijn er motorbootdiensten op de Rursee, de Obersee en de Urftsee. Op de Rursee (Rurstausee-Schwammenauel) vaart dagelijks, soms meermalen per uur, een boot op het traject Schwammenauel – Woffelsbach – Rurberg en vice versa. Daarnaast worden er vanaf de aanlegplaats Schwammenauel (aan de grote Rurstuwdam) regelmatig rondvaarten over de Rursee georganiseerd.
Op de aangrenzende Obersee wordt in dezelfde periode dagelijks een bootdienst onderhouden tussen Einruhr en Rurberg (aanlegplaats aan de Oberseestuwdam). Op zaterdagen, zon- en feestdagen wordt deze dienst verlengd tot de aanlegplaats Urftseemauer (stuwdam van de Urfttalsperre). Op die dagen worden ook rondvaarten op de Urftsee georganiseerd.

Meerdaagse autotochten

Vakantiegangers die in de Eifel, aan de Moezel of de Rijn of in de Pfalz een mooi plekje hebben uitgezocht om te verblijven, kunnen aan de hand van de streekbeschrijvingen autotochtjes maken naar de bezienswaardigheden in de omgeving. Elke streekbeschrijving wordt begeleid door een kaartje waarop u zich kunt oriënteren. Op die kaartjes staan alle beschreven plaatsen, dorpen, vrijstaande bezienswaardigheden en de voornaamste wegen aangegeven, maar u heeft toch een goede wegenkaart nodig om al die plekjes te vinden.

Door het gehele beschreven gebied loopt een aantal bewegwijzerde toeristische routes. Bij de VVV of het Fremdenverkehrsverband van een belangrijke toeristenplaats aan de routes kunt u soms tegen betaling een folder krijgen die aanduidt hoe de toeristische route verloopt. Het betreft de volgende 'touristische Strassen':

1 **Grüne Strasse Eifel-Ardennen** Deze route loopt van het Luxemburgse Vianden via Kyllburg naar de Hohe Eifel met de belangrijke toeristenplaatsen Manderscheid, Daun en Kelberg. Vervolgens voert hij verder naar Adenau (met zijn Nürburgring) en steekt dan door naar Altenahr en eindigt in Bad Bodendorf.

2 **Ahr-Rotweinstrasse** Deze tocht staat geheel in het teken van de rode wijn, maar op uw weg door en bovenlangs het mooie dal komt u heel wat bezienswaardige bouwwerken, dorpen en oude stadsgedeelten tegen.

3 **Deutsche Wildstrasse** Deze rondgang langs de wildreservaten begint en eindigt in Daun en gaat langs Gillenfeld, Manderscheid, Gondorf, Bitburg, Wiersdorf, Schönecken, Prüm en Gerolstein. De bekendste wildreservaten zijn die van Daun, Gondorf en Gerolstein (Kasselburg).

4 **Moselweinstrasse** In hoofdstuk 5, de Moezel, worden de plaatsen beschreven zoals ze langs de rivier liggen, stroomafwaarts van Trier naar Koblenz. U volgt dan meteen de toeristische route.

5 **Hunsrück-Höhenstrasse** Deze route volgt in zijn geheel de kam van de Hunsrück over een lengte van 150 kilometer: Saarburg, Zerf, Kell, Hermeskeil, Morbach, Kappel, Kastellaun, Koblenz.

6 **Hunsrück-Schieferstrasse** Deze route langs historische groeven loopt via Gemünden, Rhaunen, Bundenbach, Hahnenbach, Kirn, Simmertal, Schloss Dhaun, Kellenbach, Gemünden.

7 **Deutsche Edelsteinstrasse** Deze tocht heeft Idar-Oberstein als spil. In het gebied rondom het plaatsje zijn veel vindplaatsen van mineralen en talrijke edelsteenslijperijen die hun deuren hebben geopend voor publiek: Idar-Oberstein, Rötsweiler, Kirschweiler, Allenbach, Sensweiler, Bruchweiler, Herrstein, Fischbach, en het alternatief Herborn, Vollmersbach, Idar-Oberstein.

8 **Naheweinstrasse** Deze wijnroute voert langs talrijke interessante plaatsen: Bingen, Bad Kreuznach, Sobernheim, Martinstein, Monzingen, Sponheim, Windesheim, Bingen.

9 **Deutsche Schuhstrasse** Rondom Pirmasens, de Duitse schoenmetropool zoals de plaats zich noemt, ligt in het bos of bij bizarre rotsformaties van het Pfälzer Wald een aantal leuke dorpen waar kleinschalige bedrijven zich gespecialiseerd hebben in de schoenfabricage. Informeer voor het verloop van de route bij de VVV van Pirmasens.

10 **Deutsche Weinstrasse** Deze route loopt langs de belangrijkste wijnbouwgebieden in de Pfalz: Bockenheim, Bad Dürkheim, Deidesheim, Neustadt, Edenkoben, Bad Bergzabern, Schweigen.

11 **Rheingoldstrasse** Deze tocht begint in Rhens en loopt boven het Rijndal deels door de Hunsrück en in het Rijndal langs Boppard, St. Goar, Oberwesel, Bacharach tot aan Rheindiebach.

Meerdaagse fietstochten

De Eifel, het Moezeldal, de Hunsrück en de Pfalz zijn zeer aantrekkelijke gebieden om per fiets te doorkruisen, in tegenstelling tot het Rijndal, waar de wegen langs de rivier zo druk zijn dat het voor de wielrijder niet aangenaam is ze te berijden.
In alle streken doet u er overigens verstandig aan zo veel mogelijk de rustige binnenwegen te volgen en de hoofdwegen te mijden.
De binnenwegen, kronkelend door mooie gebieden, zijn goed aangelegd, maar vaak komen er vrij steile hellingen voor die lopend genomen moeten worden. Voor de afdalingen moet de fiets vanzelfsprekend over een goed stel remmen beschikken.

In Duitsland zijn veel fietspaden aangelegd in de mooiste natuurgebieden (MM)

Talrijke fietstochten in de Eifel worden beschreven in de Kompass Rad-Wanderführer *Eifel*, alleen verkrijgbaar bij de boekhandel. In deze gids, waarin kaartjes zijn opgenomen, vindt u ook een tocht door de Eifel langs jeugdherbergen: Aken–Monschau–Prüm–Bollendorf–Trier–Manderscheid–Blankenheim–Rurberg–Aken, circa 425 kilometer.
In de periode van 1 april tot 1 november zijn op een aantal stations van de Deutsche Bundesbahn fietsen te huur. Op vertoon van een treinkaartje kunt u korting krijgen. Er zijn fietsen met en zonder versnelling te huur. Voor het sluiten van een huurcontract (Mietvertrag) dient u zich te legitimeren.
U kunt de fiets, na een tocht gemaakt te hebben, op een willekeurig station achterlaten. Wel moet u van tevoren informeren of dit station de fiets kan terugnemen en gedurende welke uren deze afdeling open is. Het is aan te bevelen van te voren bij het 'Fahradbahnhof' een fiets te reserveren. Voor meer informatie kunt u zich wenden tot de Deutsche Bundesbahn, tel. 030-2354982. In enkele plaatsen zijn ook particuliere fietsverhuurbedrijven gevestigd.

Meerdaagse voettochten

Bij de meeste van de beschreven plaatsen kunnen wandelingen worden gemaakt. Deze wandelingen worden in het terrein aangeduid met letters, cijfers, kleuren of wegwijzers. Omdat die bewegwijzering niet in

alle gevallen nog in correcte staat verkeert, is het aan te bevelen bij de VVV een wandelkaart van de omgeving te kopen. Soms is er ook een brochure die een nadere beschrijving geeft van de wandelingen.
Door de VVV's zijn ook niet te lang durende rondwandelingen uitgezet die beginnen en eindigen op een bepaalde parkeerplaats in of aan de rand van een plaats. De parkeerplaatsen zijn goed aangegeven door een groen bord met een witte P en daarop een A met een pijl en het woord 'Rundwanderweg'. Meestal vindt u op de parkeerplaats ook een bord met een kaart waarop de wandelingen staan aangegeven.
Aan sommige wandelwegen treft u bordjes aan, waarop bijzonderheden zijn vermeld over de planten, de bomen en de vogels die in dat gebied voorkomen. Een dergelijke wandelweg noemt men een 'Waldlehrpfad' of een 'Naturlehrpfad'. In de Vulkaneifel treft u bovendien nog aan de 'geologische Lehrpfade' en algemeen bekend zijn de 'Weinlehrpfade' die in de wijngebieden voorkomen.

De Eifelverein, de Hunsrückverein, de Saarwaldverein en de Pfälzer Waldverein hebben velen aan zich verplicht door een net van prachtige wandelwegen uit te zetten en met markeringen aan te geven. Deze markeringen staan dag en nacht bloot aan weer en wind en vragen daarom om regelmatig onderhoud. Dat onderhoud gebeurt niet altijd en in alle gevallen, en bent u van plan om een voettocht langs een van die wandelwegen te maken, dan raden wij u aan goede wandelkaarten aan te schaffen. Deze kaarten hebben meestal een schaal van 1:50.000. Met de kaarten van de Eifelverein of die van bekende uitgevers als Ravenstein en Stollfuss kunt u goed uit de voeten. De Eifelverein geeft bovendien de 'Eifelführer' uit, waarin alle 'Hauptwanderwege' en 'Höhenwege' zijn beschreven. Hieronder geven wij een kort overzicht van de wandelwegen.

1 **Nord-Süd-Wanderwege** Voor het wandelen dwars door de Eifel kunt u kiezen uit de nummers 1 t/m 6. De lengte van de wandelingen varieert van 100 tot 200 kilometer. De markering van deze wandelwegen is een zwarte driehoek op een wit vlak.

2 **Ost-West-Wanderwege** Haaks op de bovenstaande Wanderwege lopen de nrs. 10 t/m 16 dwars door de Eifel, variërend in lengte van 100 tot 150 kilometer. De markering is een zwarte pijlpunt op een wit vlak, met uitzondering van nr. 13, de Vulkanweg; deze is gemarkeerd met een zwarte letter V.

3 **Rotweinwanderweg** Korte wandelweg (31 km) van Altenahr via Ahrweiler en Bad Neuenahr naar Lohrsdorf. De markering is een rode tros druiven op een wit vlak.

4 **Brohltalweg** Korte wandelweg (32 km) van Brohl naar Hohenheimbach.

5 **Wandelweg langs jeugdherbergen** Korte wandelweg (57 km) van Bad Münstereifel naar Hellenthal. De markering is JH (wit).

6 **Moselhöhenwege** Twee wandelwegen, gemarkeerd met een witte M, die bovenlangs de oevers van de Moezel lopen. De weg langs de linkeroever loopt van Schweich naar Koblenz-Güls en is 150 kilometer lang, de weg langs de rechteroever loopt van Koblenz naar Trier/Ruwer en is 186 kilometer lang.

7 **Nahehöhenweg** De wandelweg, gemarkeerd met een witte letter N, loopt van Bingen via Idar-Oberstein naar Wiebelskirchen.

8 **Hunsrückvereinswege** Een zevental wandelwegen, waarvan er één, gemarkeerd wit met liggend kruis, de kam van de Hunsrück volgt van Saarburg aan de Saar tot Bacharach aan de Rijn. De overige zes lopen vanuit verschillende plaatsen aan de Moezel dwars over de Hunsrück en dalen dan af naar het dal van de Nahe.

9 **Saarland-Rundwanderweg** Een 253 kilometer lange wandelweg die zich door Saarland slingert en Saarbrücken als begin- en eindpunt heeft.

10 **Wanderweg Deutsche Weinstrasse** Van Bockenheim (in het noorden aan de Weinstrasse) tot Schweigen (in het zuiden aan de Weinstrasse) loopt deze circa 100 kilometer lange wandelweg over de met wijnstokken beplante hellingen van het Pfälzer Wald; deze weg is dan ook te herkennen aan het symbool van een tros groene druiven op een wit vlak.

11 **Rheinhöhenwege** Deze wandelwegen boven langs de oevers van de Rijn worden onderhouden door een aantal verenigingen, die elk een bepaald deel van de route voor hun rekening nemen. De aanduiding is meestal een zwarte letter op een wit vlak of een witte letter R op een zwart vlak. Van Bonn naar Bingen (linkeroever) kunt u in zeven dagen wandelen, en van Wiesbaden naar Beuel/Bonn in 12 dagen, waarbij de gemiddelde dagafstand 25 kilometer is. Speciale vermelding verdient het traject Kaub – Hochheim am Main (rechteroever van de Rijn), dat bekend staat onder de naam Rheingau-Riesling-Pfad.

Logies, eten en drinken

Hotels

Het in deze gids beschreven gebied kent een grote verscheidenheid aan hotels. De luxueuze hotels treft u hoofdzakelijk aan in de grote steden van het Rijndal en in gerenommeerde badplaatsen als Bad Neuenahr in het Ahrdal, Bad Kreuznach in het Nahetal en in Aken. Eersteklashotels zijn er in vele plaatsen aan de Rijn, in de bekende toeristenplaatsen aan de Moezel en in de kleinere badplaatsen.

Tot de hoogste klasse hotels behoren ook de Schlosshotels, die vooral aan de Rijn te vinden zijn. Schlosshotels zijn bijzonder stijlvolle logiesgelegenheden, ingericht in historische kastelen, sloten of paleizen, vaak prachtig gelegen boven een plaats of een eenzame heuveltop boven een rivier.

De meeste Nederlandse toeristen zullen hun intrek nemen in de middenklassehotels en de eenvoudige hotels, waartoe ook de Gasthöfe gerekend kunnen worden. Hotels in deze categorieën vindt u in alle plaatsen die in deze gids zijn beschreven. De ervaring leert dat hotels in de kleinere plaatsen en de minder bekende toeristenplaatsen goedkoper zijn, of, indien men dezelfde prijs betaalt, het gebodene aan comfort en inrichting van een beter gehalte is.

De in het algemeen nog goedkopere pensions nemen in de regel slechts gasten op die ten minste drie dagen blijven. Overigens bieden ook hotels vaak tegen een enigszins gereduceerd tarief kamers aan wanneer men langer dan een dag verblijft en met sommige hotels kunt u ook een gunstig 'Wochenend'-arrangement afsluiten.

In de maanden juli en augustus (het hoofdseizoen) en in de herfst (topdrukte tijdens de wijnfeesten) zult u moeilijk een kamer die nog vrij is, kunnen vinden. Reserveren is dan aan te raden. Dat brengt wel de verplichting met zich mee om van de kamer op de aangewezen dag gebruik te maken of anders schadevergoeding te betalen.

In deze gids zijn geen hotels vermeld. In de ANWB-hotelgids deel II *Scandinavië, Duitsland, Oostenrijk, Zwitserland, Italië, Kroatië, Slovenië en Griekenland* zijn ook de hotels van dit deel van Duitsland opgenomen. Die gids vermeldt ook alle Bondshotels (hotels die van de ANWB dit predikaat hebben ontvangen omdat zij voldoen aan redelijke eisen) en een reeks andere hotels die eveneens regelmatig geïnspecteerd worden.

Goedkope accommodatie

In vrijwel alle in de gids behandelde dorpen en steden komt u opmerkelijk veel particuliere huizen tegen die het bordje met het opschrift 'Zimmer frei', 'Fremdenzimmer' of 'Privat-Zimmer' voeren. Over het algemeen liggen de prijzen van dergelijke kamers lager dan die van middenklassehotels of zelfs van eenvoudige hotels, maar is het comfort van een gelijk (sober) niveau. Pas in de veel duurdere hotels kunt u beschikken over eigen douche/bad en WC en de luxe van telefoon en televisie. Aan het ontbijt wordt door particulieren vaak meer zorg besteed, daarentegen moet u voor een warme maaltijd naar een restaurant elders in het dorp.

U kunt ook een huisje (Ferienwohnung), een appartement of bungalow in een Ferienpark of Feriendorf huren. Dat is, zeker voor gezinnen met kinderen, een manier om de kosten te drukken. Ferienwohnungen en appartementen (een vrijstaand woongedeelte of een etage van een huis) zijn in bijna alle toeristenplaatsen te huur, hetzij rechtstreeks van particulieren, hetzij van instanties die bemiddelen. De huurprijzen zijn bijzonder gunstig.

Het aantal vakantieparken groeit de laatste jaren gestaag, zeker in de populaire vakantiegebieden waar sport en ontspanning aan water mogelijk is. Biedt de omgeving niet voldoende mogelijkheden voor recreatie en vertier, dan zorgt het vakantiepark er zelf voor: grote (golfslag)zwembaden, tennisbanen, bowlingbanen, verhuur van fietsen en paarden en restaurants van verschillende klassen. Het terrein behoeft niet meer verlaten te worden, vandaar 'vakantiepark'. Dergelijke parken zijn nogal luxueus ingericht en de huurprijs van een bungalow is zeer hoog.

Voor adressen van vakantiewoningen en vakantieparken geeft het Fremdenverkehrsverband van Rheinland-Pfalz een brochure uit die bij deze instantie of bij het Duits Verkeersbureau verkrijgbaar is (zie pagina 316, 'Toeristische inlichtingenbureaus').

Vakantiewoningen kunnen ook deel uitmaken van een boerderij of een wijngoed; men krijgt de beschikking over een huisje, of men kan een kamer-met-ontbijt nemen. In de meeste gevallen stelt de boer de gasten in de gelegenheid wat meer te weten te komen over het boerenbedrijf of de wijnbouw door hen attent te maken op de verscheidene aspecten van het bedrijf en door hen wat rond te laten scharrelen. Adressen vindt u in de brochure *Ferien auf Bauern- und Winzerhöfen* uitgegeven door het Fremdenverkehrsverband Rheinland-Pfalz en verkrijgbaar bij het Duits Verkeersbureau (zie pagina 316, 'Toeristische inlichtingenbureaus').

Tenslotte is er nog een groot aanbod van hotels en andere kamerverhuurders om bij hun tegen een bijzonder tarief op een speciale manier de vakantie door te brengen: *Hobby-spezial Urlaub-pauschal*, tevens de titel van een brochure (ook van het Fremdenverkehrsverband Rheinland-Pfalz), waarin u kunt kiezen uit de al wat bekendere hengelvakanties, wandelvakanties, paardrijvakanties, enzovoorts tot en met een fossielenzoeken-vakantie of een schoonheidsvakantie op een beautyfarm in een badplaats.

Jeugdherbergen en natuurvriendenhuizen

Nederlandse trekkers kunnen in Duitsland gebruik maken van de jeugdherbergen op vertoon van een geldige trekkerskaart, afgegeven door de Nederlandse Jeugdherbergcentrale (NJHC), Prof. Tulpplein 4, 1018 GX Amsterdam, tel. 020 - 5513155.

In de Duitse jeugdherbergen (behalve in Beieren) geldt geen leeftijdsgrens, maar wel hebben trekkers boven de 27 jaar pas toegang wanneer er na 19.00 uur 's avonds nog bedden vrij zijn. Deze regeling is ook van toepassing op hen die per auto, motor, scooter of bromfiets reizen. Warme maaltijden zijn in de meeste jeugdherbergen verkrijgbaar, maar u moet er wel rekening mee houden dat de hoofdmaaltijd om circa 13.00 uur is, al is er meestal ook om circa 18.00 uur wel wat warms te krijgen. Voor een volledige lijst van jeugdherbergen in het betrokken gebied verwijzen wij naar de jeugdherberggids voor Duitsland die bij de NJHC verkrijgbaar is.
In Europa zijn circa 1000 natuurvriendenhuizen, waarvan er alleen al in Duitsland zo'n 500 te vinden zijn. Het zijn zeer eenvoudige onderkomens, maar de prijs is dan ook laag. Voor inlichtingen moet u zich wenden tot het NIVON, tel. 020-6269661. Zij geven een uitgebreide gids uit waarin alle adressen van natuurvriendenhuizen in Duitsland te vinden zijn.

Kamperen

In deze gids zijn geen kampeerterreinen vermeld. Een opgave van kampeerterreinen vindt u in de *ANWB-campinggids Europa 2 2000*. Over het algemeen kunt u in Duitsland vrij kamperen. U moet echter eerst toestemming vragen aan de grondeigenaar, pachter of rentmeester van het terrein waar u de tent denkt op te zetten. In een streek als het dichtbevolkte Moezeldal, waar de niet voor bebouwing en verkeersdoeleinden gebruikte en niet in cultuur gebrachte grond schaars is, zult u echter weinig plekjes vinden waar u vrij mag kamperen.

Restaurants en cafés

Restaurants vindt u in de beschreven streken in alle prijsklassen. De grote, dure restaurants treft u natuurlijk vooral in de steden en de toeristencentra aan en dan nog in de eerste plaats in de Rijnstreek. Zij hebben veelal een voortreffelijke internationale – dat wil zeggen in de praktijk Frans georiënteerde – keuken. Maar ook in de kleine, goedkopere restaurants en de vele vaak intieme en karakteristieke herbergen, die onder verschillende namen als Gasthof, Gasthaus, Gaststätte of Wirtshaus bekend staan, kunt u dikwijls een goed, stevig maal genieten en kennismaken met de lokale gerechten (zie onder 'Eten en drinken').
De hoofdmaaltijd wordt meestal geserveerd tussen 12 en 14 uur, maar ook tussen 18 en 20 uur is er wel wat warms te krijgen. Bovendien hebben veel restaurants de hele dag hun keuken geopend en zijn er altijd kleine gerechten te bestellen.
Talrijk, vooral in de dalen van de Ahr, Moezel, Rijn en Nahe, zijn de Weinstuben, die gekenmerkt worden door een gezellige sfeer.
U treft ze, evenals de Bierstuben trouwens, vaak aan in kelders. Speciaal de in sommige stadjes gevestigde Ratskeller (in of bij het raadhuis) moeten genoemd worden. In de Weinstuben en in vele restaurants kunt u ook wijn uit het vat ('Offene Weine') krijgen, die weliswaar niet van dezelfde kwaliteit is als de bekende merkwijnen, maar toch te prefereren is boven de goedkoopste soorten flessen wijn.
Vele wijnboeren schenken eigen wijn uit in hun huis of in een lokaliteit bij hun wijngaarden. Deze 'Strausswirtschaften' zijn echter niet het gehele jaar geopend; doorgaans drie maanden in de tweede helft van het jaar. Ze zijn herkenbaar aan een krans of een bosje sparrentakken. Behalve de wijn mogen er slechts koude spijzen worden opgediend.

Eten en drinken

Het spreekt bijna vanzelf dat in deze landelijke streken het voedsel aan de stevige kant is; 'deftig' zeggen de Duitsers. De degelijke Duitse keuken, waarop men zeer trots is, is gespecialiseerd in vlees- en worstsoorten en men staat meestal van tafel op met een zeer voldaan gevoel. Dat neemt niet weg dat men ook hier met de nodige fantasie meer variatie probeert aan te brengen in de bereidingswijze van wat het land, de rivieren en de bossen opleveren.
Zeer gewaardeerd worden bijvoorbeeld vooral de forellen, die men in de talloze beken en riviertjes aantreft en waarvan in het bijzonder de Ahrforel naam heeft gemaakt. De Laacher See levert de delicate meerforellen (Felchen).

In Bad Neuenahr en omgeving kunt u van sterk gerookt vlees en de hier geteelde champignons genieten. Degelijk en tevens van goede smaak is de 'Eifeler Bauernschinken'. Deze ham komt ten volle tot zijn recht in combinatie met het boerenbrood. Echt Eifel-gebak zijn de op taarten gelijkende lichte en donkere vlaaien ('Fladen'); de lichte soort is gevuld met rijst, de donkere met perenmoes. Van Belgische origine zijn de frituren. Vooral in de straten en op de pleinen van Aken zijn 'Pommes Frites' verkrijgbaar in de speciale 'Fritten-Buden'. Uit Aken zijn ook de 'Aachener Printen' afkomstig, een soort koeken die in heel Duitsland bekend zijn en vooral omstreeks Kerstmis aftrek vinden. Zij doen in smaak enigszins denken aan onze taaitaai. Roggemeel, honing, kandijsuiker, geconfijte vruchten en andere streng geheim gehouden ingrediënten zijn de bestanddelen; het geheel wordt met chocolade overgoten of krijgt een croquant korstje. Een andere lekkernij uit de Eifelstreek zijn ten slotte de Monschauer 'Güttchen', een soort zoete biscuits.

In het Moezeldal zijn het weer de visgerechten die een zeer gewaardeerde specialiteit vormen, met name de in de Moezel gevangen snoek. Deze is het smakelijkst wanneer u hem, zoals hier gebruikelijk is, eet met room en geraspte Parmezaanse kaas. De Moezelaal wordt toebereid met behulp van fijne kruiden. Dat men in de landelijke Hunsrück van een stevige pot houdt, blijkt wel uit het feit dat het 'Hunsrücker Festessen' bestaat uit zuurkool met erwtenbrij, waarover een bruine vette saus gaat. Daarbij komt dan ook nog 'Meerrettich' (mierikwortel, een geraspte witte wortelsoort met een pittige rammenasachtige smaak) met ham. Overigens verloochenen de Hunsrücker hun ruige Keltische afkomst niet. De nazaten van Asterix en Obelix bieden de hongerige toerist een stevig 'Gallisches Menü' of een overvloedige 'Hausmacher Platte' op zijn Keltisch.
Iets bijzonders is de 'Spiessbraten', het vleesgebraad dat u te Idar-Oberstein in het Nahetal voorgezet kan krijgen. Het betreft hier stukken vlees die men eerst een dag lang in zout, uien, peper en verschillende kruiden ingewreven laat liggen en die vervolgens boven een open houtvuur worden gebraden. Dit gebruik stamt uit Brazilië. Dalbewoners die naar dat land waren getrokken om edelstenen te zoeken voor de befaamde slijperijen van Idar-Oberstein, brachten tegelijk deze bereidingswijze van vlees mee.

Het Saarland kent als bijzondere spijzen de 'Dibbelappes', dat bestaat uit rauwe geraspte appelen en gedroogd vlees, dat in dunne plakjes gesneden is. Verder komen er veel uien of look en eieren en meel aan te pas. Een ander nationaal gerecht in het Saarland is de 'Saumagen', een var-

De terrassen op het plein voor de Schloßkirche in Saarbrücken zijn in de zomer een geliefde plek om de middag door te brengen (TG)

kensmaag gevuld met varkensvlees, aardappelen, appels, wittebrood en kruiden. Nadat dit geheel enkele uren heeft gekookt, wordt de maag opengesneden en de inhoud gebakken. Gretig aftrek vinden ook de 'Krumbierküchele', een soort 'Reibekuchen', pannenkoeken van geraspte aardappelen, aangemaakt met eieren en meel en in olie gebakken als drie-in-de-pan.

Het Rijnland kent weer geheel andere specialiteiten. 'Himmel und Erde mit Blutwurst' is er zo een, wij zouden zeggen 'hete bliksem met bloedworst'. Vroeger was dit een typisch armeluisgerecht, bestaande uit aardappelen, bloedworst, spek en uien. Nu wordt deze maaltijd weer gewaardeerd. Het 'Hämmchen', een vette varkenspoot of Eisbein met zuurkool en aardappelpuree wordt graag gegeten op zaterdag om de schade van de vleesloze vrijdag in te halen. Op vrijdag eet men vaak 'Reibekuchen' (aardappelpannenkoeken). De 'Rheinischer Sauerbraten' is een ware lekkernij. Dit is een stuk rundvlees dat drie dagen in een marinade heeft

gelegen voor het wordt gebraden. Overigens is het Rijnland een gezegende streek, waar heerlijkheden op tafel worden gebracht met verse groenten, sappig fruit en asperges.
De vrolijke Rijnlanders kennen ook bij het eten hun grapjes. Zo kent men er de 'Halve Hahn', een broodje van roggemeel, dik belegd met Hollandse kaas waarop een lik mosterd is gestreken, en de 'Kölsche Kaviar mit Musik', een broodje van roggemeel belegd met bloedworst en uien.
In Mainz wordt een 'Weck' genuttigd, ook een broodje, maar hier bedekt met 'Handkäs', zuremelkse boerenkaas. Men is er niet afkerig van daarbij een flink stuk worst te nemen. Met dezelfde kaas wordt ook het boerenbrood belegd en aan het ontbijt verschijnt in boerengezinnen ook steevast een portie kwark.
Ludwigshafen, in het uiterste zuiden van het beschreven gebied, is bekend om zijn boerenbrood met gegrilde leverkaas. In Mannheim moet u niet achteloos voorbijgaan aan de 'Mannheimer Dreck', een voortreffelijk smakend gebak.
Het Rijnland kenmerkt zich door nog meer bijzondere zoetigheden, zoals bijvoorbeeld de 'Muzen' en de 'Muzenmändelchen', kleine kunstwerkjes van feuilletédeeg, die vooral in carnavalstijd worden gekocht. In december met de feestdagen vallen de 'Spekulatius', die ongeveer als onze speculaas smaakt, en de 'Neujahrsbrezeln', gemaakt van deeg waarin gist is verwerkt, zeer in de smaak. Bekend zijn ook de 'Pufferts-kuchen' en de 'Bullebäuschen', kleine koekjes van tarwemeel met rozijnen.

In de Pfalz, het land van wijnboeren en houthakkers, wordt stevige kost bijzonder op prijs gesteld. Vooral tijdens de slacht (meestal in het najaar) geniet men volop van wat het land heeft opgebracht. Evenals in het Saarland is hier de 'Saumagen' (maar dan extra versterkt met worst) een nationaal gerecht, dat in de slachtperiode graag wordt opgediend. Voor een Gasthaus ziet u dan vaak een varkenspens hangen. 'Wurstsuppe', een 'Schlachtplatte' of 'Kesselfleisch mit Sauerkraut und Wurst' staan dan ook op het menu ('Kesselfleisch' is gekookt varkensvlees). En natuurlijk is er altijd de 'Hausmacher Wurst', die rijkelijk en in dikke plakken op tafel komt. Lichtere kost, en daarom geschikt voor de lunch, is de 'Weisser Käs' – kwark aangemaakt met room, uien, peper, zout en paprika en bestrooid met bieslook – opgediend met 'Grumbeere' (Pellkartoffeln, in de schil gekookte aardappelen). Bij al deze gerechten hoort een flink glas droge riesling, die naar de landsaard geschonken wordt in een 'Schoppenglas', dat is een halve liter. Geen wonder dat met name in de Pfalz de figuurlijke betekenis van het woord 'Saumagen' – veelvraat – van toepassing is.

Wijnen Op enkele uitzonderingen na is de rijnwijn wit. Eén van de uitzonderingen is de 'Assmannshäuser', tevens de beste rode wijn van Duitsland. De witte wijnen kunnen het best worden ingedeeld naar de streek waarin ze worden verbouwd, omdat vooral de grondsoort en natuurlijk ook de ligging (beschut, veel of weinig zon) het boeket van een wijn helpen bepalen. Soms worden verschillende (mindere) soorten wijn gemengd, waarbij een 'Verschnitt' ontstaat. 'Tafelwein' en 'Landwein' zijn vergelijkbaar met de Franse vin de table en vin de pays. Bij de wijnen is er een onderscheid in kwaliteit die veroorzaakt wordt door de wijze en het tijdstip van plukken: 'Qualitätswein' zonder predikaat is een eenvoudige maar goede wijn voor elke dag; 'Qualitätswein mit Prädikat', een wijn gemaakt van rijpere en zeer rijpe druiven; 'Kabinett', een lichte wijn van rijpe druiven; 'Spätlese', wijn geperst uit later geplukte en dus

Op de parkeerplaats bij de Moselbrücke bij Winningen kunt u al flessen moezelwijn kopen (PI)

zeer rijpe druiven; 'Auslese', wijn geperst uit geselecteerde zeer rijpe druiven; 'Beerenauslese' wijn van geselecteerde overrijpe druiven met een natuurlijke zoetheid; 'Trockenbeerenauslese', wijn uit uitgezochte, overrijpe druiven die door Edelfäule (een schimmelsoort) uitgedroogd zijn en een hoog natuurlijk suikergehalte hebben; 'Eiswein' uit zeer rijpe druiven die geoogst en geperst worden terwijl deze nog bevroren zijn.
De etiketten van de wijnen moeten de regio, de categorie van kwaliteit (rijpheid), adres en naam van de producent, het officiële controlenummer en alcoholgehalte vermelden. De goede wijnen worden aangeduid met 'Prädikat'. 'Trocken' of 'Halbtrocken' geeft aan of de wijn droog of zoet is. Wanneer er niets op het etiket vermeld staat, gaat het meestal om een tamelijk zoete wijn.
De rheinwijnen komen uit de streek tussen Bacharach en Koblenz. De bekendste worden geleverd door de plaatsen Engehöll, Steeg, Oberwesel, Kaub en Boppard.
De rheingauerwijnen hebben een zeer goede naam. De 'Riesling Spätlese' is kwalitatief een van de beste. Kwalitatief zeer goede wijnen zijn de 'Steinberger', de 'Johannisberger', de 'Rüdesheimer Berg' en de 'Rüdesheimer Hinterhaus', de 'Markobrunnen', de 'Rauenthaler Berg', de 'Gräfenberg' en de 'Geisenheimer Roteberg'.
Uit de Rijnvlakte ten zuiden van Mainz komen andere beroemde wijnen: de 'Oppenheimer', de 'Niersteiner' en de 'Liebfrauenmilch'.

Uit het Ahrdal komt de meeste rode wijn, die enige overeenkomst vertoont met een late Bourgondische. De beste wijn uit deze streek komt uit de plaatsen Walportzheim, Ahrweiler en Bodendorf.

De moezelwijnen kenmerken zich door hun vrij geringe alcoholgehalte en hun frisse, fruitige, ietwat zure smaak. Zeer bekend zijn de 'Bernkasteler Doctor', de 'Brauneberger Juffer', de 'Trittenheimer Laurentius-

berg', het 'Piesporter Goldtröpfchen', de 'Wehlener Sonnenuhr' en de 'Zeller Schwarze Katz'.
De saar- en ruwerwijnen zijn aan de moezelwijnen verwant. Als beste wijn uit de streek moet zeker de 'Grünhäuser' genoemd worden.
De nahewijnen vertonen weer meer overeenkomst met de rijnwijnen en namen als 'Kreuznacher Narrenkappe', 'Niederhäuser Hermannshöhle' en 'Schloss Böckelheimer' hebben een zeer goede klank in de wijnwereld.
Het grootste wijnbouwgebied, wat de hoeveelheid geproduceerde wijn betreft, is de Deutsche Weinstrasse, waar de wijngaarden op de beschutte oostelijke hellingen van het Pfälzer Wald liggen. Met name de wijngaarden bij Deidesheim, Forst en Ruppertsberg leveren uitstekende wijnen, die echter in Nederland nauwelijks bekend zijn omdat zij bijna uitsluitend voor de binnenlandse markt wordt geproduceerd.

De wijnfeesten (zie ook 'Folklore en bijzondere evenementen') in de genoemde gebieden worden door veel Nederlanders en Belgen bezocht. Maar ook hier blijkt weer dat de Deutsche Weinstrasse bij Nederlanders en Belgen het minst bekend is, terwijl juist daar, in Bad Dürkheim, het grootste wijnfeest van Duitsland plaatsvindt.
Sinds het begin van de 19e eeuw kent men in Duitsland ook 'Sekt' of 'Schaumwein', de Duitse variant van de Franse champagne, die de naam champagne echter niet mag dragen. Bekende merken zijn 'Henkell', 'Matheus Möller', 'Deinhard' en 'Mumm'. Zeer goed is ook de rode Assmannshäuser Schaumwein en de 'Winzersekt', door de wijnboer op kleine schaal zelfgeproduceerde sekt. Vele wijn- en sektkelders, waarvan er talloze zijn langs de Rijn en de Moezel, kunnen worden bezocht. Na de rondleiding volgt meestal een 'Weinprobe', het proeven van de wijn.

Duits bier en schnaps Het Duitse bier is terecht beroemd. Van de talloze soorten noemen wij hier slechts de dortmunder, de düsseldorfer altbier, de bitburger, de königsbacher (uit Koblenz) en de kölsch die het meest in deze streken gedronken worden. Het laatstgenoemde, een sterk gegist bier dat uitsluitend in Keulen wordt gebrouwen, is zo licht dat men er graag een 'Schnaps' bij gebruikt. Schnaps kent men ook in vele soorten, gestookt uit graan ('Korn'), uit aalbessen ('Bäss') en drankjes met namen als 'Boonekamp' en 'Fleischhauer' en nog zeer veel andere soorten.

Sport en ontspanning

De verschillende streken in deze gids bieden diverse sportmogelijkheden. Hieronder volgt een selectie.

Zwemmen

Bijna uitsluitend in de Eifel is open oppervlaktewater (in de vorm van stuwmeren en Maare) waarin u kunt zwemmen; op de Hunsrück ligt nog een meer bij Kell am See en in Saarland de Bostalsee bij Bosen. In de volgende stuwmeren en Maare is het toegestaan te zwemmen:

- Gemündener Maar
- Stausee bij Jünkerath
- Kronenburger See bij Kronenburg
- Laacher See bij Maria Laach
- Pulvermaar bij Gillenfeld
- Rurstausee bij Rurberg
- Schalkenmehrener Maar bij Daun

De Pulvermaar bij Gillenfeld is een heerlijke plek om met de kinderen naar toe te gaan (B&U)

- Schauerbacher Stausee bij Gerolstein
- Ulmener Maar bij Ulmen

Talrijke toeristenplaatsen en -dorpen hebben tegenwoordig zwembaden. In de streekbeschrijvingen komt u de rubriek 'Sport' tegen, waarin de openluchtbaden in de betreffende streek zijn genoemd.

Watersport

Liefhebbers van roeien en kanoën kunnen vooral op de Moezel een ideale vakantie doorbrengen. In de beschrijving van de Moezel zijn bijzonderheden opgenomen over de watersport op deze rivier. De Rijn is in mindere mate geschikt omdat deze rivier een druk scheepvaartverkeer heeft. Bij de kleinere rivieren doen zich andere problemen voor. De Ahr kan bevaren worden van Dümpelfeld tot de monding (48 km), maar dan alleen bij hoogwater. Ook de Nahe is niet in zijn geheel bevaarbaar, maar bij goede waterstand wel van Sobernheim tot de monding. Deze twee

rivieren hebben het karakter van bergriviertjes, dat wil zeggen dat ze bij hoogwaterstand – in de perioden van regenval en het smelten van de sneeuw – sterk zwellen en een zeer grote stroomsnelheid krijgen; slechts ervaren peddelaars kunnen ze dan bedwingen. Rustiger vaarwater bieden de Saar (van Merzig tot Trier) en de Sûre (Sauer). Behalve op de rivieren wordt op de Rurstausee Schwammenauel, op de Steinbachtalsperre, op de Laacher See en verscheidene Maare met roeiboten en kano's gevaren. Vooral een tochtje op de Rurstausee loont de moeite. In de verblijfplaatsen aan de oever kunt u meestal roeiboten, kano's en zelfs soms zeilkano's en surfplanken huren. Ook langs Moezel en Rijn kunt u in veel plaatsen boten huren.
Voor degenen die een meerdaagse tocht op de grote rivieren maken, zijn op de oevers kanostations met eenvoudige overnachtingsgelegenheid en speciale kampeerplaatsen ingericht.
Zij die een opvouwbare kano bezitten, kunnen hun vaartuig door de Deutsche Bundesbahn op een zogenaamde rijwielkaart als bagage vervoeren. Bij deze wijze van vervoer moeten de reizigers zelf voor lading of lossing en bij overstappen voor de overlading zorgdragen.
Nadere inlichtingen over het varen in de bondsrepubliek Duitsland zijn verkrijgbaar bij de afdeling Watertoerisme van de ANWB.

Hengelsport

De in de gids besproken streek leent zich goed voor het beoefenen van de hengelsport. Wij noemen hier enkele meren en rivieren, met de soorten vis die er onder andere gevangen kunnen worden.

- Rurstausee: forel, aal, snoek, vlagzalm, barbeel, karper, zeelt en voorn.
- Rur: snoek, aal, zeelt, karper, witvis en soms forel.
- Ahr: forel, aal, witvis.
- Brohl: snoek, aal, barbeel, witvis.
- Rijn: snoek, aal, barbeel, witvis.
- De bij Daun gelegen Maare: forel, zeelt, snoek, aal, baars, voorn, witvis.
- Kyll: forel, vlagzalm, barbeel, snoek, aal, witvis.
- Moezel: snoek, aal, karper, barbeel, baars, voorn, zeelt, forel.
- Sûre: vooral forel.
- Nahe: baars, aal, snoek, zeelt, witvis.

De hengelaar moet in het bezit zijn van een visakte, de zogenaamde Fischereischein van de staat, die verkrijgbaar is op het Landratsamt van een bepaalde streek of op het politiebureau ter plaatse. Bovendien moet men vaak nog een plaatselijke vergunning hebben van de eigenaars of pachters van het viswater.

In het algemeen mag van 15 oktober tot 15 maart niet gevist worden. Deze zogenaamde Schonzeit geldt speciaal voor forel. Voor verschillende andere vissoorten bestaat een afwijkend tijdschema, dat, behoudens plaatselijke verschillen, er als volgt uitziet:

beekzalm	15 febr. - 30 april
snoek	1 maart - 15 april
barbeel	1 mei - 15 juni
karper	1 mei - 25 mei
witvis	1 mei - 25 mei
rivierkreeft	1 nov. - 31 mei

De overkoepelende organisatie van de Duitse hengelverenigingen, het 'Verband Deutscher Sportfischer e.V.', Bahnhofstrasse 37, 6050 Offenbach, is ook buitenlandse hengelaars gaarne met alle informatie van dienst.

Wintersport

In de Eifel kan 's winters veel sneeuw vallen, maar aangezien het bergland gemiddeld slechts 400-700 meter hoog is en de afstand tot de zee hemelsbreed niet groot, kunnen zachtere oceanische luchtstromingen er vrij gemakkelijk binnendringen – het is nooit zeker of de sneeuw er lang blijft liggen.
Belangrijke wintersportcentra met een groot aantal skipistes, vele soorten bergbaantjes, mogelijkheid tot het volgen van goede skicursussen, verhuur van wintersportbenodigdheden, grote hotels en veel avondvermaak, zijn hier dus nooit ontstaan.
Wel gaan de bewoners van de randsteden er graag eens een weekendje wintersporten. De beste gebieden daarvoor zijn: de streek Hellenthal-Hollerath-Udenbreth in de Nordeifel bij de Belgische grens, het terrein bij de Nürburg en de Hohe Acht en de bekende bergtoppen bij Adenau. Bij Hollerath staat onder andere een skilift ter beschikking, er is een kleine springschans, een skihut van de Kölner Wintersportverein, een aantal noodonderkomens (Notlager) en voor hen die tochten willen maken, zijn er over een afstand van circa 65 kilometer gemarkeerde skiwegen.
Wat het terrein bij de Nürburg en de Hohe Acht betreft: hier zijn de wintersportmogelijkheden bij de Nürburg enige tijd geleden verruimd. U vindt er een springschans en een skilift. De lift voert naar het begin van een 1200 meter lange skihelling. Bovendien bestaat er gelegenheid tot skiën op de 2,4 kilometer lange lus van de Nürburgring bij de start- en finishplaatsen (Sporthotel Tribune).
In de Schnee-Eifel vindt u op de Schwarze Mann, de hoogste top (697 m), een 1000 meter lange skipiste met skiliften. Een kleine springschans, een rodelbaan en een restaurant met terras en een parkeerplaats en caravanterrein completeren dit bescheiden wintersportcentrum.
Ook op de hoogste top van de Hunsrück, de Erbeskopf (816 m), acht kilometer van Thalfang, vindt u skipisten met sleepliften en een verlichtingsinstallatie voor avondlijke afdalingen.
Buiten deze vier gebieden wordt in mindere mate enige wintersport beoefend bij Kesternich, Höfen, Rohren (lange skihelling, grote rodelbaan), Monschau en Einruhr in de noordelijke Eifel; bij Blankenheim en op de hellingen van de Schnee-Eifel (Kronenburg, Prüm); op de hoogten bij de Laacher See en bij Daun in het zuidelijker gedeelte van de Eifel.

Ontspanning

Keulen en Aken zijn belangrijke centra van cultuur, die de belangstellende toerist veel te bieden hebben. Vooral Keulen, behalve een bezienswaardige stad van kerken en musea, is binnen zijn Ringen een bruisend uitgaanscentrum. Beide steden zijn in het beschreven gebied toonaangevend wat toneel en muziek betreft en hebben het grootste aanbod van toneelvoorstellingen, concerten, opera, operette, kamermuziek en ballet. Tot laat in de nacht kunt u er voorts terecht in de talrijke gezellige cafés en de dansgelegenheden in de vorm van nachtclubs en discotheken. Informatie over het uitgaansleven kunt u lezen in het maandblad dat de VVV van beide steden uitgeeft. U kunt de maandbladen ('Monatschau') schriftelijk aanvragen ter voorbereiding van uw reis.
Steden als Bonn, Trier, Mainz en Koblenz bieden ook het nodige aan cultuur en amusement, maar missen het bruisende, kosmopolitische karakter van een stad als Keulen. In dit verband moeten ook de grotere badplaatsen genoemd worden (bijvoorbeeld Bad Neuenahr), die hun

kurende gasten op aangename wijze onthalen op 'Kurkonzerte' en hen op even aangename wijze in de casino's afhelpen van hun geld.
Muziek om op te dansen en om mee te zingen biedt elke min of meer bekende toeristenplaats, vorral daar waar wijn een belangrijk product is, want wijn en muziek zijn onverbrekelijk met elkaar verbonden.

Uitgaan met kinderen

Het pretpark Phantasialand bij Brühl (zie beschrijving van Keulen) is ook in Nederland een begrip geworden. Er is gelukkig veel meer waarop u uw kinderen kunt tracteren. Een boottochtje op de Rijn of de Moezel of op een van de meren in de Nordeifel is altijd een succes. De wildparken in de Eifel zijn bijzonder populair vanwege hun educatieve opzet (wild in de vrije natuur) en de demonstraties die er met roofvogels worden gegeven. Bovendien beschikken veel van deze parken over attracties voor kinderen. Voorts blijkt een bezoek aan een romantische burcht zeer in trek te zijn, en zelfs talrijke musea hebben dermate interessante collecties en zijn zo ingericht dat u er met uw kinderen gerust een paar uur kunt doorbrengen op een regenachtige dag. In de diverse hoofdstukken in deze gids die op bovengenoemde onderwerpen betrekking hebben en in de rubrieken bij de streekbeschrijvingen vindt u talrijke gegevens die u op het juiste spoor zetten.

Overige informatie

ANWB-service

Voor nadere informatie over de verschillende soorten van dienstverlening waarvan de ANWB-leden gebruik kunnen maken – van Internationale Reis- en Kredietbrief tot technokeuring – verwijzen wij naar het *ANWB-handboek*, dat gratis bij onze kantoren verkrijgbaar is.

Zusterclub van de ANWB

De zusterclub van de ANWB in Duitsland is de ADAC (Allgemeiner Deutscher Automobil Club). Deze organisatie heeft vertegenwoordigingen in de meeste grote steden. Leden van de ANWB hebben op vertoon van hun Internationale Reis- en Kredietbrief in de regel dezelfde rechten op toeristische diensten als de leden van de ADAC.

Fooien

Over het algemeen zijn bediening en belasting bij het eindbedrag van een rekening in restaurant of hotel inbegrepen. Een fooi kunt u natuurlijk altijd geven als u tevreden bent. Helaas hebben kelners vaak de onhebbelijke gewoonte het wisselgeld automatisch in te houden.

Geld

De officiële munteenheid in Duitsland is tot 2002 – wanneer de euro wordt ingevoerd in elf lidstaten – de Deutsche Mark (DM), onderverdeeld in 100 Pfennig. Er zijn bankbiljetten in omloop van 10, 20, 50, 100, 200, 500 en 1000 DM, en munten van 1, 2, 5, 10, en 50 Pfennig en van 1, 2 en 5 DM. Rekeningen en kassabonnen worden nu al in DM en euro's opgesteld (1 euro = DM 1,95583 = *f* 2,20371 = BEF 40,3399). 1 DM = € 0,51129 =

In het centrum van Mainz bevindt zich sinds jaar en dag de Löwen Apotheke met zijn zeer mooi versierde gevel (PI)

f 1,12674 = BEF 20,6254. Vanaf midden 2002 is het met de DM echt voor eens en voor altijd afgelopen en is de euro het enige wettelijke betaalmiddel in Duitsland.

Gehandicapten

Reisinformatie voor mensen met een loophandicap vindt u in het inlichtingenblad *Reiswijzer voor gehandicapten*. Voor ANWB-leden gratis verkrijgbaar bij de ANWB-kantoren. Voor nadere informatie kunt u contact opnemen met de afdeling Gehandicaptenvoorlichting, tel. 070-3146430.

Gidsen

De ANWB geeft diverse reisgidsen van Duitsland uit. In de Gouden Serie (naast deze gids): *Zwarte Woud en Bodensee*, *Midden-Duitsland* en *Beieren*. In de serie Actief & Anders: *Harz en Teutoburgerwoud*, *Sauerland* en *Zwarte Woud*. Handig voor onderweg is de ANWB-taalgids *Duits*.

Kaarten

Hieronder geven wij een overzicht van kaarten en gidsen over de in deze gids besproken streken.
Kaarten voor automobilisten (bij de ANWB verkrijgbaar). Deutsche Generalkarten 1:200.000 bladen 8, 10, 11, 12, 13, 15, 16, en 18.
Wandelkaarten (niet bij de ANWB verkrijgbaar).
De Eifelverein geeft wandelkaarten (Wanderkarten) uit met verschillende schalen. De bekendste zijn de kaarten met een schaal van 1:50.000 (voor langere voettochten) en met een schaal van 1:25.000 (voor tochten in de omgeving van een plaats). Deze kaarten zijn in alle toeristenplaatsen in de Eifel verkrijgbaar bij de VVV of de boekhandel.

Openingstijden

De meeste postkantoren zijn geopend van 8.00 tot 12.00 uur en van 14.00 tot 18.00 uur, op zaterdag van 8.00 tot 12.00 uur. In enkele van de grote steden is in het hoofdpostkantoor soms één loket ook 's avonds geopend.

Banken: op werkdagen geopend van 8.30 tot 13.00 uur en van 14.30 tot 16.00 uur (donderdags tot 17.30 uur); op zaterdag en zondag gesloten. Bij sommige oude grensovergangen zijn de banken of wisselkantoortjes gebleven. De openingstijden verschillen sterk, soms kunt u er van 6.00 tot 22.00 uur terecht.
Winkels: ongeveer van 8.30 tot 12.30 en van 14.00 tot 18.30 uur; op zon- en feestdagen gesloten evenals op zaterdag na 14.00 uur. of 16.00 uur. Op donderdag zijn in de grote steden de winkels tot 20.30 uur geopend. Er verandert echter veel in Duitsland en de openingstijden kunnen per winkel, stad en Bundesland verschillend zijn. Tijdens de herziening van deze gids (eind 1999) zorgden de openingstijden voor heftige discussies in de regering.

Toeristische inlichtingenbureaus

Voor inlichtingen over de beschreven gebieden kunt u zich wenden tot het *Duits Verkeersbureau*, Hoogoorddreef 76, 1101 BG Amsterdam Zuidoost, tel. 020-6978066, en de *Duitse Nationale Dienst voor Toerisme en Deutsche Bundesbahn*, A. de Boeckstraat 54-56, 1140 Brussel, tel. 02-2404586.
Schriftelijk kunt u zich wenden tot de regionale toeristenbureaus die aan het begin van elk hoofdstuk vermeld worden in de rubriek 'Inlichtingen'. De plaatselijke inlichtingenbureaus (Verkehrsverein, Verkehrsamt, Kurverwaltung) verstrekken zowel mondeling als schriftelijk informatie. Deze VVV's beschikken vaak over zeer gedetailleerde informatie en kunnen u helpen bij het vinden van accommodatie.

Wandelverenigingen

- Eifelverein, Postfach 100532, 52319 Düren.
- Hunsrückverein, Schlossallee 11, 55765 Birkenfeld.
- Saarwaldverein, Reichstrasse 4, 66111 Saarbrücken.

Lexicon

De met * gemerkte woorden zijn onder een eigen ingang opgenomen.

abdij – klooster met een grote mate van zelfstandigheid.
altaar – offertafel, bestemd voor het opdragen van het misoffer; in grote kerken komen naast het hoofdaltaar zij- en bijaltaren voor, geplaatst in bijvoorbeeld kapellen en dwarsschepen.
altaarscherm – versierde achterwand van altaar*.
altaarstuk – geschilderd of gebeeldhouwd, vaak uit meer panelen bestaand kunstwerk achter het altaar. Ook: retabel * en drieluik*.
apsis – halfronde of meerhoekige uitbouw (nis) aan het koor, schip of zijschip.
arcade – op twee kolommen rustende boog; bogengalerij.
baptisterium – doopkapel of doopkerk.
barok – kunststijl in West-Europa in de 17e en 18e eeuw. Voortzetting van de renaissance met nadruk op het decoratieve element in de bouwkunst.
basiliek – (basilica) afgeleid van het Grieks voor 'koninklijk'. In de oudheid benaming voor openbare vergaderzalen. De meerschepige bouwvorm werd in de christelijke religieuze architectuur overgenomen.
bas-reliëf – halfverheven beeldhouwwerk.
belvédère – mooi uitzicht; ook aanduiding van het 'uitzichtpunt' zelf.
benedictijnen – oudste kloosterorde van de christelijke kerk, omstreeks 528 door de heilige Benedictus gesticht.
bergfried (bergvrede) – middeleeuwse burchttoren. Diende als laatste toevluchtsoord en niet (zoals de Engelse of Franse donjon) als permanente woontoren.
boog – overspanning tussen twee punten, als deel van het gewelf*.
burcht – middeleeuwse versterkte plaats of woning van een vorst of heer. Diende als toevluchtsoord voor de burgers en/of bewaking van belangrijke land- of waterwegen.
castellum – Romeinse legerplaats.
cisterciënzers – strenge orde van benedictijnen, in 1098 opgericht in Cîteaux*.
classicisme – kunststroming die gebaseerd is op de imitatie en interpretatie van Griekse en Romeinse voorbeelden.
crucifix – afgeleid van het Latijn voor 'aan het kruis geslagen'. Beeltenis van Christus aan het kruis.
crypte – onderaardse, gewelfde kapel of grafkelder, doorgaans onder het koor van een kerk.
donjon – woontoren in een kasteel.
dormitorium – slaapzaal van een klooster.
drieluik – altaarstuk* bestaande uit drie gedeelten, die dichtgeklapt kunnen worden.
feodaal – uit de tijd waarin de adel aan de macht was en zijn bezittingen in leen gaf aan zgn. leenmannen.
fresco – muurschildering met lijmverf op een verse kalklaag aangebracht.
fries – horizontale band met schilder- of beeldhouwwerk.
gewelf – holvormige geconstrueerde zoldering; enkele typen:
tongewelf: een halve cirkel of ellips als doorsnede;
kruisgewelf: twee tongewelven snijden elkaar rechthoekig;
kruisribgewelf: steunend op elkaar kruisende ribben;
waaiergewelf: ribben lopen als een waaier uiteen.
gotiek – kunststijl in Europa in de 12e t/m 15e eeuw. In de bouwkunst voornamelijk gekenmerkt door een streven naar meer licht en ruimte.
hallenkerk – kerk met drie of meer even hoge schepen.
Jugendstil – kunststijl uit de periode 1890 - 1920. De in de kunst en architec-

tuur toegepaste Jugendstil wordt gekenmerkt door golvende, vaak asymmetrische vormen.
kanteel – opstaand deel van de getande bovenzijde van kasteel of stadsmuur.
kapiteel – kopstuk van een zuil of een pilaster.
kapittelzaal – vergaderzaal voor het college van kanunniken.
karmelieten – kloosterorde, volgens de regel van de heilige Albertus ontstaan op de berg Carmel in de 12e eeuw door de vestiging van enige kluizenaars die naar het voorbeeld van de profeet Elias leefden.
kathedraal – kerk met bisschoppelijke zetel.
kloostergang – overdekte gang (galerij) om de kloosterhof.*
kloosterhof – door de kloostergang omgeven tuin of binnenplaats van een klooster.
koor – afgesloten ruimte in een kerk waar het hoogaltaar staat. Oorspronkelijk de ruimte waarin zich de zangers bevonden.
kooromgang – gang in een halve cirkel om het priesterkoor.
maar – kratermeer; ook: mare (Duitse 'Maar').
mausoleum – praalgraf.
meander – bocht van een rivier.
ontmanteling – een stad (ook kasteel) van de omwalling ontdoen; de muren neerhalen.
palts – (Duits 'Pfalz', van het Latijnse 'palatium') paleis van een middeleeuwse vorst, waar hij tijdelijk verbleef op reis door zijn rijk.
piëta – voorstelling van Maria met het dode lichaam van Jezus op haar schoot.
plateau – hoogvlakte.
premonstratenzers – kloosterorde, volgens de regel van de heilige Augustinus, gesticht door de heilige Norbertus in 1120 in Prémontré bij Laon; in 1803 in Duitsland geseculariseerd; ook norbertijnen genoemd.
refter – eetzaal van het klooster.
reliekschrijn – meestal bewerkte kist, vaak van edelmetaal of ingelegd met edelstenen, waarin relikwieën (lichaam of lichaamsdeel, of zaken die met heiligen in aanraking zijn geweest) worden bewaard.
renaissance – periode in de Europese cultuurgeschiedenis van de 15e tot 17e eeuw. In de bouwkunst gekenmerkt door een herleefde belangstelling voor de harmonieuze stijl van de klassiek architectuur.
retabel – gebeeldhouwd of beschilderd achterstuk van een altaar.
rococo – laatste fase van de barokstijl, ontstaan in Frankrijk in het begin van de 18e eeuw. In de bouwkunst alleen van belang voor de interieurdecoratie en gekenmerkt door een later weinig gewaardeerde overdaad aan weelderigheid.
romaans – stijlperiode, voornamelijk in de bouwkunst en de (fresco)schilderkunst, in de 11e en 12e eeuw. Gekenmerkt in de architectuur door een aarzelend terugkeren naar klassieke motieven (rondboogvensters, zuilengalerijen, basiliekbouw). Niettemin is de romaanse architectuur nog sober en massief als in de vroegchristelijke periode.
sacristie – ruimte waarin liturgische gewaden, boeken en gebruiksvoorwerpen (altaargerei) worden bewaard.
salvatorianen – kloosterorde, gesticht door J.B. Jordan op 8-12-1881 te Rome.
sanctuarium – plaats van het hoogaltaar: 'heiligdom'.
schip – romp van de kerk.
schloss – een vanuit een burcht ontwikkeld of nieuw gebouwd aanzienlijk woongebouw of vorstelijk verblijf (al dan niet versterkt).
timpaan – gevelstuk in de vorm van een gelijkbenige driehoek of een halve cirkel.
transept – dwarspand tussen schip* en koor*.
vakwerkbouw – bouwstijl met balken of staven als geraamte, opgevuld met metselwerk.

Register

streekkaarten

- ligging beschreven gebied
- gebied en omliggende streken
- nationaal park
- militair terrein
- landsgrens - provinciegrens
- grote stad
- kleine stad - kleine plaats of dorp
- A6 autosnelweg met wegnummer
- hoofdweg met wegnummer
- secundaire weg
- spoorlijn
- vliegveld voor internationaal / binnenlands verkeer
- alleenstaand klooster of abdij
- kasteel
- bergtop met hoogte in meters
- grot
- archeologische vindplaats
- attractiepunt

stadsplattegronden

- 6 bezienswaardigheid (nummer correspondeert met nummer in beschrijvende tekst)
- min of meer aaneengesloten bebouwing
- park
- Strasse / Strasse: straat voor doorgaand verkeer
- Strasse / Strasse: andere straten
- Strasse: wandelgebied
- trapstraatje
- brug of tunnel
- stadsmuur
- poort
- spoorlijn met station
- station U-Bahn - S-Bahn
- toeristisch inlichtingenbureau
- parkeerplaats
- postkantoor